中国科学院教材建设专家委员会规划教材
全国高等医药院校规划教材

简明断层解剖学

Concise Sectional Anatomy

主　编　胡光强　王继丰
主　审　萧洪文　余崇林
副主编　杜　杰　余　录　高小青
编　者　（以姓氏笔画为序）
　　　　王继丰　邓　莉　先德海　汤华军
　　　　杜　杰　杨朝鲜　李开荣　余　录
　　　　范光碧　周正利　郑宇杰　胡光强
　　　　高小青　涂江义　曾昭明　戴　穹

科学出版社
北　京

·版权所有 侵权必究·

举报电话:010-64030229;010-64034315;13501151303(打假办)

内 容 简 介

本教材结合教学实践,紧跟学科发展趋势,遵循系统、科学、实用的理念,力求内容精简明了,以期在非影像专业学生因受学时限制、专业基础薄弱的条件下选修授课时,仍然能够有机会系统地获得断层解剖学基础理论、基本知识和基本技能,满足临床影像医学知识的学习、参考和运用需要。

本书适应影像医学发展形势、培养复合创新型医学人才,为临床医学本科及临床研究生选修、培养与提高需要而编写。

图书在版编目(CIP)数据

简明断层解剖学=Concise Sectional Anatomy/胡光强,王继丰主编.—北京:科学出版社,2015.2
ISBN 978-7-03-043226-1

Ⅰ.①简… Ⅱ.①胡… ②王… Ⅲ.①断面解剖学 Ⅳ.①R322

中国版本图书馆 CIP 数据核字(2015)第 020984 号

责任编辑:李 植/责任校对:鲁 素
责任印制:徐晓晨/封面设计:范璧合

版权所有,违者必究。未经本社许可,数字图书馆不得使用

科 学 出 版 社 出版
北京东黄城根北街 16 号
邮政编码:100717
http://www.sciencep.com

北京九州迅驰传媒文化有限公司 印刷
科学出版社发行 各地新华书店经销
*
2015 年 2 月第 一 版　　开本:787×1092　1/16
2021 年 1 月第七次印刷　　印张:13
字数:304 000
定价:50.00 元
(如有印装质量问题,我社负责调换)

前　　言

断层解剖学(sectional anatomy)是在系统解剖学和局部解剖学基础上,通过研究正常人体连续断层上器官、结构的形态、位置及毗邻关系,获取人体结构完整空间信息,为医学影像学、介入医学提供精确形态定位的科学。它是为适应X线计算机断层成像、超声成像、磁共振成像等现代影像技术的迅速发展及临床的广泛应用而兴起的一门学科,属于应用解剖学的范畴。

随着影像检测技术在临床医学中的大量应用和介入医学的蓬勃发展,作为影像学核心基础课程之一的断层解剖学已成为影像专业、临床专业的必修课程,以适应临床影像检测、介入治疗和外科手术医生的需要。

本教材的编写委员,积极从事影像解剖学的教学与研究。为适应影像专业学习参考以及临床本科生与研究生选修和提高课程开设的需要,我们在跟踪影像解剖学的发展和临床运用的基础上,结合教学实际情况,编写了这本教材。

本教材共分八章,以人体局部分为头部、颈部、胸部、腹部、盆部及会阴、脊柱区及四肢。每章包含解剖学基础、断层应用解剖学、病理断层影像学三部分,在头部章节特别编写了头部实验操作教学内容。教材的编写,既注重影像教学中所需要的解剖学基础知识的讲解,又注重知识体系上的归纳与总结,同时提供了一定的临床影像诊断典型病案资料,供课外学习参考,有助于对相关内容更好地学习、理解和运用。

本教材的编写,参阅了国内、外解剖学界前辈的经验积累和已有成就,并得益于萧洪文教授、余崇林教授、廖兴品教授的悉心指导和帮助,在此表示衷心感谢!

本教材虽经编者最大努力,力求精益求精,但因水平有限,书中难免存在一些不足之处,敬请读者批评指正。

胡光强

2014年10月

目　　录

第一章　绪论	(1)
第二章　头部	(11)
第一节　头部解剖学基础	(11)
第二节　头部断层应用解剖学	(28)
第三节　头部病理断层影像学	(53)
第四节　实验操作——头部的解剖与观察	(60)
第三章　颈部	(65)
第一节　颈部解剖学基础	(65)
第二节　颈部断层应用解剖学	(69)
第三节　颈部病理断层影像学	(74)
第四章　胸部	(76)
第一节　胸部解剖学基础	(76)
第二节　胸部断层应用解剖学	(87)
第三节　胸部病理断层影像学	(100)
第五章　腹部	(107)
第一节　腹部解剖学基础	(107)
第二节　腹部断层应用解剖学	(116)
第三节　腹部病理断层影像学	(138)
第六章　盆部及会阴	(150)
第一节　盆部及会阴解剖学基础	(150)
第二节　盆部断层应用解剖学	(152)
第三节　盆部病理断层影像学	(167)
第七章　脊柱区	(173)
第一节　脊柱区解剖学基础	(173)
第二节　脊柱断层应用解剖学	(176)
第三节　脊柱区病理断层影像学	(176)
第八章　四肢	(182)
第一节　四肢解剖学基础	(182)
第二节　四肢断层应用解剖学	(186)
第三节　四肢病理断层影像学	(190)
英汉名词对照	(194)
参考文献	(200)

第一章 绪 论
Chapter 1 Introduction

一、人体断层解剖学的定义

1. 什么是人体断层解剖学（human sectional anatomy） 是通过研究正常人体各断层上器官、结构的形态、位置及毗邻关系,获取人体结构完整空间信息,为医学影像诊断、介入放射治疗及微创外科手术等临床医学提供精确形态定位的科学。

人体断层解剖学是为适应 X 线计算机断层成像、超声成像、磁共振成像等现代影像技术的迅速发展及其在临床的广泛应用而兴起的一门临床应用基础学科,属于应用解剖学的范畴。

※ 还被用于中医针灸经穴学的研究呢!
※ 什么是"获取人体结构完整空间信息"啊?

2. 人体断层解剖学特点
1) 能在原位、准确地显示人体结构断层的形态变化及位置关系。
2) 可通过连续断层追踪观察或借助计算机进行结构的三维重建和定量分析。
3) 是解剖学密切结合影像诊断学和介入放射治疗学而产生的边缘学科。

3. 断层解剖学与系统解剖学、局部解剖学的区别 见表 1-0-1。

表 1-0-1 断层解剖学与系统解剖学、局部解剖学的区别

学科名称	观察对象	学习目的
系统解剖学（systematic anatomy）	按系统观察器官结构	为医学各科奠定基础
局部解剖学（regional anatomy）	按局部观察层次结构	为外科手术奠定基础
断层解剖学（sectional anatomy）	按断层观察断面结构	为影像介入奠定基础

二、断层解剖学不同时期的研究目的和方法

人体断层解剖作为一种研究人体结构的方法,最早可追溯到 14 世纪,意大利解剖学家 Mondino dei Luzzi(1316)最早制作了人体断层标本。真正意义上进行系统并且有目的研究人体断层结构的解剖学发展过程可以分为三个阶段。

1. 产生阶段
(1) 时间:14~18 世纪,人体断层解剖方法随解剖学的发展而产生,但并没有形成独立的一门学科。
(2) 目的:仅仅作为研究人体结构的一种辅助方法,为大体解剖学的研究服务。
(3) 方法:在此阶段,缺乏有效地制作断层解剖标本的技术手段,无法使尸体变硬、固

定和保存,成为阻碍断层解剖学发展的重要因素。

(4) 代表人物

1) 国外:A. Vesalius(1514—1564)作为现代解剖学的奠基人,在神学与宗教盛行的文艺复兴时期,冒着生命危险,亲自从事人的尸体解剖,从医学角度研究了人脑的横断层解剖,并于1543年出版了解剖学巨著《人体构造》。书中记录了人体器官和系统的形态与结构,为医学的发展,奠定了人体解剖学的科学基础。

2) 国内:王清任(1768—1831),中国清代医学家,他潜心研究岐黄之术,对古代医书中人体构造与实际情况的不符,敢于提出修正批评,认为"著书不明脏腑,岂非痴人说梦;治病不明脏腑,何异盲子夜行",因此,他精心观察人体构造,绘制图形,纠正前人错误,并于1830年编著了《医林改错》,在书中记录了他对300多例人体尸体的解剖和观察,并提出了自己的见解,对中医学的理论发展和学术争鸣风气的激发作出了重要贡献。

2. 发展阶段

(1) 时间:19~20世纪,影像技术的发展,让断层解剖学获得了新的发展空间,介入治疗的出现,让断层解剖学的运用更为广阔,同时断层解剖学与中医针灸学结合,用于经穴的研究等,使断层解剖从大体解剖学中独立出来,发展成为一门新兴的基础解剖与临床应用相结合的边缘学科。我国于1998年成立了中国解剖学会断层影像解剖学专业委员会,使我国的断面解剖学进入快速发展期。

(2) 目的:从大体解剖学中独立出来,转变为临床影像诊断、介入治疗服务。

(3) 方法:伴随冷冻、固定、防腐等技术的成熟,很好地解决了断层标本的切割、处理、保存问题,基本满足了断层解剖学研究需要,促进了断层解剖学的发展。

※ 冷冻切片技术是借助低温使组织冻结达到一定的硬度并通过冰晶起支撑作用来进行切片的一种方法。我国北方低温,是天然冷冻环境。

(4) 代表人物

1) 国外:荷兰解剖学家Riemer(1818)率先使用冰冻法制备断层标本并出版了图谱。美国科学家Robert S. Ledley(1926)首次依据断层影像资料,于1977年出版了人体CT横断层图谱,见图1-0-1、图1-0-2。

2) 国内:姜树学等于1998年编写了《断面解剖学与MRI、CT、ECT对照图谱》。张绍祥等于1996年编写了《人体颅底薄层断面与MRI、CT对照图谱》。

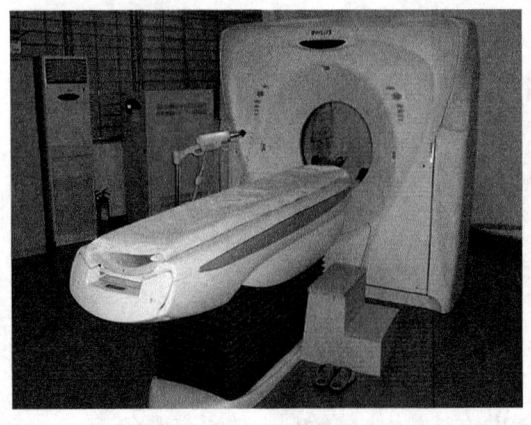

图1-0-1 CT产生

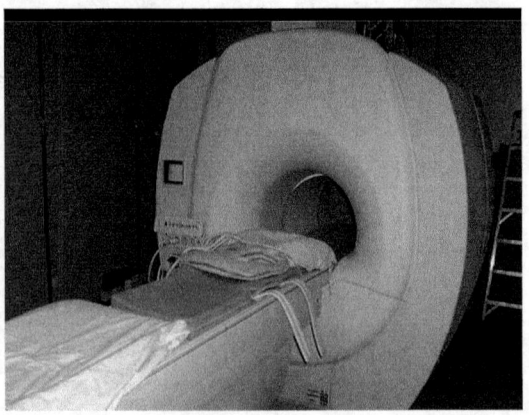

图1-0-2 MRI出现

3. 展望阶段

(1) 时间:21世纪~,计算机技术的进步与应用拓展,为影像技术及数字人体解剖学的发展产生了巨大的促进作用。

(2) 目的:影像技术的发展,使影像检测分辨率的精细度达到微米级,甚至纳米级,真正进入分子影像时期;图像三维合成与重建技术的成熟运用,让影像检测与诊断由二维领域进入三维领域;介入治疗途经由血管向非血管的拓展,把影像介入治疗技术提高到影像医学的高度。因此,临床的广泛需求,对断层解剖学提出了更高的要求,推动断层解剖学逐渐向微观化、数字化、立体化方向发展。

(3) 方法:自动切片机使切片技术更为精细化,计算机数字技术使观察结构微观化,三维虚拟技术使虚拟人体解剖学的产生成为可能,见图1-0-3~图1-0-6。

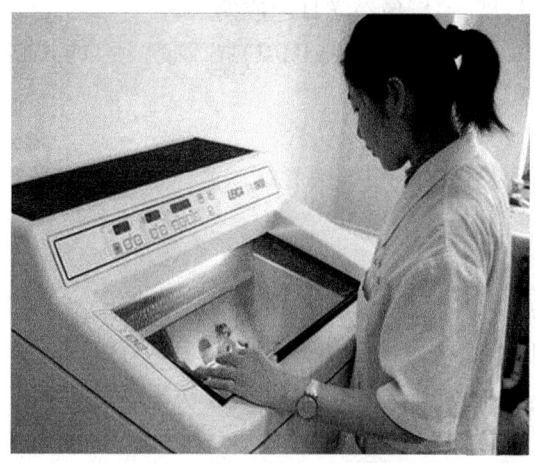

图1-0-3 恒温冷冻切片机

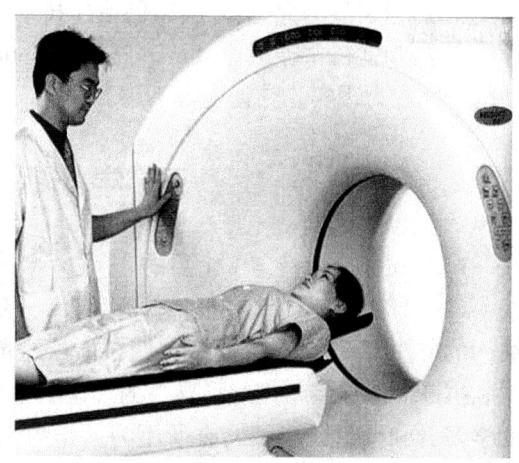

图1-0-4 多层螺旋CT

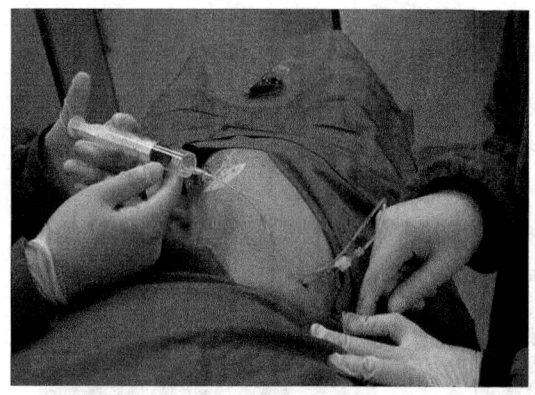

图1-0-5 椎间盘臭氧微创介入治疗

图1-0-6 脑功能磁共振成像(fMRI)

(4) 代表人物

1) 国外:David Dean 和 Thomas E. Herbener 用人体横断层标本及线条图与CT、MRI图像对照,编写了图谱 *Cross-Sectional Human Anatomy*,因其线条绘制精细、标准,所以非常适合理论教学使用。

2) 国内:姜树学等于2000年和2004年出版了教材《人体断面解剖学》第1、2版,使中国断面解剖学进入理论教学规范化阶段。刘树伟于2003年出版了《人体断层解剖学图谱》，并于2006年编写了《人体断层解剖学》研究生教学用书，更多地从临床运用角度讲解，为深入学习断面解剖学提供了丰富的实践和理论知识积累。张绍祥于2004年出版了《中国数字化可视人体图谱》，他到团队第三军医大学解剖学教研室利用生物组化技术，已能将人体断层精度为0.2mm的实物标本像留下来。

国内学术之争

北派：理论派（传代），以姜树学、王震寰为代表（中国医科大学）。

南派：实践派（办班），以刘树伟、王怀经为代表（山东大学医学院）。

※ 恒温冷冻切片机、虚拟现实技术推动断层解剖学不断发展。
※ 多层螺旋CT、MRI 3D影像技术的运用是影像检测技术的巨大进步。
※ 影像引导的介入治疗、微创治疗技术的拓展，使影像医学日趋成熟。
※ 脑功能磁共振成像(functional magnetic resonance imaging,fMRI)技术使"活"的人脑功能研究成为现实。它让谎言不再真实！

三、学好断层解剖的秘诀

1. 把握2个坚持与1个目的

（1）2个坚持：①坚持把整体观贯彻始终。学习断层解剖学时，要能熟练把握全身各部结构的整体特点与规律，以及它们在断层中的联系，学会从整体上对不同断层结构进行认识和推断。②坚持实用观指导下的理论联系实际。学习断层解剖学时，既要注重整体规律的学习，同时又要有所为，有所不为。作为临床学生，应充分运用所学基础医学知识，结合各自所学专业，以临床常见病例为中心，重点学习对本专业有帮助的知识，能借助所学知识对临床常见疾病影像资料作出准确判断。

（2）1个目的：获取人体结构的空间信息，为影像与介入的诊治提供精确形态学定位。

2. 认清断层解剖面临的要求与问题

（1）影像技术发展对断层解剖提出更高要求：①随着影像检测技术分辨率的提高，影像检测进入分子微观领域，对断层解剖学观测结构的精细化提出了更高要求；②随着计算机硬件的提高和三维技术的成熟推广，影像检测与3D技术的结合，对断层解剖学结构的立体观察提出了要求；③随着临床影像介入治疗的范围由血管介入向非血管介入领域延伸，微创手术的广泛运用，对断层解剖学结构的空间化提出了要求，见图1-0-7。

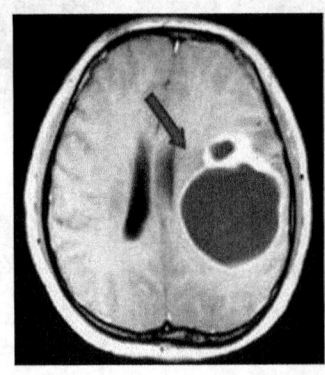
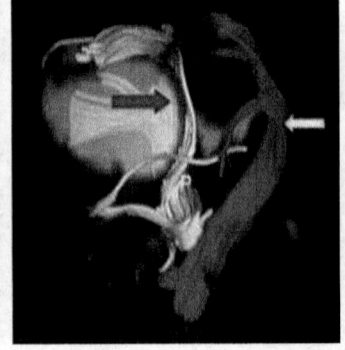

图1-0-7　MRI三维成像

(2) 要观察器官空间位置关系目前面临的问题:①断层解剖标本只能观察同一平面上的结构毗邻关系;②传统透明模型标本只能满足粗略的大体结构的展示;③"虚拟"人体结构美好,但离实用与普及还有一定距离。

3. 勇于创新

(1) 学习时,立足现实的断层标本,通过思维获得人体结构空间信息。

(2) 工作时,利用临床影像检测信息,积累构建三维人体数据库。

(3) 闲暇时,勇于攀登"虚拟人"的高峰,用3D技术创建虚拟人体解剖学。

☆思考1

断层解剖学是影像学的基础→影像检测是医生的眼睛→你们将成为影像工作者。

★但是,影像检测不是金标准!

什么是金标准?→ 病理学检测!

☆思考2

断层解剖是不得已而为之?

★ 如果能有一双透视眼,就不需要将标本切成断面进行观察了。

※ 借我一双慧眼吧!

四、断层解剖学与影像学常用术语

1. 头部水平断层常用三种基线

(1) 下眶耳线(infraorbitomeatal line, IML):Reid 基线(Reid base line, RBL),为眶下缘中点至外耳门中点的连线。作用:头部横断层标本常以此线为基线,冠状断层标本的制作也多以此线经外耳门中点处所作的垂线为基线。临床以下眶耳线为基线所作横断层扫描常用于对颌面部结构的观察。

(2) 眶耳线(orbitomeatal line, OML):眦耳线(canthomeatal line, CML),临床又称听眶线,为眼外眦至外耳门中点的连线。作用:临床颅脑横断层扫描常以此线为基线,但应用时可根据需要,常常取与该线向上或向下成0°~20°角。本教材所用头部横断层标本图是以此线为基线制作。

(3) 上眶耳线(supraorbitomeatal line, SML):为眶上缘中点至外耳门中点的连线。此平面与颅底平面基本一致,有利于观察颅后窝结构及减少颅骨伪影,见图1-0-8、图1-0-9。

图 1-0-8 头部水平断层常用三种基线
1. 下眶耳线;2. 眶耳线;3. 上眶耳线;上眶耳线与眶耳线成角:26.12°±4.56°;下眶耳线与眶耳线成角:16.74°±2.52°

2. 连合间线(intercommissural line) 又称 AC-PC 线,为前连合(anterior commissure)后缘中点至后连合(posterior commissure)前缘中点的连线。脑立体定向手术和 X 刀、γ 刀治疗多以此线为准,故人脑立体断层解剖研究多以此线为基线,见图1-0-10。

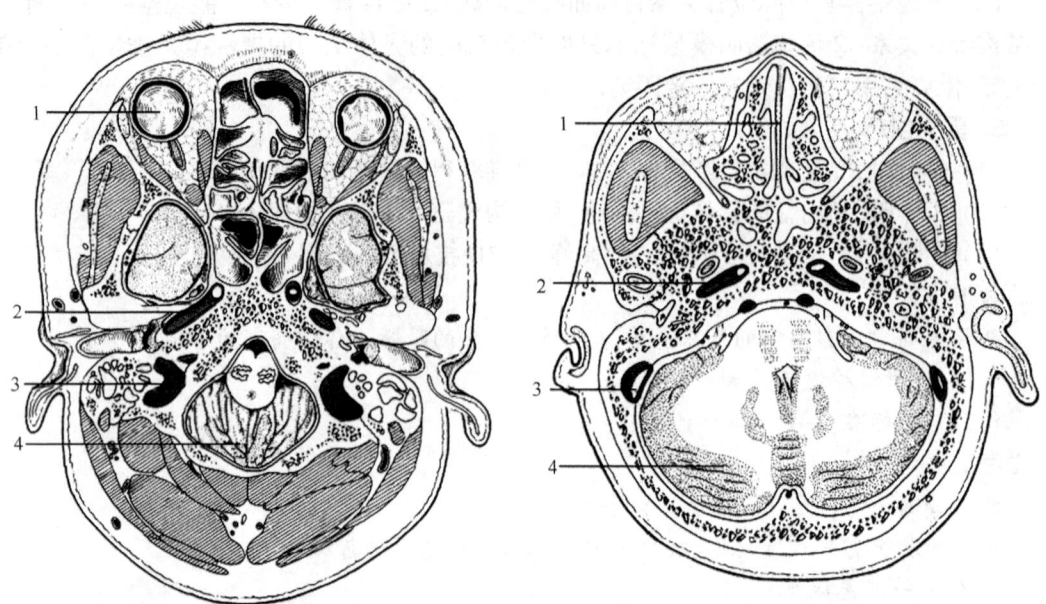

图 1-0-9　眶耳线横断层面、下眶耳线横断层面

眶耳线横断层面(左图)　1. 眼球；2. 颈内动脉；3. 颈内静脉；4. 小脑
下眶耳线横断层面(右图)　1. 鼻中隔；2. 颈内动脉；3. 乙状静脉窦；4. 小脑

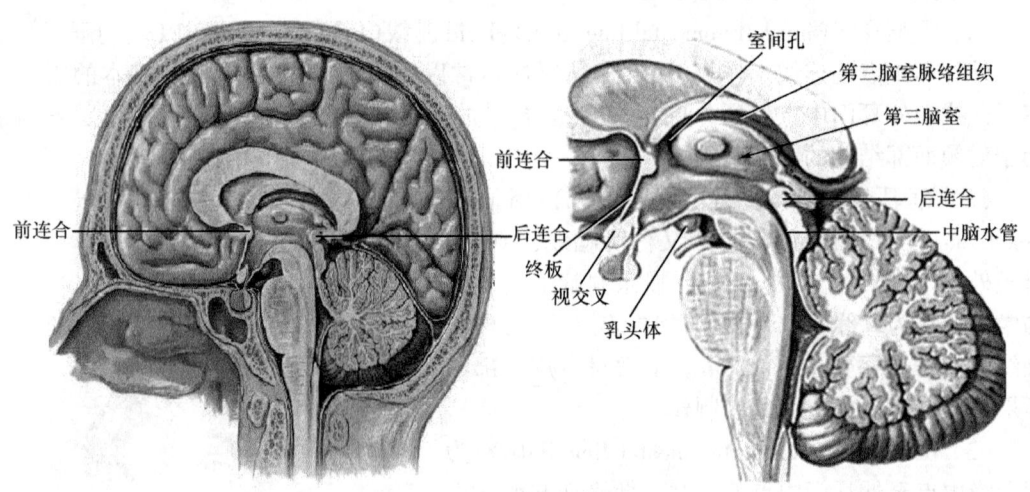

图 1-0-10　前连合、后连合

3. 断面、断层和扫描

（1）常用的三种断面

1）水平断面(horizontal section)：又称横断面(transverse section)，头部水平断面常用头部三种基线作断层，其余部位与水平面一致。沿此面所作的切片和扫描称为横断层标本(transverse section)和横断层扫描(transverse scan)。观察角度：从下向上观察断层的下表面。

2）矢状断面(sagittal section)：沿此面所作的切片和扫描称为矢状断层标本(sagittal

section)和矢状断层扫描(sagittal scan)。观察角度:从左向右观察断层的左表面,但超声观测其右表面。

3) 冠状断面(coronal section):又称额状断面(frontal section),头部冠状断层标本的制作多以下眶耳线(Reid基线)经外耳门中点处所作的垂线为基线作断层,其余部位与系统解剖学规定一致,沿此面所作的切片和扫描称为冠状断层标本(coronal section)和冠状断层扫描(coronal scan)。观察角度:从前向后观察断层的前表面。

(2) 断面与断层的区别

1) 断面(section):指断层标本的表面、剖面或切面,主要用于标本的直视观察。

2) 断层(cross section):指断层标本的整体,具有一定厚度的层,主要用于CT、MRI的扫描检测,能观察到穿透一定厚度断层内所有结构的叠加影像。

面无厚度,层能穿透,两者区别明显,但随着切片与检测技术的进步,切片或扫描越薄,断层越向断面接近,会逐渐淡化两者的区别。

(3) 扫描(section and scan):指利用X线对人体进行断层快速照射后,由探测器收得信号,经计算机转换、计算,再重建成图像,显示出人体各部位断层结构的装置,如CT等。

4. 回声(echo) 指超声波传经两种不同介质时,发生的反射和折射现象,反射和折射回的超声波称为回声。根据强弱,以光点亮暗显示超声波扫描机体被查部位器官和组织结构的二维断层图像,就构成声像图(sonograms),如B超图等。根据密度及声波阻抗与反射不同,超声图有以下几种情况,见图1-0-11。

高回声:全反射型,呈白影,如含气的肺、胃肠道等。

中回声:多反射型,呈灰白影,如骨质、结石、钙化、血管壁等。

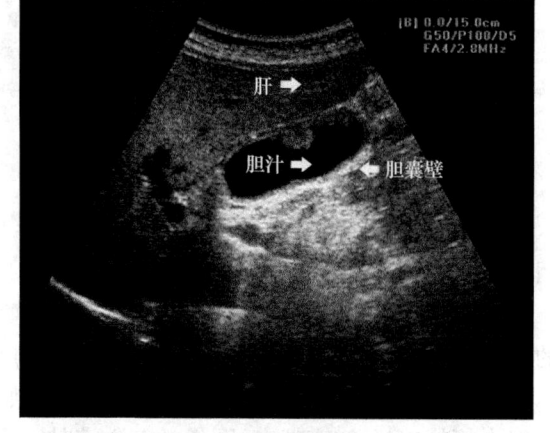

图1-0-11 肝脏各结构的超声图

低回声:少反射型,呈灰影,如肝、脾、癌、肌瘤及血管瘤等。

无回声:无反射型,呈黑影,如胆汁、尿、血液、羊水、腹水、肾实质和脾等。

5. CT值(attenuation value) 用组织对X线的吸收系数来说明其密度高低的程度。通常将吸收系数转换成CT值,单位为HU(Hounsfield unit,HU),并规定水为0HU,骨质为+1000HU(白色),空气为-1000HU(黑色),其他各组织介于+1000~-1000HU。

6. 窗位和窗宽 窗宽(window width)是指最佳显示某一组织结构的CT值范围,在图像上为16个灰阶所包含的CT值范围,超出窗宽范围,过高的则为白色,过低的则为黑色。窗位(window level)是指窗宽的中心值,欲观察某组织结构的变化,应以该组织的最佳CT值作为窗位,见图1-0-12。

人体组织在CT上能分辨出2000个不同的灰度层次,而人的眼睛一般只能分辨出16个灰度差别。为此CT机上将密度最高的白色到密度最低的黑色分为16个灰阶。人体组织的2000个CT值若用16个灰阶来反映,则人眼所能分辨的CT值应为2000/16=125HU,即两种组织的CT值只有相差在125HU以上时肉眼才能分辨出来,若相差不足125HU则无法分辨清楚。而人体软组织的CT值多数在+20~+70HU,相差不足125HU。为了提高组织结构细节的显示,使CT值差别小的两种组织变化能分辨出来,用不同的窗位与窗宽重新调整范围,就能显示出组织结构的细微变化。

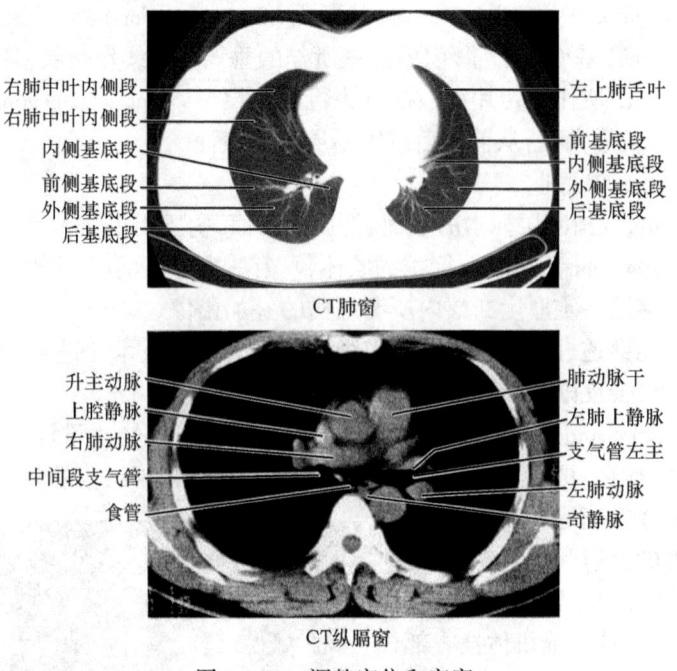

图1-0-12 调整窗位和窗宽

7. 空间分辨率和密度分辨率 空间分辨率和密度分辨率是反映CT性能和图像质量的两个指标。

(1)空间分辨率(spatial resolution):为图像像素数量指标,反映区别空间结构形状大小的能力,通常用每英寸像素(pixel per inch,ppi)和每英寸点(dot per inch,dpi)的多少来表示,或用可辨别最小结构直径的大小来表示。如果像素多而小,能观察和区分的结构直径越细小,则空间分辨率越高,图像越细致清楚。由于构成CT图像的像素不可能像X线照片的银颗粒那样细小而多,因此,CT的空间分辨率比X线照片空间分辨率要小,见图1-0-13。

(2)密度分辨率(density resolution):为图像像素质量指标,反映区别空间结构密度差别大小的能力,通常用百分比(%)来表示。如果影像中能显示可辨认出来的密度对比度百分比越小,密度分辨率就越高,图像对比越清晰。由于CT的密度百分比可达0.5%甚至更小,而X线为5%,因此,CT图像的密度分辨率比X线照片高得多,见图1-0-13。

8. 部分容积效应(partial volume phenomenon) 是指CT图像上各个像素的数值代表相应单位组织全体的平均CT值,它不能如实反映该单位内各种组织本身的CT值。在CT扫描中,凡小于层厚的病变,其CT值受层厚内其他组织的影响,所测出的CT值不能代表病变组织真正的CT值。例如,在高密度组织中较小的低密度病灶,其CT值偏高;反之,在低密度组织中较小的高密度病灶,其CT值偏低,这种现象称为

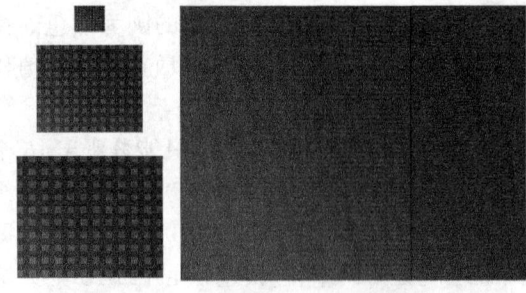

图1-0-13 空间分辨率、密度分辨率

部分容积效应。部分容积效应是伪影的一种,属于设备伪影,是由于设备的空间分辨率相对过低产生。

9. 周围间隙现象(peripheral space phenomenon) 是指密度不同的组织结构在同一层面时,两者间的 CT 值不能准确测得而使两者间分界不清的现象。结果,在图像上趋向于两者的中间值(高密度结构 CT 值偏低,影像变大、失真,而低密度的结构 CT 值偏高,影像变小、失真)。因此,CT 图像并不一定真实反映某一结构或病变的形态和大小。

10. 伪影(artifact) 是指原本被扫描对象并不存在的结构出现在图像上的异常影像。伪影大致分为机体性伪影(与患者有关,如运动性伪影、高密度伪影和异物性伪影)、机器性伪影(与机器有关,如机器故障伪影等)。

11. T1 和 T2 加权成像(T1 and T2 weighted imaging) 是指质子磁化矢量恢复过程中,纵向弛豫所用时间为 T1,横向弛豫所用时间为 T2。MRI 图像上,突出反映组织 T1 弛豫差别时,为 T1 加权成像(T1WI),突出反映组织 T2 弛豫差别时,为 T2 加权成像(T2WI)。MRI 成像原理就是根据组织弛豫时间,调整 TR(repetition time)和 TE(echedelay time)获得相应加权成像图(T1WI 或 T2WI),更好地显示组织结构。例如,脂肪在 T1 加权像呈高信号,自由水在 T2 加权像呈高信号,气体在 T1、T2 加权像均无信号。T1 加权像高信号的产生与结合水效应、顺磁性物质、脂类分子等相关,T2 加权像高信号的产生与自由水、出血、水肿等相关,由于很多病理改变伴有游离水的增加、质子化学键和顺磁性的改变,因而 T1、T2 弛豫时间也发生改变(其中与水有正相关的关系),这样就很容易区分正常与病理组织。

12. 流空效应(flowing void effect) 是指心血管内的血液流动迅速而检测不到 MRI 信号,在 T1 和 T2 加权像中均呈黑影,即为流空效应。由于较快速流动的血液呈无或低信号,与静止呈中等信号的血管壁形成鲜明对比,借此效应,能清楚显示心血管的形态结构。

五、临床颅脑常规计算机体层摄影(CT)质量标准

摘自欧洲共同体计算机体层摄影(CT)的质量标准(1997),通过本节的自学,了解 CT 等影像图片的获得及参数。

适应证:怀疑或已知脑的局部或弥漫性结构病变。
适当的预先检查:临床神经学检查;MRI 是无辐射的优先选择的检查。
患者准备:无(如果要静脉注射对比剂,最好是检查前禁食)。
扫描计划平片:从颅底到头顶的侧位像。

1. 影像标准
(1) 以下组织可见:整个大脑、整个小脑、整个颅骨、骨性基底、静脉注射对比剂后的血管。
(2) 以下组织关键显示:清晰显示灰白质间边界、清晰显示基底神经节、清晰显示脑室系统、清晰显示中脑周围的脑脊液腔隙、清晰显示整个脑部的脑脊液腔隙、清晰显示静脉注射对比剂后的大血管和脑室脉络丛。

2. 成人患者辐射剂量标
(1) 常规头部 CTDIw:58mGy。
(2) 常规头部 DLP:1050mGy cm。

3. 优质成像技术举例
(1) 患者体位:仰卧。

(2) 检查体积:从卵圆孔到颅顶。
(3) 层厚:后颅窝 2~5mm,大脑半球 5~10mm。
(4) 层间距:连续。
(5) FOV:头的尺寸(大约 24cm)。
(6) 扫描架倾斜:听眶线以上 10°~12°角。
(7) X 线管电压(kV):标准值。
(8) 管电流与曝光时间乘积(mAs):在保持所需影像质量的同时应尽可能降低 mAs。
(9) 重建算法:软组织。
(10) 窗宽:70~90HU(幕上脑组织);140~160HU(后颅凹脑组织);2000~3000HU(骨)。
(11) 窗位:40~45HU(幕上脑组织);30~40HU(后颅凹脑组织);200~400HU(骨)。
(12) 防护屏蔽:标准防护。

4. 与优质成像性能相关的临床状况

(1) 运动:运动伪影劣化影像质量(不合作患者的头部要固定以避免之)。
(2) 静脉注射对比剂:有助于识别血管结构,增强血脑屏障的病变和改变;双倍剂量的延迟扫描更有助于显示转移灶或 AIDS 病灶。
(3) 问题和隐患:造影增强的钙化;岩骨间硬化伪影。
(4) 技术改进:在进行造影之前用较高的 mAs 可以检查出细微的不规则改变,从而有利于提高造影方法的效果。

(胡光强)

第二章 头 部
Chapter 2　Head

第一节　头部解剖学基础

一、概　述

1. 境界与分部

（1）境界：头部位于颈部上方，以下颌体下缘、下颌角、乳突尖端、上项线和枕外隆凸的连线与颈部分界。

（2）分部：以眶上缘、颧弓上缘、外耳门上缘和乳突的连线为基线，将头部分为后上方的颅部和前下方的面部。

2. 内容

（1）颅部：包括颅顶部、颅底部、颅腔（容纳脑、脑膜及脑血管）。

（2）面部：包括眶区、鼻区、咽区、面侧区（腮腺咬肌区、面侧深区）、耳区。

二、体表标志性结构

1. 眉弓（superciliary arch）　位于额骨前下份、眶上缘上方约 1.5cm 的弓状隆起，男性较明显。眉弓平对端脑额叶的下缘，其内侧半深部有额窦。

2. 颧弓（zygomatic arch）　位于耳屏至眶下缘的连线上，由颧骨的颞突和颞骨的颧突构成，在体表可触及其全长。颧弓上缘平对端脑颞叶前端的下缘。

3. 翼点（pterion）　位于颧弓中点上方约两横指处，是额、顶、颞、蝶四骨相连接处形成的"H"形骨区，是颅骨的薄弱部分。翼点内面有脑膜中动脉前支经过。

4. 乳突（mastoid process）　位于耳垂后方的圆锥形隆起，其根部的前内侧有面神经出茎乳孔，在其后部的内面有乙状窦通过。

5. 枕外隆凸（external occipital protuberance）位于枕骨后正中线上，为枕骨向后下的隆起，是枕骨外面正中最突出处，其深面为窦汇，见图2-1-1。

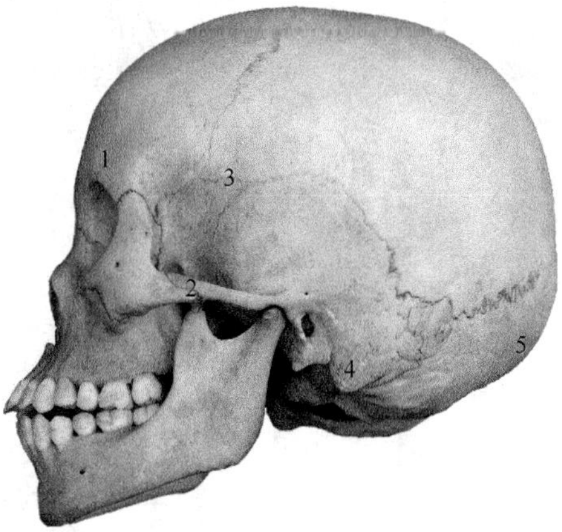

图 2-1-1　头部标志性结构
1. 眉弓；2. 颧弓；3. 翼点；4. 乳突；5. 枕外隆凸

三、颅

颅（skull）由 23 块颅骨共同构成，分为脑颅骨和面颅骨,分别容纳脑和面部各器官。

1. 脑颅骨 8块,成对的有顶骨、颞骨,单一的有额骨、枕骨、蝶骨、筛骨。

2. 面颅骨 15块,成对的有颧骨、鼻骨、泪骨、下鼻甲、上颌骨、腭骨,单一的有下颌骨、犁骨、舌骨。

四、颅腔外部结构

1. 颅顶部

(1) 额顶枕区:前界为眶上缘,后界为枕外隆凸及上项线,两侧借上颞线与颞区分界。颅顶由浅入深分为皮肤、浅筋膜、帽状腱膜及枕额肌、腱膜下疏松结缔组织与颅骨外骨膜五层结构。主要结构有滑车上动、静脉和滑车上神经,眶上动、静脉和眶上神经,颞浅动、静脉和耳颞神经,枕动、静脉和枕大神经,见图2-1-2、图2-1-3。

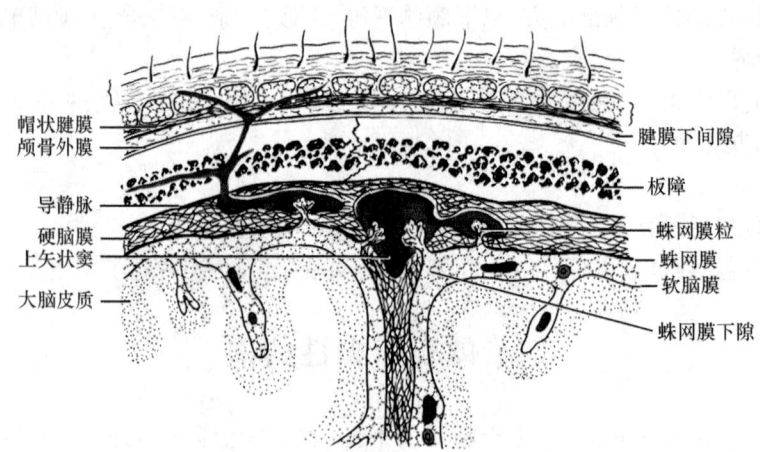

图2-1-2 颅顶部的层次(冠状断面)

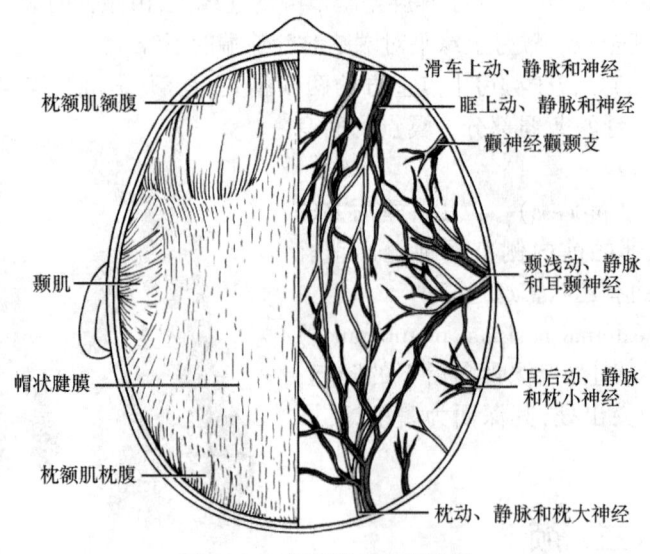

图2-1-3 颅顶部的血管神经

特点:皮肤好发疖肿和皮质腺囊肿,外伤易出血,但创口愈合快。浅筋膜因为纤维格,炎症渗出物不易扩散,创伤血管断端不易回缩闭合。帽状腱膜可在头皮裂伤时伴帽状腱膜横向断裂。腱膜下疏松结缔组织又称腱膜下间隙,若发生感染,可继发颅骨骨髓炎或颅腔感染,故临床上称此层为颅顶部的"危险区"。颅骨外骨膜下感染或血肿时,常局限于一块颅骨范围内。

(2)颞区:位于颅顶的侧面,前界为额骨和颧骨的结合部,上界为上颞线,后界为上颞线的后下段,下界为颧弓上缘。颞区由浅入深分为皮肤、浅筋膜、颞筋膜、颞肌、颅骨外骨膜五层结构。主要结构有颞浅动、静脉和耳颞神经,耳后动、静脉和枕小神经。

2. 面侧区

(1)腮腺咬肌区:位于腮腺和咬肌所在的下颌支外面和下颌后窝内,其前界为咬肌前缘,后界为乳突和胸锁乳突肌上部的前缘,上界为颧弓与外耳道,下界为下颌骨下缘平面。腮腺咬肌区由浅入深分为皮肤、浅筋膜、腮腺、咬肌。主要结构有颈外动脉(external carotid artery)、下颌后静脉(retromandibular vein)、耳颞神经(auriculotemporal nerve)、咬肌(masseter),见图 2-1-4。

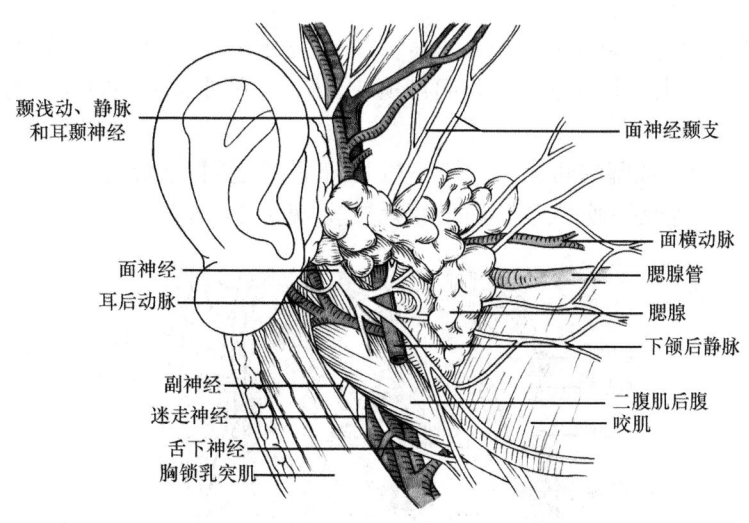

图 2-1-4 面侧浅区

特点:颈深筋膜包绕腮腺形成腮腺鞘,延续为咬肌表面的咬肌筋膜。腮腺化脓时可形成多个小脓灶,并可穿过深层,形成咽旁脓肿。腮腺呈不规则的楔形,通常以下颌支后缘或以穿过腮腺的面神经丛为界,将腮腺分为浅深两部,因此手术切除腮腺时应注意保护面神经,以免引起面瘫。"腮腺床"由腮腺深面的茎突及茎突诸肌,颈内动、静脉和后4对脑神经共同形成。穿腮腺的结构:纵行的有5个,为颈外动脉、下颌后静脉、颞浅动脉、颞浅静脉和耳颞神经,横行的有5个,为上颌动、静脉、面横动脉、面横静脉、面神经及其分支,纵行和横行的结构由浅入深依次为面神经及其分支、下颌后静脉、颈外动脉和耳颞神经。

(2)面侧深区:位于腮腺咬肌区前部的深面,口腔及咽的外侧,即颞下窝内,其前界为上颌骨体的后面,后界为腮腺深部,外侧界为下颌支,内侧界为翼突外侧板和咽侧壁,上至蝶骨大翼,下平下颌骨下缘。区内有翼内外肌和出入颅底的血管神经。主要结构有上颌动脉(maxillary artery)、翼静脉丛(pterygoid venous plexus)、下颌神经(mandibular nerve)、翼内肌(medial pterygoid muscle)、翼外肌(lateral pterygoid muscle),见图2-1-5。

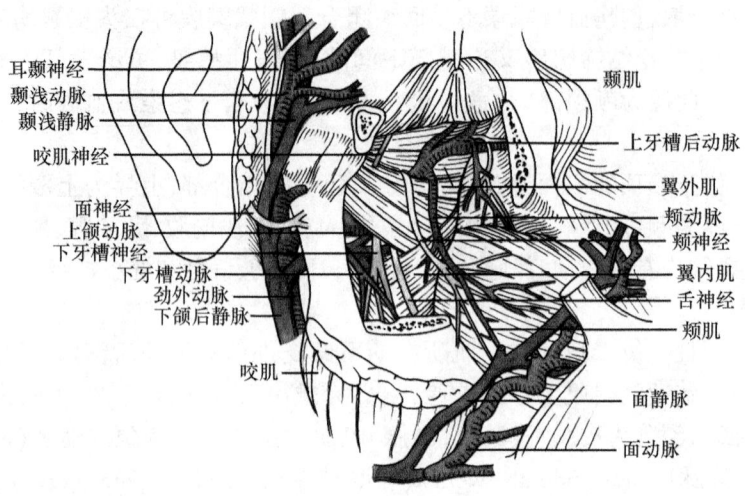

图2-1-5　面侧深区

特点:翼外肌止于下颌颈前面的翼肌窝,翼内肌止于下颌角内侧面的翼肌粗隆,两者间有血管、神经穿过。上颌动脉平下颌颈起自颈外动脉,经翼外肌两头间入翼腭窝,分为下颌颈段、翼肌段和翼腭窝段。

3. 面部的间隙　面部的间隙位于颅底和上、下颌骨之间,是骨、肌与筋膜之间的腔隙,彼此相通,有血管、神经等通过,感染时可相互扩散,见图2-1-6。

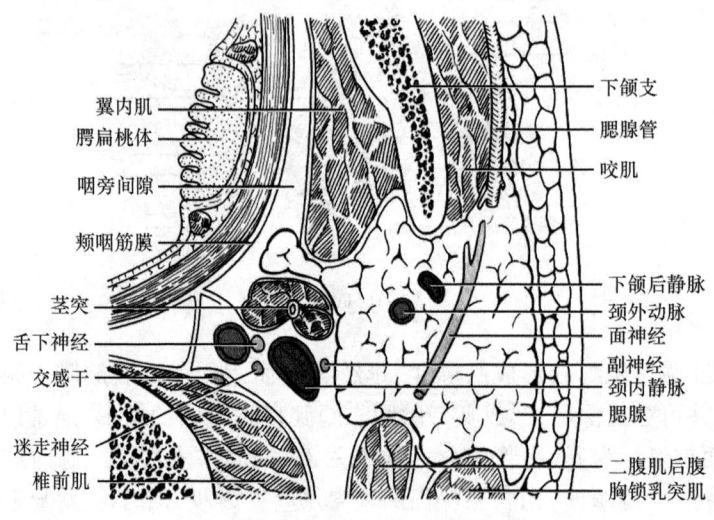

图2-1-6　面部间隙(左侧水平断面)

(1)咬肌间隙:是咬肌与下颌支之间的间隙,内有咬肌神经、血管,经下颌切迹穿入此间隙。下颌第三磨牙冠周炎等牙源性感染、牙周脓肿和下颌骨骨髓炎等均可扩散至此间隙。

(2)翼下颌间隙:是翼内肌与下颌支之间的间隙,与咬肌间隙隔下颌支相对,并经下颌切迹相通。间隙内有舌神经、下牙槽神经和下牙槽动、静脉通过。

(3) 舌下间隙:是口腔底黏膜下、舌根与下颌体之间的间隙,舌下间隙向后在下颌舌骨肌后缘处与下颌下间隙相通,向后上与翼下颌间隙相通,向前与对侧舌下间隙相通。内有舌下腺、下颌下腺的深部及腺管、下颌下神经节、舌神经、舌下神经及舌下动、静脉等。

(4) 颞下间隙:是翼外肌与蝶骨之间的间隙,向下与翼下颌间隙相通。内有翼静脉丛、上颌动脉及其分支和上、下颌神经的分支等。

(5) 翼腭间隙:即翼腭窝间隙,是上颌骨、腭骨、蝶骨之间的间隙,向外与颞下间隙相通。间隙内有翼腭神经节、上颌神经、上颌动脉终末支及伴行静脉通过,见图2-1-7。

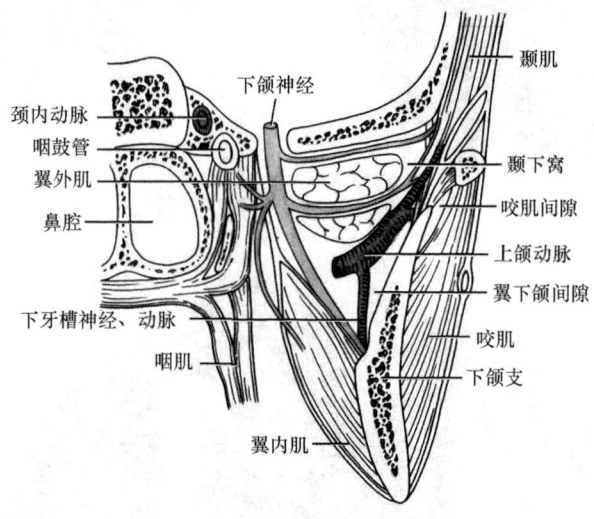

图 2-1-7 面部间隙(左侧冠状断面)

五、颅腔内部结构

颅腔由颅骨围成,容纳脑、脑室、脑池、脑被膜、脑血管等结构,见图2-1-8。

(一) 脑

脑(brain)分为六部分:端脑、间脑、小脑、中脑、脑桥、延髓。中脑、脑桥、延髓合称脑干,见图2-1-9~图2-1-11。

1. 延髓(medulla oblongata)

(1) 外部主要结构:腹侧面有锥体、锥体交叉、橄榄、舌咽神经、迷走神经、副神经和舌下神经。背侧面有髓纹、薄束结节、楔束结节、小脑下脚、菱形窝下半部。

(2) 内部主要结构:舌下神经核、副神经核、疑核、迷走神经背核、下泌涎核;孤束核(下2/3)、三叉神经脊束核(下2/3)、前庭神经核、蜗神经核;薄束核、楔束核、下橄榄核、内侧丘系交叉。

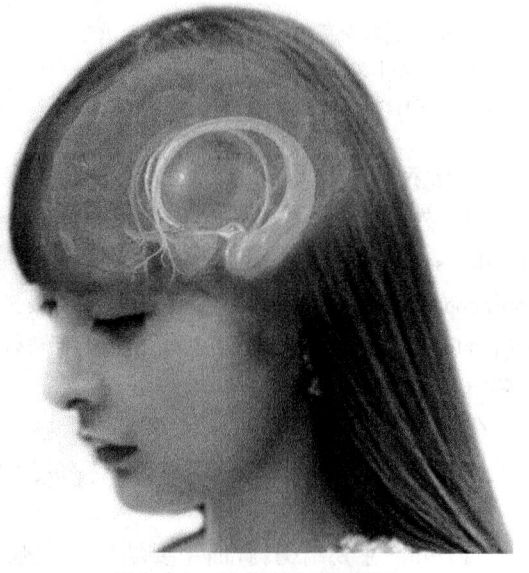

图 2-1-8 颅内结构(透视图)

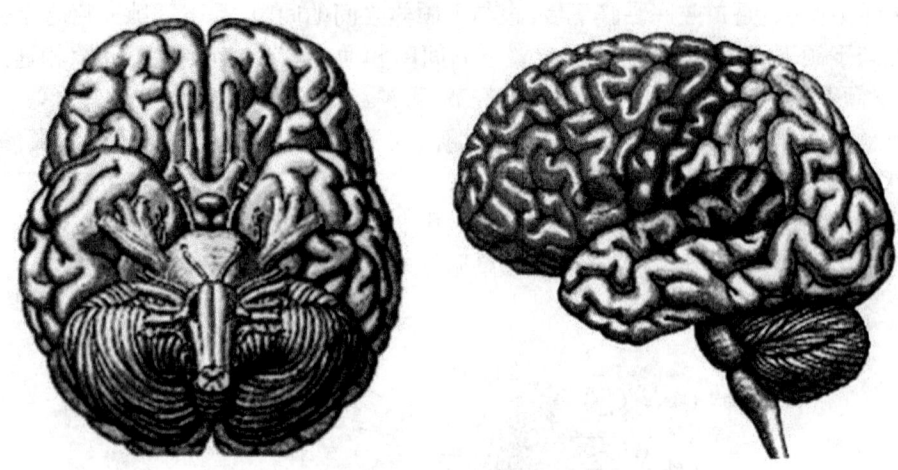

图 2-1-9　脑（侧面观和前面观）

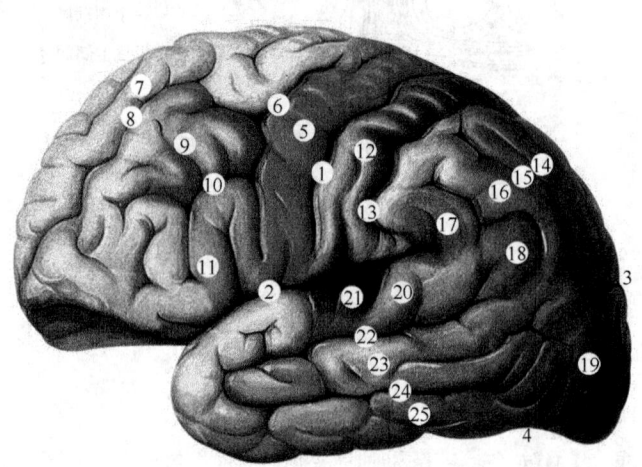

图 2-1-10　端脑外侧面观

1. 中央沟；2. 外侧沟；3. 顶枕沟；4. 枕前切迹；5. 中央前回；6. 中央前沟；7. 额上回；8. 额上沟；9. 额中回；10. 额下沟；11. 额下回；12. 中央后回；13. 中央后沟；14. 顶上小叶；15. 顶内沟；16. 顶下小叶；17. 缘上回；18. 角回；19. 枕叶；20. 颞上回；21. 颞横回；22. 颞上沟；23. 颞中回；24. 颞下沟；25. 颞下回

2. 脑桥（pons）

（1）外部主要结构：腹侧面称为脑桥基底部（basilar part of pons），主要结构有基底沟（basilar suleus）、小脑中脚（middle cerebellar peduncle，又称脑桥臂）、延髓脑桥沟（bulbopontine sulcus，沟中由内向外依次有展神经、面神经、前庭蜗神经发出）脑桥小脑三角（pontocerebellar trigone，前庭蜗神经纤维瘤好发部位）、三叉神经根。背侧面有小脑上脚、上髓帆、菱形窝上半部、菱脑峡。

（2）内部主要结构：展神经核、面神经核、三叉神经运动核、上泌涎核；孤束核（上 1/3）、三叉神经脊束核（上 1/3）、三叉神经脑桥核；上橄榄核、蓝斑核。

3. 中脑（midbrain）

（1）外部主要结构：腹面主要结构有大脑脚，脚间窝内有动眼神经根。背面有上丘与外侧膝状体，下丘与内侧膝状体相连，滑车神经从下丘下方出脑。

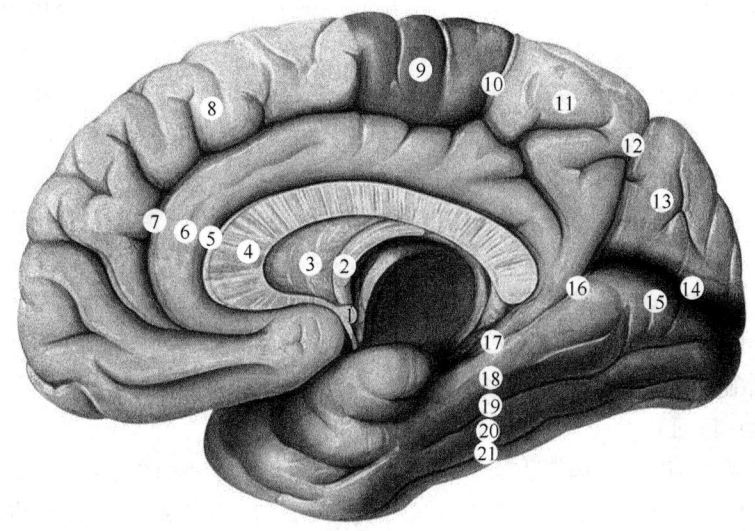

图 2-1-11 端脑内侧面观

1. 前连合；2. 穹隆；3. 透明隔；4. 胼胝体；5. 胼胝体沟；6. 扣带回；7. 扣带沟；8. 额叶内侧回；9. 中央旁小叶；10. 扣带沟边缘支；11. 楔前叶；12. 顶枕沟；13. 楔叶；14. 距状沟；15. 舌回；16. 距状沟；17. 海马沟；18. 海马旁回；19. 侧副沟；20. 枕颞内侧回；21. 枕颞沟

（2）内部主要结构：滑车神经核、动眼神经核、动眼神经副核、三叉神经中脑核（上 2/3）。上丘核、下丘核、被盖、红核、黑质、顶盖前区。

4. 小脑（cerebellum）

（1）外部主要结构：由中央的蚓部和两侧的小脑半球组成，分为 3 叶：前叶、后叶、绒球小结叶。

（2）内部主要结构：小脑皮质、髓质、小脑核（cerebellar nuclei，顶核、球状核、栓状核、齿状核）。

5. 间脑（diencephalon）

（1）外部主要结构：分为 5 部，包括背侧丘脑、后丘脑、上丘脑、下丘脑、底丘脑。内侧膝状体、外侧膝状体；松果体、缰连合、缰三角、丘脑髓纹、后连合（与瞳孔反射及运动调节信号传递相关）；视交叉、灰结节、漏斗、乳头体、垂体，见图 2-1-9。

（2）内部主要结构："Y"形内髓板、前核群、内侧核群、外侧核群（腹后内侧核、腹后外侧核）、中线核群；缰核；室旁核、视前核、视上核、漏斗核（弓状核或结节核）、乳头体核、下丘脑处核、下丘脑内侧核（背内、腹内）、下丘脑前核、底丘脑核。

6. 端脑

（1）端脑的形态结构："两裂三沟五叶"。两裂即大脑纵裂（矢状裂）和大脑横裂（水平裂），三沟即中央沟、外侧沟、顶枕沟，五叶即额叶、顶叶、枕叶、颞叶、岛叶。大脑的主要沟回如下所述。

1）额叶（frontal lobe）：外侧面以中央沟、大脑外侧裂为界；内侧面以扣带沟为界。

A. 额叶外侧面：有 3 沟 4 回，中央前沟（此沟常分为上、下两段，分别发出额上、下沟）、额上沟、额下沟。中央前回、额上回、额中回（有时由额中沟将额中回分为上、下两部分）、额下回（常被外侧沟的前支和升支分为眶部、三角部和岛盖部，前支又称为水平支）。

B. 额叶内侧面:包括额内侧回和中央旁小叶前部(为中央前回延伸至内侧面的部分),两者以中央旁沟为界。

C. 额叶底面:嗅沟(内有嗅球、嗅束)、嗅三角(嗅束向后扩大部,由内侧嗅纹、外侧嗅纹与嗅结节构成);眶回(被"H"形沟分为四部:前部为眶前回,移行于额中回;后部为眶后回,移行于额下回的岛盖部;内侧部为眶内侧回,移行于额上回;外侧部为眶外侧回,移行于额下回的眶部),直回。前穿质(嗅三角与嗅束之间)、后穿质(脚间窝内),内有许多小血管穿入脑实质及基底部内。

2) 顶叶(parietal lobe):外侧面以中央沟、大脑外侧裂后支、顶枕沟与枕前切迹连线为界;内侧面以扣带沟的缘上支、顶下沟、顶枕沟为界。

A. 顶叶外侧面:有2沟3回,中央后沟、顶间沟(顶内沟);中央后回、顶上小叶、顶下小叶(分为缘上回、角回)。

B. 顶叶内侧面:以扣带沟缘上支为界分为中央旁小叶后部和楔前叶两部。中央旁小叶后部为中央后回的延续,楔前叶借扣带沟缘上支、顶下沟(为扣带沟向后下的延续,有时不与扣带沟相连)、顶枕沟与周围分界,其位于顶下沟与顶枕沟之间的部分又称扣带沟峡。

3) 枕叶(occipital lobe):外侧面以顶枕沟与枕前切迹连线为界;内侧面以胼胝体压部下方与枕前切迹连线为界。枕叶与语言、视觉等功能相关。

A. 枕叶外侧面:在外侧面很小,沟回不定,常见的有1沟2回,枕横沟(枕外侧沟)由外侧沟将枕叶分为枕上回、枕外侧回,枕上回内有时有月状沟出现。

B. 枕叶内侧面:1沟2回,距状沟(常向前与顶枕沟交汇后向前下延续一段后续为海马沟,成"人"字形,分为前距状沟和后距状沟,前距状沟突入到侧脑室后角内侧壁,形成禽距);以距状沟为界分为楔叶,舌回。

C. 枕叶底面:沟和回与颞叶底面相移行。侧副沟后部、枕颞沟后部,枕颞内侧回后部、枕颞外侧回后部。

4) 颞叶(temporal lobe):外侧面以外侧沟、顶枕沟与枕前切迹连线;内侧面以海马沟、胼胝体压部下方与枕前切迹连线为界。

A. 颞叶外侧面:有2沟3回,颞上沟、颞下沟;颞上回(颞横回:位于颞上回与外侧沟下壁之间的中后部,由2~3个斜向前外的小回组成,主要接受来自内侧膝状体的纤维)、颞中回、颞下回。

B. 颞叶底面:有3沟5回,枕颞沟、侧副沟(突入侧脑室下角下外侧壁形成侧副隆起,后端膨大部称侧副三角)、海马沟(突入侧脑室下角形成海马);枕颞外侧回(即颞下回)、枕颞内侧回、海马旁回(即海马回,其前端为钩)、海马(位于齿状回外侧,由海马沟突入到侧脑室下角下壁,形成一弓形隆起,称为海马,前端膨大称海马脚)、齿状回。

5) 岛叶(insula):位于外侧沟深面,最外囊浅面,被额叶、顶叶、颞叶所掩盖,形成岛盖,即额盖、顶盖、颞盖。主要沟回有环状沟、中央沟(走行与外侧沟一致);岛阈(指向前穿质)、岛长回、岛短回。

(2) 端脑的边缘系统(limbic system):是由边缘叶及其相联系的皮质结构组成,包括隔区、扣带回、海马、齿状回、海马旁回、岛叶前部、颞极。

1) 边缘叶(limbic lobe):边缘叶是根据其分化与功能来划分,由端脑5叶的一部分与其他相关结构参与构成,以胼胝体沟和海马沟为界分为边缘叶内带和外带。主要有扣带回、穹隆回狭(位于胼胝体沟与距状沟前部之间的狭窄部分)、海马旁回及海马沟、胼胝体上回

(位于胼胝体上面与胼胝体沟底移行部的薄层灰质)、胼胝体下回(胼胝体上回向前绕至胼胝体嘴下方形成,向下与斜角回和内侧嗅纹相连)、旁嗅区(位于胼胝体下回前面,前嗅沟与旁嗅沟之间)、斜角回(又称斜带,由胼胝体下回向下移行,位于视束的前方,向外后方连于海马沟)、束状回(由胼胝体上回向后绕胼胝体压部移行,再向前下移行为海马和齿状回)。

2)其他主要相关结构

A. 嗅脑:指与嗅觉相关的结构,称嗅脑。从发生和功能上嗅脑不属于边缘系统,但结构与边缘系统相关,如前穿质、杏仁核、梨状区等结构共同属于两个系统。

B. 隔区:位于透明隔的下部和下方,主要由胼胝体下区和终板旁回构成,区内有多个核团,统称隔核,发出和接收多种纤维参与边缘系统与下丘脑的联系,对整合各种冲动,完成情绪、饮食、性行为及学习记忆有重要作用。

C. 海马结构:海马和齿状回全称海马结构,包括胼胝体上回,束状回,齿状回、海马、下脚,海马旁回钩 4 部分。

(3) 端脑的内部结构

1) 基底核:尾状核、豆状核(苍白球、壳)、屏状核、杏仁体。

A. 纹状体:豆状核+尾状核=新纹状体(尾状核+壳)+旧纹状体(苍白球)。

B. 杏仁体:又称杏仁核,位于侧脑室下角,与尾状核末端相连。杏仁体纤维联系广泛,与内脏及内分泌活动、情绪调节有关。

2) 大脑髓质:分为 3 类,联络纤维、连合纤维、投射纤维。

A. 联络纤维:联系同侧半球内各皮质的纤维。短纤维称弓状纤维,联系叶内各回;长纤维联系叶间各回,主要有钩束(连接额、颞两叶前部)、上纵束(连接额、顶、枕、颞四叶)、下纵束(连接枕、颞两叶)、扣带(连接边缘叶各部)。

B. 连合纤维:连合左右半球皮质的纤维,包括胼胝体、前连合、穹隆连合。

胼胝体(corpus callosum):位于大脑半球纵裂底部,由横行神经纤维束构成,是大脑半球中最大的连合纤维。这些神经纤维在两半球中间形成弧形板,由前向后分为嘴、膝、干、压部。组成胼胝体的纤维向两半球内部辐射,连系额、顶、枕、颞叶,分别形成额钳、枕钳和半卵圆中心的主要纤维,并参与构成侧脑室,见图 2-1-12。

穹隆(fornix):是海马至下丘脑乳头体的弓形纤维束,分为穹隆脚、穹隆体、穹隆柱三部分,越至对边的部分纤维称穹隆连合(fornical commissure),见图 2-1-12。

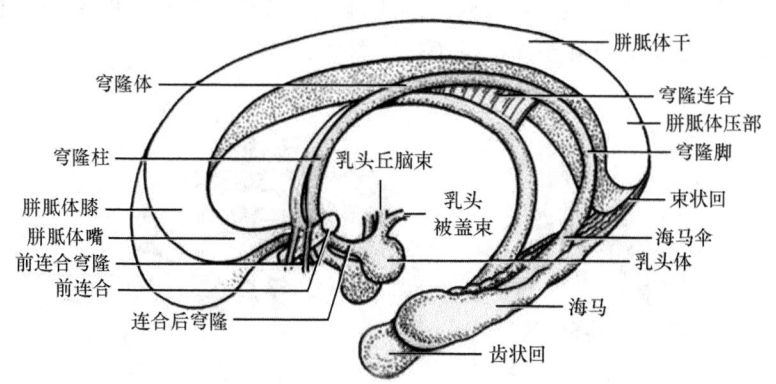

图 2-1-12 胼胝体、穹隆

海马(hippocampus),位于侧脑室下角底壁的前部,是由海马沟底的皮质陷入侧脑室下角而形成的潜在性皮质,形状如海马,前端较膨大,为海马脚和海马趾,整个海马可分为4区,即CA1、CA2、CA3、CA4区,与海马旁回、乳头体和隔区纤维联系密切,与机体高级精神活动及学习、记忆相关,成为目前脑功能相关研究的热点之一。

海马为海马沟卷入侧脑室而形成的潜在皮质回,分为海马、齿状回、束状回、海马伞至穹隆脚、穹隆连合、穹隆体、穹隆柱连合前穹隆、穹隆柱连合后穹隆,止于乳头体。

前连合(anterior commissure):位于终板后方,主要连接颞叶、海马、杏仁体,也包含连接嗅球的嗅束交叉纤维。

C. 投射纤维:是联系大脑皮质与皮质下各中枢结构的上、下行纤维,即连接高级与低级中枢的上、下行纤维。主要投射纤维有内囊、外囊和最外囊。投射纤维形成的结构有辐射冠、半卵圆中心、髓突等。

内囊(internal capsule):由位于尾状核、背侧丘脑与豆状核之间的投射纤维构成,横断面上呈"＞＜"形,分为内囊前肢、膝和后肢三部分。当内囊供血动脉栓塞或出血时引起内囊损伤,常致脑卒中、脑出血等疾病发生,特别是内囊后肢受损可引起"三偏"综合征,即偏感(损伤丘脑中央辐射,导致对侧躯体感觉丧失)、偏瘫(损伤皮质脊髓束,导致对侧四肢瘫痪)、偏盲(损伤视辐射,导致对侧视野同向性偏盲)。

半卵圆中心(centrum semiovale):为横断面上大脑半球内呈半卵圆形的白质区,主要由胼胝体的辐射纤维和经内囊的投射纤维等组成,因为半卵圆中心的纤维主要是髓纤维,故CT图像上呈低密度区,MRI T1加权像上呈高信号区。

辐射冠(corona radiata):是半卵圆中心周围至髓突间的投射纤维,呈辐射状投射至大脑皮质。

髓突(medullary process):大脑半球的髓质在辐射冠边缘向外周延伸出一些条索状的突起结构称为髓突。髓突指向皮质,其根部相连,形似菜花样。各特定脑回在大脑表面可有数个突起,但髓突的根部常仅有一个,可依据髓突根部来辨别脑回。

☆思考
1. 什么是穹隆室?
2. 你知道内囊、外囊、最外囊的认识规则吗?

(二) 脑室

脑室系统包括左、右侧脑室,第三脑室,第四脑室,以及连接脑室的室间孔和中脑水管,部分人还可能有发育变异的第五、第六脑室,见图2-1-13。

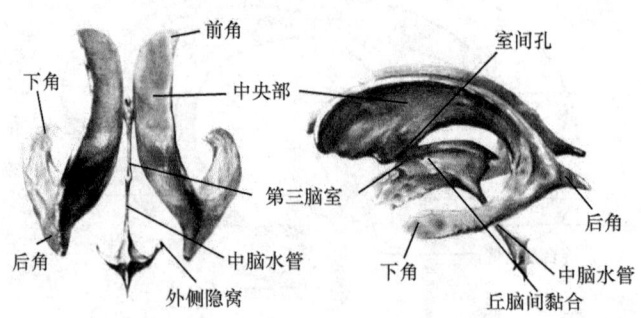

图 2-1-13　脑室

1. 侧脑室(lateral ventricle) 位于大脑半球内，左右各一，由前角、中央部、后角、下角组成，借室间孔与第三脑室相通。

(1) 前角：为室间孔之前的部分，位于胼胝体、透明隔、尾状核头部之间。

(2) 中央部：为室间孔与胼胝体压部之间部分，伸入顶叶内，冠状面上呈斜裂形，位于胼胝体、透明隔、穹隆、背侧丘脑、脉络丛、尾状核之间。

(3) 后角：为胼胝体压部，伸入枕叶内，呈三棱锥体形，位于胼胝体、视辐射、两纵行隆起[后角球(bulb of posterior horn)：位于内侧壁的背侧，由胼胝体压部放射到枕叶的纤维形成；禽距(calcar avis)：位于内侧壁的腹侧，由距状沟前部的皮质陷入侧脑室内侧形成]、枕叶髓质之间。

(4) 下角：为侧脑室跨越大脑外侧沟，伸入颞叶内部分，位于胼胝体、尾状核尾、终纹、杏仁体，以及海马伞、海马、侧副隆起之间[侧副隆起(collateral eminence)：位于侧脑室下角底壁外侧部，为侧副沟皮质突入侧脑室形成，其后端膨大部称侧副三角(collateral trigone)]。

(5) 侧脑室三角区(lateral ventricle triangle)：为侧脑室中央部、下角和后角汇合处，是侧脑室脉络丛及脑脊液产生的主要部位。

2. 第三脑室(third ventricle) 位于背侧丘脑和下丘脑之间，呈矢状裂隙，顶为软脑膜及其血管与室管膜上皮共同构成的脉络组织，脉络组织突入室腔形成第三脑室脉络丛；底为下丘脑，由前至后有视交叉、漏斗、灰结节、乳头体。前壁为前连合、终板；后壁为上丘脑，由上至下有缰连合、松果体、后连合；侧壁为背侧丘脑、下丘脑。第三脑室腔隙延伸入垂体柄和松果体柄分别形成漏斗隐窝、松果体隐窝。第三脑室借室间孔与侧脑室相通，借中脑水管与第四脑室相通。

3. 第四脑室(fourth ventricle) 位于延髓、脑桥、小脑之间，由菱形窝与小脑围成，呈四棱锥体形，顶朝向小脑，由上至下有小脑上脚、上髓帆、下髓帆及第四脑室脉络组织；底为菱形窝。第四脑室向上经中脑水管与第三脑室相通，向下与脊髓中央管相通，向两侧突向小脑与脑干之间，形成第四脑室外侧隐窝，其末端开口形成外侧孔，向下后有第四脑室正中孔，借外侧孔和第四脑室正中孔，第四脑室通向蛛网膜下隙。

4. 第五脑室(fifth ventricle) 位于透明隔之间，故又称透明隔腔，呈矢状裂隙，前壁为胼胝体膝；后壁为穹隆柱；上壁为胼胝体干；下壁为胼胝体嘴、前连合。第五脑室是脑发育上的变异，一般不与其他脑室相通，相通时即称为第五脑室，当室内有囊肿形成时可阻塞室间孔导致脑脊液循环受阻，引起颅内压升高，见图 2-1-12。

5. 第六脑室(sixth ventricle) 位于穹隆连合与胼胝体之间，又称 Verga 腔或穹隆室，呈水平裂隙，第六脑室也是脑发育上的变异，常与第五脑室共同存在，且相互交通，当第六脑室过度扩大时可引起脑脊液循环受阻，也可导致颅内压升高，见图 2-1-12。

(三) 脑被膜

脑的被膜由外向内依次为硬脑膜、脑蛛网膜和软脑膜。形成的主要结构有以下几种。

1. 大脑镰(cerebral falx) 位于大脑纵裂内，呈镰刀形，前端附着于鸡冠，后端移行为小脑幕，连接处形成直窦，下邻胼胝体，在大脑镰上、下缘分别有上、下矢状窦。

2. 小脑幕(tentorium of cerebellum) 位于颅后窝，分隔端脑与小脑，前外侧缘附着于颞骨岩部、前床突、后床突，前内侧缘游离，呈"U"形，为小脑幕切迹(tentorial notch incisura)，与鞍背围成小脑幕孔，有中脑通过；后缘附着于横窦。小脑幕将颅腔分为上下两部，当上部病变颅内压升高时,可将小脑幕切迹上方的海马旁回和钩挤压移位至小脑幕切迹,形成小脑幕切迹疝,压迫大脑脚和动眼神经,由于小脑幕顶高于两侧,在横断面上可呈"Y"、"V"或"八"字形。

3. 小脑镰(cerebellar falx) 为小脑幕后下缘伸入小脑两半球之间的正中矢状隔,称为小脑镰,内有枕窦。

4. 鞍膈(diaphragma sellae) 位于蝶鞍上方,封闭垂体窝的硬脑膜,张于鞍背上缘与鞍结节之间,中央为膈孔,漏斗经此孔与垂体相连。

5. 硬脑膜窦(sinuses of dura mater) 由两层硬脑膜在局部分开衬以内皮细胞构成,为颅内静脉的一部分。特点:窦壁无平滑肌,不能收缩,损伤易出血形成颅内血肿。主要有以下硬脑膜窦。

(1)上矢状窦(superior sagittal sinus):位于大脑镰上缘,起于盲孔,向后注入窦汇,向两侧延伸为上矢状旁窦,内有蛛网膜粒。上矢状窦主要收纳蛛网膜颗粒回流的脑脊液、大脑半球浅面的部分静脉血。

(2)下矢状窦(inferior sagittal sinus):位于大脑镰下缘,向后至小脑幕前缘与大脑大静脉汇合形成直窦。下矢状窦主要收纳大脑半球内侧面、大脑镰和胼胝体的部分静脉血。只有下矢状窦和直窦不位于纤维硬脑膜与颅内骨膜之间,从而也不接收颅骨来的血液。

(3)直窦(straight sinus):位于大脑镰与小脑幕连接处,由大脑大静脉与下矢状窦汇合而成,向后与上矢状窦在枕内隆凸汇合成窦汇(confluence of sinus),窦汇向两侧延续为横窦,向上、向下分别接纳上矢状窦、枕窦。

(4)横窦(transverse sinus):位于横窦沟内,由窦汇向两侧延续而成,至岩枕裂处延续为乙状窦。

(5)乙状窦(sigmoid sinus):位于乙状窦沟内,颞骨乳突和枕骨内侧面,向下至颈静脉孔处延续为颈内静脉。

(6)海绵窦(cavernous sinus):位于蝶鞍两侧,内有结缔组织小隔将窦分隔成多个互通的小腔,形似海绵,其中在垂体窝周围由海绵间窦和横支形成的环状窦将两侧海绵窦相连。窦腔外侧壁有动眼神经、滑车神经、三叉神经发出的眼神经和上颌神经,窦腔内侧壁有展神经和颈内动脉通过。海绵窦向前经眼静脉通面静脉,向外侧与大脑中浅静脉相连,向外后通岩上、下窦,向下借卵圆孔小静脉通翼静脉丛。故感染漫延可引起海绵窦炎症,损伤窦内的血管神经,见图 2-1-14。

6. 脑池(cerebellar cistern) 是蛛网膜下隙在脑的沟、裂等处扩大形成,又称脑蛛网膜下池,池内充满脑脊液。相邻脑池之间无明显界限,彼此相通,其形状与大小的变化在临床影像诊断上具有重要意义。主要的脑池分布如下,见图 2-1-15。

(1)小脑延髓池(cerebellomedullary cistern):又称枕大池,位于脑干背侧面、小脑与延髓之间,为脑池中最大的池。小脑延髓池被小脑镰分为左、右两部分,向前与第四脑室相通,向下通脊髓蛛网膜下隙,并与小脑上池、小脑谷池、延池相通,池内有小脑下后动脉通过,在CT上呈三角形低密度影。

(2)桥池(pontine cistern):又称脑桥前池,位于脑干腹侧面、脑桥与枕骨斜坡之间。桥池向上通脚间池,向下通延池,向外后通脑桥小脑角池,内有基底动脉通过。

(3)脑桥小脑角池(cistern of pontocerebellar angle):又称桥池侧突,为桥池向外侧的延续,位于延髓、脑桥和小脑相结合的脑桥小脑三角区(pontocerebellar trigone region)。脑桥小

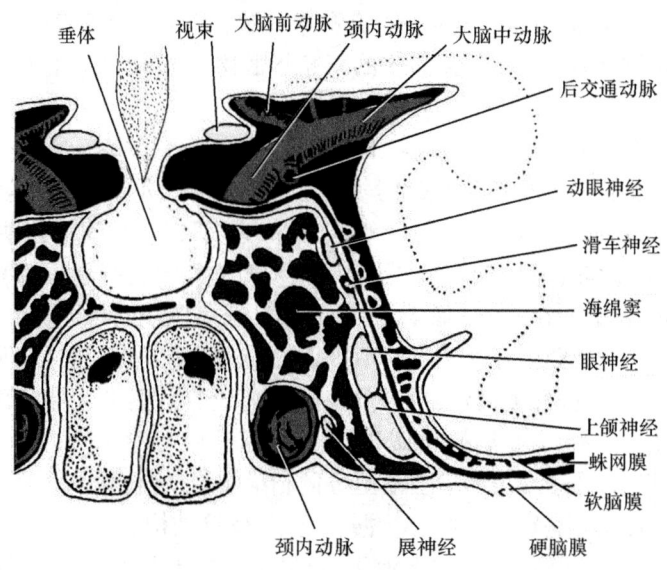

图 2-1-14 海绵窦

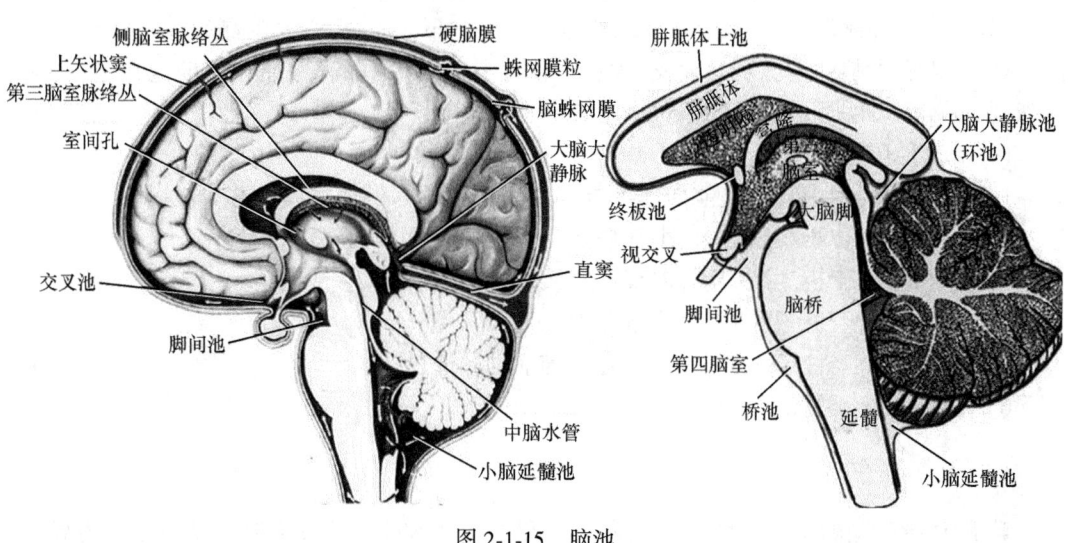

图 2-1-15 脑池

脑角池向前上通桥池,向后下通小脑延髓池,前外侧邻颞骨岩部,池内有面神经、前庭蜗神经、小脑下前动脉和迷路动脉通过。前庭蜗神经纤维瘤时,患者会有听力障碍、小脑受损和神经(面神经、三叉神经、舌咽神经、迷走神经)受压的相应临床表现,CT 上呈低密度或低等混合密度块状阴影,T2WI 多呈高信号,少数呈高等混合信号。

(4) 脚间池(interpeduncular cistern):位于脚间窝与鞍背之间,向下通桥池,向两侧经环池通四叠体池,池内有动眼神经、大脑后动脉通过,池的边缘有后交通动脉、脉络丛前动脉经过。

(5) 环池(ambient cistern):位于中脑大脑脚周围,连于脚间池和四叠体池之间,向外上通丘脑后池。环池内有大脑后动脉、小脑上动脉、脉络丛前动脉、脉络丛后动脉、基底静脉和滑车神经通过。

(6) 四叠体池(quadrigeminal cistern):位于脑干的被侧面上份,四叠体与小脑蚓上部的前缘之间,向前通环池,向上通大脑大静脉池,向后通小脑上池。

(7) 帆间池(intervelamentous cistern)：又称第三脑室上池或中间帆池，位于第三脑室顶的上方、穹隆、胼胝体压部之间，呈尖向前的三角形腔隙。帆间池向下通大脑大静脉池，内有大脑内静脉通过。

(8) 大脑大静脉池(cistern of great cerebral vein)：位于第三脑室后方、上丘脑、胼胝体压部和小脑幕切迹之间，池内有松果体、大脑大静脉。CT上与第三脑室上部共同呈菱形低密度影。

(9) 鞍上池(suprasellar cistern)：位于蝶鞍上方，为交叉池、脚间池在轴位扫描时的共同显影，池内有视交叉、漏斗(垂体柄)、乳头体、动眼神经、大脑动脉环(后部)等结构。由于扫描基线和体位不同，鞍上池在CT图像上可呈四角形、五角形或六角形。

1) 六角形鞍上池：是经交叉池和脚间池平面的扫描图像，前角伸入大脑纵裂池，后角伸入脚间池，前外角伸入大脑外侧窝池，后外侧角伸入环池。六角形为完整的鞍上池显影，池内有视交叉、漏斗(垂体柄)、乳头体、动眼神经、大脑后动脉环等结构。

2) 四角形鞍上池：是经六角形鞍上池上方的扫描图像，因位置高于环池，故后外侧角缺失，鞍上池只剩四角，池内有视束、视交叉、漏斗、乳头体等结构。

3) 五角形鞍上池：是经六角形鞍上池下方的扫描图像，因位置低于脚间池，故后角缺失，鞍上池只剩五角，池内有视交叉、垂体柄、颈内动脉、鞍背、基底动脉等结构。

(10) 大脑外侧窝池(cistern of lateral fossa of cerebrum)：又称大脑侧裂池，位于大脑外侧沟处，池内有大脑中动脉及其分支、大脑中浅静脉、大脑中深静脉通过。该池在老年人较清晰，脑萎缩患者明显增宽(超过5mm有诊断意义)。

(11) 其他脑池

1) 小脑谷池：为小脑延髓池向前上方延伸入小脑两扁桃体之间的部分。
2) 小脑上池：位于小脑之上、小脑幕之下，矢状断层可较好显示。
3) 交叉池：位于视交叉周围，内有视交叉。
4) 终板池：位于终板前方，交叉池上方。
5) 大脑纵裂池：位于大脑纵裂内，有大脑前动脉通过。
6) 延池：位于延髓前正中裂周围。

(四) 脑血管

1. 脑动脉 脑的供血动脉来自颈内动脉和椎-基底动脉，以顶枕沟或以小脑幕为界，大脑前2/3和间脑大部分由颈内动脉主要供血，大脑后1/3、间脑小部分、小脑、脑干由椎动脉和基底动脉主要供血，两者在脑底吻合成Willis环，并发出大脑前、中、后动脉，经皮质支和中央支至脑。

脑动脉的特点：①脑的血供与颅骨和硬脑膜的血供彼此无关(硬脑膜血供主要有3支。脑膜中动脉，由上颌动脉发出，经棘孔入颅中窝，沿颞骨内面的脑膜中动脉沟走行；脑膜前动脉，来自筛前动脉；脑膜后动脉，来自咽升动脉；其他还有椎动脉及枕动脉发出的脑膜支)。②大脑动脉皮质支营养皮质和浅层髓质，中央支营养基底核、内囊、间脑等，两者互不吻合，皮质血供比髓质丰富，以视皮质最丰富。③脑的毛细血管内皮为紧密连接，无窗孔，周围被胶质细胞的足板包绕，构成血-脑屏障，但在神经垂体、脉络丛等处缺乏血-脑屏障。④脑血管变异甚多，尤其是大脑动脉环。

(1) 颈内动脉(internal carotid artery)

1) 颈内动脉分段：5分法，即Fischer法，1938年，由费歇尔提出根据行程及位置分为颈段、岩段、破裂孔段、海绵窦段、前床突上段,共5段,见图2-1-16。

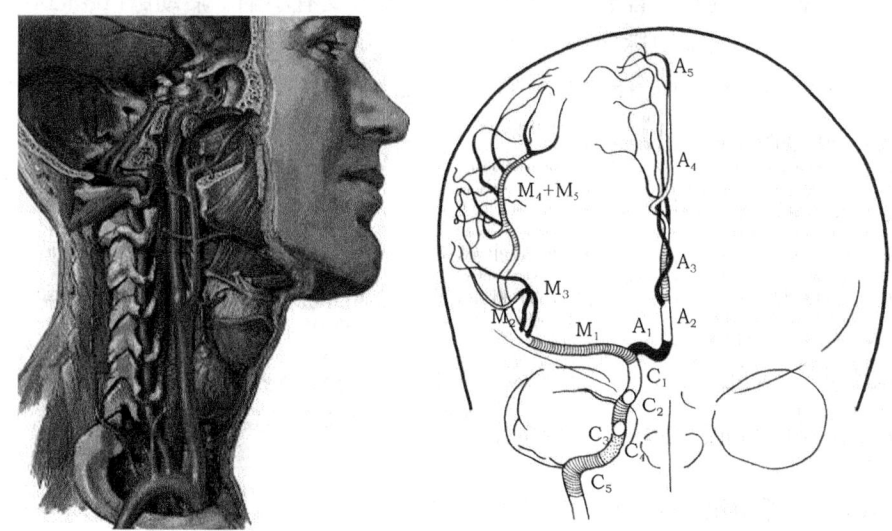

图2-1-16 颈内动脉、颈内动脉造影(前后位)

颈段:位于颈动脉三角内、甲状软骨上缘至颈动脉管外口处,此段恒定,无分支。
岩段:位于颞骨岩部内,呈"S"形绕过鼓室前壁。
破裂孔段:位于破裂孔内,经破裂孔后壁入破裂孔,向前上进入海绵窦。
海绵窦段:位于海绵窦内,经颈动脉沟,由后床突至前床突,续为前床突段。
前床突上段:位于前床突内侧,硬膜环至颈内动脉发出后交通动脉支处。

其中海绵窦和前床突上段合称虹吸部,呈"U"或"V"形,是动脉硬化的好发部位。颈内动脉段末分支处,由前床突上段、大脑前动脉和大脑中动脉三者在脑前后位血管造影图片上呈"T"形,当"T"形改变时,有临床意义。

2) 颈内动脉的分支

A. 大脑前动脉(anterior cerebral artery):在颈内动脉前床突段向前发出,至视神经管口,发出眼动脉和前交通动脉,主干向前上行进入大脑纵裂,沿胼胝体沟后行,终末支移行为楔前动脉。眼动脉经视神经管入眶,前交通动脉在交叉前沟内左右相连,参与构成大脑动脉环,前交通动脉为动脉瘤好发部位。

大脑前动脉皮质支沿途分布于顶枕沟之前的额、顶叶内侧面,主要分支有额底内侧动脉,额前、中、后动脉,中央旁动脉,楔前动脉,胼胝体后动脉;大脑前动脉中央支又称内侧豆纹动脉,经前穿质入脑实质,供应尾状核头、豆状核前部、内囊前肢、下丘脑、嗅区、胼胝体下区等。

B. 大脑中动脉(middle cerebral artery):是颈内动脉的直接延续,主要分支有外侧豆纹动脉、脉络丛前动脉、后交通动脉,主干向外横过前穿质进入大脑外侧沟。

大脑中动脉皮质支沿外侧沟分布于大脑上外侧面和岛叶(包括躯体运动、感觉和语言中枢,阻塞后将出现相应功能障碍),主要分支有额底外侧动脉,中央前、中、后沟动脉,颞叶前、中、后动脉,顶后动脉,角回动脉。大脑中动脉中央支又称外侧豆纹动脉,经前穿质入脑实质,营养尾状核、豆状核、内囊膝和后肢的大部,是供应纹状体和内囊的主要动脉,易破裂出血,又称"出血动脉",为脑出血好发部位。

(2) 椎动脉(vertbral artery):自锁骨下动脉第一段发出,穿第1~6颈椎横突孔上行,经寰椎后弓上的椎动脉沟,向前穿寰枕后膜、硬脊膜,经枕骨大孔入颅,在蛛网膜下隙沿延髓两侧上行,至延髓脑桥沟平面合成基底动脉。其主要分支有小脑下后动脉(posterior inferior cerebellar artery),自颅内椎动脉中段发出,分布于小脑下后部、延髓后区及第四脑室脉络丛,小脑下后动脉因行程长而弯曲,容易发生动脉栓塞。其他分支有脑膜支,供应颅骨和小脑镰;脊髓前、后动脉,营养脊髓;延髓动脉,分布于延髓。

(3) 基底动脉(basilar artery):由椎动脉在基底沟合成,上行至脑桥上缘分为大脑后动脉。其主要分支有以下几种。

1) 小脑下前动脉(anterior inferior cerebellar artery)自基底动脉下段发出,向下后至展神经外侧分为上下两支,分布于小脑前下部及内耳。迷路动脉80%起自小脑下前动脉,少数起自基底动脉。

2) 脑桥动脉(pontine artery)自基底动脉两侧发出多支(5~7支),分布于脑桥基底部。

3) 小脑上动脉(superior cerebellar artery)自基底动脉末段发出,包绕脑桥至后方,分布于小脑上部。

4) 大脑后动脉(posterior cerebral artery)自基底动脉末段分出,借后交通动脉与颈内动脉相连,参与构成大脑动脉环,大脑后动脉主干绕大脑脚,经小脑幕上面至大脑底,沿海马旁回沟至颞叶和枕叶内侧,向后上发出顶枕动脉和距状沟动脉。

大脑后动脉皮质支分布于颞叶的内侧面、底面及枕叶;中央支经后穿质入脑实质,营养间脑绝大部分。大脑后动脉与小脑上动脉之间有动眼神经,当颅内压增高时,大脑后动脉向下移位,牵拉压迫动眼神经,引起动眼神经麻痹。

(4) 大脑动脉环(cerebral arterial circle)又称Willis环,位于脑底、蝶鞍上方,环绕视交叉、灰结节和垂体乳头体周围,由两侧大脑前动脉起始段、两侧颈内动脉末端、两侧大脑后动脉借前后交通动脉共同构成。此环将两侧颈内动脉和椎-基底动脉合为一体,成为脑供血代偿的潜在装置,当发育不良或栓塞时,可通过此环使血液重新分配和代偿,以维持脑的血供。我国大约有48%的人大脑动脉环发育不良,异常动脉环出现动脉瘤概率高,前交通动脉和大脑前动脉连接处是动脉瘤好发部位,见图2-1-17。

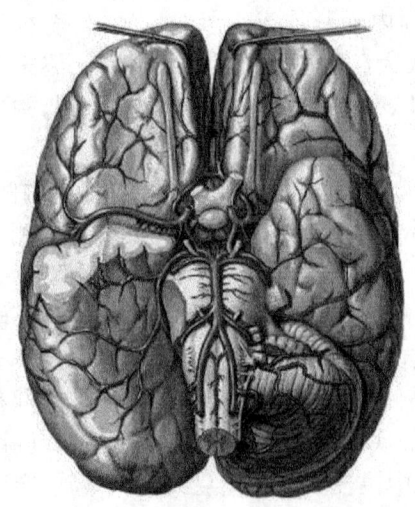
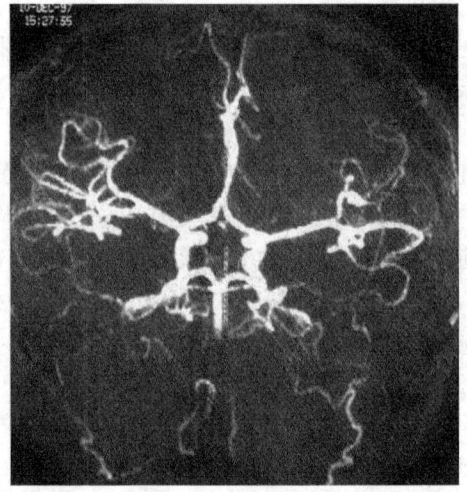

图2-1-17 大脑动脉环、大脑动脉环MRA正常横断像

2. 脑静脉 脑的静脉独行、无瓣膜，吻合丰富，分为浅、深两组，经硬脑膜窦回流至颈内静脉。浅静脉收纳脑皮质、皮质下髓质静脉血后，直接汇入邻近的硬脑膜窦，深静脉收纳大脑深部的髓质、基底核、间脑、脑室脉络丛等处静脉血，最后通过大脑大静脉注入直窦，见图2-1-18。

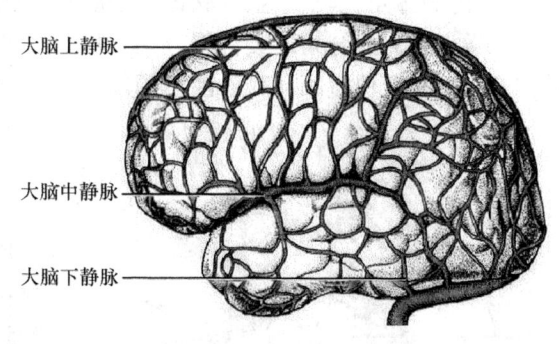

图2-1-18 大脑浅静脉

（1）浅静脉：浅静脉收纳脑皮质、皮质下髓质静脉血后，由深至浅，从皮质穿出的小静脉汇合成软膜静脉网，再汇合成较大的静脉，经软脑膜、蛛网膜下隙、硬膜下隙，直接汇入邻近的硬脑膜窦。浅静脉以大脑外侧沟为界分为上、中、下三组。

1）大脑上静脉：外侧沟以上，收集大脑半球上外侧面和内侧面上部的血液，汇入上矢状窦。

2）大脑中静脉：外侧沟周围，分为浅、深两组，大脑中浅静脉收集大脑半球上外侧面近外侧沟附近的静脉，注入海绵窦；大脑中深静脉收集岛叶的静脉，与大脑前静脉、纹状体静脉汇合成基底静脉，再注入大脑大静脉。

3）大脑下静脉：外侧沟以下，收集大脑半球上外侧面下部和半球下面的血液，主要注入横窦、海绵窦。

（2）深静脉：脑深静脉收纳脑深部髓质、基底核、间脑后部及脉络丛等处静脉血，由浅至深，经大脑内静脉，合成大脑大静脉，汇入直窦，见图2-1-19。

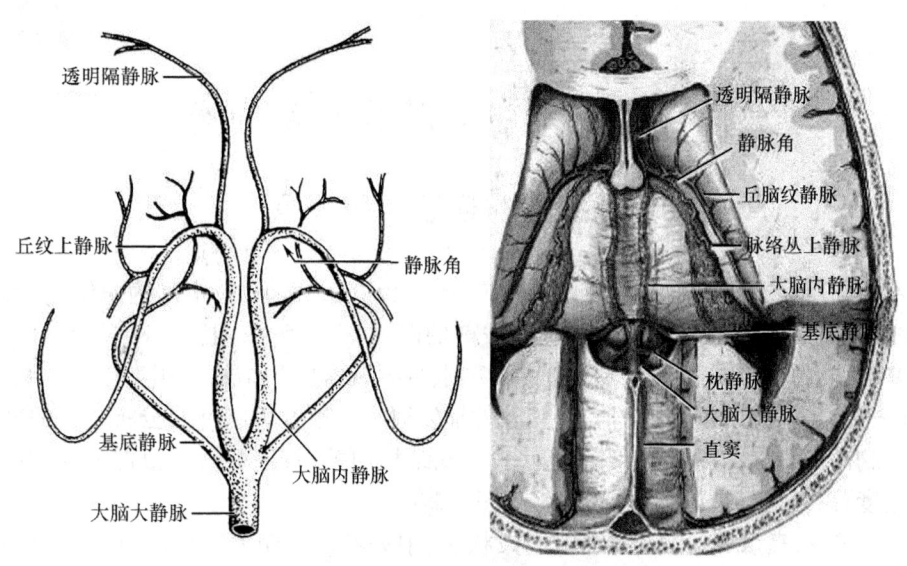

图2-1-19 大脑深静脉与静脉角

1）大脑内静脉（internal cerebral veins）：位于第三脑室上方脉络丛内，左、右各一，由丘纹上静脉（即丘脑纹状体上静脉）、脉络丛上静脉、透明隔静脉在室间孔处合成，向后至胼胝体压部后下方合成大脑大静脉。沿途收纳大脑半球深部、间脑、脉络丛和基底核等处的血液。大脑内静脉角,是指丘脑纹状体上静脉与大脑内静脉连接处形成的一个向后开放的锐角,影像学上称为静脉角。其位置、形态恒定,通过观察测量静脉角位置的改变可判断相邻结构的变化,是定位室间孔和诊断脑深部占位性病变的标志。

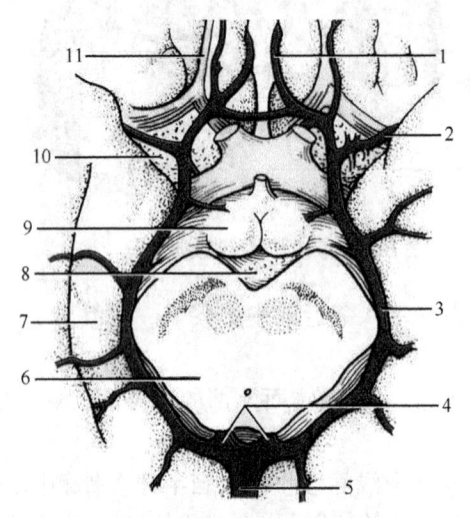

图2-1-20 脑底静脉环
1. 大脑前静脉;2. 大脑中静脉;3. 基底静脉;4. 大脑内静脉;5. 大脑大静脉;6. 中脑;7. 颞叶;8. 后穿质;9. 乳头体;10. 前穿质;11. 嗅束

2)大脑大静脉(great cerebral vein):又称Galen静脉,位于胼胝体压部后下方,粗短,长1~2cm,由左右大脑大静脉合成,向后上与下矢状窦合成直窦,大脑大静脉与直窦形成向下开放的锐角,故在横断面上胼胝体压部后下方可见两个血管断面,前方为大脑大静脉,其后方为直窦。沿途收纳胼胝体后静脉、基底静脉和枕静脉。大脑大静脉壁薄而脆,易破裂出血。

3)基底静脉(basal vein):又称Rosenthal静脉,由大脑前静脉、大脑中深静脉和丘脑纹状体下静脉在视交叉外侧、前穿质处合成,向后外绕中脑大脑脚,经内、外膝状体间,汇入大脑大静脉。当基底静脉行程低于海马沟时,在侧位造影上,类似小脑幕切迹疝,注意区别。

4)基底静脉环:又称脑底静脉环或Rosenthal环,位于大脑动脉环的周围偏后方,由前交通静脉、大脑前静脉、基底静脉、后交通静脉和大脑脚静脉共同围成。脑底静脉环与大脑动脉环均是血管瘤好发部位,见图2-1-20。

(胡光强)

第二节 头部断层应用解剖学

一、头部的连续水平断面

头部横断层标本以脑室上、下界为标志,分为上、中、下三部分,上部为胼胝体干以上的断面,中部为胼胝体干出现至第四脑室消失前的断面,下部为第四脑室以下的断面。以眶耳线为基准线,每层厚10mm,分别向上、下切割,主要观察脑的结构及相互位置关系。临床头部CT扫描检查多用横断层扫描,并用软件辅以冠状断层及矢状断层分析,目的是能更好地显示大脑深部病变扩展情况及其与脑室、颅底结构的关系,检测时常根据需要,调节扫描架倾斜角度,以便更好地观察目标结构,见图2-2-1。

1. 经上矢状窦层面 特征结构:上矢状窦、中央沟。一侧大脑半球可分为内、外侧两面,见图2-2-2。

大脑半球内侧面:上矢状窦位于中线,前窄后宽,两侧为大脑实质和大脑上静脉断面。

大脑半球外侧面:中央沟成倒"八"字形位于大脑半球两侧,且与大脑纵裂通连,以中央沟为标志,辨别脑的分叶与沟回。中央沟之前有中央前回、中央前沟、额上回,中央沟之后有中央后回、中央后沟、顶上小叶。

第二章 头 部

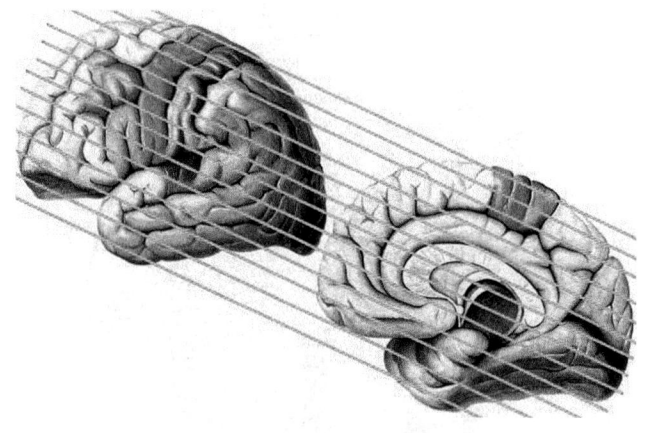

图 2-2-1 头部水平断层图示

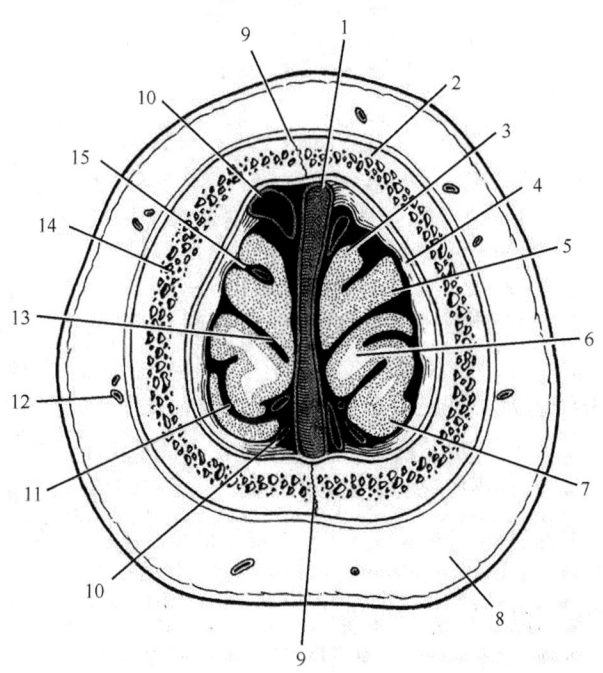

图 2-2-2 经上矢状窦层面

1. 上矢状窦；2. 顶骨；3. 额上回；4. 硬脑膜；5. 中央前回；6. 中央后回；7. 顶上小叶；8. 头皮；
9. 矢状缝；10. 大脑上静脉；11. 中央后沟；12. 浅静脉；13. 中央沟；14. 板障；15. 中央前沟

在此层面上，大脑上静脉显示完整，大脑上静脉在颅脑外科手术时极易损伤出血。头皮(scalp)界限明显，由浅入深依次为：皮肤、浅筋膜（皮下组织）、帽状腱膜及枕额肌、腱膜下疏松结缔组织和颅骨外膜。顶骨及矢状缝可见。

2. 经中央旁小叶上份层面 特征结构：中央旁小叶（上份）、扣带沟（缘支）、楔前叶。

大脑半球可分为内、外侧两面，见图 2-2-3。

大脑半球内侧面：大脑镰完整，位于两侧大脑半球之间，其前、后端为三角形的上矢状窦断面。大脑半球内侧面中间为中央旁小叶，向前依次为中央旁沟、额内侧回，向后依次为扣带沟缘支、楔前叶。

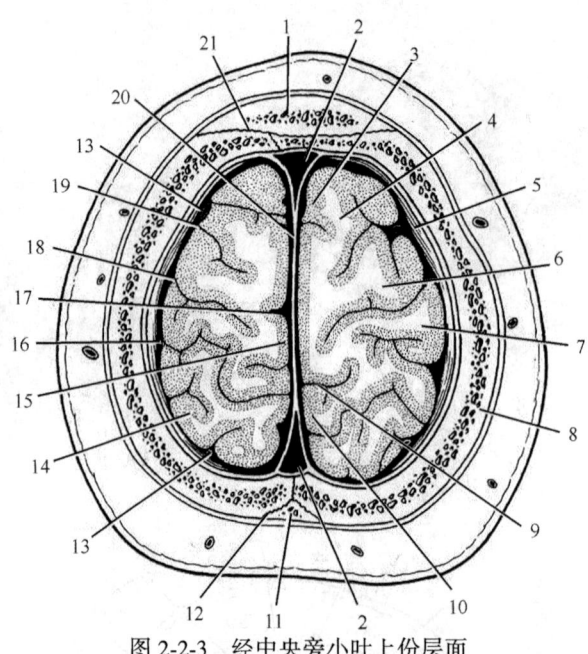

图 2-2-3 经中央旁小叶上份层面

1. 额骨;2. 上矢状窦;3. 额内侧回;4. 额上回;5. 硬脑膜;6. 中央前回;7. 中央后回;8. 顶骨;9. 扣带沟缘支;10. 楔前叶;11. 枕骨;12. 人字缝;13. 大脑上静脉;14. 顶上小叶;15. 中央旁小叶;16. 中央后沟;17. 中央旁沟;18. 中央沟;19. 中央前沟;20. 大脑镰;21. 冠状缝

大脑半球外侧面：中央沟居中，向前依次为中央前回、中央前沟、额上回，向后依次为中央后回、顶上小叶。

在此层面上，上矢状窦断面呈三角形，当发生血栓时，增强 CT 扫描图像表现为 delta 征（空三角征 empty delta sign），三角区周围强化，而中心不能被强化，呈等密度或低密度血栓影，常见于静脉窦血栓引起的缺血、缺氧性脑病。

3. 经中央旁小叶中份层面 特征结构：中央旁小叶（中份）、中央沟、额上沟、顶内沟，见图 2-2-4。

大脑半球可分为内、外侧两面。

大脑半球内侧面：大脑镰完整，其前、后端为三角形的上矢状窦断面，前小后大。中央旁小叶居大脑半球内侧面中部，向前依次为中央旁沟、额内侧回，向后依次为扣带沟缘支、楔前叶。

大脑半球外侧面：中央沟居中部，向前依次为中央前回、中央前沟、额中回、额上沟、额上回，向后依次为中央后回、中央后沟、顶内沟、顶上小叶、顶下小叶。

在此层面上，断面较上一层面增大，额上沟与顶内沟首次出现，额上沟为中央前沟向前的延伸，与中央前沟呈倒"T"形，顶内沟为中央后沟向后的延伸，与中央后沟呈"J"形。在标本、CT、MRI 断层面上准确辨认中央沟对确认脑的沟、回及其他结构具有重要意义，可据以下方法确认中央沟：①中央沟位于大脑半球外侧面中份；②中央沟较深而宽，呈倒"八"字形，与大脑矢状裂隙相通；③中央沟前后为中央前、后回，中央前回较中央后回厚；④中央前、后沟与中央沟伴行；⑤中央沟完整、独行，中央前、后沟有时不完整，分别与额上沟、顶内沟相续联；⑥中央沟位于扣带沟缘支与中央旁沟之间的外侧。

4. 经中央旁小叶下份层面 特征结构：中央旁小叶（下份）、中央沟、顶枕沟、顶内沟。

本层面断面增大，皮质变薄，髓质增多。大脑半球可分为内、外侧两面，见图 2-2-5。

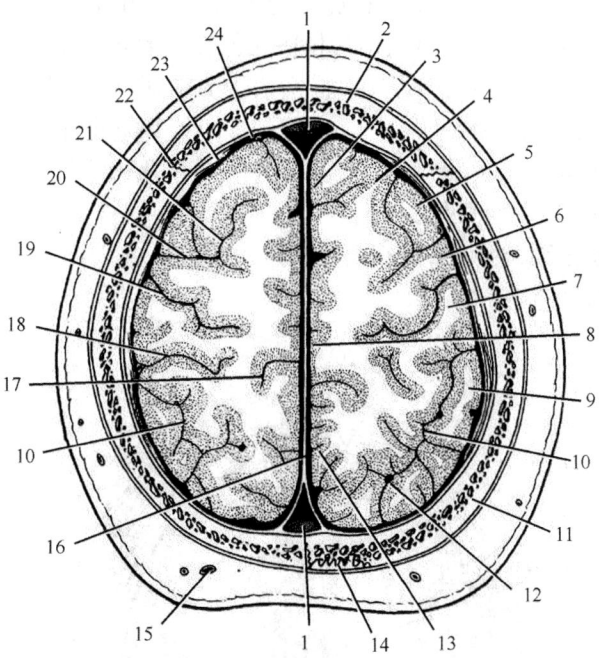

图 2-2-4 经中央旁小叶中份层面

1. 上矢状窦；2. 额骨；3. 额内侧回；4. 额上回；5. 额中回；6. 中央前回；7. 中央后回；8. 中央旁小叶；9. 顶下小叶；10. 顶内沟；11. 顶骨；12. 顶后动脉；13. 楔前叶；14. 人字缝；15. 枕静脉；16. 大脑镰；17. 扣带沟缘支；18. 中央后沟；19. 中央沟；20. 中央前沟；21. 额上沟；22. 冠状缝；23. 硬脑膜；24. 蛛网膜下隙

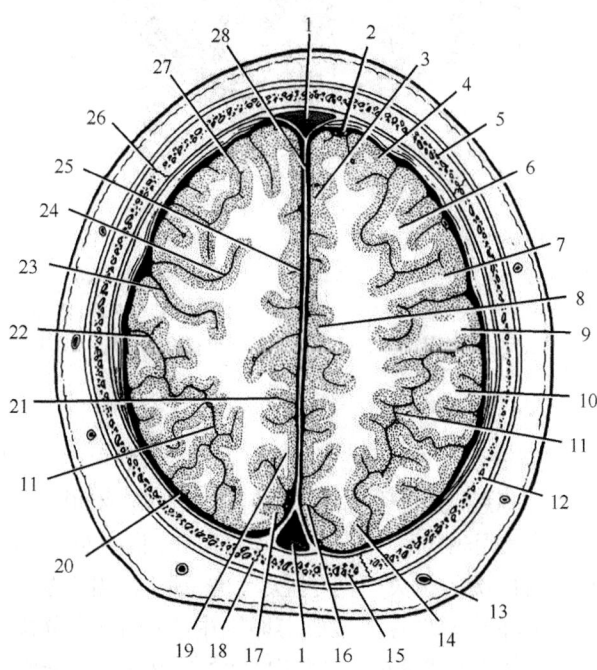

图 2-2-5 经中央旁小叶下份层面

1. 上矢状窦；2. 大脑上静脉；3. 额内侧回；4. 额上回；5. 额骨；6. 额中回；7. 中央前回；8. 中央旁小叶；9. 中央后回；10. 顶下小叶；11. 顶内沟；12. 顶骨；13. 枕静脉；14. 顶上小叶；15. 枕骨；16. 顶枕沟；17. 楔叶；18. 人字缝；19. 楔前叶；20. 蛛网膜下隙；21. 扣带沟缘支；22. 中央后沟；23. 中央沟；24. 中央前沟；25. 中央旁沟；26. 冠状缝；27. 额上沟；28. 大脑镰

大脑半球内侧面:大脑镰完整,其前、后端为上矢状窦;中央旁小叶居大脑半球内侧面中部,向前依次为中央旁沟、额内侧回,向后依次为扣带沟缘支、楔前叶、顶枕沟、楔叶。

大脑半球外侧面:中央沟居中部,向前依次为中央前回、中央前沟、额中回、额上沟、额上回,向后依次为中央后回、中央后沟、顶内沟、顶上小叶、顶下小叶(缘上回,角回)。

在此层面上,顶枕沟及楔叶出现,大脑髓质增多,将皮质向周围推挤,中央沟逐渐变浅。在 CT、MRI 上,脑沟宽度不会超过 5mm。

5. 经扣带回上份层面(半卵圆中心上份)　特征结构:扣带回(上份)、半卵圆中心(上份)、中央沟、顶枕沟,见图 2-2-6。

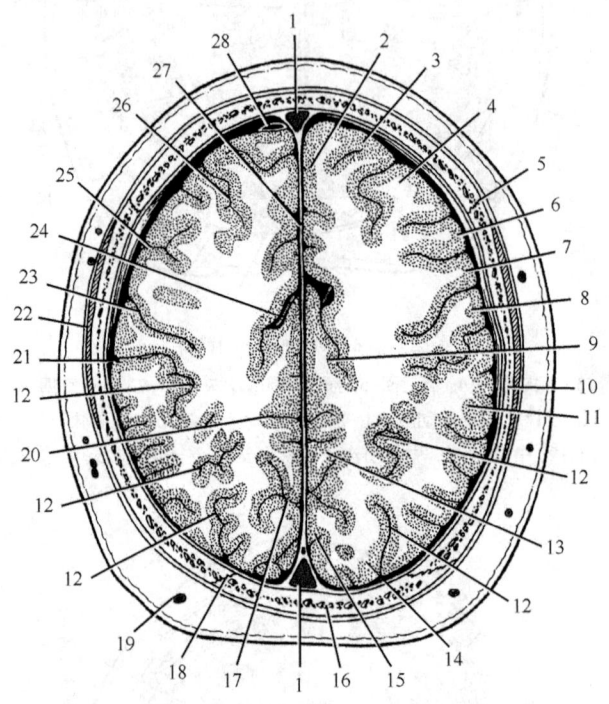

图 2-2-6　经扣带回上份层面(半卵圆中心上份)

1. 上矢状窦;2. 额内侧回;3. 额上回;4. 额中回;5. 冠状缝;6. 额下回;7. 中央前回;8. 中央后回;9. 扣带回;10. 顶骨;11. 顶下小叶;12. 顶内沟;13. 楔前叶;14. 顶上小叶;15. 楔叶;16. 枕骨;17. 顶枕沟;18. 人字缝;19. 枕静脉;20. 顶下沟;21. 中央后沟;22. 颞肌;23. 中央沟;24. 扣带沟;25. 额下沟;26. 额上沟;27. 大脑镰;28. 大脑上静脉

大脑半球分为内、外侧两面。

大脑半球内侧面:大脑镰完整,中央旁小叶消失,扣带回居大脑半球内侧面中部,向前依次为扣带沟、额内侧回,向后依次为顶下沟、楔前叶、顶枕沟、楔叶。

大脑半球外侧面:中央沟居中部,向前依次为中央前回、中央前沟、额下回、额下沟、额中回、额上沟、额上回,向后依次为中央后回、中央后沟、顶下小叶(缘上回,角回)。

在此层面上,髓质纤维在半球中心汇聚成半卵圆中心的上份,前端为额上沟,后端为顶内沟。扣带沟呈"八"字形位于中线两侧,扣带沟是"2出2入"的标志,即额下回与枕外上回出现,中央旁小叶与顶上小叶消失。顶下沟为扣带沟向后下的延伸,止于胼胝体压部后方。顶枕沟呈"＞＜"形位于中线后 1/3 处。

6. 经扣带回下份层面(半卵圆中心中份)　特征结构:扣带回(下份)、半卵圆中心(中份)、中央沟、顶下沟、顶枕沟。

大脑半球分为内、外侧两面,见图2-2-7。

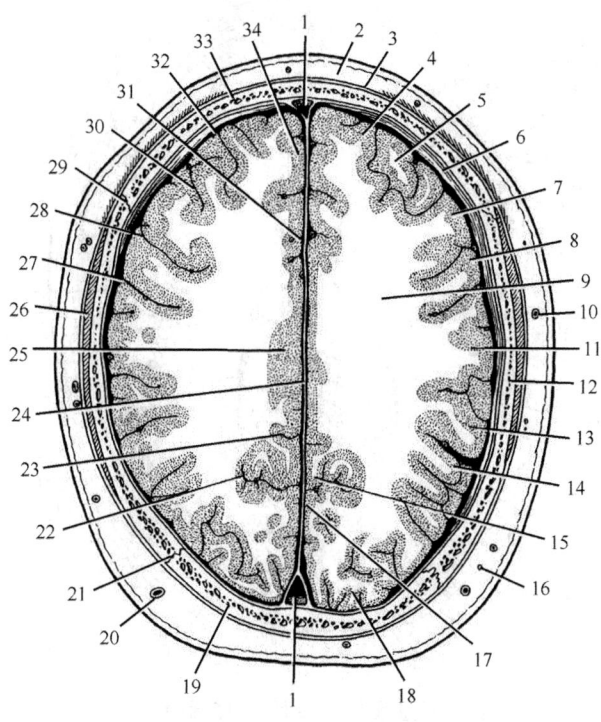

图2-2-7 经扣带回下份层面(半卵圆中心中份)

1. 上矢状窦;2. 头皮;3. 帽状腱膜;4. 额上回;5. 额中回;6. 硬脑膜;7. 额下回;8. 中央前回;9. 半卵圆中心;10. 颞浅静脉;11. 中央后回;12. 顶骨;13. 缘上回;14. 角回;15. 楔前叶;16. 枕动脉;17. 楔叶;18. 枕叶;19. 枕骨;20. 枕静脉;21. 人字缝;22. 顶枕沟;23. 顶下沟;24. 大脑镰;25. 扣带回;26. 颞肌;27. 中央沟;28. 中央前沟;29. 冠状缝;30. 额下沟;31. 扣带沟;32. 额上沟;33. 额骨;34. 额内侧回

大脑半球内侧面:大脑镰完整,其前、后端为上矢状窦;扣带回居大脑半球内侧面中部,向前依次为扣带沟、额内侧回,向后依次为顶下沟、楔前叶、顶枕沟、楔叶。

大脑半球外侧面:中央沟居大脑半球外侧面中部,向前依次为中央前回、中央前沟、额下回、额下沟、额中回、额上沟、额上回,向后依次为中央后回、中央后沟、顶下小叶(缘上回,角回)、顶枕沟、枕上回。

此层面上,半卵圆中心扩大完整出现,前端为额上沟,后端顶内沟消失,枕叶(枕上回)出现。半卵圆中心由大脑半球的髓质组成,由投射纤维(呈扇形放射状,称辐射冠)、连合纤维、联络纤维构成。半卵圆中心的髓质纤维主要为有髓纤维,故在MRI T1加权图像上呈高信号,在CT图像上为低密度。脑内脱髓鞘病变常发生在此区。

7. 经胼胝体干层面(半卵圆中心下份) 特征结构:胼胝体干、侧脑室、外侧沟后支、直窦。

胼胝体、脑室出现,大脑半球结构可分为内、中、外三部分,见图2-2-8。

大脑半球内侧面:胼胝体干居中部,胼胝体干向前依次为胼胝体沟、扣带回、扣带沟、额内侧回、大脑镰前半部、上矢状窦;胼胝体干向后依次为胼胝体沟、扣带回峡(扣带回与楔前叶移行汇合处)、顶枕沟、楔叶、下矢状窦、直窦、大脑镰后半部、上矢状窦。

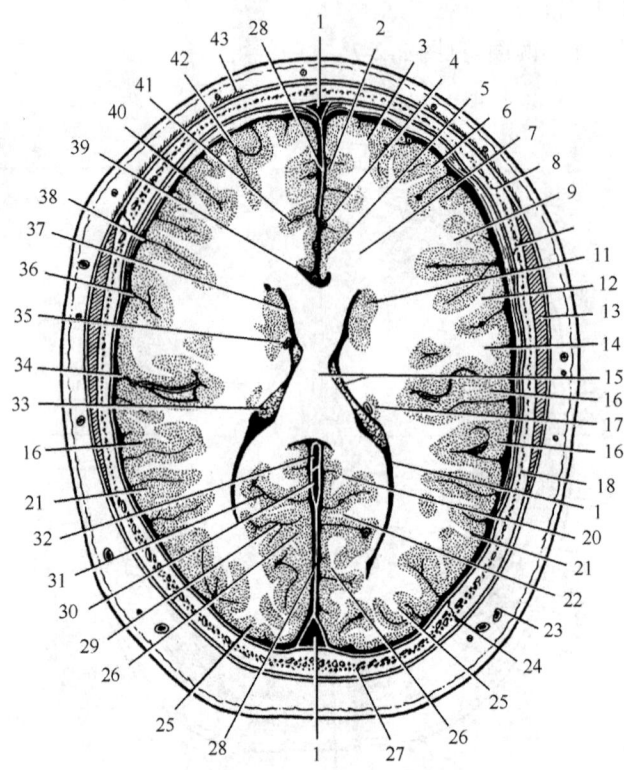

图 2-2-8 经胼胝体干层面(半卵圆中心下份)

1. 上矢状窦;2. 额内侧回;3. 额上回;4. 大脑前动脉;5. 扣带回;6. 额中回;7. 胼胝体额钳;8. 额骨;9. 额下回;10. 冠状缝;11. 尾状核;12. 中央前回;13. 颞肌;14. 中央后回;15. 胼胝体干;16. 缘上回;17. 背侧丘脑;18. 顶骨;19. 侧脑室后角;20. 扣带回峡;21. 角回;22. 楔叶;23. 枕静脉;24. 人字缝;25. 枕外侧回;26. 舌回;27. 枕骨;28. 大脑镰;29. 距状沟;30. 直窦;31. 顶枕沟;32. 下矢状窦;33. 脉络丛;34. 外侧沟后支;35. 丘纹上静脉;36. 中央沟;37. 侧脑室前角;38. 中央前沟;39. 胼胝体沟;40. 额下沟;41. 扣带沟;42. 额上沟;43. 额枕肌额腹

大脑半球中央部:侧脑室前、后角向前、后伸入额叶和枕叶,尾状核头部和背侧丘脑出现在侧脑室前、后角外侧,半卵圆中心逐渐向内囊过渡,前端为额上沟,后端为枕叶(枕外侧回)。

大脑半球外侧面:外侧沟后支居中部,向前依次为中央后回、中央沟、中央前回、中央前沟、额下回、额下沟、额中回、额上沟、额上回,向后依次为顶下小叶(缘上回、角回)、顶枕沟、枕外侧回。

8. 经胼胝体压部层面(内囊上份) 特征结构:胼胝体压部、侧脑室、距状沟、外侧沟、直窦,见图 2-2-9。

此层面内半卵圆中心消失,内囊与基底核出现,中央沟消失,距状沟出现。大脑半球结构由内向外分为内、中、外三部分。

大脑半球内侧面:第三脑室居中部,向前依次为穹隆、室间孔、透明隔、胼胝体膝、胼胝体沟、大脑前动脉、扣带回、扣带沟、额内侧回、大脑镰前半部、上矢状窦;第三脑室向后依次为胼胝体压部、胼胝体沟、大脑内静脉、小脑(蚓部)、小脑幕、下矢状窦、直窦、大脑镰后半部、上矢状窦;扣带回峡、距状沟、舌回。

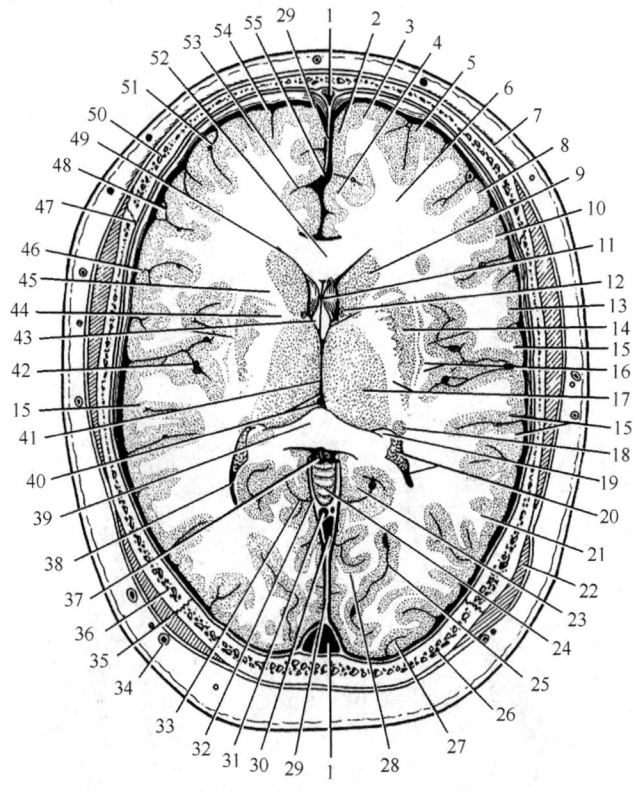

图 2-2-9 经胼胝体压部层面（内囊上份）

1. 上矢状窦；2. 额内侧回；3. 额上回；4. 扣带回；5. 额中回；6. 胼胝体额钳；7. 枕额肌额腹；8. 额下回；9. 尾状核；10. 中央前回；11. 透明隔；12. 室间孔；13. 中央后回；14. 岛叶和壳；15. 缘上回；16. 屏状核；17. 背侧丘脑；18. 尾状核；19. 海马伞；20. 侧脑室三角区；21. 角回；22. 枕额肌枕腹；23. 扣带回峡；24. 小脑蚓；25. 侧副沟；26. 枕骨；27. 枕外侧回；28. 舌回；29. 大脑镰；30. 直窦；31. 下矢状窦；32. 小脑幕；33. 距状沟；34. 枕静脉；35. 人字缝；36. 顶骨；37. 大脑大静脉；38. 禽距；39. 胼胝体压部；40. 帆间池；41. 第三脑室；42. 外侧沟；43. 穹隆；44. 内囊膝；45. 内囊前肢；46. 中央沟；47. 冠状缝；48. 中央前沟；49. 侧脑室前角；50. 额骨；51. 额下沟；52. 胼胝体膝；53. 扣带沟；54. 额上沟；55. 大脑前动脉

大脑半球中央部：以内囊为中心，围绕内囊前肢、膝部、后肢周围，内侧有侧脑室前角、尾状核、背侧丘脑、侧脑室三角区及侧脑室后角；外侧有豆状核、外囊、屏状核、最外囊、岛叶。

大脑半球外侧面：外侧沟居中部，向前依次为缘上回、中央后沟、中央后回、中央沟、中央前回、中央前沟、额下回、额下沟、额中回、额上沟、额上回，向后依次为缘上回、角回、枕外侧回。

此断层面小脑出现，小脑两侧为小脑幕，前方为大脑大静脉池，后方为直窦与下矢状窦的汇合处，这些结构的出现，是断面接近枕叶基部的标志。

9. 经松果体层面（内囊中份）　特征结构：松果体、内囊、基底核、丘脑间黏合、室间孔、小脑、横窦。

在此层面，内囊最典型，大脑半球结构由内向外分为内、中、外三部分，见图2-2-10。

大脑半球内侧面：第三脑室居中部，经丘脑间黏合向前依次为穹隆、室间孔、透明隔、胼胝体膝、胼胝体沟、大脑前动脉、扣带回、扣带沟、额内侧回、大脑镰、上矢状窦；第三脑室向后依次为松果体、大脑大静脉池、基底静脉、小脑(蚓部)、小脑幕、直窦、窦汇；海马沟、海马旁回、侧副沟、枕颞内侧回。

大脑半球中央部：以内囊为中心，围绕内囊前肢、膝部、后肢周围，内侧有侧脑室前角、尾状核、背侧丘脑、侧脑室三角区及侧脑室后角；外侧有豆状核、外囊、屏状核、最外囊、岛叶。

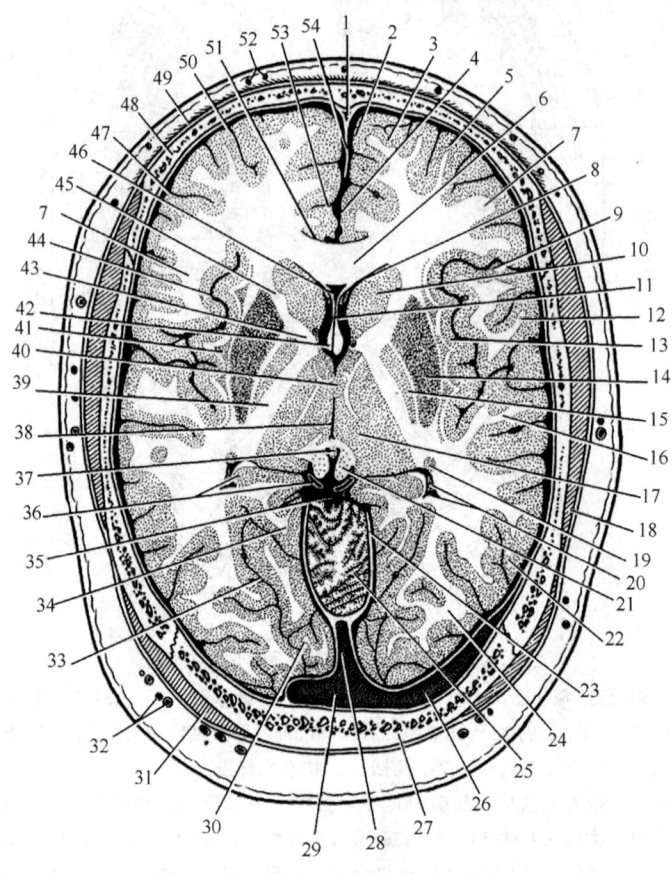

图 2-2-10 经松果体层面(内囊中份)

1. 上矢状窦；2. 额内侧回；3. 额上回；4. 大脑前动脉；5. 额中回；6. 胼胝体膝；7. 额下回；8. 侧脑室前角；9. 中央前回；10. 尾状核头；11. 透明隔；12. 中央后回；13. 岛叶；14. 壳；15. 苍白球；16. 颞上回；17. 背侧丘脑；18. 颞肌；19. 尾状核；20. 侧脑室后角；21. 上丘；22. 颞中回；23. 小脑幕；24. 枕叶；25. 小脑蚓；26. 横窦；27. 枕骨；28. 直窦；29. 窦汇；30. 枕颞内侧回；31. 枕额肌枕腹；32. 枕动静脉；33. 侧副沟；34. 海马旁回；35. 大脑大静脉池；36. 基底静脉和海马；37. 松果体；38. 第三脑室；39. 内囊后肢；40. 丘脑间黏合；41. 屏状核；42. 穹隆；43. 内囊膝；44. 外侧沟；45. 内囊前肢；46. 透明隔腔；47. 额下沟；48. 额骨；49. 枕额肌额腹；50. 额上沟；51. 胼胝体沟；52. 眶上动静脉；53. 扣带沟；54. 大脑镰

大脑半球外侧面：外侧沟居中部，向前依次为缘上回、中央后沟、中央后回、中央沟、中央前回、中央前沟、额下回、额下沟、额中回、额上沟、额上回，向后依次为缘上回、角回、枕外侧回。

此断层面是显示基底核团和松果体区的最佳层面，位于眦耳线上方 40～45mm，42mm 为最佳。松果体区介于胼胝体压部与小脑幕及小脑蚓之间，由缰三角、缰连合、松果体及周围血管构成。松果体的影像表现与年龄相关，16 岁之前具有生理功能，16 岁后逐渐钙化，在 CT 图像上呈高密度影，是颅脑内定位标志之一，松果体偏离正常位置常提示颅内占位性病变的信号。松果体手术时应注意周围结构。

10. 经前连合层面(内囊下份) 特征结构：前连合、内囊、上丘、外侧沟、枕颞外侧回、小脑。

大脑半球结构由内向外分为内、中、外三部分,见图2-2-11。

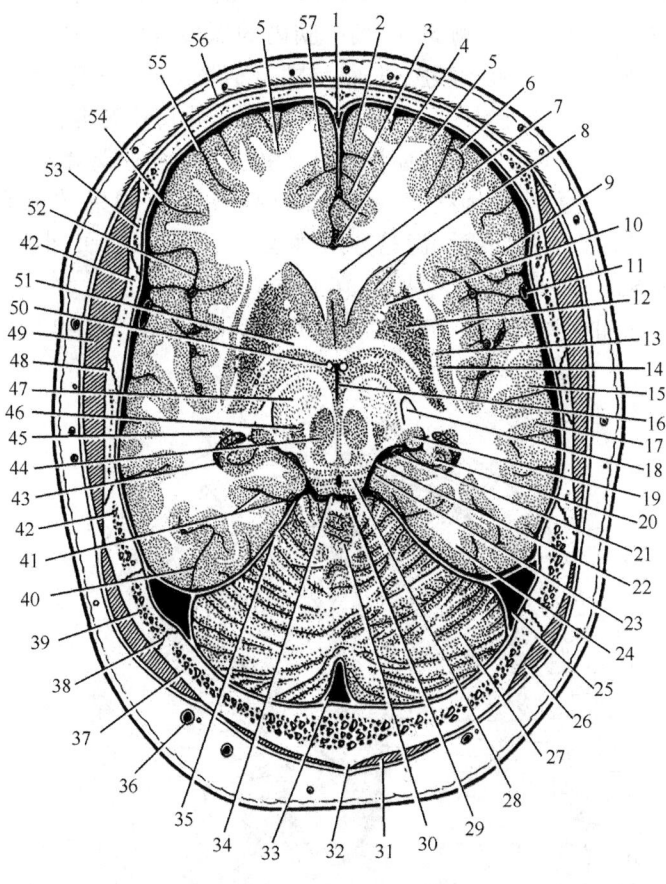

图 2-2-11 经前连合层面(内囊下份)

1.上矢状窦;2.额内侧回;3.扣带回;4.大脑前动脉;5.额上回;6.额上沟;7.胼胝体膝;8.侧脑室前角;9.额下回;10.内囊前肢;11.大脑中浅静脉;12.壳与最外囊;13.外囊;14.屏状核;15.颞上回;16.脚间池;17.颞中回;18.视束;19.外侧膝状体;20.海马;21.大脑后动脉;24.枕颞内侧回;25.横窦;26.枕额肌枕腹;27.小脑半球;28.上丘;29.小脑上动脉;30.小脑蚓;31.头半棘肌;32.枕外隆凸;33.窦汇;34.四叠体池;35.小脑幕;36.枕静脉;37.枕骨;38.人字缝;39.颞骨乳突部;40.枕颞沟;41.侧副三角;42.顶骨;43.侧脑室下角;44.红核;45.尾状核尾;46.黑质;47.大脑脚;48.颞骨鳞部;49.颞肌;50.穹隆柱;51.前连合;52.外侧沟;53.额骨;54.额下沟;55.额上沟;56.枕额肌额腹;57.扣带沟

大脑半球内侧面:第三脑室居中部,经丘脑间黏合向前依次为穹隆、室间孔、透明隔、胼胝体膝、胼胝体沟、大脑前动脉、扣带回、扣带沟、额内侧回、大脑镰、上矢状窦;第三脑室向后依次为松果体、大脑大静脉池、基底静脉、小脑(蚓部)、小脑幕、直窦、窦汇;海马沟、海马旁回、侧副沟、枕颞内侧回。

大脑半球中央部:以内囊为中心,围绕内囊前肢、膝部、后肢周围,内侧有侧脑室前角、尾状核、背侧丘脑、侧脑室三角区及侧脑室后角;外侧有壳状核、外囊、屏状核、最外囊、岛叶。

大脑半球外侧面:外侧沟居中部,向前依次为缘上回、中央后沟、中央后回、中央沟、中央前回、中央前沟、额下回、额下沟、额中回、额上沟、额上回,向后依次为缘上回、角回、枕外侧回。

大脑半球以胼胝体膝和上丘为界,分为前、中、后三部分。大脑半球内侧面由前向后为:上矢状窦、大脑镰、额内侧回、扣带沟、扣带回、胼胝体沟、胼胝体膝、胼胝体沟(可有可无)、前连合、脚间池、大脑脚及外侧的视束、中脑内的黑质、红核、中脑水管;上丘、四叠体池、小脑蚓、上丘、基底静脉、大脑大静脉池、小脑蚓及小脑半球、窦汇、枕外隆凸。大脑半球外侧面由前向后为额上回、额上沟、额中回、额下沟、额下回、外侧沟、颞上回、颞上沟、颞中回、颞下沟、颞下回(枕颞外侧回)。大脑半球中部由前向后为胼胝体额钳、侧脑室前角、尾状核、内囊前肢、前连合、豆状核、屏状核、外囊、最外囊与岛叶、视束、外侧膝状体、侧脑室下角、海马、海马沟、大脑后动脉及环池、海马旁回、侧副沟、枕颞内侧回、小脑半球。

11. 经乳头体层面 特征结构:乳头体、鞍上池、下丘脑、钩。

大脑半球以下丘和乳头体为界,分为前、中、后三部分,见图2-2-12。

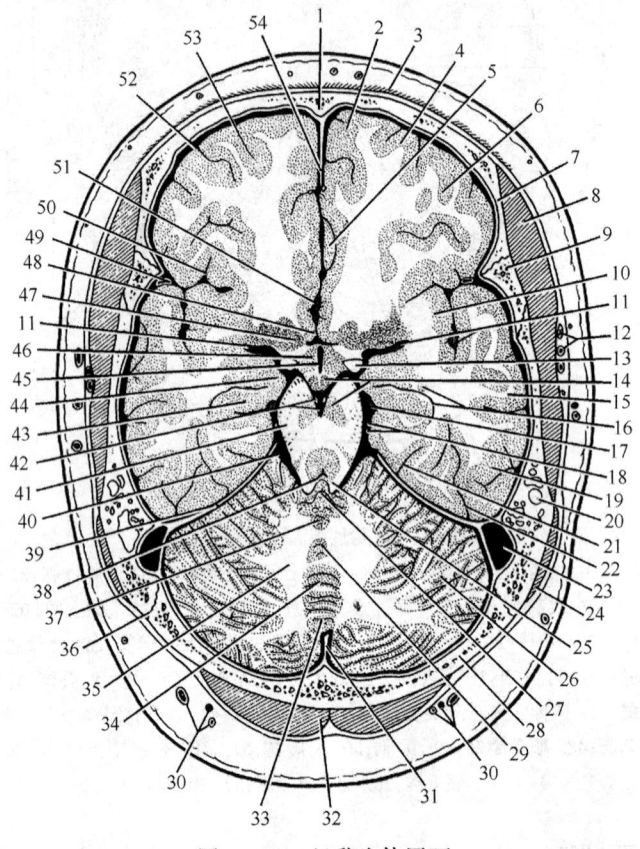

图 2-2-12 经乳头体层面

1. 额嵴;2. 额上回;3. 枕额肌额腹;4. 额中回;5. 额内侧回;6. 额下回;7. 额骨;8. 额肌;9. 蝶骨大翼;10. 岛叶;11. 大脑中动脉;12. 颞浅动静脉;13. 视束;14. 乳头体和黑质;15. 颞中回;16. 侧脑室下角;17. 大脑后动脉;18. 环池;19. 额下回;20. 乳突小房;21. 侧副沟;22. 枕颞沟;23. 横窦;24. 枕额肌枕腹;25. 下丘;26. 小脑半球;27. 小舌(中央小叶上部);28. 枕骨;29. 山顶;30. 枕动静脉;31. 小脑镰;32. 头半棘肌;33. 蚓小叶;34. 山坡;35. 小脑髓质;36. 人字缝;37. 中央小叶;38. 中脑水管;39. 小脑幕;40. 小脑镰上动脉;41. 大脑脚;42. 脚间池;43. 海马;44. 钩;45. 第三脑室;46. 下丘脑;47. 伏隔核;48. 大脑纵裂池;49. 大脑中浅静脉;50. 外侧沟;51. 大脑前动脉;52. 额下沟;53. 额上沟;54. 大脑镰

大脑半球内侧面由前向后为:额嵴、大脑镰、额上回、额内侧回、扣带沟、扣带回、胼胝体下区、终板旁回、胼胝体沟、终板、第三脑室、伏隔核、视束、乳头体、脚间池和动脉眼神经、大脑脚和黑质、中脑水管、下丘、小舌、山顶、山坡、蚓叶、小脑镰。大脑半球外侧面由前向后为额上回、额上沟、额中回、额下沟、额下回、外侧沟、颞上回、颞上沟、颞中回、颞下沟、颞下回（枕颞外侧回）、横窦。大脑半球中部由前向后为岛叶、大脑中动脉、侧脑室前角、杏仁体、海马、海马沟、海马旁回钩、侧副沟、枕颞内侧回、小脑幕、小脑半球、小脑髓质。

12. 经视交叉和漏斗层面 特征结构：视交叉、漏斗、杏仁体。

借助颅底前、中、后窝，其可分前、中、后三部分，见图 2-2-13。

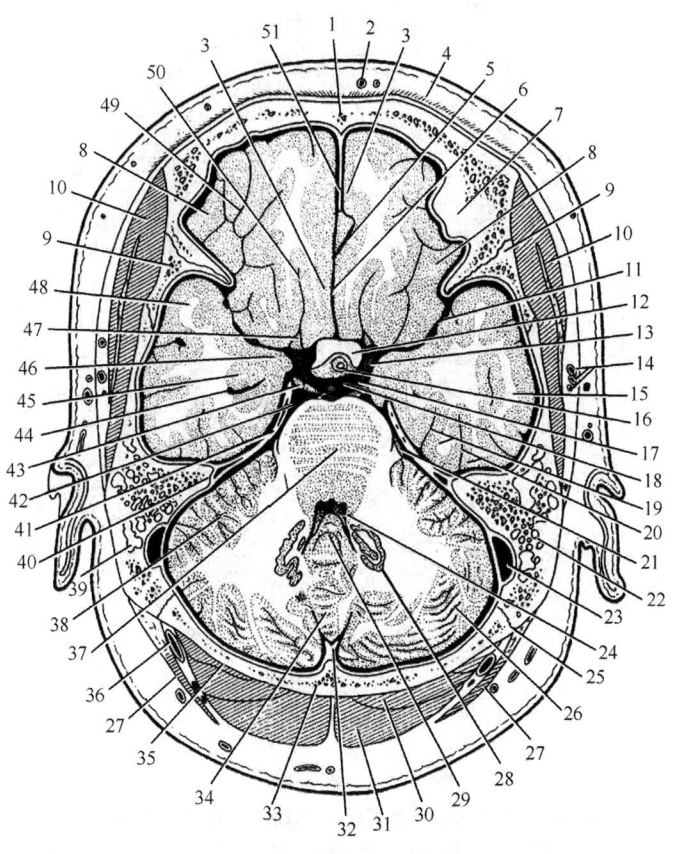

图 2-2-13 经视交叉和漏斗层面

1. 额骨；2. 眶上动静脉；3. 直回；4. 枕额肌额腹；5. 大脑前动脉；6. 大脑纵裂池；7. 额骨；8. 眶回；9. 蝶骨大翼；10. 颞肌；11. 大脑外侧窝池；12. 视交叉；13. 大脑中动脉；14. 颞浅动静脉；15. 颞叶；16. 漏斗；17. 后交通动脉；18. 桥池；19. 侧副沟；20. 枕颞沟；21. 三叉神经；22. 颞骨乳突部；23. 横窦；24. 第四脑室；25. 人字缝；26. 下半月小叶；27. 头夹肌；28. 齿状核；29. 蚓垂；30. 头后小直肌；31. 头半棘肌；32. 小脑镰；33. 枕骨；34. 蚓锥体；35. 头后大直肌；36. 颈深静脉；37. 小脑中脚；38. 上半月小叶；39. 乳突小房；40. 颞骨岩部；41. 小脑幕；42. 基底动脉；43. 动眼神经；44. 侧脑室下角；45. 杏仁体；46. 钩；47. 嗅束；48. 颞上回；49. 眶沟；50. 嗅束沟；51. 大脑镰

前部由内向外有：大脑镰、大脑中动脉、大脑纵裂池、直回、嗅束沟、嗅束、眶回、眶沟（数条，呈"H"形，将眶回分为眶前、后和眶内、外侧回）。中部由内向外有：视交叉、垂体柄、大脑中动脉、后交通动脉、基底动脉、动脉神经、桥池、钩、杏仁体、侧脑室下角、侧副沟和枕颞内回、枕颞沟和枕颞外侧回、颞上回、颞中回、颞下回。后部由内向外有：小脑幕、脑桥和小脑中脚、第四脑室、蚓垂、蚓锥体、小脑镰、齿状核、下半月小叶、上半月小叶、横窦、颞骨岩部。

本断层上,杏仁体位于侧脑室下角前方,居海马沟深面,三者呈"八"字形的恒定关系可作为杏仁体在横断面上的识别标志。对癫痫和一些神经精神病症的病体定位手术及X刀和γ刀治疗时,需要精确定位杏仁体。

13. 经垂体层面 特征结构:额窦、垂体、海绵窦、脑桥小脑角。

借助颅底前、中、后窝,其可分前、中、后三部分,见图2-2-14。

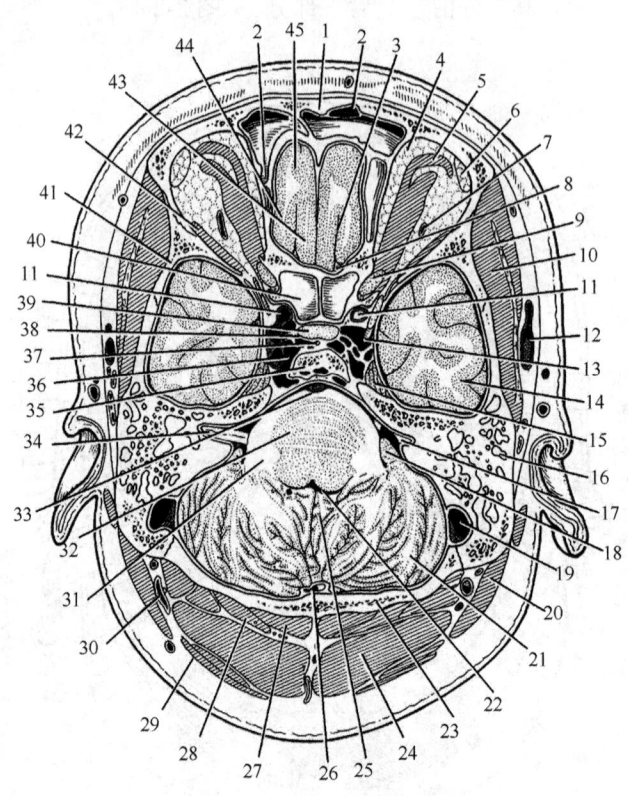

图2-2-14 经垂体层面

1.额骨;2.额窦;3.嗅束沟;4.眶脂体;5.上直肌;6.泪腺;7.眼上静脉;8.嗅束;9.视神经;10.颞肌;11.颈内动脉;12.颞浅静脉;13.眼神经;14.颞叶;15.三叉神经节;16.乳突小房;17.内耳道;18.绒球;19.乙状窦;20.头夹肌;21.小脑半球;22.第四脑室;23.枕骨;24.头半棘肌;25.小脑扁桃体;26.枕窦;27.头后小直肌;28.头后大直肌;29.斜方肌;30.颈深静脉;31.小脑中脚;32.脑桥;33.基底动脉;34.面神经;35.鞍背;36.海绵窦;37.垂体柄;38.鞍膈;39.垂体;40.蝶窦;41.蝶骨大翼;42.外直肌;43.直回;44.眶回;45.额上回

前部达颅前窝底部,主要结构有额窦、额上回(眶内侧回)、直回、嗅束沟、嗅束、蝶窦、视神经、外直肌、上直肌、眼上静脉、泪腺、眶脂体。中部切及垂体窝及两侧的海绵窦,主要结构有垂体、鞍背、海绵窦、颈内动脉、眼神经、三叉神经、颞叶(颞中、下回)。后部平乙状窦,主要结构基底动脉、脑桥、小脑中脚、绒球、第四脑室、小脑扁桃体、枕窦、内耳道、面神经和前庭蜗神经、乙状窦、颞骨岩部。

一般认为,CT的骨伪影较重,而MRI无骨质伪影干扰,且能较好显示脑干内的核团和传导束。因此,MRI是检测颅后窝病变的理想手段。

14. 经颈动脉管层面 特征结构:颈动脉管、颞极、鼓室、小脑、延髓、颈静脉窝。

借助颅底骨形结构,其可分前、中、后三部分,见图2-2-15。

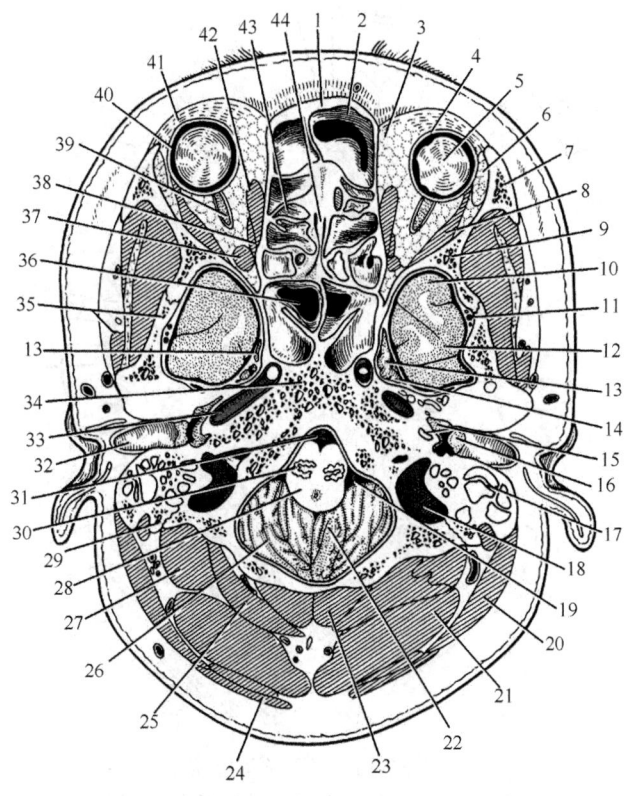

图2-2-15 经颈动脉管层面

1.额骨;2.额窦;3.眶脂体;4.眼球;5.视网膜;6.泪腺;7.额骨眶突;8.外直肌;9.蝶骨大翼;10.颞极;11.脑膜中动脉;12.颞叶;13.上颌神经;14.下颌神经;15.鼓室和耳蜗;16.鼓膜;17.乳突小房;18.颈静脉窝;19.小脑下前动脉;20.头夹肌;21.头半棘肌;22.小脑扁桃体;23.头后小直肌;24.斜方肌;25.头后大直肌;26.小脑半球;27.头上斜肌;28.延髓;29.颞骨鼓部;30.下橄榄核;31.基底动脉;32.外耳道;33.颈内动脉;34.枕骨基底部;35.颞骨鳞部;36.蝶窦;37.上直肌;38.上斜肌;39.视神经;40.脉络膜;41.上睑;42.内直肌;43.筛骨迷路;44.筛骨垂直板

前部为眼眶及鼻腔,主要结构有额窦、筛骨迷路筛骨垂直板、蝶窦、眼球、视网膜、视神经、外直肌、内直肌、上直肌、上斜肌、上睑、泪腺、眶脂体。中部切及枕骨基底部,主要结构有颈内动脉、上颌神经、颞极、耳蜗、鼓室、鼓膜、乳突小房。后部有基底动脉、延髓、下橄榄核、小脑下前动脉、小脑半球、小脑扁桃体、颈静脉窝。

15. 经下颌头层面 特征结构:下颌头、颈静脉管、筛骨迷路、枕骨大孔、舌下神经管。

此断面可分为三部分,见图2-2-16。

前部为眼眶及鼻腔,主要结构有额窦、筛骨迷路和筛骨垂直板、蝶窦、眼球、结膜囊、外直肌、内直肌、上直肌、眶下裂、上睑、泪腺、眶脂体。中部切及枕骨基底部,主要结构有颈内动脉、颈内静脉、舌咽迷走副神经、舌下神经、咽鼓管、下颌神经和卵圆孔、棘孔和脑膜中动脉、下颌头及下颌关节盘。后部有枕骨大孔、延髓、椎动脉、小脑扁桃体、颈深静脉。

颈静脉孔通常有骨桥将孔分为前内侧格的神经部,内有舌咽神经和岩下窦通过;后外侧格的血管部,内有迷走神经、副神经和颈静脉球通过。上述结构与颈交感干、舌下神经和

图 2-2-16 经下颌头层面

1. 额骨;2. 额窦;3. 筛骨垂直板;4. 结膜囊;5. 上睑;6. 眼球;7. 筛骨迷路;8. 颧骨;9. 颞肌;10. 眶下裂;11. 蝶窦;12. 颞骨颧突;13. 棘孔;14. 下颌头;15. 颞浅静脉;16. 颈内动静脉;17. 舌咽、迷走、副神经;18. 舌下神经;19. 枕淋巴结;20. 头上斜肌;21. 颈深静脉;22. 头半棘肌;23. 头后大直肌;24. 椎动脉;25. 小脑扁桃体;26. 斜方肌;27. 头后小直肌;28. 头夹肌;29. 基底静脉丛;30. 延髓;31. 舌咽神经;32. 迷走、副神经;33. 舌下神经管;34. 咽鼓管;35. 关节盘;36. 下颌神经;37. 蝶骨大翼;38. 上直肌;39. 外直肌;40. 泪腺;41. 内直肌;42. 眶脂体

颈内动脉共同构成颈静脉孔区。发生于该区的病变和损伤伤及邻近的脑神经出现的表现,称为颈静脉孔区综合征。患者可能出现患侧软腭、咽喉肌、胸锁乳突肌、斜方肌瘫痪,当颈内动脉周围交感神经丛被侵及时,还可并发 Horner 综合征。

二、颌面部的连续水平断面

颌面部水平断层标本,以下眶耳线(Reid 基线)为准线,每层厚 10mm,分别向下切割,主要观察颌面部眼眶、鼻腔、鼻旁窦、口腔、咽、颞区等处器官、结构、组织的相对位置关系。

1. 经鼻中隔上部层面 特征结构:鼻中隔、鼻泪管、眼眶、颈内动脉管、颞肌。此断面可分为三部分,见图 2-2-17。

(1) 前部:为面部的眼眶及鼻腔,主要结构有眶脂体、圆孔与上颌神经、鼻中隔、筛小房、鼻泪管、上鼻道。

(2) 中部:切及蝶骨基底部及外侧的颞区,主要结构有蝶窦、颈动脉管与颈内动脉(呈"八"字形)、卵圆孔和上颌神经、下颌关节盘、鼓室与听小骨、颞肌。

第二章 头 部

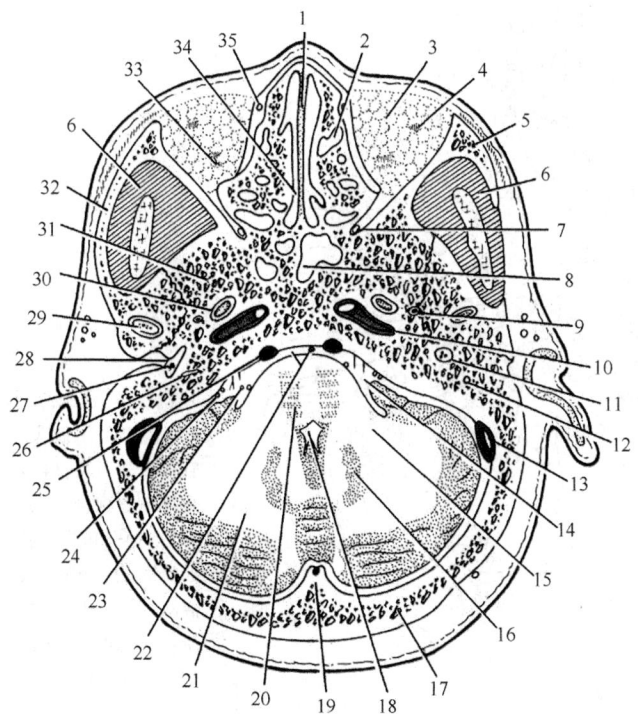

图 2-2-17 经鼻中隔上部层面

1.鼻中隔；2.筛小房；3.眶脂体；4.下斜肌；5.颧骨；6.颞肌；7.圆孔；8.蝶窦；9.棘孔；10.颈动脉管；11.鼓室与听小骨；12.面神经管；13.乙状窦；14.脑桥小脑角池；15.小脑中脚；16.齿状核；17.枕骨；18.第四脑室；19.枕内嵴；20.脑桥；21.小脑半球；22.基底动脉；23.三叉神经；24.面神经和前庭蜗神经；25.岩下窦；26.后骨半规管；27.听小骨；28.鼓膜；29.关节盘；30.卵圆孔；31.蝶骨体；32.颧弓；33.下直肌；34.上鼻道；35.鼻泪管

（3）后部：为颅内部，主要结构有基底动脉和桥池、三叉神经、面神经和前庭蜗神经、小脑中脚、第四脑室、枕内嵴、乙状窦。

2. 经下颌头层面 特征结构：鼻腔、翼腭窝、破裂孔、下颌头、小脑。此层面经 Reid 基线，切至鼻中隔中份，可分为三部分，见图 2-2-18。

（1）前部：为面部、眼眶及鼻腔，主要结构有眶脂体、鼻中隔、中鼻甲、鼻泪管、颧弓、颞肌、翼外肌、翼腭窝（翼腭窝为颞下窝向内的裂隙），位于上颌骨体、蝶骨翼突与腭骨之间，呈小三角状，内有翼腭动脉、上颌神经、翼腭神经节，为重要的骨性标志。此窝交通广泛，向外借翼上颌裂通颞下窝、向内借蝶腭孔通鼻腔、向前借眶下裂通眼眶、向后借圆孔通颅中窝、向下借翼管移行为腭大管，经腭大孔通口腔。因此，临床上常以此断面影像检测作为手术指征和预后判断的依据。

（2）中部：蝶骨基底部及颞区，主要结构有蝶骨大翼、梨骨、破裂孔、颞骨岩部和面神经管、颈动脉管、颈内静脉、外耳道。

（3）后部：为颅内部，主要结构有基底动脉与桥池、舌咽神经、迷走神经与副神经、面神经和前庭蜗神经、小脑半球、第四脑室、枕内嵴、乙状窦。

3. 经下颌颈层面 特征结构：上颌窦、咽周间隙、颞下间隙。此层面切至鼻中隔下份，分为三部分，见图 2-2-19。

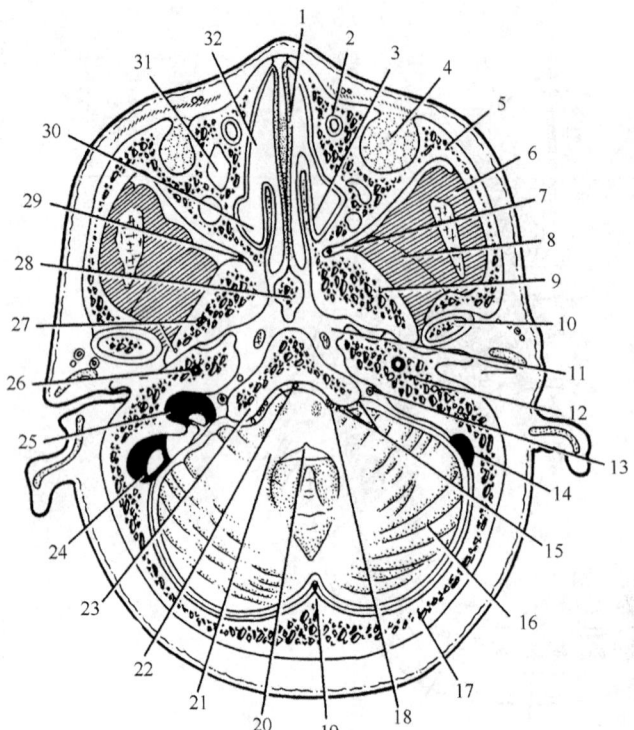

图 2-2-18 经下颌头层面

1. 鼻中隔;2. 鼻泪管;3. 中鼻甲;4. 眶脂体;5. 颧弓;6. 颞肌;7. 翼腭窝;8. 翼外肌;9. 蝶骨大翼;10. 下颌头;11. 破裂孔;12. 面神经管;13. 岩下窦;14. 乙状窦;15. 舌咽神经、迷走神经与副神经;16. 小脑半球;17. 枕骨;18. 面神经和前庭蜗神经;19. 枕内嵴;20. 第四脑室;21. 小脑脚;22. 基底动脉;23. 枕骨基底部;24. 乙状窦;25. 颈内静脉;26. 颈内动脉;27. 卵圆孔和棘孔;28. 梨骨;29. 翼腭动脉;30. 中鼻道;31. 上颌窦;32. 鼻腔

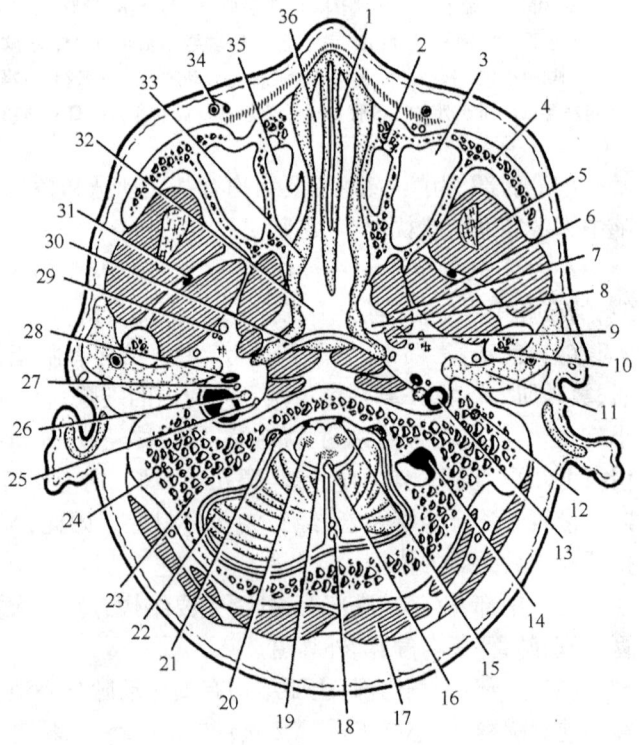

图 2-2-19 经下颌颈层面

1. 鼻中隔;2. 鼻泪管;3. 上颌窦;4. 颧骨;5. 颞肌;6. 翼外肌;7. 翼内肌;8. 咽鼓管软骨;9. 腭帆张肌;10. 下颌颈;11. 腮腺;12. 面神经管;13. 颈内静脉;14. 枕导静脉;15. 椎动脉;16. 第四脑室;17. 头半棘肌;18. 蚓垂;19. 延髓;20. 下橄榄核;21. 舌下神经管;22. 小脑扁桃体;23. 枕骨;24. 乳突;25. 副神经;26. 迷走神经;27. 舌咽神经;28. 颈内动脉;29. 下颌动脉;30. 咽隐窝;31. 上颌动脉;32. 鼻咽;33. 下鼻甲;34. 面动静脉;35. 下鼻道;36. 鼻腔

(1) 前部:为鼻腔与鼻旁窦,主要结构有鼻中隔、鼻泪管、下鼻甲、上颌窦(呈三角形)、鼻咽、咽鼓管、咽隐窝(鼻咽癌时,此窝消失)。

(2) 外侧部:为颞下窝、翼腭窝部分,主要结构有咽隐窝、颈内动脉、颈内静脉、舌咽神经、迷走神经、副神经、腮腺、面动静脉、上颌动脉、下颌神经、颞肌、翼内外肌、蝶骨翼突(在 MRI 上为重要的骨性标志,可辨认翼突内、外侧板、翼突窝,据此确定翼内、外肌)。

(3) 后部:为颅内部,主要结构有椎动脉、延髓、舌下神经管与舌下神经根、第四脑室、小脑扁桃体、蚓垂。

4. 经寰枕关节层面　特征结构:寰枕关节、鼻咽、鼻前庭、腮腺。此断面可分为三部分,见图 2-2-20。

(1) 前部:为鼻腔与鼻旁窦,主要结构有鼻前庭、梨骨、鼻中隔、下鼻甲、下鼻道、鼻咽、咽隐窝(鼻咽部的咽隐窝呈"八"字形,为 MRI 图像中的识别标志)、上颌窦。

(2) 外侧部:为颞区,主要结构有颞下间隙、咬肌间隙与下颌后窝、腮腺、面神经、颈内动脉、迷走神经、颈外静脉。

(3) 后部:为枕骨大孔部,主要结构有寰枕关节、延髓、小脑扁桃体、枕部肌。

在此断面中,寰枕关节为标志结构,提示断面颅骨底部,颅内结构即将消失,脊柱及其周围结构开始出现。

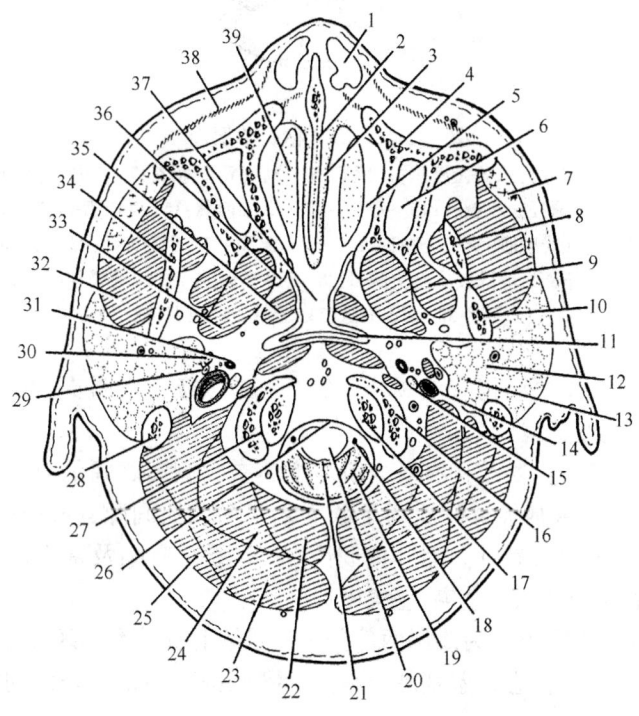

图 2-2-20　经寰枕关节层面

1. 鼻前庭;2. 梨骨;3. 鼻中隔;4. 上颌骨;5. 下鼻道;6. 上颌窦;7. 咬肌腱;8. 下颌骨冠突;9. 翼外肌;10. 髁突;11. 咽隐窝;12. 腮腺;13. 面神经;14. 颈内静脉;15. 迷走神经;16. 寰椎侧块;17. 枕髁;18. 椎动脉;19. 小脑扁桃体;20. 延髓;21. 小脑延髓池;22. 头后小直肌;23. 头半棘肌;24. 头后大直肌;25. 头夹肌;26. 延池;27. 寰枕关节;28. 乳突;29. 茎突;30. 茎突周围肌;31. 颈动脉;32. 咬肌;33. 翼内肌;34. 下颌支;35. 腭帆提肌;36. 翼突内侧板;37. 鼻咽;38. 提上唇肌;39. 下鼻甲

5. 经寰枢关节层面　特征结构:寰枢关节、咬肌间隙、上颌骨牙槽突。此断面达固有口腔,分为三部分,见图2-2-21。

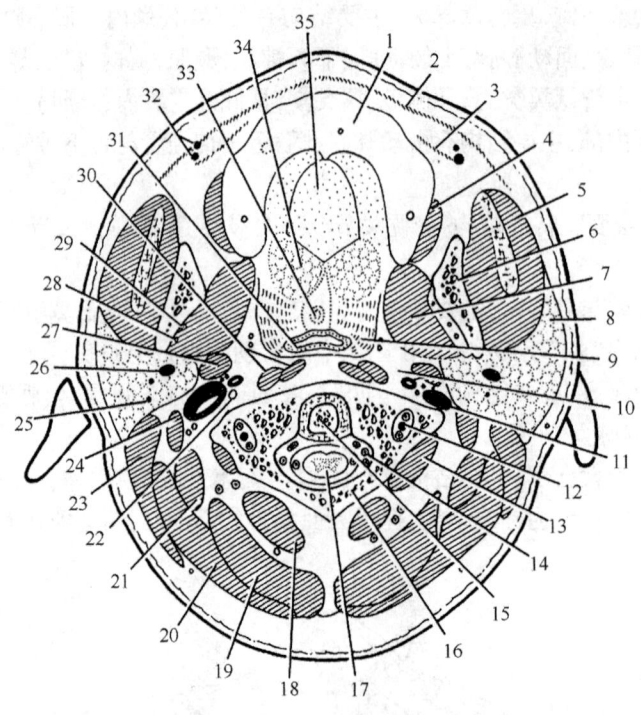

图 2-2-21　经寰枢关节层面

1. 上颌骨牙槽突;2. 口轮匝肌;3. 提上唇肌;4. 颊肌;5. 咬肌;6. 下颌支;7. 翼内肌;8. 腮腺;9. 咽缩肌;10. 颈内动脉;11. 颈内静脉;12. 横突孔;13. 头下斜肌;14. 椎静脉;15. 枢椎齿突;16. 寰椎后弓;17. 脊髓;18. 头后大直肌;19. 头半棘肌;20. 头夹肌;21. 头最长肌;22. 迷走神经;23. 胸锁乳突肌;24. 二腹肌后腹;25. 面神经;26. 下颌后静脉;27. 茎突咽肌;28. 下牙槽动脉;29. 下牙槽神经;30. 颈长肌与头长肌;31. 鼻咽;32. 面动静脉;33. 腭垂;34. 腭腺;35. 硬腭

(1)前部:为口腔,主要结构有上颌牙槽突(形若马蹄)、下颌支(呈"八"字形)、硬腭、腭垂、鼻咽、颊肌、口轮匝肌。

(2)外侧部:为颊区,主要结构有翼内肌与下颌支内侧面之间的翼颌间隙,其内有下牙槽神经,下颌动、静脉及舌神经。咬肌与下颌支之间为咬肌间隙,腮腺居下颌后窝内,此平面较大,有颈外动脉、下颌后静脉。咽外侧间隙(内有颈动脉鞘及其上段部的结构,颈内动静脉、迷走神经)、面神经、腮腺、茎突、茎突咽肌。

面神经穿经腮腺,将腮腺分为浅深两部分,CT图像上有时不易区分,通常将下颌后缘向后的延长线作为两者分界标志。鉴别肿块是位于腮腺深叶还是咽外侧间隙,常以茎突和茎突咽肌为分界标志。

(3)后部:为脊柱区,主要结构有寰椎、枢椎齿突、脊髓、横突孔与椎动脉、椎静脉、颈枕部肌。

6. 经枢椎上份层面　特征结构:口咽、咽周间隙、椎前间隙、茎突。经枢椎上份,分为三部分,见图2-2-22。

(1)前部:为口腔,主要结构有上颌牙龈、舌、腭垂、腭扁桃体、口咽、颊肌等。

(2)外侧部:为咽周间隙与颊区,主要结构有咽后间隙、咽外侧间隙(咽后间隙外侧),

断面呈三角形,其外侧界为翼内肌和腮腺,内侧界为咽侧壁,后界为椎前筋膜,上界达颅底,下界达下颌下腺囊,内有颈内动脉、颈内静脉、颈交感干、9~12对脑神经等,此部占位病变可使颈动脉鞘移位,出现神经压迫症状。

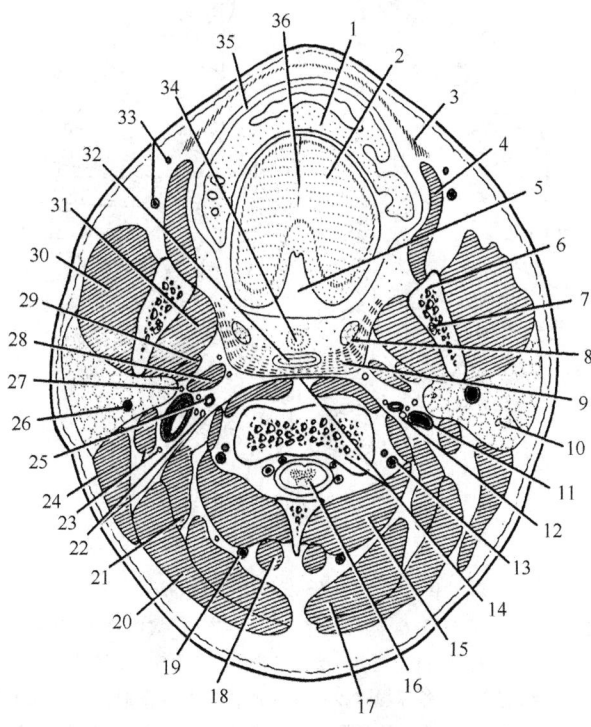

图 2-2-22　经枢椎上份层面

1. 牙龈;2. 舌横肌;3. 口轮匝肌;4. 颊肌;5. 固有口腔;6. 下颌支;7. 下牙槽神经;8. 腭扁桃体;9. 腭咽肌;10. 腮腺;11. 颈内静脉;12. 迷走神经;13. 椎动脉、椎静脉;14. 枢椎;15. 头下斜肌;16. 脊髓;17. 头半棘肌;18. 头后大直肌;19. 颈深静脉;20. 头夹肌;21. 头最长直肌;22. 颈交感干;23. 二腹肌后腹;24. 胸锁乳突肌;25. 颈内动脉;26. 下颌后静脉;27. 舌咽神经;28. 茎突咽肌;29. 茎突舌肌;30. 咬肌;31. 翼内肌;32. 口咽;33. 面动静脉;34. 腭垂;35. 口腔前庭;36. 舌中隔

(3) 后部:为脊柱区,主要结构有枢椎、脊髓、横突孔与椎动脉、椎静脉、项部肌。

7. 经枢椎下份层面　特征结构:口咽、咽周间隙、下颌支。经枢椎下份,分为三部分,见图 2-2-23。

(1) 前部:为口腔,主要结构有下颌支、舌、腭垂、腭扁桃体、口咽(为含气腔,影像上可确定口腔)、咽后间隙、颊肌。

(2) 外侧部:为咽周间隙与颊区,主要结构有咽外侧间隙、颈内动脉、颈内静脉、迷走神经、颈外动脉、舌咽神经、颈交感干、腮腺。

(3) 后部:为脊柱区,主要结构有枢椎、脊髓、横突孔与椎动脉、椎静脉、项部肌。

8. 经下颌角层面　特征结构:口咽、下颌角、颌下间隙、第3颈椎体。经第3颈椎体上份,分为三部分,见图 2-2-24。

(1) 前部:为口腔,主要结构有颏舌肌、下颌牙槽、下颌下腺、咽后间隙。

(2) 外侧部:为颊区,主要结构有咽外侧间隙、颈内动脉、颈内静脉、迷走神经、颈外动脉、舌下神经、副神经、颈交感干、腮腺、面神经、翼内肌、咬肌、胸锁乳突肌。

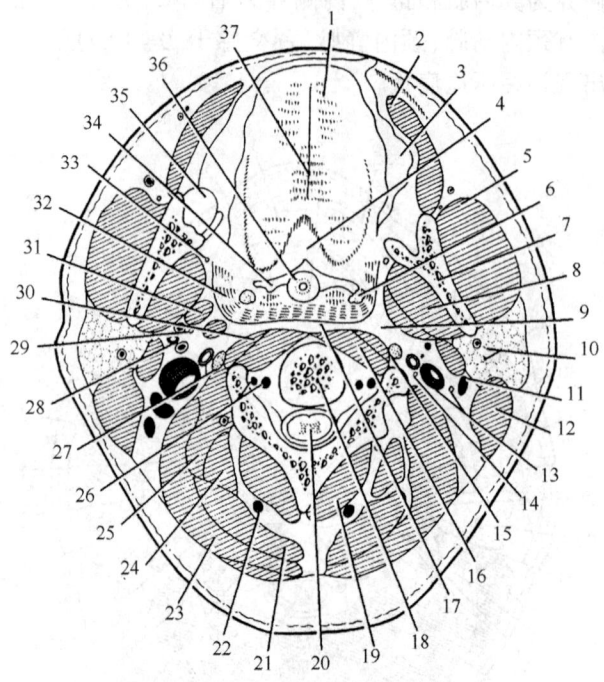

图 2-2-23 经枢椎下份层面

1. 舌横肌;2. 颊肌;3. 口腔;4. 舌根;5. 咬肌;6. 腭扁桃体;7. 下颌支;8. 翼内肌;9. 咽外侧间隙;10. 腮腺;11. 颈外侧深淋巴结;12. 胸锁乳突肌;13. 颈内静脉;14. 迷走神经;15. 颈上神经节;16. 颈长肌;17. 咽后间隙;18. 枢椎体;19. 头下斜肌;20. 脊髓;21. 头半棘肌;22. 颈深静脉;23. 头夹肌;24. 颈半棘肌;25. 头最长肌;26. 椎动脉、椎静脉;27. 颈内动脉;28. 颈外动脉;29. 舌咽神经;30. 头长肌;31. 茎突舌肌;32. 咽缩肌;33. 舌神经;34. 口咽;35. 下颌第三磨牙;36. 腭垂;37. 舌中隔

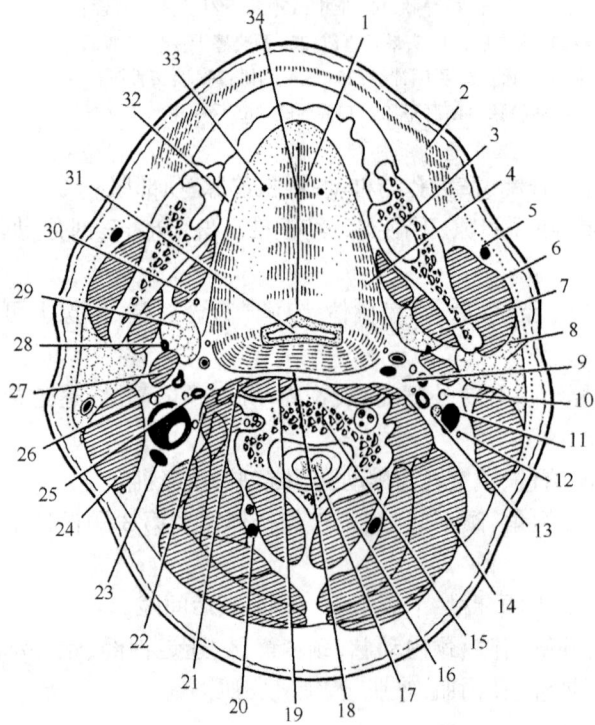

图 2-2-24 经下颌角层面

1. 颏舌肌;2. 口轮匝肌;3. 下颌牙槽;4. 舌骨舌肌;5. 面静脉;6. 咬肌;7. 翼内肌;8. 腮腺与面静脉;9. 咽外侧间隙;10. 舌下间隙;11. 颈内静脉;12. 副神经;13. 迷走神经;14. 头夹肌;15 第三颈椎体;16. 颈半棘肌;17. 脊髓;18. 咽后间隙;19. 颈长肌;20. 颈深静脉;21. 头长肌;22. 颈交感干;23. 颈外侧深淋巴结;24. 胸锁乳突肌;25. 颈内动脉;26. 颈外动脉;27. 二腹肌后腹;28. 面动脉;29. 下颌下腺;30. 下颌舌骨肌;31. 口咽;32. 固有口腔;33. 舌深动脉;34. 舌中隔

（3）后部：为脊柱区，主要结构有第3颈椎体、脊髓、横突孔与椎动脉、椎静脉、项部肌、颈深静脉。

9. 经下颌体上份层面 特征结构：下颌体、第3颈椎间盘。经下颌体上份，分为三部分，见图2-2-25。

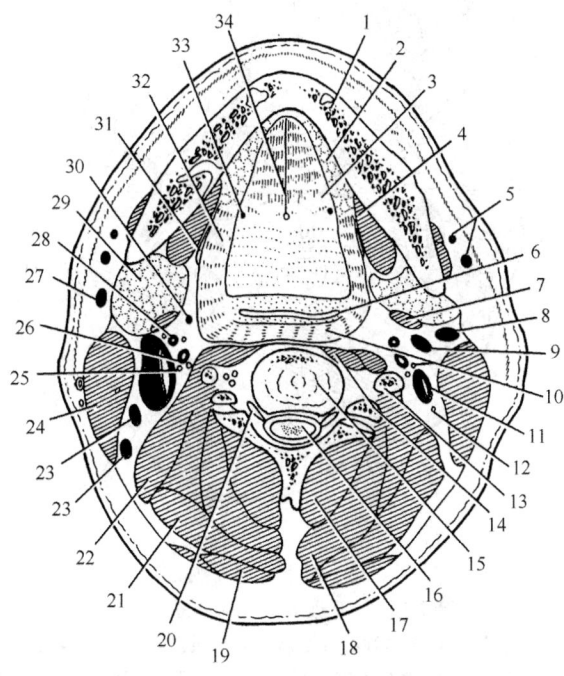

图2-2-25 经下颌体上份层面

1. 下颌体；2. 舌下腺；3. 颏舌肌；4. 下颌舌骨肌；5. 面动静脉；6. 口咽；7. 二腹肌后腹；8. 下颌后静脉；9. 咽静脉；10. 迷走神经；11. 颈内静脉；12. 副神经；13. 第三颈椎前结节；14. 颈长肌；15. 第三颈椎间盘；16. 脊髓；17. 颈半棘肌；18. 头半棘肌；19. 斜方肌；20. 第4神经根；21. 头夹肌；22. 肩胛提肌；23. 颈外侧深淋巴结；24. 胸锁乳突肌；25. 颈交感干；26. 颈内动脉；27. 下颌下淋巴结；28. 颈外静脉；29. 下颌下腺；30. 舌动脉；31. 舌神经；32. 舌骨舌肌；33. 舌深动脉；34. 舌中隔

（1）前部：为口腔，主要结构有颏舌肌、下颌体（呈倒"V"字形）、下颌下腺、舌下腺、舌骨舌肌、舌下间隙（位于颏舌肌与下颌舌骨肌之间，内容有舌下腺、舌神经、舌动静脉与舌下神经）、口咽、咽后间隙。

（2）外侧部：为颊区，主要结构有咽外侧间隙、颈内动脉、颈内静脉、迷走神经、颈外动脉、副神经、颈交感干、颈外侧深淋巴结、胸锁乳突肌。

（3）后部：为脊柱区，主要结构有第3颈椎间盘、第4颈神经根、脊髓、横突孔与椎动脉、椎静脉、项部肌。

10. 经下颌体下份层面 特征结构：喉咽、下颌体、会厌、第4颈椎体。经下颌体下份，分为三部分，见图2-2-26。

（1）前部：为口腔，主要结构有颏舌肌、下颌体、下颌下腺、舌下腺、喉咽、会厌、咽缩肌、舌骨大角、舌下间隙、下颌下间隙。

（2）外侧部：为颈动脉鞘区，主要结构有咽外侧间隙、颈动脉鞘（内有颈内动脉、颈内静脉、迷走神经）、颈外动脉、喉上神经、舌下神经、交感干、颈外侧深淋巴结、胸锁乳突肌。

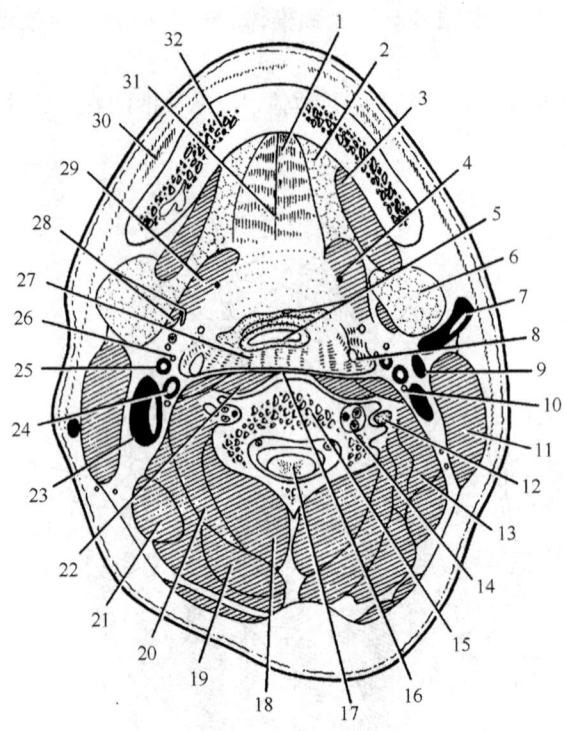

图 2-2-26 经下颌体下份层面

1. 颏舌肌;2. 舌下腺;3. 下颌舌骨肌;4. 舌动脉;5. 喉咽与会厌;6. 下颌下腺;7. 面静脉;8. 舌骨大角;9. 颈外侧深淋巴结;10. 迷走神经;11. 胸锁乳突肌;12. 第4颈神经;13. 前、中斜角肌;14. 横突孔;15. 第4颈椎体;16. 椎前筋膜;17. 脊髓;18. 颈半棘肌;19. 头半棘肌;20. 头最长肌;21. 肩胛提肌;22. 颈长肌;23. 颈内静脉;24. 颈内动脉;25. 颈外动脉;26. 喉上神经;27. 咽缩肌;28. 舌下神经;29. 舌骨舌肌;30. 降下唇肌;31. 舌中隔;32. 下颌体

（3）后部：为脊柱区，主要结构有第4颈椎体、第4颈神经、脊髓、横突孔与椎动脉、椎静脉、项部肌。

在此断面，切及舌骨大角，标志即将到达口腔底部。

11. 经舌骨体层面 特征结构：舌骨体、会厌、喉、第4颈椎间盘。经舌骨体，分为三部分，见图2-2-27。

（1）前部：为舌骨周围部，主要结构有下颌骨、颏舌骨肌、舌骨体（80%的人位于第4颈椎体或第4颈椎间盘高度）、舌骨大角、舌会厌正中襞、会厌软骨、喉咽。

（2）外侧部：为颈动脉鞘区，主要结构有咽外侧间隙（此层面以下咽外侧间隙消失）、颈动脉鞘（内有颈总动脉、颈内静脉、迷走神经）、颈外动脉、舌下神经、面深静脉、颈外静脉、颈交感干、胸锁乳突肌。

（3）后部：为脊柱区，主要结构有第4颈椎间盘、脊髓、横突孔与椎动脉、椎静脉、项部肌。

三、头部冠状与矢状断面

1. 头部正中矢状断面 特征结构：胼胝体、穹隆、大脑半球、第三脑室、垂体。此断面分为两部，见图2-2-28。

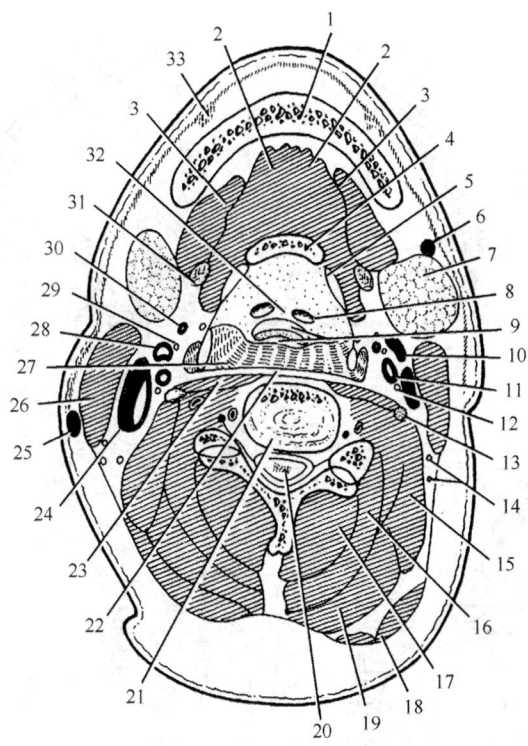

图 2-2-27 经舌骨体层面

1. 下颌骨;2. 颏舌骨肌;3. 下颌舌骨肌;4. 舌骨体;5. 舌骨大角;6. 颏下静脉;7. 下颌下腺;8. 会厌谷;9. 会厌与喉咽;10. 面深静脉;11. 颈内动脉;12. 迷走神经;13. 颈交感干;14. 耳大神经;15. 肩胛提肌;16. 头半棘肌;17. 颈半棘肌;18. 头夹肌;19. 斜方肌;20. 脊髓;21. 第 4 颈椎间盘;22. 咽后间隙;23. 颈长肌;24. 颈内静脉;25. 颈外静脉;26. 胸锁乳突肌;27. 咽缩肌;28. 颈外动脉;29. 舌下神经降支(颈襻上根);30. 甲状腺上动脉;31. 二腹肌腱;32. 舌会厌正中襞;33. 降口角肌

(1) 颅内部:以小脑幕和胼胝体为界分为上、下两部。

上部:为大脑半球内侧面的沟回,主要有大脑镰、中央旁小叶、额叶内侧回、扣带沟、胼胝体沟、顶枕沟、楔叶等。

下部:分胼胝体下部和小脑幕下部。

胼胝体下部主要结构有胼胝体(嘴、膝、干与压部)、穹隆(体、柱)、丘脑、透明隔、室间孔、松果体、中脑水管、下丘脑(视交叉、漏斗与乳头体)、终板、中脑(大脑脚、中央灰质与顶盖、中脑水管、上丘、下丘)、脑桥、延髓、第四脑室、脚间窝、脚间池、动眼神经、基底动脉、四叠体池;在胼胝体压部后下可见大脑内静脉与大脑大静脉的汇入部,在下丘脑与蝶鞍之间的鞍上池内可见基底动脉、大脑前动脉等大脑动脉环的部分结构。

小脑幕下部主要结构有小脑蚓、小脑半球、小脑扁桃体、小脑上池、四叠体池、小脑延髓池等。

(2) 颅外部:以椎体前缘为界分为前、后两部。

前部:切及鼻腔、口腔与咽腔。主要结构有鼻中隔(因偏曲而呈残缺不全状)、额窦、蝶窦、鼻甲(上、中、下)及相应鼻道、蝶筛隐窝、腭(硬腭、软腭)舌骨及口底肌、咽腔(咽鼓管圆枕、咽鼓管咽口、咽隐窝、腭扁桃体)。

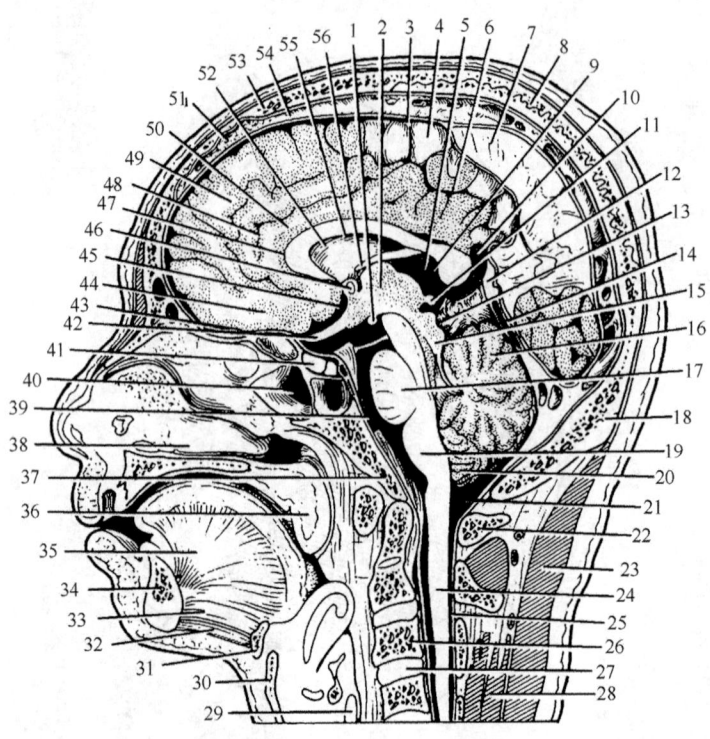

图 2-2-28 头部正中矢状断面

1. 乳头体;2. 背侧丘脑;3. 中央旁沟;4. 中央旁小叶;5. 大脑内静脉;6. 顶下沟;7. 大脑镰;8. 矢状缝;9. 帆间池;10. 大脑大静脉;11. 松果体;12. 小脑幕;13. 四叠体池;14. 直窦;15. 四叠体;16. 小脑前叶;17. 脑桥;18. 枕骨;19. 延髓;20. 小脑扁桃体;21. 小脑延髓池;22. 寰椎后弓;23. 头半棘肌;24. 脊髓;25. 蛛网膜下隙;26. 第3颈椎体;27. 第2颈椎间盘;28. 颈半棘肌;29. 环状软骨板;30. 甲状软骨;31. 舌骨;32. 下颌舌肌;33. 颏舌骨肌;34. 下颌骨体;35. 颏舌肌;36. 软腭;37. 斜坡;38. 下鼻甲;39. 基底动脉;40. 蝶窦;41. 腺垂体;42. 视交叉;43. 嗅球;44. 直回;45. 终板池;46. 前连合;47. 胼胝体膝;48. 扣带沟;49. 额中回;50. 扣带回;51. 蛛网膜粒;52. 尾状核;53. 额骨;54. 上矢状窦;55. 侧脑室;56. 穹隆体

后部:切及颈椎与椎管、椎管内容物及项部肌。主要结构有寰椎(前、后弓)、枢椎齿突、寰枢正中关节、脊髓、项部肌(主要为头后小直肌与头半棘肌)。

2. 头部经筛骨鸡冠的冠状断面 特征结构:额叶、眶、鼻腔、上颌窦、口腔。

此断面分为颅内、颅外部,见图 2-2-29。

(1)颅内部:切及额叶,正中线上有大脑镰,其上端连于上矢状窦,下端连于鸡冠,鸡冠两侧的筛板与额叶下面之间有嗅球。大脑镰两侧为大脑半球额极的断面,由上至下为额上回、额中回和额下回。

(2)颅外部:切及面部,由眼眶、鼻腔和口腔组成。

眼眶容纳眼球及其周围的眼球外肌和眶脂体。眼球内侧为内直肌,内上方为上斜肌,上方为上直肌和上睑提肌,外侧为外直肌,外上方为泪腺,下方为下直肌和下斜肌。

鼻腔和鼻旁窦:鼻腔中间为鼻中隔,其中部略偏向右侧;鼻中隔的上部为筛骨垂直板,两侧为左、右侧鼻道,鼻腔外侧壁由上而下有上、中、下鼻甲和相应的鼻道,中鼻道内有筛泡;鼻腔下部的两侧有上颌窦,其上壁为眶下壁,壁内有眶下管及其眶下神经、血管。鼻腔的外上方有额窦和筛小房。

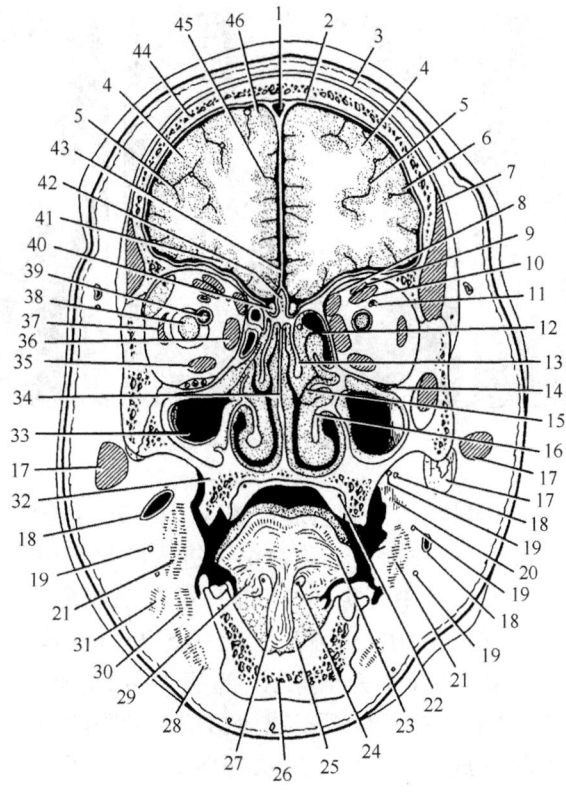

图 2-2-29 头部经筛骨鸡冠的冠状断面

1. 上矢状窦;2. 硬脑膜;3. 帽状腱膜;4. 额中回;5. 额下沟;6. 额下回;7. 颞肌;8. 上斜肌;9. 上睑提肌;10. 上直肌;11. 眼上静脉;12. 筛小房;13. 中鼻甲;14. 眼下动静脉;15. 中鼻道;16. 下鼻甲;17. 咬肌;18. 面静脉;19. 面动脉;20. 提口角肌;21. 颊肌;22. 腭大动脉;23. 舌横肌;24. 舌深动脉;25. 舌下腺;26. 下颌骨;27. 颏舌肌;28. 降下唇肌;29. 舌垂直肌;30. 降口角肌;31. 笑肌;32. 上颌骨;33. 上颌窦;34. 鼻中隔;35. 下直肌;36. 内直肌;37. 外直肌;38. 视网膜;39. 视神经;40. 嗅球;41. 眶回;42. 鸡冠;43. 大脑镰;44. 额骨;45. 额内侧回;46. 额上回

口腔:口腔上壁为硬腭,下方为下颌体,中间为舌的断面,舌与下颌体之间为舌下腺,两侧为颊肌和口轮匝肌,可见肌外侧面的面动脉、面静脉。

(胡光强 余 录)

第三节 头部病理断层影像学

一、脑 脓 肿

1. 病史临床 患者,女,12岁,反复右颞区疼痛伴右耳流脓1年,加重4天,无发热。

2. 影像表现 右颞叶内见一占位性病变,中线结构向左侧偏移,右侧侧脑室明显受压变扁。T1WI 环呈等信号,中央为不均匀较低信号,周围脑组织水肿呈低信号,T2WI 中央高信号,环呈低信号,周围水肿高信号,增强后呈均匀环形强化,环内壁光滑,厚薄均匀一致,周围水肿无强化,见图 2-3-1。

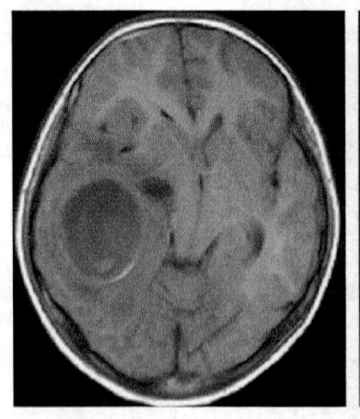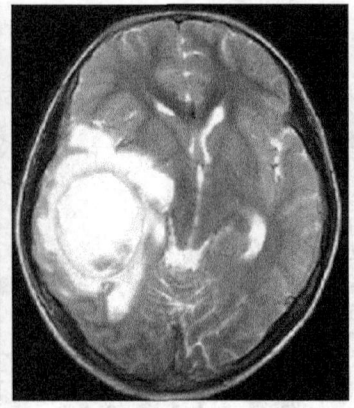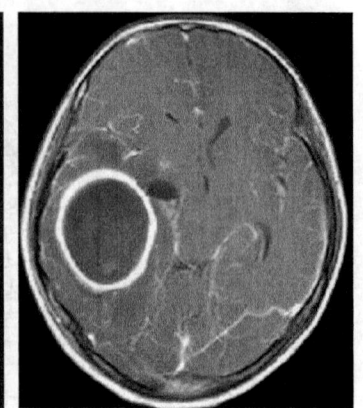

图 2-3-1　脑脓肿 MRI

3. 诊断　脑脓肿(右侧颞叶手术穿刺引流出脓液,后行开颅脓肿切除确诊)。

4. 讨论　脑脓肿(brain abscess)是化脓性细菌进入脑组织引起炎性改变,进一步导致脓肿形成。该病常是败血症或中耳炎的并发症,可单发或多发,幕上多见,颞叶占幕上脓肿的40%。按病程脑脓肿分为早期脑炎(起病5天内)、晚期脑炎(有中心坏死,起病4~11天)、早期脓肿壁形成(不完全脓肿,起病10~18天)、成熟脓肿(见于14~19天),完整的脓肿可持续8个月。临床表现为初期患者除原发感染症状外,一般都有急性全身感染症状。脓肿形成以后,上述症状好转或消失,并逐渐出现颅内压增高和脑定位症状。

影像诊断要点:①急性脑炎期:MRI 表现为在 T1WI 为低信号,T2WI 为高信号,强化不明显;②脓肿形成期:MRI 特点为在 T1WI 为低信号,T2WI 为高信号,壁光滑,侧壁稍增厚,周围水肿明显,中央脓液在 DWI 上由于弥散受限呈高信号,磁共振波谱(MRS)脓肿中央可见乳酸峰。

与胶质瘤鉴别:后者环状强化厚薄不均,形态不规则,可有钙化。与转移瘤鉴别:后者如同时出现多发和实质性肿瘤时有利于转移瘤诊断,同时必须结合病史。

二、脑　出　血

1. 病史临床　患者,女,57岁,高血压5年,突发左侧肢体运动不能52天。

2. 影像表现　右侧基底核外囊区见不规则信号异常区,T1WI 呈高信号,周边见低信号环,T2WI 及压水序列呈高信号,周边仍可见低信号环,邻近脑沟变浅,中线结构基本居中,见图2-3-2。

3. 诊断　右侧基底核区自发性脑出血(脑出血)并慢性血肿。

4. 讨论　自发性脑内出血在成年人最常见的病因为高血压,发病年龄常在50岁以上。发病机制可能是长期高血压形成微动脉瘤及小动脉玻璃样变和纤维素样坏死破裂所致。临床一般起病突然,迅速出现神经系统症状,如偏瘫、失语和不同程度的意识障碍等,少数患者血肿可以吸收,但恢复时间长,致死、致残率高。

影像诊断要点:高血压所致脑内自发性出血多位于基底核区,其他原因所致血肿可见于任何部位。

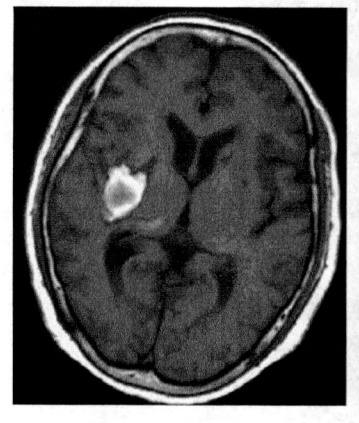 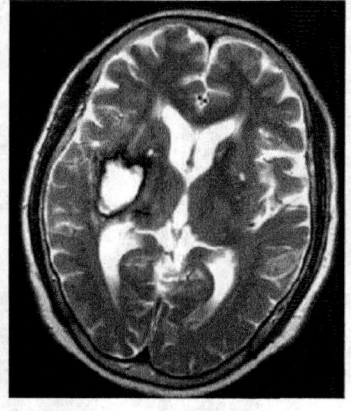 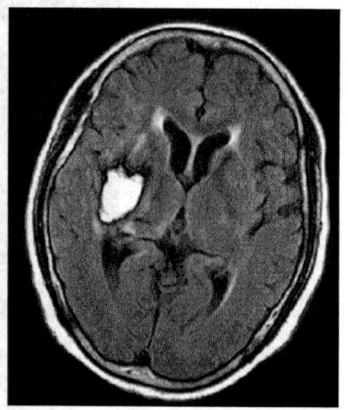

图 2-3-2 脑出血 MRI

血肿在 MRI 的表现如下：

急性早期（<12 小时）：氧合血红蛋白是非顺磁性的。MRI 此时反映了血液的水分，因此呈 T1 等信号、T2 等信号或高信号。在低场强的磁共振（<1.0T）中，由于其对蛋白质的作用较敏感，血肿在 T1 WI 上呈现较明显的高信号。

急性期（1~3 天）：氧合血红蛋白转换为脱氧血红蛋白，而后者是顺磁性的，表现为 T1 等信号、T2 或梯度回波低信号。

亚急性期（3 天到 2 周）：早期顺磁性的正铁血红蛋白位于细胞内，T1 高信号、T2 或梯度回波低信号；晚期细胞破裂正铁血红蛋白位于细胞外，此时 T1 高信号、T2 或梯度回波高信号。

慢性期（2 周以后）：随着含铁血黄素形成，T1 呈低信号、T2 或梯度回波低信号，信号改变从血肿边缘开始，一旦边缘出现低信号环则表明血肿进入慢性期。

血栓不按正常顺序降解或有强化提示其他疾病，如肿瘤、血管畸形或再出血。

三、动 脉 瘤

1. 病史临床 患者，女，55 岁，左眼视力下降 3 年，失明 2 年，头痛、头晕伴呕吐 20 余天。

2. 影像表现 平扫于鞍上可见一类圆形软组织影，呈稍高密度，占位效应不明显。

增强扫描肿物明显强化，强化程度与颅内血管相似。曲面重建示左侧颈内动脉床突上段呈瘤样扩张。三维重建可更好地显示肿瘤的位置，见图 2-3-3。

3. 诊断 左侧颈内动脉巨大动脉瘤（手术证实）。

4. 讨论 直径大于 2.5cm 的动脉瘤称为巨大动脉瘤，常见于中年女性，常见部位为颈内动脉（ICA）分叉、ICA 海绵窦段和基底动脉尖部，主要临床表现为占位效应所致，如抽搐、头痛、局部神经功能丧失、脑神经麻痹，尤以海绵窦内的动脉瘤最明显。

CT 诊断要点：圆形或类圆形占位病变，等密度或略高密度，可有壳状钙化；明显均一强化或同心圆强化，13%~20% 的巨大动脉瘤发生自发性血栓，血栓无强化；CTA 可完整显示动脉瘤的形态和大小；动脉瘤破裂，显示相应的蛛网膜下隙出血（CT 显示自发性蛛网膜下隙出血 75% 为动脉瘤所致）等。

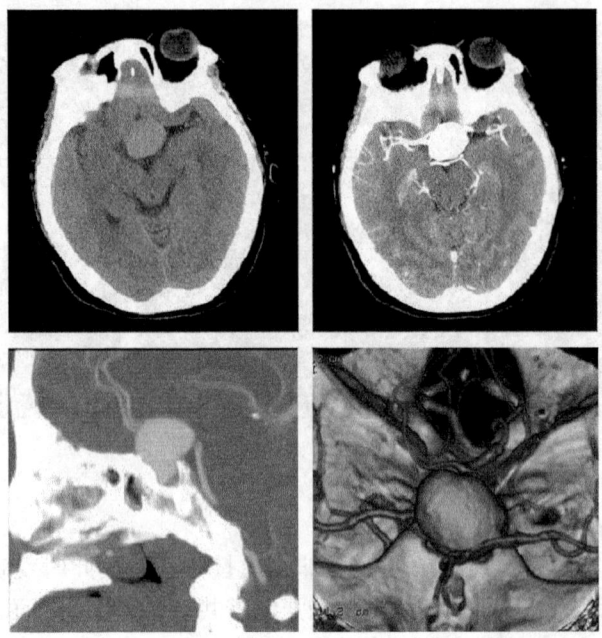

图 2-3-3 动脉瘤 MRI

四、动静脉畸形

1. 病史临床 发作性抽搐伴意识不清 2 年。

2. 影像表现 左侧额顶叶见团状异常信号区，T1WI 及 T2WI 均呈混杂信号，其内可见条状或蚯蚓状流空信号改变，病灶占位征象不明显，中线结构居中。MRA 示该部位异常血管团与大脑中动脉及大脑前动脉分支关系密切，局部血管明显增多、增粗，可见粗大的供血动脉，见图 2-3-4。

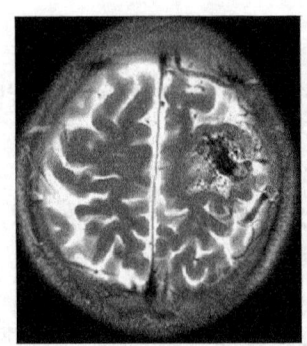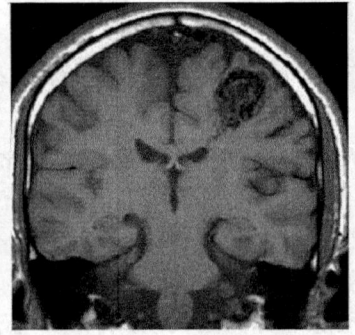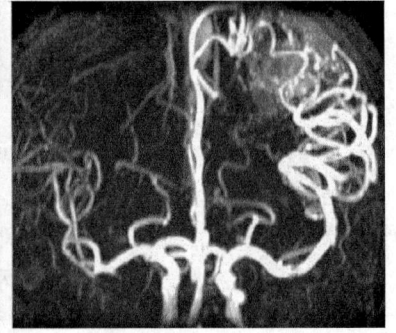

图 2-3-4 动静脉畸形 MRI

3. 诊断 脑内动静脉畸形（AVM）（血管造影证实）。

4. 讨论 脑（软脑膜）动静脉畸形（AVM）是颅内最常见的先天性脑血管畸形。可发生于颅内的任何部位，其中约 85% 位于幕上，两侧大脑半球无差异，以大脑中动脉分布区的脑实质为常见部位，亦可发生于侧脑室的脉络丛和软硬脑膜上，位于幕下者约 15%，可发生于脑干、小脑、幕下软脑膜。临床出现症状多于中年人，常见症状包括出血、抽搐和头痛。病灶主要供血动脉常为颈内动脉，但大的 AVM 可能累及颈外动脉。

MRI 诊断要点：多呈团块状，大小不一；T1WI 和 T2WI 多以低信号为主，具有流空信号特征的不均质信号；无占位效应，周围脑组织可有不同程度萎缩。伴有出血可呈不同时期脑内血肿表现或蛛网膜下隙出血。MRA 可精确病灶定位，并提示供血动脉和引流静脉。CT 上钙化在 MRI 为低信号。

五、胶 质 瘤

1. 病史临床　患者，男，53 岁，右侧肢体活动不灵、记忆力下降、失写半个月。

2. 影像表现　左侧枕叶可见一占位性病变，边界尚清，T1WI 为混杂低信号，T2WI 为混杂高信号，病灶周围有轻度水肿，占位征象明显，Gd-DTPA 增强扫描病灶不规则厚壁强化。中线结构轻度向对侧偏移，见图 2-3-5。

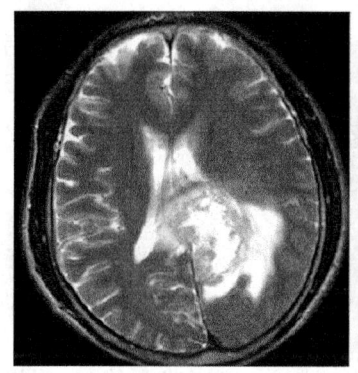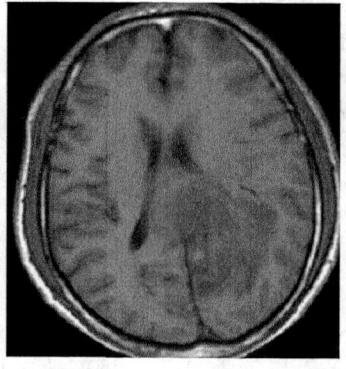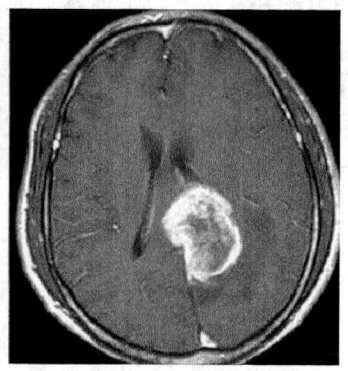

图 2-3-5　胶质瘤 MRI

3. 诊断　左侧枕叶胶质瘤（病理：混合性胶质瘤Ⅱ~Ⅲ级）。

4. 讨论　脑内星形细胞肿瘤中最常见的肿瘤类型为星形细胞瘤和少突胶质瘤，如肿瘤中既含有少突细胞成分又含有胶质成分则称为混合型胶质瘤，多数分化良好，少数分化不良。临床发病高峰为 30~50 岁，男女比例为 2∶1。主要症状为癫痫、头痛及局部神经损害体征。

MRI 诊断要点：T1WI 呈低或等信号，T2WI 呈高信号，信号不均匀；瘤周多伴轻度水肿，占位效应多较轻，少数较明显；增强后根据恶性程度不同，呈不同程度强化。MRS：Cho/Cr 升高，NAA 降低。

六、颅咽管瘤

1. 病史临床　患者，男，6 岁，左眼视力进行性下降、多饮多尿 1 年余，加重 1 周。

2. 影像表现　鞍内、鞍上可见巨大囊实性占位性病变，囊内呈长 T1、长 T2 信号，水抑制呈高信号，囊壁略厚不规则，同周围界限尚清，增强后囊壁明显强化，正常垂体显示欠清，下丘脑各结构受压上移，三脑室体积明显变小，幕下脑干、小脑未见异常，见图 2-3-6。

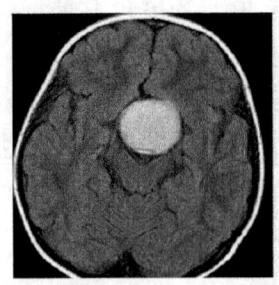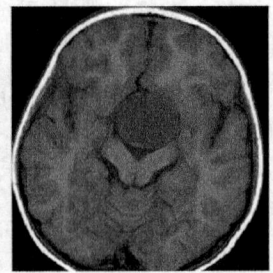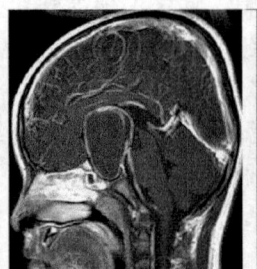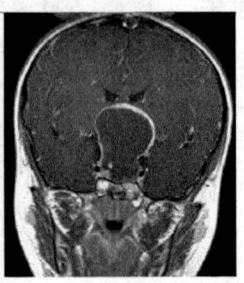

图 2-3-6　颅咽管瘤 MRI

3. 诊断　颅咽管瘤(病理为成釉细胞型)。

4. 讨论　颅咽管瘤是一种良性上皮肿瘤,绝大多数位于鞍上(20%)、鞍上-鞍区(75%)或鞍内(10%),组织学上分为成釉细胞型(囊性多见,好发于儿童)和乳头状型(实性为主,好发于成人),发病年龄呈双峰分布,高峰位于儿童期,临床症状有视力异常(视交叉受压)、内分泌异常(下丘脑-垂体受压)或脑积水等。

影像诊断要点:T1WI 为低信号、等信号或高信号;T2WI 表现为中等或明显高信号,钙化为低信号。

囊变病灶由于其内蛋白成分在压水(水抑制)像上呈高信号;病变多有强化(实体部分结节或环形及包膜强化);CT 上多可见钙化。

七、硬膜外血肿

1. 病史临床　患者,男,32 岁;头外伤致头痛 3 小时。

2. 影像表现　左侧额部颅骨内板下方可见一梭形致密高密度影,密度略不均匀,边界清楚,颅骨内板与脑组织间隙增宽,脑白质塌陷,左侧脑室受压变形,中线结构向对侧移位,骨窗条件下见左侧额骨凹陷性骨折,见图 2-3-7。

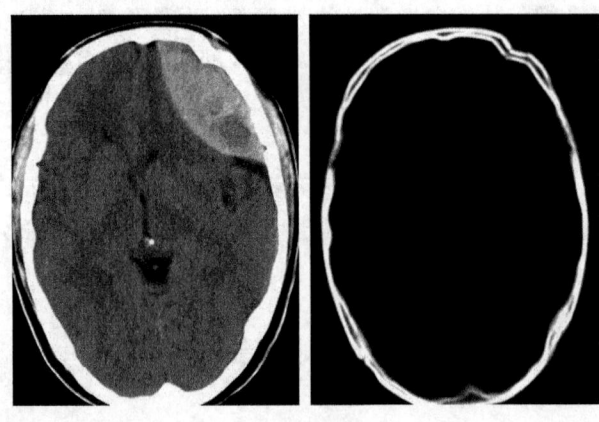

图 2-3-7　硬膜外血肿 MRI

3. 诊断　左侧额部硬膜外血肿,左额骨凹陷性骨折。

4. 讨论　颅内出血积聚于颅骨与硬膜之间,称为硬膜外血肿(epidural hematoma),占颅脑损伤的 2%~3%,多为急性或亚急性。本病多发生于头颅直接损伤部位,损伤局部多有骨折,其血源以动脉性出血为主,也有静脉窦损伤出血(如血肿跨小脑幕两侧应考虑静脉窦损伤)。因硬膜与颅骨黏连紧密,故血肿范围局限,形成双凸透镜形。

影像诊断要点:CT平扫血肿表现为颅骨内板下双凸形高密度区,多在骨折部位下方,边界锐利,血肿范围一般不超过颅缝,但可跨越大脑镰或天幕,血肿密度多均匀。不均匀的血肿,早期可能与血清溢出、脑脊液或气体进入有关,后期与血块溶解有关。可见中线结构移位,侧脑室受压、变形和移位等占位效应。调节骨窗可显示骨折,血肿压迫邻近的脑血管可出现脑水肿或脑梗死。

八、蛛网膜囊肿

1. 病史临床　患者,男,7岁,言语不清,多动2~3年。

2. 影像表现　左颞部见一巨大不规则形异常信号影,病灶境界清楚,边缘较光滑,左颞叶下部明显受压向上推移并发育不良。病灶T1WI呈低信号,T2WI呈高信号,病灶内部信号均匀,见图2-3-8。

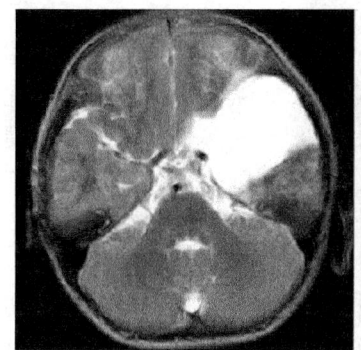
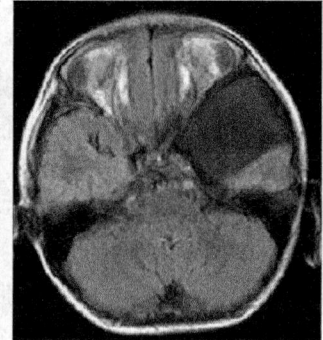
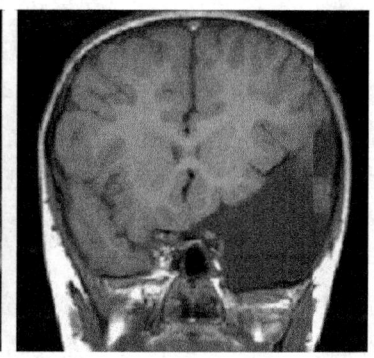

图2-3-8　蛛网膜囊肿MRI

3. 诊断　左颞部蛛网膜囊肿。

4. 讨论　蛛网膜囊肿占颅内占位性病变的1%,为边缘锐利的圆形或卵圆形脑脊液性囊肿。其可分为先天性和后天性两种,前者多为蛛网膜发育异常所致,较少见,多见于儿童;后者多由外伤、感染、蛛网膜下隙出血等引起的蛛网膜下隙广泛粘连所致。病灶多位于颅中窝,且位于该处时多伴有颞叶发育不全,其他可见于鞍上、桥小脑角区及四叠体池和脑凸面。临床通常无症状,偶然发现,可出现头痛、眩晕等。

影像诊断要点:CT平扫通常呈脑脊液样低密度,囊内出血罕见,增强无强化。MRI同样与脑脊液信号一致,FLAIR为完全低信号,DWI为低信号。与表皮样囊肿鉴别要点为后者以沿脑池匐匍生长,具有包绕血管和神经的趋势的特点,其FLAIR为高信号,DWI也为高信号。与局限性脑萎缩鉴别为后者只有蛛网膜下隙增宽,无明显占位效应,且可以根据其外伤、手术及梗死病史鉴别。

(胡光强　周正利)

第四节 实验操作——头部的解剖与观察

头部的解剖包括颅外(颅顶、颞区和面部的解剖)和颅内(脑、脑膜、脑血管的解剖)两部分。为避免与局部解剖学等其他教材重复,本教材从断层影像学角度出发,只对头部体表定位和颅内结构进行解剖与观察。

一、开颅取脑

1. 开颅

(1)剥离颅顶软组织:做三切口,①眉间至枕外隆凸做矢状切口;②两耳根至颅顶做冠状切口;③眉弓及枕外隆凸上1cm处做环状切口,用丁字凿钝性剥离去掉颅顶软组织。

(2)锯开颅骨:将颅固定,在眉弓上缘、耳根上缘、枕外隆凸上缘1cm处做一环形锯线(颅骨顶部周长最大环形线),锯开颅骨外板,再用骨凿沿锯缝轻轻凿开颅骨内板,再用骨凿沿骨缝前、后、左、右将颅盖撬松,揭开颅盖。

(3)切开硬脑膜:在距环形锯口断端上方0.5cm处水平剪开硬脑膜至枕部(枕部断端稍长1.5cm左右,防止对脑组织损伤),正中矢状线左右旁侧1cm处纵行切开硬脑膜至枕部;在颅骨鸡冠处切断大脑镰的前端附着点,将大脑镰向后翻转;再从横窦下缘水平切开硬脑膜,直达两侧乙状窦,并从一侧颞骨岩部后缘剪开小脑幕,并将其翻向对侧,将整个硬脑膜打开。此种方法既能将脑完整取出,又能将硬脑膜还原,保持完整性,便于观察其原貌。

(4)注意事项

1)锯开颅骨的环形锯线定位要准,眉弓上缘深方平对额叶的下缘和鸡冠,位置过低,切入眼眶上壁,难以打开,位置过高,不好切断鸡冠上的大脑镰附着点;耳根上缘深方平对颞骨岩部上缘,位置过低,切入颞骨岩壁,难以打开,位置过高,不好切断颞骨岩部上的小脑幕附着点;枕外隆凸上缘深方平对窦汇,位置过高,不好切断小脑幕附着点,同时给颅底神经血管等结构的离断带来困难,位置过低,切及小脑幕下,骨质增厚,脑组织上大下小,颅骨难以去掉。

2)锯开颅骨的环形深度要合适,过深会损伤硬脑膜,过浅不容易打开颅盖,要注意环形线不同部位颅骨的厚度不同,在环形线前后部,骨壁较厚,为0.6~0.8cm,而在两侧,骨壁较薄,为0.2~0.4cm;揭开颅盖前,用骨凿撬松颅盖,有助于将紧贴在颅骨上的蛛网膜颗粒和导血管松开。

2. 取脑 切断脑的附着结构,脑在颅底附着结构较多,主要为脑神经、血管和脊髓。

(1)颅前端:手指伸入颅前窝,将大脑额叶轻轻抬离颅前窝(不能将脑翻得太高,以免将漏斗拉断),从额极下观察嗅球、嗅束,将嗅球与筛板分开,离断嗅觉神经(Ⅰ),使嗅球贴附在大脑上,再从视神经孔处依次剪断颈内动脉、视神经(Ⅱ)。用长柄手术刀在垂体前方打开鞍膈,取出垂体(因垂体深藏于垂体窝内,如标本不够理想时,可紧贴鞍膈切断漏斗,不将垂体取出)。

(2)颅侧面:继续将脑向后拉起,切断动眼神经(Ⅲ)和滑车神经(Ⅳ),并将脑向一侧推挤,将大脑颞叶前端轻轻翻开,用同样方法将对侧颞叶前端拉出,暴露大脑枕叶和小脑之间的小脑幕,沿颞骨岩部上缘切断两侧的三叉神经(Ⅴ)、展神经(Ⅵ)、面神经(Ⅶ)、位听神经

(Ⅷ)及小脑幕观察到的动眼神经。

(3) 颅后端：将头复正、后仰，用手托住脑背面，从侧前方用长柄刀伸入脑底，依次切断舌咽神经(Ⅸ)、迷走神经(Ⅹ)、副神经(Ⅺ)、舌下神经(Ⅻ)和椎动脉，再从脑干腹侧面平枕骨大孔处切断脊髓，取出脑。

以上步骤左右对称进行。

(4) 注意事项

1) 取脑之前应对脑底结构与颅底关系十分清楚。

2) 在分离神经根时，有些神经根是在双层硬脑膜之间行经一段后，才穿相应的孔裂出颅，如三叉神经(Ⅴ)、滑车神经(Ⅳ)、展神经(Ⅵ)，所以从颅后窝两侧入手，这是切断这些神经的最佳捷径。

3) 分离副神经根时，应注意，它是由颈部脊髓节段的副神经核发出的脊髓根，经第5~6颈神经前后根之间穿出脊髓后，在脊髓两侧上行，经枕骨大孔入颅内，与起自延髓疑核的颅根相会合成副神经后，一起经颈静脉孔出颅，因此在切断脊髓时，要注意细心分离两侧的副神经根，否则会因副神经根的损伤取不完整。

4) 切断脊髓后，要用手托住脑，以免拉断脑底结构。

5) 切断脑底结构后，在将脑取出之前，注意检查是否有遗漏，以免前功尽弃。

二、颅内外参照对应点的观察

1. **眉弓** 其内侧半深面有额窦，恰与大脑额叶的下缘相对应。
2. **颧弓** 其上缘平对颞骨岩部的上缘，对应于大脑颞叶前端的下缘。
3. **翼点** 是颅的薄弱处，其内面有脑膜中动脉前支经过。
4. **乳突** 其后部的内面有乙状窦通过。
5. **枕外隆凸** 其深面为窦汇。

三、头部基线的测定

1. **下眶耳线** 为眶下缘至外耳道中点的连线。
2. **眶耳线** 为眼外眦至外耳道中点的连线。
3. **上眶耳线** 为眶上缘至外耳道中点的连线。

以上三线的测定，结合同学们之间的互相活体测量，并在标本上对应观察，以理解不同基线的断面位置和所切结构的区别。

四、颅腔内结构的观察

取脑之后，将大脑镰、小脑幕还原后，观察硬脑膜的整体形态。

1. **三腔** 还原硬脑膜后，可以看到整个颅腔被大脑镰和小脑幕分为三个区间，即左、右区间和下后区间，分别容纳左、右大脑半球和小脑及脑干。

2. **硬脑膜窦** 可以看到大脑镰上下缘的上、下矢状窦，大脑镰、小脑幕之间的直窦，枕部的窦汇、横窦、乙状窦，颞骨岩部的岩上、下窦等，在鞍膈两侧可以观察到海绵窦。

3. 颅底孔裂　颅底借蝶骨小翼和颞骨岩部将颅底分为前、中、后三个呈阶梯状的窝，容纳脑，并有许多神经血管出入颅的孔裂存在。

（1）颅前窝：以鸡冠为参照中心点，在其两侧为筛骨水平板，上有筛孔，为嗅神经入颅的孔裂。

（2）颅中窝：以鞍膈为参照中心点。

1）垂体窝前角：有两对孔裂，即视神经管和眶上裂，视神经管内有视神经入脑，眶上裂内有动眼神经、滑车神经、展神经和三叉神经的眼神经出入。注意眼神经、滑车神经、展神经三对神经相对细小，且从颅后窝的脑干发出，向前在鞍膈两侧穿硬脑膜，在两层硬脑膜间潜行至眶上裂。

2）垂体窝后角：有两对孔裂，即破裂孔和开口于破裂孔侧壁的颈动脉管内口，有颈内动脉通过。

3）垂体窝外侧：有三对孔裂，由前向后外呈"八"字形排列，依次为圆孔、卵圆孔、棘孔，分别有上颌神经、下颌神经、脑膜中动脉通过。

（3）颅后窝：以枕骨大孔为参照中心点。枕骨大孔为脊髓与延髓相续，有副神经的脊髓根、椎动脉入颅内。

在枕骨大孔的前外侧角有三对孔裂，由枕骨大孔边缘向前外侧呈倒"八"字形排列，依次为舌下神经管、颈静脉孔、内耳门，舌下神经管内有舌下神经通过，颈静脉孔内有舌咽神经、迷走神经、副神经通过，内耳门有前庭蜗神经和面神经通过。

五、脑的整体观察

完整的脑包括端脑、间脑、脑干、小脑和脑被膜，以及出入脑的神经和血管。

1. 脑膜脑血管　在脱离颅腔的脑表面，可以观察到软脑膜和走行于脑表面的血管，血管主要为脑浅静脉，根据部位可分为上、中、下三组，大脑上静脉沿大脑纵裂两侧注入上矢状窦，大脑中静脉分为浅、深两组沿大脑外侧沟周围，汇入海绵窦（大脑中浅静脉）和基底静脉（大脑中深静脉），大脑下静脉沿颞叶与脑干之间汇入横窦和海绵窦。

在脑底可观察到大脑动脉环，在大脑纵裂内、大脑外侧沟底、小脑与颞叶间可观察到大脑前、中、后动脉及分支。

2. 脑神经

（1）嗅神经：连于嗅球，起于上鼻甲和鼻中隔上部黏膜内的嗅细胞，穿筛孔连于嗅球。由于取脑时可能大部分被切断，只能观察到断根附着点。

（2）视神经：连于视交叉，起于视网膜节细胞，经视神经管入颅中窝，连于视交叉。

（3）动眼神经：连于中脑脚间窝，经眶上裂出脑，支配5块眼球外肌、睫状肌和瞳孔括约肌。

（4）滑车神经：连于中脑下丘与小脑上脚及上髓帆之间，经眶上裂出脑，支配上斜肌。

（5）三叉神经：连于脑桥基底部与小脑中脚交界处，经三叉神经节分为眼神经、上颌神经、下颌神经，分别穿眶上裂、圆孔、卵圆孔出颅，接受面部感觉并支配咀嚼肌运动。

（6）展神经：连于延髓脑桥沟中线两侧，经眶上裂出脑，支配外直肌。

（7）面神经：连于延髓脑桥沟中份、展神经根外侧，可清晰地观察到较大的运动根和较小的混合根。穿内耳道底，经面神经管出颅，支配面部相应结构。

(8) 前庭蜗神经：连于延髓脑桥沟外侧份，面神经根的外侧，经内耳道入耳，传递前庭蜗的感觉信号。

(9) 舌咽神经：连于延髓橄榄后沟的上部，经颈静脉孔出颅，支配头颈部相应结构。

(10) 迷走神经：连于延髓橄榄后沟的中部，经颈静脉孔出颅，支配相应结构。

(11) 副神经：连于延髓橄榄后沟的下部，在此处，颅根与脊髓根合成副神经根后，经颈静脉孔出颅，支配相应结构。

(12) 舌下神经：连于延髓橄榄前沟的上部（即延髓的前外侧沟），经舌下神经管出颅，支配舌肌的运动。

3. 大脑的沟回

(1) 外侧沟：由前下向后上走行，是判断脑前后端的重要标志，同时也是岛叶、大脑中动脉、大脑中浅静脉、大脑外侧窝池（即侧裂池）所在处，脑萎缩时明显增宽。

(2) 中央沟：位于中央前、后回之间，向上外转入大脑内侧面，行于中央旁小叶之间，但很少与扣带沟相交。

(3) 顶枕沟：位于顶上小叶与枕上回之间，向内与距状沟的前后部之间相交汇。顶枕沟在顶上小叶与枕上回之间走行时，有时有顶上小叶的一独立小叶存在，应划归顶上小叶（根据内部白质纤维走行确定）。

其他大脑沟回的具体确认均以这三条沟来确定，但顶叶、枕叶和颞叶交界区的划分系人为规定，即以顶枕沟与枕前切迹之间的弧形线为分界标志。值得注意的是，人的大脑沟回存在明显的个体差异，即使是同一个人的两侧大脑半球的沟回也存在差异，因此，学习时应留意观察。

六、脑的断面观察

脑的断面观察，主要在水平断面上观察脑的重要沟回和核团。观察内容包含以下几种。

1. 端脑 外侧沟、中央沟、顶枕沟，额叶、顶叶、颞叶、枕叶，岛叶所在区域、豆状核、尾状核、内囊、胼胝体、中央前回、中央后回、中央旁小叶、颞横回、扣带回、海马旁回、海马沟、侧副沟、距状沟、缘上回、角回、额中回等各沟回的辨认。

2. 脑干 延髓（锥体、锥体交叉）、脑桥（菱形窝）、中脑（大脑脚、脚间窝）、黑质、红核的辨认。

3. 间脑 背侧丘脑、垂体、视交叉的辨认。

4. 小脑 小脑半球、小脑蚓、小脑扁桃体的辨认。

5. 脑室 侧脑室、海马、第三脑室、第四脑室的辨认。

在观察脑的断面过程中，可能会与整体的沟回不能很好联系，因此可通过整体与断面反复对照观察的方法，多进行几次观察，并结合理论讲解的知识要点和学习方法，相信一定会熟能生巧。可千万别忘记构建自己的人体空间结构体系喔！

6. 海马的观察 经颞叶中部做大脑半球的冠状切面，海马呈双重C环抱的外形，大C代表海马回，开口向腹内侧，小C代表齿状回，位于海马沟的背内侧，开口朝背侧。

根据细胞形态不同，海马回可分为CA1、CA2、CA3、CA4四部分，主要由一些锥体神经元组成；齿状回（dentate gyrus，DG）由颗粒细胞构成，见图2-4-1。

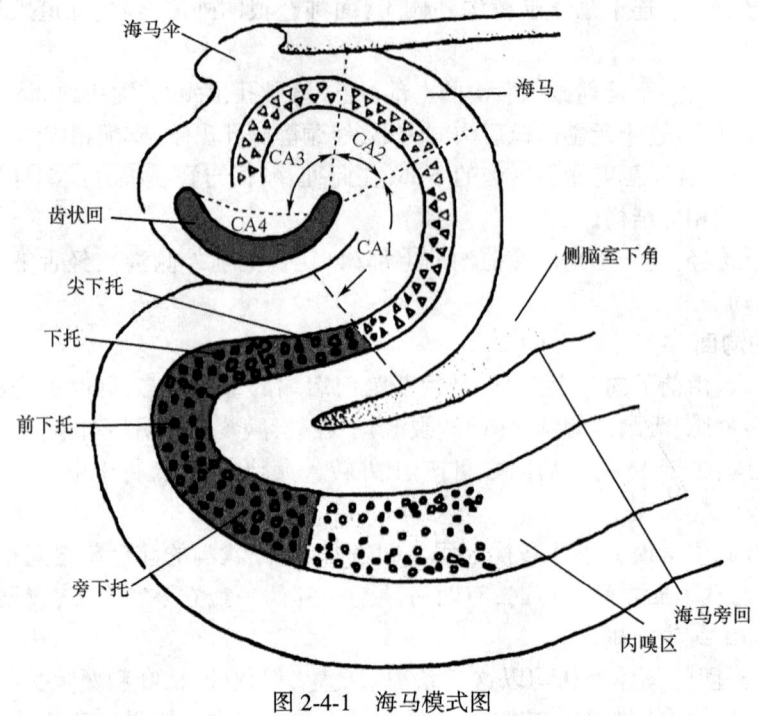

图 2-4-1　海马模式图

（胡光强　王继丰）

第三章 颈 部
Chapter 3　Neck

第一节　颈部解剖学基础

一、概　　述

1. 境界与分部

（1）境界：颈部位于头部、胸部与肩部之间，颈部上界以下颌体下缘、下颌角、乳突尖端、上项线、枕外隆凸的连线与头部分界，下界以颈静脉切迹、胸锁关节、锁骨上缘、肩峰至第7颈椎棘突的连线与胸部和上肢分界。

（2）分部：颈部以斜方肌前缘为界分为固有颈部和项部。固有颈部为通常所指的颈部，以胸锁乳突肌为标志，可分为颈前区、胸锁乳突肌区和颈外侧区。颈前区以舌骨为界分为舌骨上区和舌骨下区，舌骨上区包括颏下三角，左、右下颌下三角；舌骨下区包括左、右颈动脉三角、肌三角。胸锁乳突肌区为胸锁乳突肌覆盖区。颈外侧区包括枕三角与锁骨上三角（大窝）。

2. 内容

（1）支持格：颈椎及周围肌。
（2）内脏格：颈部食管、气管、甲状腺等器官。
（3）血管鞘：颈动脉鞘及内容。
（4）颈部上下端：头部、颈根部移行结构。

二、体表标志性结构

1. 舌骨（hyoid bone）　位于颏隆凸的后下方，平对第3、4颈椎之间的平面，舌骨大角是寻找舌动脉的标志。

2. 甲状软骨（thyroid cartilage）　甲状软骨上缘平对第4颈椎高度，颈总动脉在此高度分为颈内、外动脉。

3. 环状软骨（cricoid cartilage）　环状软骨弓平对第6颈椎横突，是喉与气管、咽与食管的分界标志，也可作为计数气管环的标志。

4. 胸锁乳突肌（sternocleidomastoid）　颈内、外静脉分别位于肌的深面和浅面；锁骨上小窝。

5. 胸骨上大窝（suprasternal fossa）　位于胸骨颈静脉切迹上方的凹陷，此处可触及气管颈段。

6. 锁骨上大窝（greater supraclavicular fossa）　位于锁骨中1/3上方，窝底可触及锁骨下动脉的搏动、臂丛和第1肋。

三、颈筋膜及筋膜间隙

颈筋膜是指颈部的深筋膜,包绕颈部的肌及器官,可分为浅、中、深三层和成对的颈动脉鞘;各层之间的疏松结缔组织构成筋膜间隙。探明颈部筋膜及筋膜间隙的解剖学构筑对微创手术具有非常重要的意义。

1. 颈筋膜

(1) 浅层:封套筋膜,向上附于头颈交界线,向下附于颈、胸部和上肢交界线。整个封套筋膜分为:斜方肌、胸锁乳突肌和二腹肌前腹肌鞘;腮腺和下颌下腺腺鞘;颈静脉切迹鞘。

(2) 中层:内脏筋膜,位于舌骨下肌群深面,向上附着于舌骨、甲状软骨及环状软骨,向下入胸腔,与心包相续,覆盖气管处称为气管前筋膜,覆盖颊肌和咽缩肌处称为颊咽筋膜;内脏筋膜包裹咽、食管颈部、喉气管颈部、甲状腺和甲状旁腺等器官,并形成甲状腺鞘(其后壁增厚形成甲状腺鞘悬韧带)。

(3) 深层:椎前筋膜,位于颈深肌群浅面,向上附着于颅底,向下续于前纵韧带及胸内筋膜,向腋窝形成腋鞘;椎前筋膜覆盖椎前肌、斜角肌、膈神经、臂丛、颈交感干、锁骨下动脉及锁骨下静脉,见图3-1-1。

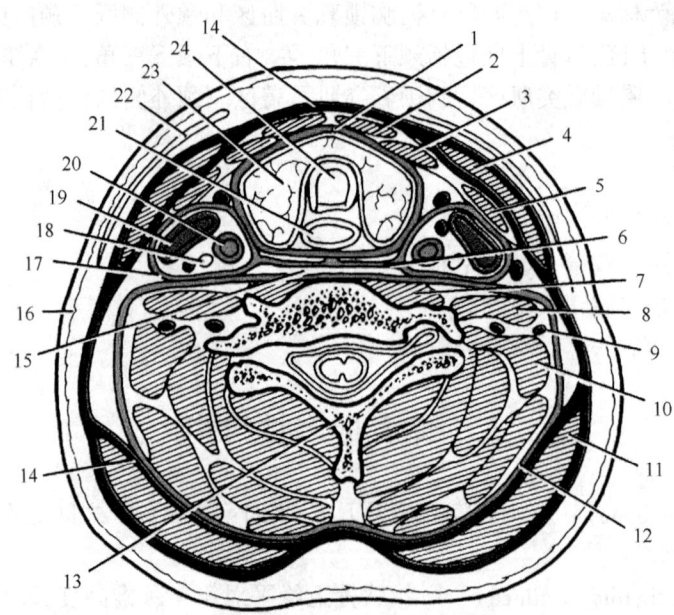

图3-1-1 颈部结构示意图(横断面)

1.气管前筋膜;2.胸骨舌骨肌;3.胸骨甲状肌;4.胸锁乳突肌;5.肩胛舌骨肌;6.翼状筋膜;7.头、颈长肌;8.前斜角肌;9.淋巴结;10.中斜角肌;11.斜方肌;12.椎前筋膜;13.颈椎;14.封套筋膜;15.咽后间隙;16.浅筋膜;17.颈动脉鞘;18.迷走神经;19.颈内静脉;20.颈总动脉;21.食管;22.颈阔肌;23.甲状腺;24.气管

2. 颈部筋膜间隙 见图3-1-2。

(1) 气管前间隙:位于气管前筋膜与气管颈部之间,内有甲状腺最下动脉、甲状腺下静脉和甲状腺奇静脉丛,小儿还有主动脉弓、左头臂静脉和胸腺等。

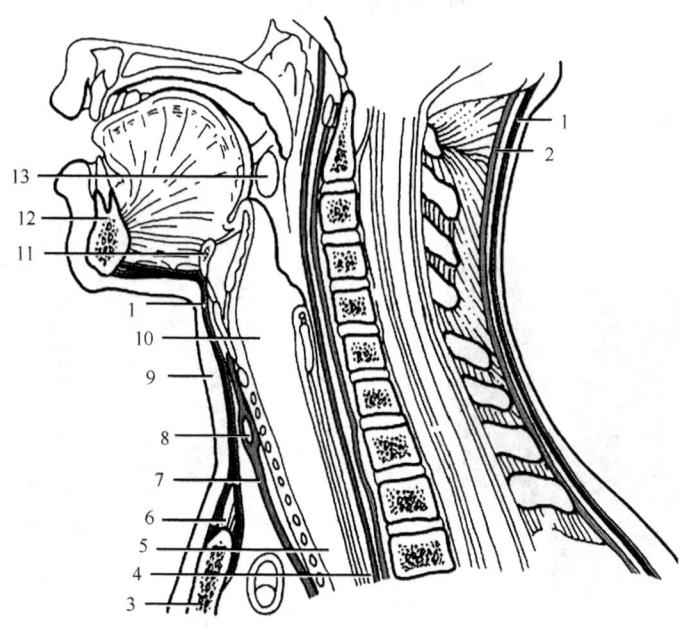

图 3-1-2　颈部结构示意图(矢状断面)
1. 封套筋膜；2. 椎前筋膜；3. 胸骨柄；4. 食管；5. 气管；6. 胸骨上间隙；7. 气管前筋膜；8. 甲状腺峡；
9. 浅筋膜；10. 喉；11. 舌骨；12. 下颌骨；13. 腭扁桃体

（2）咽后间隙：位于椎前筋膜与颊咽筋膜之间，延伸至咽外侧壁部分称为咽旁间隙，向下通后纵隔。

（3）椎前间隙：位于椎前筋膜与脊柱颈段之间，好发颈椎结核脓肿，并经腋鞘至腋窝，如果椎前筋膜溃破，可经咽后间隙向下至后纵隔，见图 3-1-2。

四、甲状腺

1. 形态结构　呈"H"形，可分为两侧叶和峡部，侧叶紧贴甲状软骨板、环状软骨和气管软骨环前外侧，上至甲状软骨中部、下至第 1 胸椎下缘，峡部位于第 2～4 气管软骨环前方。甲状腺被气管前筋膜包裹形成甲状腺鞘（假被膜），鞘的内侧增厚形成甲状腺悬韧带将甲状腺固定在喉及气管壁上，并可随喉的吞咽而移动；甲状腺的外膜为纤维囊（真被膜），真假被膜之间为囊鞘间隙，内有疏松结缔组织、血管、神经和甲状旁腺，见图 3-1-3、图 3-1-4。

2. 临床意义　甲状腺肿大时可压迫喉与气管及颈交感干。喉上神经的外支与喉上动脉伴行至甲状腺上 0.5～1.0cm 处分开，故手术结扎甲状腺上动脉时，应紧贴甲状腺上极；喉下神经与甲状腺下动脉于甲状腺侧叶中、下份交叉，两者在甲状腺侧叶下极关系复杂，故手术结扎甲状腺下动脉时，应远离甲状腺下极。

五、颈根部

1. 颈根部　位于胸骨柄、第 1 胸椎体、第 1 肋之间，为颈部、胸部和腋区之间的交界区域。内有往来于颈、胸部之间的纵行结构，如颈总动脉、颈内静脉、迷走神经、膈神经、交感神经、胸导管和胸膜顶;往来于颈、胸与上肢间的横行结构,如锁骨下动脉、锁骨下静脉和臂丛,见图3-1-5。

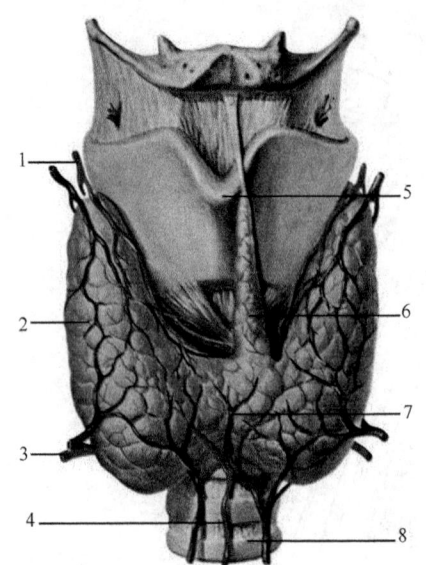

图 3-1-3 甲状腺(前面观)

1. 甲状腺上动脉;2. 甲状腺侧叶;3. 甲状腺下动脉;4. 甲状腺最下动脉;5. 喉结;6. 甲状腺锥状叶;7. 甲状腺峡;8. 气管

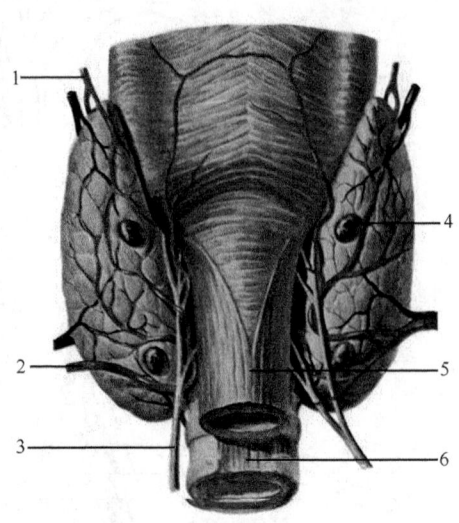

图 3-1-4 甲状腺(后面观)

1. 甲状腺上动脉;2. 甲状腺下动脉;3. 喉返神经;4. 甲状旁腺;5. 气管;6. 食管

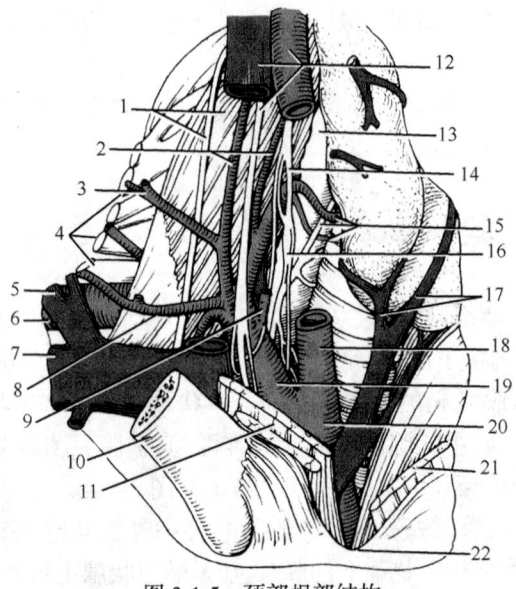

图 3-1-5 颈部根部结构

1. 前斜角肌及膈神经;2. 颈升动脉;3. 颈横动脉;4. 臂丛;5. 颈外静脉;6. 锁骨下动脉;7. 锁骨下静脉;8. 肩胛上动脉;9. 椎动脉;10. 锁骨;11. 胸骨甲状肌;12. 颈内静脉、颈总动脉及迷走神经;13. 椎前筋膜;14. 交感干;15. 甲状腺下动脉分支及喉返神经;16. 颈中神经节;17. 甲状腺下静脉;18. 颈总动脉;19. 锁骨下动脉;20. 头臂干;21. 胸骨舌骨肌;22. 颈静脉切迹

2. 椎动脉三角 位于颈长肌、前斜角肌和锁骨下动脉第一段之间,内侧界为颈长肌,外侧界为前斜角肌,下界为锁骨下动脉第一段,尖为第6颈椎横突前结节。三角的后方有第7颈椎横突、第8颈神经前支及第1肋颈;前方有迷走神经、颈动脉鞘、膈神经及胸导管弓(左侧)等。三角内的主要结构有胸膜顶、椎动脉、椎静脉、甲状颈干、甲状腺下动脉、颈交感干及颈胸(星状)神经节等。

六、颈部结构的横断层解剖特点

颈部横断面上结构可分为三部分:支持结构、脏器和血管神经鞘。

1. 支持结构 以颈椎、椎前肌和斜角肌为中心构成。

2. 脏器 有喉与气管、咽与食管,甲状腺等。

3. 血管神经鞘 有颈动脉鞘及内容、

膈神经、交感干、臂丛、锁骨下动脉、锁骨下静脉等。

(杜 杰)

第二节 颈部断层应用解剖学

颈部的连续水平断面

1. 经舌骨大角的横断层面 特征结构:舌骨大角、第4颈椎体、下颌下腺。此断面为头颈断面交界区,可分颈部结构区和颌面部结构区,见图3-2-1。

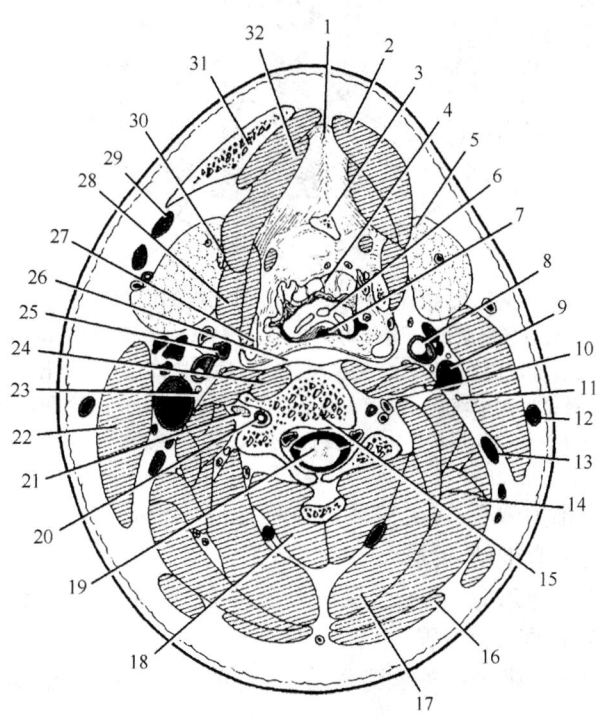

图 3-2-1 经舌骨大角的横断层面

1. 颏舌肌;2. 二腹肌前腹;3. 舌骨体;4. 舌扁桃体;5. 下颌下腺;6. 会厌软骨;7. 喉咽;8. 颈总动脉;9. 颈内静脉;10. 椎静脉;11. 副神经;12. 颈外静脉;13. 颈外侧深淋巴结;14. 头夹肌;15. 第4颈椎;16. 斜方肌;17. 头半棘肌;18. 颈半棘肌;19. 脊髓;20. 椎动脉;21. 第4颈神经;22. 胸锁乳突肌;23. 迷走神经;24. 颈长肌;25. 颈内外动脉;26. 咽后间隙;27. 舌骨大角;28. 舌骨舌肌;29. 下颌下淋巴结;30. 二腹肌中间腱;31. 下颌骨;32. 下颌舌骨肌

(1) 颈部结构区:以颈椎为中心,在颈椎横突处可见椎动、静脉,颈椎前外侧为颈动脉鞘,鞘内有颈内动、静脉和两者后内侧的迷走神经,在颈椎的前方为喉咽及会厌软骨。

(2) 颌面部结构区:以颏舌肌为中心,前方附着于下颌骨内侧,后方为舌底及锁骨体,两侧可见下颌下腺。

2. 经舌骨体及甲状软骨上缘的横断层面 特征结构:舌骨体,第4、5颈椎之间的椎间盘,甲状软骨上角。此断面经舌骨体,可分脊柱区、脏器区和血管区,见图3-2-2。

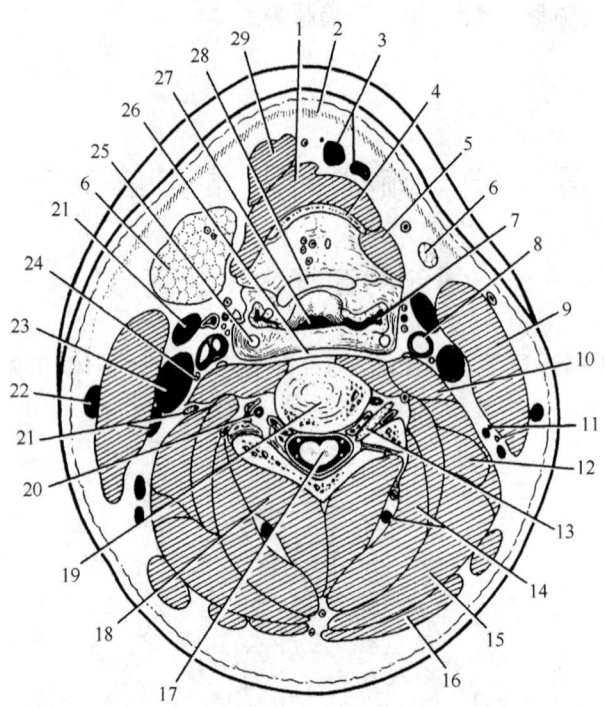

图 3-2-2 经舌骨体及甲状软骨上缘的横断层面

1. 胸骨舌骨肌和肩胛舌骨肌;2. 颈阔肌;3. 下颌下淋巴结;4. 舌骨体;5. 甲状舌骨肌;6. 下颌下腺;7. 梨状隐窝;8. 颈总动脉;9. 胸锁乳突肌;10. 前斜角肌;11. 副神经;12. 肩胛提肌;13. 第 5 颈神经;14. 头半棘肌;15. 头夹肌;16. 斜方肌;17. 脊髓;18. 颈半棘肌;19. 第 4 颈椎间盘;20. 椎动脉;21. 颈外侧深淋巴结;22. 颈外静脉;23. 颈内静脉;24. 迷走神经;25. 甲状软骨上角;26. 咽后间隙;27. 喉咽;28. 会厌软骨;29. 二腹肌前腹

（1）脊柱区:以颈椎为中心，可见第 4、5 颈椎之间的椎间盘，在颈椎椎弓根处可见第 4 颈神经根通过，横突孔处有椎动、静脉。

（2）脏器区:在舌骨体后方，可见会厌软骨及喉咽，在喉咽侧壁上可见甲状软骨上角。在舌骨体外侧，可见余下的下颌下腺。

（3）血管区:在颈椎与喉咽的外侧为颈动脉鞘，鞘内有颈内动脉、颈内静脉和两者后内侧的迷走神经。

3. 经甲状软骨上份的横断层面 特征结构:第 5 颈椎、甲状软骨、喉前庭、颈总动脉。此断面经甲状软骨上份，可分脊柱区、脏器区和血管区，见图 3-2-3。

（1）脊柱区:以颈椎为中心，可见第 5 颈椎体，在颈椎横突孔处有椎动、静脉通过。

（2）脏器区:在颈椎前方，可见喉咽及喉前庭，在喉腔前方可见呈"八"字形的甲状软骨。

（3）血管区:在颈椎与喉咽的外侧为颈动脉鞘，鞘内有颈总动脉、颈内静脉和两者后内侧的迷走神经。

4. 经甲状软骨中份的横断层面 特征结构:第 6 颈椎、甲状软骨、杓状软骨、喉中间腔。此断面经甲状软骨中份，可分脊柱区、脏器区和血管区，见图 3-2-4。

（1）脊柱区:以颈椎为中心，可见第 6 颈椎体，在颈椎横突孔处有椎动、静脉通过。

（2）脏器区:在颈椎前方，可见喉咽及中间腔，两者被杓横肌分隔，在喉腔前方可见呈"八"字形的甲状软骨。

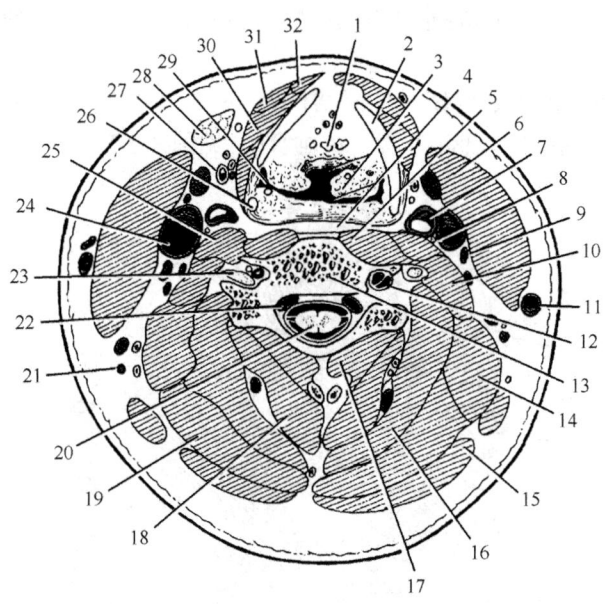

图 3-2-3 经甲状软骨上份的横断层面

1. 会厌软骨;2. 甲状软骨;3. 杓状会厌襞;4. 喉咽、咽后间隙;5. 头、颈长肌;6. 胸锁乳突肌;7. 颈总动脉;8. 迷走神经;9. 颈外侧深淋巴结;10. 中、后斜角肌;11. 颈外静脉;12. 椎动、静脉;13. 第 5 颈椎;14. 肩胛提肌;15. 斜方肌;16. 头半棘肌;17. 颈棘肌;18. 颈半棘肌;19. 头夹肌;20. 脊髓;21. 颈外侧浅淋巴结;22. 椎内静脉丛;23. 第 5 颈神经;24. 颈内静脉;25. 前斜角肌;26. 甲状软骨上角;27. 甲状腺上动、静脉;28. 下颌下腺;29. 梨状隐窝;30. 甲状舌骨肌;31. 肩胛舌骨肌上腹;32. 胸骨舌骨肌

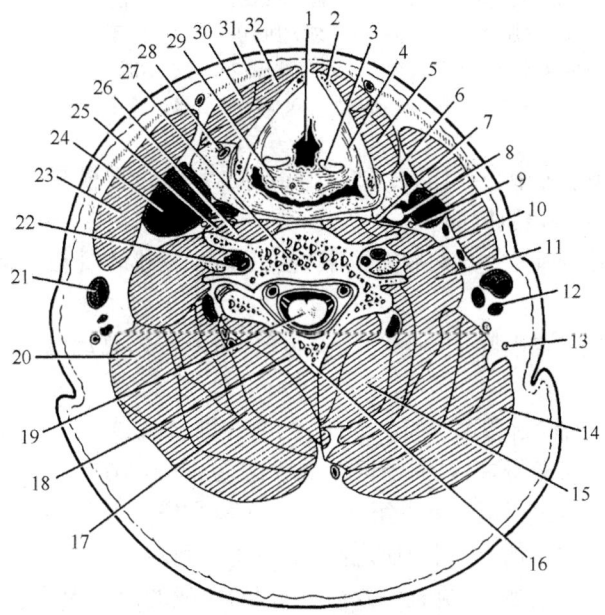

图 3-2-4 经甲状软骨中份的横断层面

1. 喉中间腔;2. 甲状软骨;3. 杓状软骨;4. 杓肌;5. 甲状舌骨肌;6. 甲状腺;7. 交感干;8. 颈总动脉;9. 迷走神经;10. 第 6 颈神经;11. 中、后斜角肌;12. 颈外侧浅淋巴结;13. 副神经;14. 斜方肌;15. 头夹肌与颈夹肌;16. 棘突;17. 头半棘肌;18. 颈棘肌;19. 脊髓;20. 肩胛提肌;21. 颈外静脉;22. 椎动、静脉;23. 胸锁乳突肌;24. 颈内静脉;25. 头长肌;26. 颈长肌;27. 第 6 颈椎;28. 甲状腺上动脉;29. 杓横肌;30. 肩胛舌骨肌上腹;31. 颈阔肌;32. 胸骨舌骨肌

(3) 血管区：在颈椎与喉咽的外侧为颈动脉鞘，鞘内有颈总动脉、颈内静脉和两者后内侧的迷走神经。

5. 经甲状软骨下份的横断层面 特征结构：第6、7颈椎椎间盘、环状软骨板、声襞、甲状腺。此断面经声襞，可分脊柱区、脏器区和血管区，见图3-2-5。

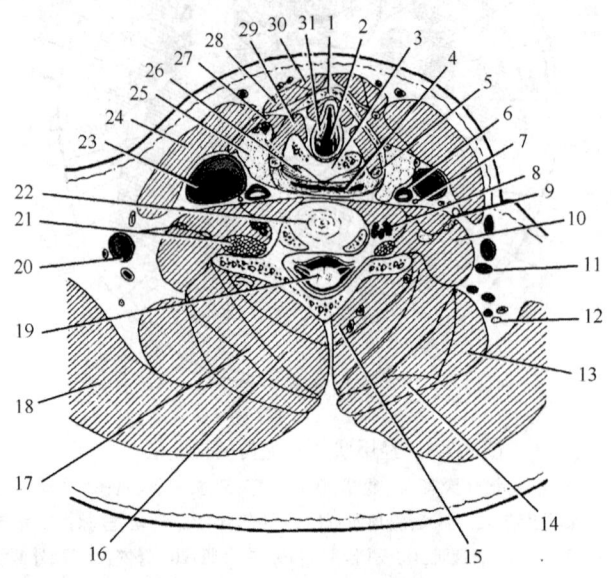

图3-2-5 经甲状软骨下份的横断层面

1. 甲状软骨；2. 喉中间腔；3. 环状软骨；4. 喉咽；5. 甲状软骨下角；6. 颈总动脉；7. 迷走神经；8. 椎动、静脉；9. 交感干；10. 中、后斜角肌；11. 颈外侧浅淋巴结；12. 副神经；13. 肩胛提肌；14. 头、颈夹肌；15. 头棘肌；16. 颈半棘肌；17. 头半棘肌；18. 斜方肌；19. 脊髓；20. 颈外静脉；21. 臂丛；22. 第6颈椎椎间盘；23. 颈内静脉；24. 胸锁乳突肌；25. 甲状腺；26. 环杓后肌；27. 甲状舌骨肌；28. 肩胛舌骨肌上腹；29. 环甲肌；30. 胸骨舌骨肌；31. 声襞

(1) 脊柱区：以颈椎为中心，可见第6、7颈椎椎间盘，在颈椎横突孔处有椎动、静脉通过，颈椎外侧可见臂丛位于斜角肌内侧。

(2) 脏器区：在颈椎前方，可见喉咽及喉腔，两者被环状软骨板分隔，在喉的两侧甲状腺侧叶出现。

(3) 血管区：在颈椎与喉咽的外侧为颈动脉鞘，鞘内有颈总动脉、颈内静脉和两者后内侧的迷走神经。

6. 经环状软骨环的横断层面 特征结构：第7颈椎、环状软骨、声门下腔、斜角肌间隙。此断面经环状软骨环，可分脊柱区、脏器区和血管区，见图3-2-6。

(1) 脊柱区：以颈椎为中心，可见第7颈椎，在颈椎横突前外为离开横突孔的椎动、静脉，颈椎外侧可见臂丛位于前、中斜角肌之间，即斜角肌间隙内。

(2) 脏器区：在颈椎前方，可见食管及声门下腔，在喉的两侧为甲状腺侧叶。

(3) 血管区：在颈椎与喉咽的外侧为颈动脉鞘，鞘内有颈总动脉、颈内静脉和两者后内侧的迷走神经。

7. 经第1肋及第1胸椎的横断层面 特征结构：第1胸椎、第1肋、斜角肌间隙。此断面经环状软骨环，可分脊柱区、脏器区和血管区，见图3-2-7。

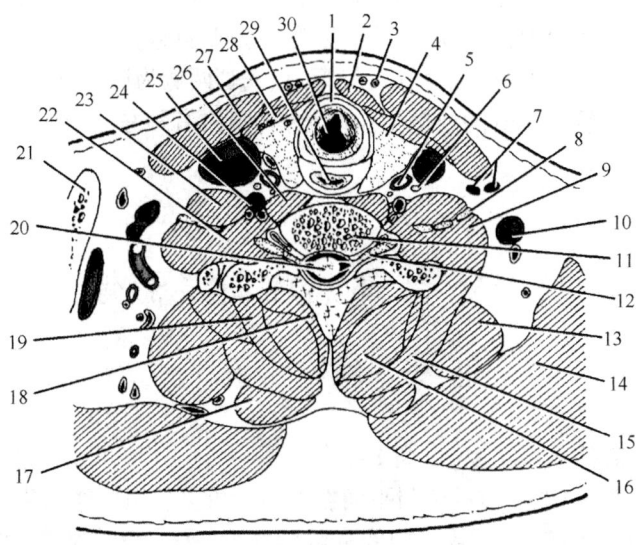

图 3-2-6 经环状软骨环的横断层面

1. 环状软骨;2. 胸骨舌骨肌;3. 颈前静脉;4. 甲状腺;5. 颈总动脉;6. 迷走神经;7. 颈外侧浅淋巴结;8. 臂丛;9. 中斜角肌;10. 颈外静脉;11. 第 7 颈椎;12. 第 7 颈神经;13. 肩胛提肌;14. 斜方肌;15. 头夹肌;16. 颈半棘肌;17. 小菱形肌;18. 多裂肌;19. 头半棘肌;20. 脊髓;21. 锁骨;22. 后斜角肌;23. 前斜角肌;24. 椎动、静脉;25. 颈内静脉;26. 颈长肌;27. 胸锁乳突肌;28. 胸骨甲状肌;29. 食管;30. 声门下腔

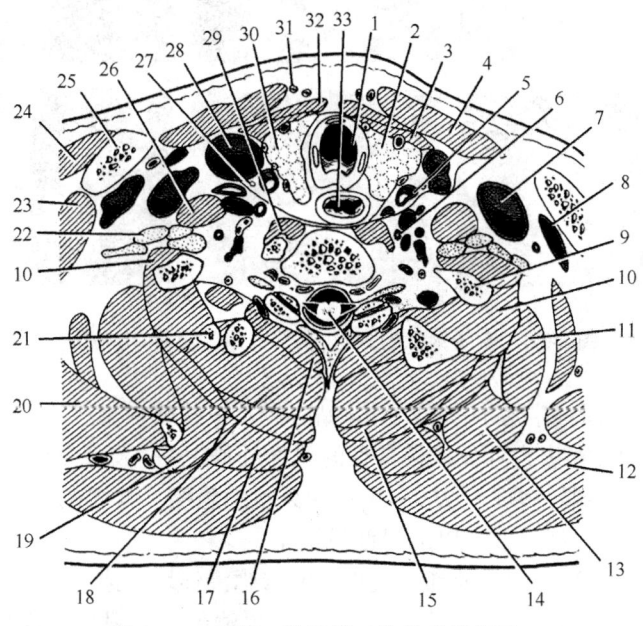

图 3-2-7 经第 1 肋及第 1 胸椎的横断层面

1. 气管;2. 甲状腺左叶;3. 胸骨甲状肌;4. 胸锁乳突肌;5. 颈总动脉;6. 椎动、静脉;7. 锁骨下静脉;8. 颈外静脉;9. 第 1 肋骨;10. 中、后斜角肌;11. 前锯肌;12. 斜方肌;13. 小菱形肌;14. 脊髓;15. 夹肌;16. 多裂肌;17. 第 1 胸椎;18. 大菱形肌;19. 头半棘肌;20. 肩胛提肌;21. 第 2 肋骨;22. 臂丛;23. 锁骨下肌;24. 胸大肌;25. 锁骨;26. 前斜角肌;27. 迷走神经;28. 颈内静脉;29. 颈长肌;30. 甲状腺右叶;31. 颈前静脉;32. 胸骨舌骨肌;33. 食管

(1) 脊柱区:以脊柱为中心,可见第1胸椎,在脊柱外侧,可见臂丛位于前、中斜角肌及第1肋之间,即斜角肌间隙内,在前斜角肌前方有锁骨下静脉。

(2) 脏器区:在脊柱前方,可见食管及气管,在气管两侧为甲状腺侧叶。

(3) 血管区:在气管与食管的外侧为颈动脉鞘,鞘内有颈总动脉、颈内静脉和两者后内侧的迷走神经。

(杜 杰)

第三节 颈部病理断层影像学

一、喉 癌

1. 病史临床 患者,男,47岁,声嘶1年余。

2. 影像表现 食管CT扫描示声门平面右侧声带可见软组织密度影,病变边界清楚,形态尚规则,病变部分突入声门腔,致声门腔局限性狭窄,平扫呈等密度,增强扫描病变轻度强化。骨窗示甲状软骨及环状软骨骨质未见明显破坏,见图3-3-1。

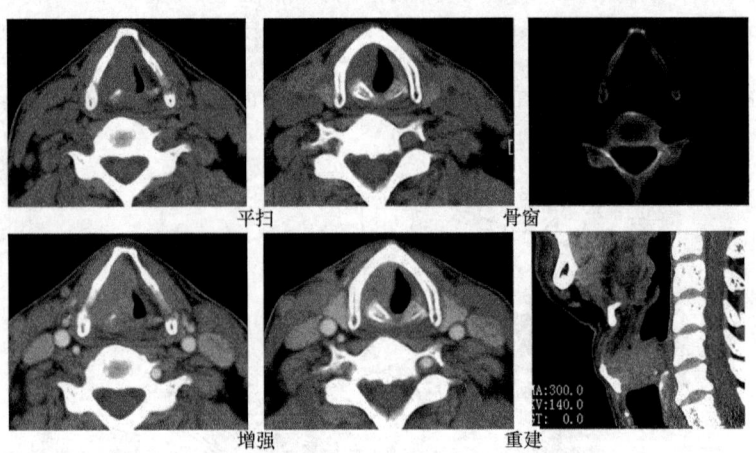

图3-3-1 食管鳞状细胞癌(胸部吞钡及胸部CT肺窗)

3. 诊断 病理诊断:(喉腔)中、低分化鳞癌,侵及甲状软骨表层。

4. 讨论 食管癌、喉癌为耳鼻喉科常见的恶性肿瘤之一,大多数患者为50~70岁的男性。临床常见症状为声嘶,病理上95%~98%为鳞状细胞癌。肿瘤按部位分为声门上型、声门型、声门下型及跨声门型。其中以声门型最常见。

CT诊断要点:病灶依据发生的部位表现为喉壁弥漫性增厚或局部肿块状、结节状隆起,突入喉腔部分表面不光整或呈分叶状,病灶基底部欠清楚。增强扫描病灶中等度强化。肿瘤以声带增厚、内缘平直或呈波浪状表现时,肿瘤不强化或轻度强化,可能与声带血供较少有关。颈部淋巴结转移对确定肿瘤的良恶性具有诊断价值。

与声带息肉的鉴别:发生在声带的前、中1/3,常为单发结节,其CT图像上的密度相对较低而且局限,但有时与声门癌不易鉴别。

与喉乳头状瘤的鉴别:后者多发居多,CT可以显示有广泛喉黏膜浸润,甚至漫延至咽或气管等处,单发时局限于声带,与早期声门型喉癌不易区别,常依靠年龄和临床表现区分。

二、颈部淋巴结结核

1. 病史临床　患者,女,27岁,发现右侧颈部肿大2年余,无午后低热、盗汗(患者自述)。

2. 影像表现　双侧胸锁乳突肌深面颈动脉鞘间隙内多发大小不等结节,增强扫描呈环形强化;右侧多个结节呈融合趋势,见图3-3-2。

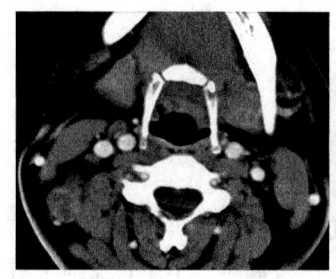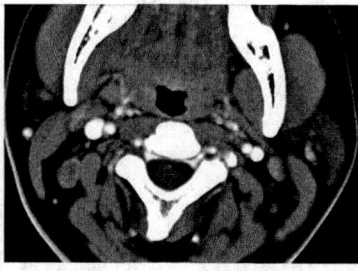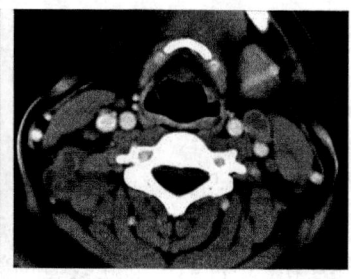

图3-3-2　食管鳞状细胞癌(胸部吞钡及胸部CT肺窗)

3. 诊断　病理诊断:双侧颈部淋巴结结核送检可见双侧颈部淋巴结内中央区为大片状干酪样坏死,周边有大量的类上皮样细胞和朗汉斯巨细胞构成的结节,其间散在大量淋巴细胞浸润。周边可见少量残存的淋巴组织。

4. 讨论　颈部淋巴结结核,多发生于中青年女性。结核于病理上表现为渗出、增生及干酪坏死,在同一病例中,以上3种基本病理改变多以1种或2种为主,混合存在,CT表现亦为多样,可表现为环形强化,病灶中央低密度不强化或均匀强化。病灶可呈融合趋势,并可在周围形成冷脓肿。

颈部淋巴结结核多不伴有活动性肺结核及全身症状,结核菌素试验亦可为阴性,必须与颈部淋巴结肿瘤性病变及其他炎症鉴别。淋巴瘤可表现为双颈多发密度均匀淋巴结,穿刺活检能明确诊断。颈部的化脓性炎症多有明显临床症状,而其他特异性炎症均为罕见。转移淋巴结多数年龄较大,有原发肿瘤,尤其是头颈部原发肿瘤病史。

(杜　杰　戴　芎)

第四章 胸 部
Chapter 4　Thorax

第一节　胸部解剖学基础

一、概　述

1. 境界与分部
（1）境界：胸部位于颈部与腹部之间，胸部上界以颈静脉切迹、胸锁关节、锁骨上缘、肩峰至第 7 颈椎棘突的连线与颈部分界；两侧以三角肌前、后缘上份及腋前、后襞下缘与上肢分界；下界为胸廓下口，借膈与腹部结构分界。
（2）分部：胸部由胸壁、胸腔和胸腔内器官组成，胸腔被纵隔分为三部分，左右两腔容纳肺，中央为纵隔及纵隔内组织器官。

2. 内容
（1）胸壁：女性主要有乳腺及相关的胸壁和腋窝淋巴结。目前乳腺钼靶 X 线摄影检查和 B 超检查是临床上最常用且最有效的乳腺癌辅助检查手段。
（2）胸腔：由胸廓为主构成，肋骨在外伤中易发生骨折。
（3）胸腔内器官：胸膜、肺、纵隔及内容。

二、体表标志性结构

1. 颈静脉切迹（jugular notch）　为胸骨上缘的切迹，成人男性平对第 2 胸椎，女性平对第 3 胸椎。头臂静脉常在此平面内合成。
2. 胸骨角（sternal angle）　为胸骨柄与胸骨连接处形成的一个向前突起的角，胸骨角是胸部的重要骨性标志，胸骨角平面的结构与标志意义有：①前方平对第 2 肋软骨；②向后平对第 4 胸椎体下缘；③是四分法上下纵隔的分界面；④该平面正好通过主动脉肺动脉窗；⑤平对主动脉弓的起、止端；⑥气管杈在此平面出现；⑦奇静脉弓在此平面内跨过右肺根上方，向前汇入上腔静脉；⑧食管于此平面与左主支气管交叉，形成食管第二狭窄；⑨胸导管在此平面由脊柱右侧转向左侧上行；⑩肺动脉干于此平面分为左、右肺动脉。
3. 剑突（xiphoid process）　前方平对第 6 肋软骨，向后平对第 9 胸椎。
4. 乳头（papilla）　男性乳头位于锁骨中线与第 4 肋间隙相交处，女性乳头位置变化较大，一般略低，并偏向外下方，位置与年龄、体形、是否哺乳有关。

三、纵　　隔

1. 纵隔(mediastinum)的位置与分区

(1) 位置：纵隔是左右纵隔胸膜间所有器官、结构与组织的总称，前界为胸骨和肋软骨，后界为脊柱胸段，两侧为纵隔胸膜，上界为胸廓上口，下界为膈。

(2) 分区：纵隔分区方法有多种，如三分法、四分法、六分法、九分法等。其中，系统解剖学常用四分法，断层解剖学常用三分法，而胸部影像学常用九分法，见图4-1-1。

前上纵隔	中上纵隔	后上纵隔
前中纵隔	中中纵隔	后中纵隔
前下纵隔	中下纵隔	后下纵隔

1) 三分法：以气管与气管杈前壁、心包后壁冠状面为界，将纵隔分为前纵隔与后纵隔，前纵隔再以胸骨角平面为界，分为前纵隔上部和前纵隔下部。

2) 四分法：以胸骨角平面为界，将纵隔分为上纵隔与下纵隔两部分，下纵隔再以心包前、后壁为界，分为前纵隔、中纵隔、后纵隔。

3) 六分法：以主动脉弓上缘和升主动脉根部为界，将纵隔分为上、中、下三部分，上部为主动脉弓上区；中部以升主动脉和主动脉弓及右前方至胸骨为胸骨后大血管区，

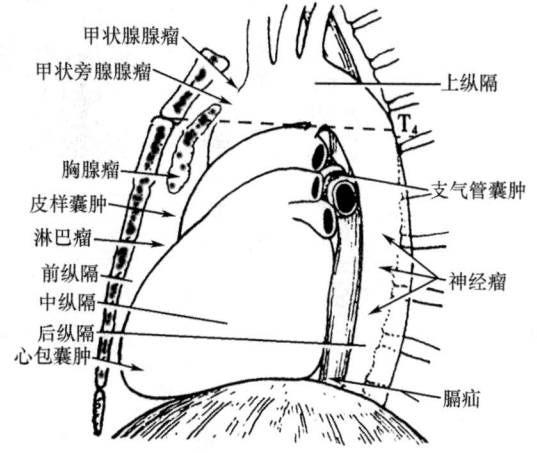

图4-1-1　纵隔四分法及分区各区常见病症

升主动脉和主动脉弓的左后方至脊柱为气管、支气管周围区；下部以心包后壁为界，分为心膈前区(包括心及心以前的区域)，心包后壁至脊柱为心膈后区，两侧脊柱旁沟内的纵隔部分为脊柱旁沟区。

4) 九分法：以第4胸椎体下缘(胸骨角平面)和第8胸椎体下缘(心包下缘)为界划两横线，将纵隔分为上、中、下三部分。再以主动脉弓及三大分支、心包前缘为前纵线，气管、气管杈、心包后缘为后纵线(即食管前缘)，将纵隔分为前、中、后三部分，两横两纵将纵隔分为9部如下：

2. 纵隔的内容　按四分法进行描述，见图4-1-2、图4-1-3、图4-1-4。

(1) 上纵隔：由前向后分为五层，是胸腺瘤、皮样囊肿和淋巴瘤的好发部位。

胸腺层：内为胸腺，其形态大小与年龄相关，向上可至颈部，向下达心包前方。

静脉层：主要有左、右头臂静脉，上腔静脉及淋巴结。

动脉层：主要有主动脉弓及其三大分支、膈神经、迷走神经及淋巴结。

气管层：主要有气管及周围淋巴结(气管旁淋巴结、气管支气管上淋巴结)。

食管层：主要有食管、胸导管、左喉返神经、胸交感干、纵隔后淋巴结等。

(2) 前纵隔：狭窄，仅有胸腺或胸腺遗迹、纵隔前淋巴结、疏松结缔组织，心包借此间隙向前附着于胸骨上端和剑突，形成上、下胸骨心包韧带。

(3) 中纵隔：范围最大，内有心、心包及出入心底的大血管(升主动脉、上腔静脉、奇静脉、肺动脉、肺静脉)、心包膈血管、膈神经和淋巴结等，是心包囊肿的好发部位。

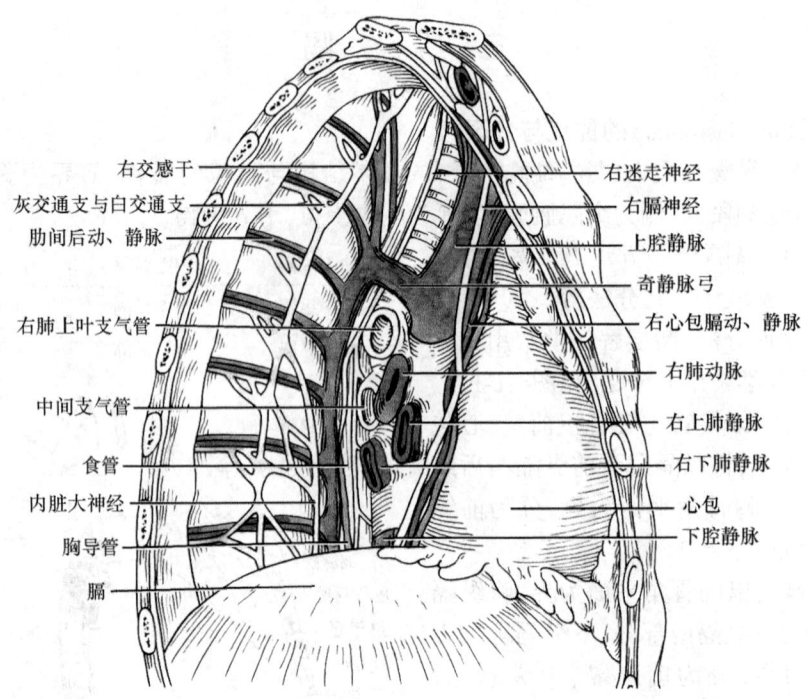

图 4-1-2　纵隔右侧面观

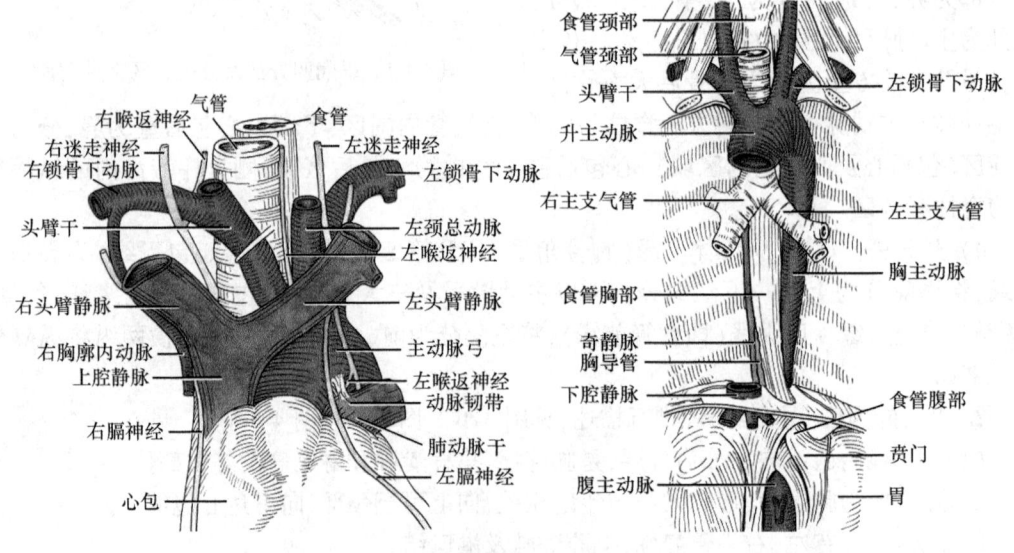

图 4-1-3　上纵隔与后纵隔前面观

(4) 后纵隔：由前向后分为三层，是支气管囊肿、神经瘤、主动脉瘤与膈疝的好发部位。

第一层：为气管权和支气管层。

第二层：为食管、迷走神经及食管周围淋巴结层。食管胸段以主动脉弓上缘和左肺静脉下缘为标志分为3段。下段右后形成食管后隐窝，有右侧纵隔胸膜及右肺根突入。

第三层：为胸主动脉及周围淋巴结、奇静脉和半奇静脉、肋间后血管、胸导管层；交感干及其分支、内脏大神经、内脏小神经、纵隔后淋巴结层。

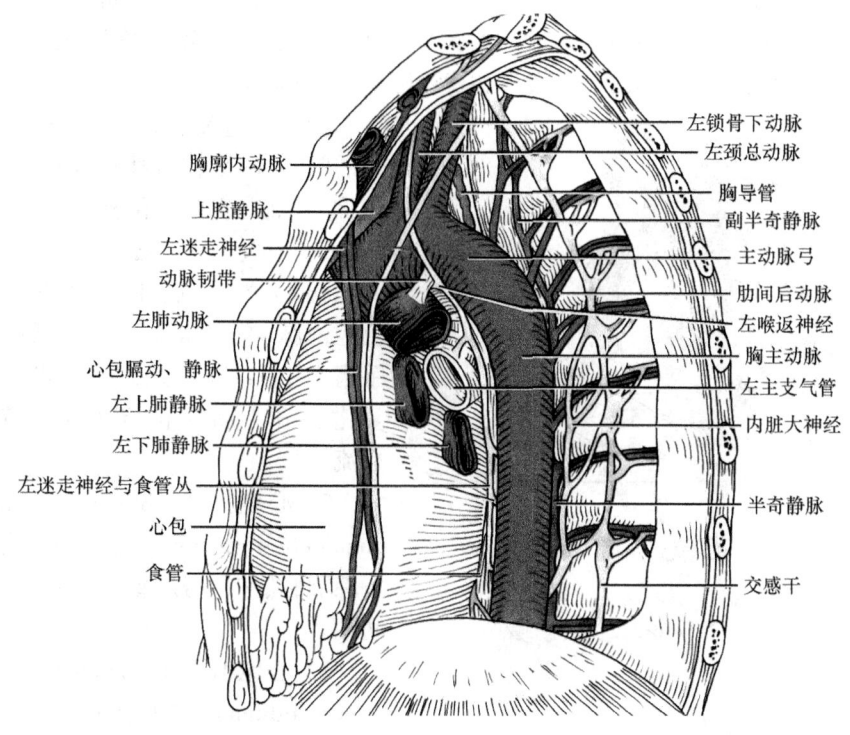

图 4-1-4 纵隔左侧面观

3. 纵隔的间隙 纵隔间隙为纵隔内器官间的结缔组织间隙,内含结缔组织、脂肪、淋巴结等,影像上为低 CT 值区。

(1) 血管前间隙(prevascular space):又称胸骨后间隙,位于上纵隔大血管之前,胸骨柄之后,两侧壁胸膜返折线之间,内有胸腺,向下达心包前方。此间隙存在与年龄相关,30 岁以前均存在此间隙,30 岁以后逐渐消失,50 岁后出现率仅占 17%。

(2) 气管前间隙(pretracheal space):位于气管之前,上腔静脉和主动脉弓及其三大分支之后的三角形间隙,内有奇静脉弓淋巴结。向上与颈部的气管前间隙相通(后者为:颈部气管和气管前筋膜之间的间隙)。

(3) 气管后间隙(retrotracheal space):位于气管之后,脊柱之前,左、右肺和主动脉弓末段之间,奇静脉弓经此间隙向前汇入上腔静脉,间隙内有食管、胸导管、最上肋间静脉等。

(4) 主动脉肺动脉窗(aortopulmonary window):位于气管左侧,主动脉弓、左肺动脉、左肺、气管和食管之间,为 1~1.5cm 大小的间隙,内有动脉韧带、左喉返神经及脂肪、淋巴结等。该窗常因大血管搏动产生伪影而显示不清。注意与动脉导管三角相区别(由左膈神经、左迷走神经和左肺动脉围成)。

(5) 气管杈下间隙(subbifurcational space):位于气管杈之下,右肺动脉、食管和奇静脉之间,约为 2 cm 大小的间隙,内有气管支气管下淋巴结(隆嵴下淋巴结)。

(6) 后纵隔间隙:位于气管杈之下,左心房之后,脊柱之前,右肺与胸主动脉之间,内有食管、胸导管、奇静脉、半奇静脉和淋巴结等。

4. 心包与心包隐窝 心包(pericardium)为包裹心和出入心底大血管根部的膜性结构,

由纤维性心包和质膜性心包组成。质膜性心包分为脏、壁两层,两层转折移行围成心包腔(pericardial cavity)。心包腔在大血管和心的周围形成许多窦和隐窝,在影像诊断中,注意与变异的血管、胸腺病变、淋巴结肿大等病变相区别,见图4-1-5。

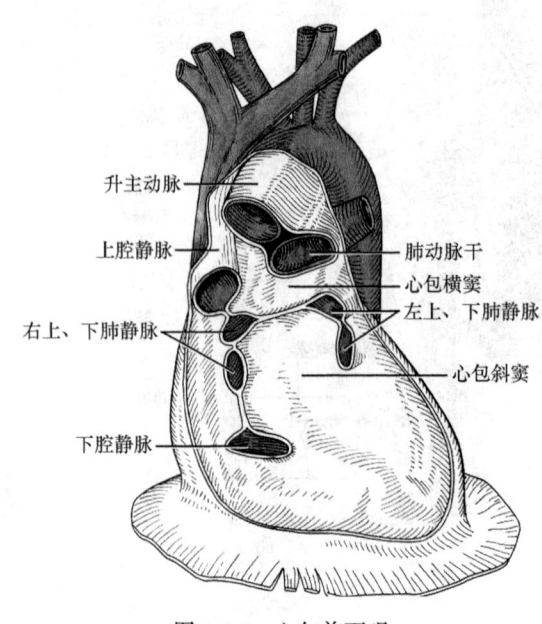

图4-1-5 心包前面观

（1）心包窦:在心包腔内,质膜性心包的脏、壁两层转折移行处形成的较大腔隙称心包腔,主要心包腔有以下几种。

1）心包横窦(transverse sinus of pericardium):位于心底部,升主动脉、肺动脉、上腔静脉、左心房前壁之间的间隙,约一手指大小,心脏与大血管手术时,可经此窦钳夹升主动脉和肺动脉,以暂时阻断血流。

2）心包斜窦(oblique sinus of pericardium):位于心底部,左肺静脉、右肺静脉、下腔静脉、左心房后壁与心包后壁之间的间隙。

3）心包前下窦(anterior inferior sinus of pericardium):位于心下缘,心包前壁与下壁反折移行处形成的腔隙,为1~2cm大小,该处位置最低,是心包腔的最低部位,心包积液首先积聚于此,从左侧剑肋角行心包穿刺可进入此间隙。

（2）心包隐窝:在心包腔内,质膜性心包的脏、壁两层在心底大血管根部,包绕大血管后转折移行处形成的较小腔隙称心包隐窝,心包隐窝一般为心包窦在边缘处向外延伸形成,主要心包隐窝有以下几种。

1）心包上隐窝:为心包横窦向上延伸的部分(以右肺动脉上缘为界),位于升主动脉周围,以升主动脉前、后为界,形成主动脉前隐窝和主动脉后隐窝。

2）上腔静脉后隐窝:为心包横窦向右侧延伸的部分,位于上腔静脉的后外侧,右肺动脉下方与右上肺静脉上方之间。

3）左肺动脉隐窝:为心包横窦向左侧延伸的部分,位于左肺动脉后下方与左上肺静脉前上方之间。

4）肺静脉隐窝:为心包斜窦向左、右两侧延伸的部分,位于上、下肺静脉之间,右肺静脉隐窝较左肺静脉隐窝深。右肺静脉隐窝恰位于右肺中叶支气管的内侧和气管支气管下淋巴结的前方,故右肺静脉隐窝积液在CT图像上易被误诊为淋巴结肿大。

四、肺

1. 形态 肺(lung)位于胸腔内,左右各一,左肺略狭长,被斜裂分上、下两叶,右肺略宽短,被斜裂与水平裂分上、中、下三叶。左、右两肺整体呈圆锥形,外形可分为一尖(肺尖)、一底(肺的膈面)、两面(肺的肋面和内侧面)、三缘(前缘、后缘、下缘)。

2. 结构

（1）肺尖(apex of lung)：向上至颈根部，高出锁骨内侧1/3上方2~3cm，达第1胸椎平面高度。

（2）肺门(hilum of the lung)：位于肺内侧面的中央，平对第5~7胸椎高度，是支气管、肺动脉、肺静脉、肺的神经和淋巴管出入肺的门户。这些出入肺门的结构被结缔组织包裹，称为肺根(root of lung)。肺根内各结构排列顺序：由前至后为上肺静脉、肺动脉、主支气管和下肺静脉；由上至下左肺根内结构依次为左肺动脉、左主支气管、左上肺静脉、左下肺静脉，右肺根内结构依次为上叶支气管、右肺动脉、中间支气管、右肺上静脉、右肺下静脉。

肺门处有支气管肺淋巴结，结核或肿瘤引起淋巴肿大时，可压迫支气管，引起肺不张。

肺根是识别纵隔内结构的标志：肺根前方有膈神经和心包膈血管，后方有迷走神经，下方有肺韧带。右肺根后上方有奇静脉，后方有食管；左肺根前上方有升主动脉弓，后方有胸主动脉。

（3）第二肺门：肺叶支气管、肺叶动脉、肺叶静脉、淋巴管和神经出入肺叶之处称第二肺门。

☆思考：第三肺门是什么？

提示：第一肺门。出入肺的门户；第二肺门，出入肺叶的门户；第三肺门，出入肺段的门户。

（4）肺裂：均起止于肺门，在第4~9胸椎高度可切及。

3. 肺内管道系统

（1）支气管树：气管在胸骨角平面高度分为左、右主支气管，左、右主支气管在第一肺门处再分为肺叶支气管，左主支气管入肺门后分为左肺上叶支气管和左肺下叶支气管，右主支气管入肺门后分为右肺上叶支气管和中间支气管，中间支气管再分为右肺中叶支气管和右肺下叶支气管。肺叶支气管进入肺后再分出肺段支气管，肺段支气管再反复多级分支，整个支气管道呈树状，称支气管树(brouchial tree)，见图4-1-6。

（2）肺动脉：从右心室发出，至主动脉弓下方分为左、右肺动脉，经左、右肺门入肺，并随支气管逐级分支，最后形成肺泡毛细血管网，分布于肺泡壁上，见图4-1-7、图4-1-8。

右肺动脉低而长，左肺动脉高而短，故胸部横断面上，左肺动脉较右肺动脉先出现。肺动脉分支多位于各级支气管的后外侧方走行，并伴随肺段支气管行走于肺段内。

（3）肺静脉：由肺泡周围的毛细血管逐级汇聚而成，每侧2条，出门行于肺根前下，穿心包入左心房。右上肺静脉引流右肺上、中叶的静脉回流，右下肺静脉引流右肺下叶的静脉回流；左上肺静脉引流左肺上叶的静脉回流，左下肺静脉引流左肺下叶的静脉回流，见图4-1-7。

肺静脉属支有段内支和段间支两种，段内支行于肺段内肺小叶间隔内，段间支行于相邻肺段之间，段间支是肺段划分的标志，段内支不能作为分段标志。肺静脉属支与肺动脉的分支在肺段的任何部位均不直接相邻，见图4-1-8。

※肺小叶(lobule)是指每一细支气管及其分布区域内肺组织的总称，为肺的结构和功能单位，肺小叶之间为肺小叶间隔。

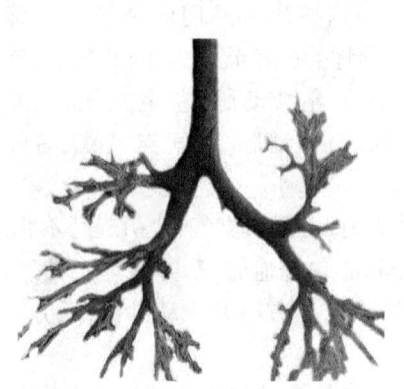

图 4-1-6 肺段支气管、支气管树
（好大"一棵树"）

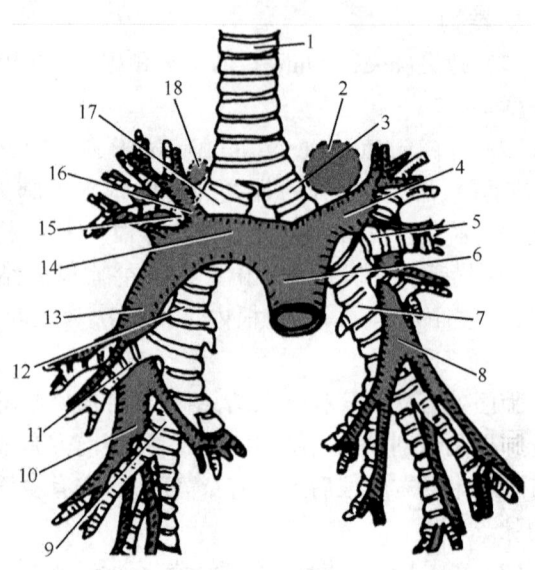

图 4-1-7 肺动脉与支气管的位置关系

1. 气管；2. 主动脉弓；3. 左主支气管；4 左肺动脉；5. 左肺上叶支气管；6. 肺动脉干；7. 左肺下叶支气管；8. 左肺下叶动脉；9. 右肺下叶支气管；10. 右肺下叶动脉；11. 右肺中叶支气管；12. 中间支气管；13. 叶间动脉；14. 右肺动脉；15. 右肺上叶支气管；16. 右肺上叶动脉；17. 右主支气管；18. 奇静脉弓

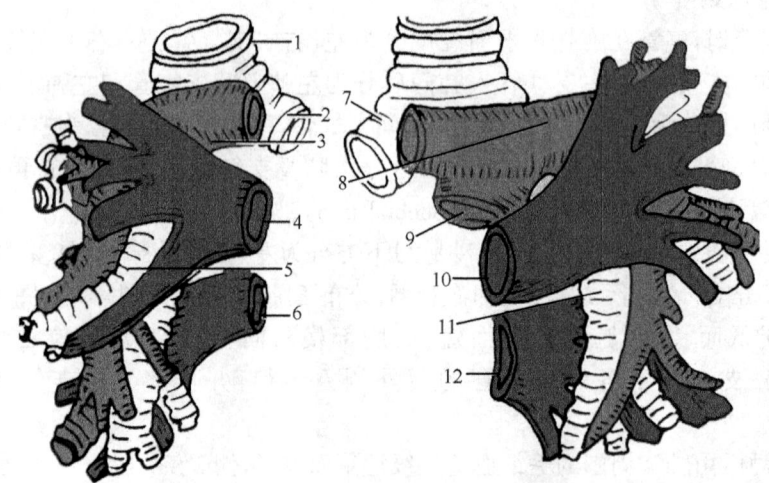

图 4-1-8 肺血管与支气管的位置关系

1. 气管；2. 左主支气管；3. 右肺动脉；4 右上肺静脉；5. 中间支气管；6. 右下肺静脉；7. 右主支气管；8. 左肺动脉；9. 肺动脉干；10. 左上肺静脉；11. 左肺下叶支气管；12. 右下肺静脉

（4）支气管动脉：是肺组织的营养血管，与肺动脉末梢毛细血管吻合，支气管动脉比较细小，数目和起始部位不恒定，发源部位及支数变异较多，一般有 1~3 支，多数由胸主动脉或右肋间后动脉发出，随着支气管入肺，攀附于支气管壁，随支气管分支而分布，营养肺内支气管的壁、肺血管壁和脏胸膜。

4. 肺段

(1) 支气管肺段(bronchopulmonary segment):简称肺段(S),是指每一肺段支气管及其分支分布区域内肺组织的总称。其形态和结构相对独立,是外科手术切除的最小解剖结构与生理功能单位,每个肺段呈圆锥形,底为肺表面,尖指向肺门。在肺段内,有肺段支气管、肺段动脉、肺段静脉的段内支和支气管血管伴行,肺段、小静脉支及少量结缔组织相连。在相邻肺段间借脏胸膜、少量结缔组织和肺段静脉的段间支走行,肺段静脉的段间支又称段间静脉,是肺段切除的标志,见图4-1-9。

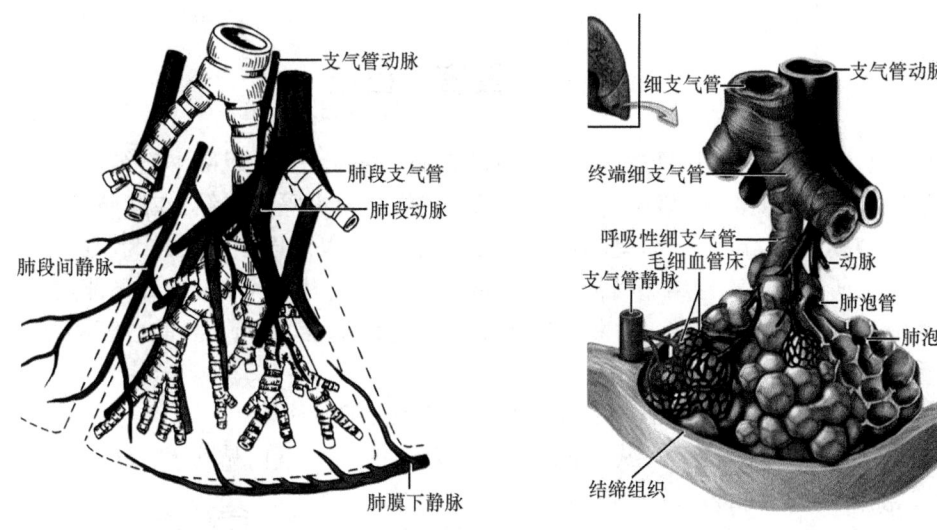

图4-1-9 支气管肺段及结构

(2) 肺段的划分:依据肺段支气管的分布,由上向下的数序,用S与罗马数字来表示肺段,见图4-1-10。

右肺有10个肺段:上叶有尖段、后段、前段3个肺段;中叶有外侧段、内侧段2个肺段;下叶有上段、内侧底段、前底段、外侧底段和后底段5个肺段。

左肺因SⅠ和SⅡ、SⅦ和SⅧ的肺段支气管共干,两肺段合并,故只有8个肺段:上叶有尖后段、前段、上舌段、下舌段4个肺段;下叶有上段、内侧前底段、外侧底段和后底段4个肺段。

在左、右各肺段中,右肺尖段有时独立,称奇叶;后段为结核性空洞多发部位;上段支气管周围淋巴结多,肿大时常压迫上段支气管,造成支气管狭窄;内侧底段是支气管扩张症好发部位;右肺外侧底段位

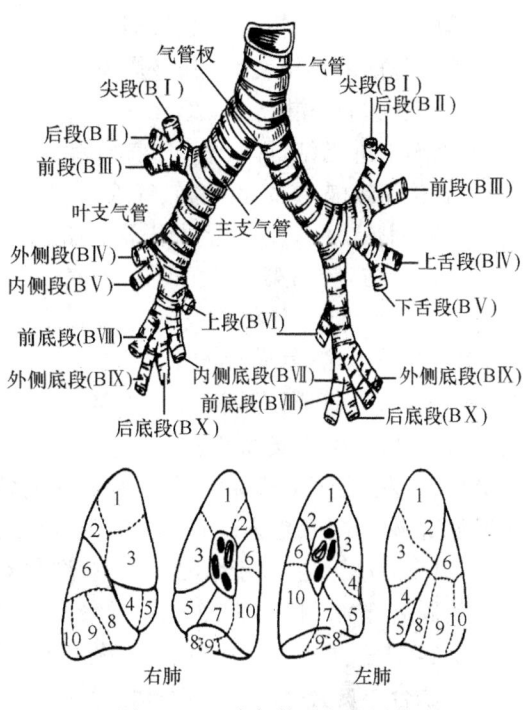

图4-1-10 支气管肺段的划分

置较深,范围小,变异大,临床不宜做单独切除;而左肺外侧底段虽然变异大,但段支气管起点较高,临床上仍然可进行单独切除。

☆思考:肺段划分的标志有哪些?

1) 纵隔内结构:根据肺段内、纵隔内出现的标志性结构来识别肺裂和肺段。

2) 肺裂:是肺叶和肺段划分的主要标志。一般左肺斜裂起始层面高于右侧,水平裂出现于右肺门处右肺动脉以下层面。

3) 肺内管道系统:肺动脉和各级支气管一般走行于肺段内,而肺静脉主要走行于肺段间。

五、胸腔器官淋巴结

胸腔器官淋巴结以纵隔淋巴结(mediastinal lymph node)为主,纵隔淋巴结数量多,分布复杂,是肿瘤发生和转移的好发部位。CT 图像能较好显示纵隔淋巴结,在脂肪组织的衬托下,表现为低密度的软组织影,多呈圆形或卵圆形,临床常以淋巴结肿大作为 CT、MRI 图像异常的标志。研究认为淋巴结短横径小于 10mm 属正常,介于 11~14mm 属不能定性,大于或等于 15mm 应考虑为病理性。诊断时应注意纵隔内腺体、隐窝和变异的血管等结构与淋巴结肿大的区别。

1. 纵隔淋巴结的分区　纵隔淋巴结分区有 3 分法、14 分法等。

(1) 3 分法:解剖学分区法,纵隔淋巴结可分为前、中、后三群,见图 4-1-11。

1) 纵隔前淋巴结(anterior mediastinal lymph nodes):位于纵隔前部,在心底大血管和心包前面,收纳胸腺、心、心包和纵隔胸膜前部的淋巴回流,汇入支气管纵隔干。其可分为心包前淋巴结、主动脉弓周围淋巴结和上腔静脉周围淋巴结三组。

2) 纵隔中淋巴结:即气管、支气管和肺淋巴结,位于纵隔中部,收纳肺、气管、支气管的淋巴回流,注入支气管纵隔干。其可分为肺淋巴结(肺内第二肺门处)、支气管肺淋巴结(肺门处,又称肺门淋巴结)、气管、支气管淋巴结(气管杈的上、下方)、气管旁淋巴结(气管周围),依次收纳肺至气管的淋巴回流,汇入支气管纵隔干。

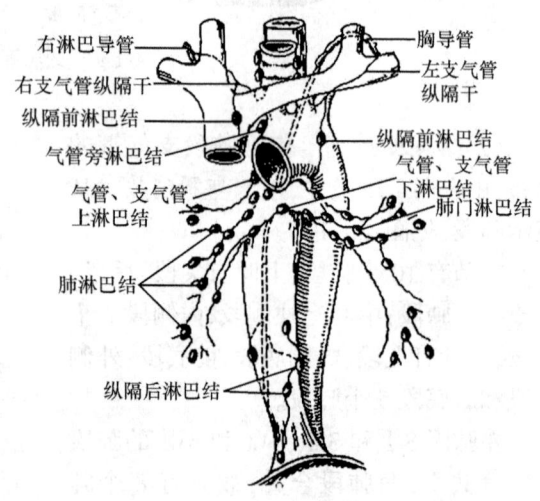

图 4-1-11　胸腔内淋巴结的划分

此外,在左、右下肺静脉的下方,肺韧带内各有 1~3 个淋巴结,称为肺韧带淋巴结,收纳肺下叶底部淋巴回流,汇入气管、支气管淋巴结,肺癌常转移至此。

3) 纵隔后淋巴结:位于纵隔后部,沿胸主动脉和食管周围排列,收纳食管胸段、心、心包和纵隔胸膜后部的淋巴回流,汇入胸导管。

(2) 14 分法:即 AJCC-UICC 法。纵隔淋巴结的解剖学分区法简单但不够细致,1979 年美国癌症联合委员会提出肺局部淋巴结分类法(American Joint Committee on cancer staging

and end results reporting, AJCC), 1983 年美国胸科学会在 AJCC 分类法基础上提出新的肺局部淋巴结划分法(American Thoracic Society map of reginal pulmonary lymph node, ATS)。这两套标准长期在国际上混用, 到 1996 年提出的新的 AJCC 分类方法, 获得 UICC(国际抗癌联盟)大会通过, 并于 1996 年获得国际 TNM 分期委员会确认, 使 AJCC-UICC 分类方法成为国际权威标准, 具体分区如下, 见图 4-1-12。

1) 最上纵隔淋巴结: 左头臂静脉上缘与气管交点平面以上至肺尖之间区域内的淋巴结。

2) 气管旁淋巴结(上气管旁淋巴结): 主动脉弓上缘水平线至第 1 组淋巴结下缘线之间区域内的淋巴结。

3) 气管前后淋巴结(血管前、气管后淋巴结): 几乎和气管旁淋巴结处于同一水平面, 但位置在气管前、气管后、血管前等纵隔中线上, 不是位于两边(两边的为气管旁淋巴结), 位于中线的淋巴结出现转移列为同侧淋巴结转移。

4) 气管支气管淋巴结(下气管旁淋巴结): 上叶支气管与主支气管交点平面至主动脉弓上缘水平线之间区域的淋巴结(胸膜返折点以内), 右侧以奇静脉上缘为界, 把气管支气管淋巴结分为 4S(上)、4I(下)两个亚组。

5) 主动脉弓下淋巴结(主动脉肺动脉窗淋巴结): 位于动脉韧带和左肺动脉第一分支之间区域内的淋巴结(胸膜返折点以内)。

6) 主动脉弓旁淋巴结(升主动脉或膈神经): 位于升主动脉和主动脉弓或无名动脉前方、一侧且又在主动脉弓上缘切线水平线以下的淋巴结。

7) 隆嵴下淋巴结: 位于隆嵴下但不包括位于肺内动脉或支气管周围的淋巴结。

8) 食管旁淋巴结(隆嵴水平以下): 位于中线一侧附于食管壁的淋巴结, 隆嵴下淋巴结除外。

9) 肺韧带淋巴结: 位于肺韧带以内, 包括下肺静脉后壁和低位的淋巴结。

10) 肺门淋巴结: 位于纵隔胸膜反折远侧最接近肺叶的淋巴结, 右侧包括附着于中叶支气管的淋巴结。影像学上, 肺门阴影可由肺门和叶间淋巴结共同形成。

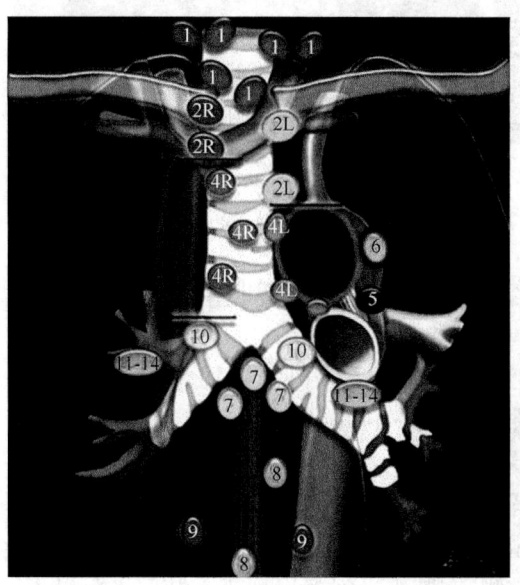
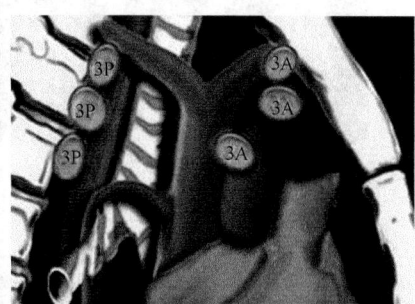
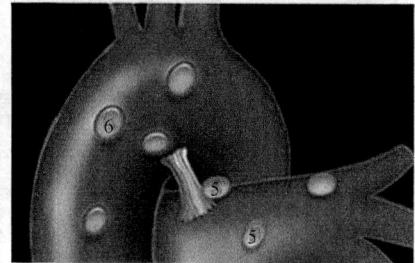

图 4-1-12 纵隔淋巴结 AJCC-UICC 划分法
R:右, L:左, A:前, P:后

11）叶间淋巴结:位于两叶支气管近侧之间的淋巴结。

12）叶淋巴结:附着于叶支气管远侧的淋巴结。

13）段淋巴结:附着于段支气管的淋巴结。

14）亚段淋巴结:亚段支气管周围的淋巴结。

2. 纵隔淋巴结与其他结构的区分 纵隔内结构复杂,在影像诊断以下结构时应注意与淋巴结肿大相区分。

（1）纵隔血管:纵隔内的血管变异或成像不佳时,需注意与肿大的淋巴结相区别,主要有以下几种。

1）主动脉弓及分支的变异:包括正常主动脉弓伴迷走右锁骨下动脉、右位主动脉弓伴镜面分支、右位主动脉弓伴迷走左锁骨下动脉。迷走右锁骨下动脉是最常见的主动脉弓畸形,起自主动脉后面,在食管和气管后方向右斜行,CT表现为气管右侧的类圆形肿块,极易误认为肿瘤或肿大的淋巴结,见图4-1-13。

2）永存的左上腔静脉:由左颈内静脉和左锁骨下静脉汇合而成,沿纵隔左侧下行,经主动脉弓下方和左肺动脉前方汇入冠状窦。

3）左肺动脉:与主动脉肺动脉窗的低密度区重叠成像,类似窗内有肿大的淋巴结。

（2）心包上隐窝:主动脉上隐窝可表现为弧形、新月形、三角形,如结构较大可类似肿大的淋巴结;主动脉前隐窝则类似主动脉旁淋巴结肿大。

（3）胸腺:正常胸腺的位置、大小、形态、密度依年龄而有差异,易误认为纵隔肿块。

（4）甲状腺:向下入胸腔,多位于前纵隔内,将血管向后外推挤,有时伸入到血管后方,类似气管旁淋巴结肿大。

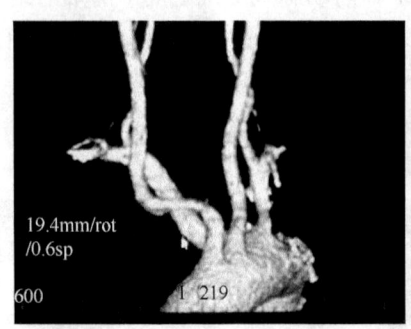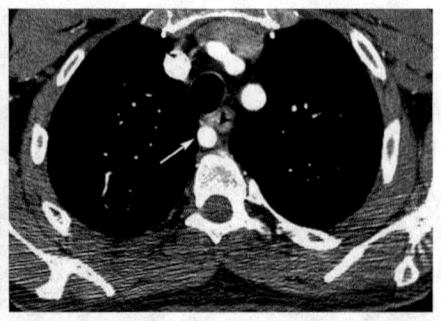

图4-1-13 迷走右锁骨下动脉

六、肺与纵隔内结构的横断层解剖特点

1. 主动脉 纵隔内结构以主动脉的上缘和根部为界,分为上、中、下三部分。

（1）上部:由前向后分为5层(胸腺层、静脉层、动脉层、气管层和食管层)。

（2）中部:由前向后分为4层(胸腺层、血管层、气管层和食管层)。

（3）下部:由前向后分为3部(前纵隔、中纵隔、后纵隔)。

2. 胸椎 第1~9胸椎与胸部多结构相对应,见表4-1-1。

3. 肺裂 一般左侧斜裂起始层高于右侧,右肺水平裂多出现于右肺门平面以下。斜裂在第4胸椎下缘出现,水平裂在第5~6胸椎间平面存在。

4. 肺内管道系统 支气管肺段和肺动脉行于肺段内,而肺静脉多行于肺段间。

表 4-1-1 胸部结构与胸椎平面对应关系

胸椎	第1胸椎	第2胸椎	第3胸椎	第4胸椎	第5胸椎	第6胸椎	第7胸椎	第8胸椎	第9胸椎
对应结构	肺尖	颈静脉切迹	主动脉弓上缘	胸骨角	肺门右心耳	下肺静脉	房室隔	腔静脉孔乳头	剑突肝膈面

(余 录)

第二节 胸部断层应用解剖学

一、胸部的连续水平断面

胸部水平断层标本以胸骨角平面为基准断面,每层厚10mm,分别向上下、切割,主要观察肺及纵隔内的结构及位置关系,胸部横断面与水平面一致,均从其下面观察,即从下向上观察。

胸部水平断层借助主动脉弓下缘和主动脉根部平面,分为上、中、下三部分,上部分为5层,中部包含4层,下部包含3层。

1. 经第1胸椎体上份层面 特征结构:甲状腺峡、斜角肌间隙、喙突,见图4-2-1。该层面经过颈根部和胸廓上口移行处,可分为椎体前区、椎体区、肩胛区。

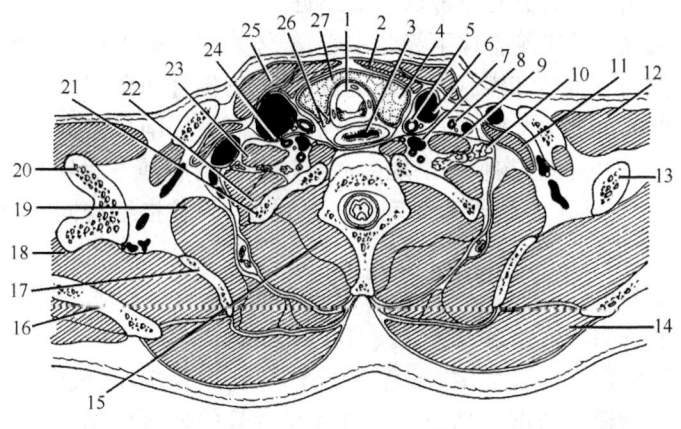

图 4-2-1 经第1胸椎体上份层面
1. 气管;2. 胸骨舌骨肌;3. 食管;4. 甲状腺囊肿;5. 左颈总动脉;6. 左颈内静脉;7. 左椎静脉;8. 肩胛上动脉;9. 颈外静脉;10. 臂丛;11. 肩胛舌骨肌;12. 三角肌;13. 左喙突;14. 斜方肌;15. 竖脊肌;16. 肩胛冈;17. 肩胛骨上角;18. 冈上肌;19. 前锯肌;20. 右喙突;21. 第1肋;22. 中、后斜角肌;23. 前斜角肌;24. 右颈横动脉;25. 胸锁乳突肌;26. 右喉返神经;27. 甲状腺

(1)椎体前区:又称脏器格,断面以气管为中心,甲状腺侧叶位于气管的前外侧,呈三角形,食管紧贴气管后方,稍偏左。在气管与食管的外侧可见颈动脉鞘,鞘内,颈内静脉居前外、颈总动脉居后内,两者之间的后方为迷走神经。

(2)椎体区:断面以第1胸椎体上缘为中心,椎体外侧有第1肋和斜角肌间隙,斜角肌间隙内有臂丛通过,后方为椎管和脊髓。

(3) 肩胛区:断面以肩胛上缘喙突为中心,周围有肩胛冈和冈上肌、冈下肌等。

2. 经第1胸椎体下份层面 特征结构:甲状腺、斜角肌间隙、胸膜顶,见图4-2-2。该层面经过第1胸椎体下份层面,分为椎体前区、椎体区、肩胛区。

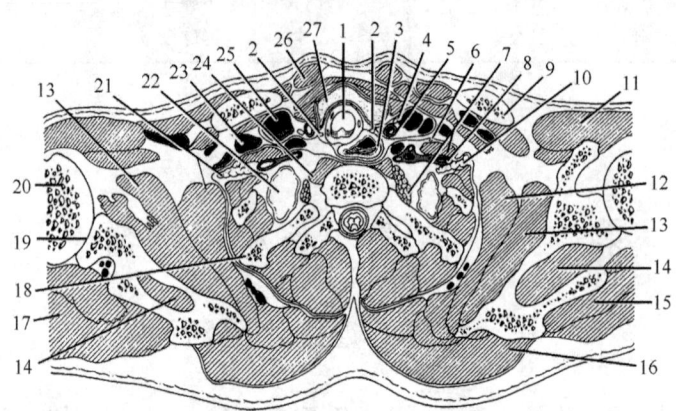

图 4-2-2　经第1胸椎体下份层面

1. 气管;2. 喉返神经;3. 食管;4. 迷走神经;5. 左颈总动脉;6. 膈神经;7. 前斜角肌;8. 左锁骨下动脉;9. 锁骨;10. 臂丛;11. 胸小肌;12. 前锯肌;13. 肩胛下肌;14. 冈上肌;15. 小圆肌;16. 斜方肌;17. 三角肌;18. 第2肋;19. 肩关节腔;20. 肱骨头;21. 臂丛;22. 胸膜顶;23. 右锁骨下静脉;24. 颈长肌;25. 颈内静脉;26. 胸锁乳突肌;27. 甲状腺

(1) 椎体前区:断面以气管为中心,甲状腺侧叶消失,食管居气管后方,稍偏左。在气管与食管的外侧可见颈动脉鞘,鞘内,颈内静脉居前外、颈总动脉居后内,两者之间的后方为迷走神经,颈动脉鞘外侧有锁骨下静脉逐渐靠近。

(2) 椎体区:断面以第1胸椎体下缘为中心,椎体外侧有第2肋、膈神经、胸膜顶和斜角肌间隙,斜角肌间隙内有臂丛和锁骨下动脉通过,后方为椎管和脊髓。

(3) 肩胛区:断面以肩关节为中心,周围有肩胛骨和肩周围骨骼肌。

本断面以第1胸椎体两侧胸膜顶出现为突出特点。胸膜前方为锁骨下动脉和臂丛,后外方为星状神经节。臂丛正穿越斜角肌间隙并达腋窝,内脏格结构同前,血管格内可见颈总动脉、颈内静脉、迷走神经和颈深淋巴结。

3. 经第2胸椎体层面 特征结构:肺尖、颈总动脉、锁骨下动脉,见图4-2-3。该层面经过第2胸椎体层面,分为椎体前区、椎体区、肩胛区。

(1) 椎体前区:断面以气管为中心,食管居气管后方,稍偏左,气管前外侧方可见锁骨已经到达胸骨上方,胸锁关节即将切及。在气管与食管的外侧可见颈动脉鞘,可见颈内静脉与锁骨下静脉已经汇合,头静脉即将形成,颈总动脉与锁骨下动脉近端逐渐靠近,锁骨下动脉远端与臂丛向腋行走,迷走神经发出右后返神经。

(2) 椎体区:断面以第2胸椎体为中心,椎体两侧为胸交感神经,在椎体的前外侧可切及肺尖,后方为椎管和脊髓。

(3) 肩胛区:断面以肩关节为中心,周围有肩胛骨和肩周围骨骼肌。

4. 经颈静脉切迹层面 特征结构:胸腺、头臂静脉、头臂干,见图4-2-4。该层面经过第2胸椎体下缘或第2、3胸椎体之间层面,分为纵隔区、胸膜肺区、椎体区、肩胛区。

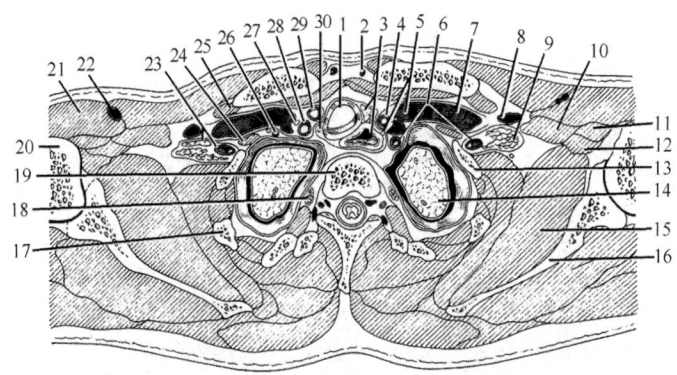

图 4-2-3 经第 2 胸椎体层面

1. 气管；2. 颈前静脉；3. 食管；4. 左颈总动脉；5. 颈内静脉；6. 左锁骨下动脉；7. 左锁骨下静脉；8. 肩胛下静脉；9. 臂丛；10. 胸小肌；11. 肱二头肌短头；12. 喙肱肌；13. 第 1 肋；14. 肺尖；15. 肩胛下肌；16. 肩胛骨；17. 第 2 肋；18. 胸交感神经节；19. 第 2 胸椎体；20. 肱骨头；21. 三角肌；22. 头静脉；23. 右锁骨下动脉；24. 前斜角肌；25. 锁骨下肌；26. 膈神经；27. 迷走神经；28. 右锁骨下动脉；29. 右颈总动脉；30. 右后喉神经

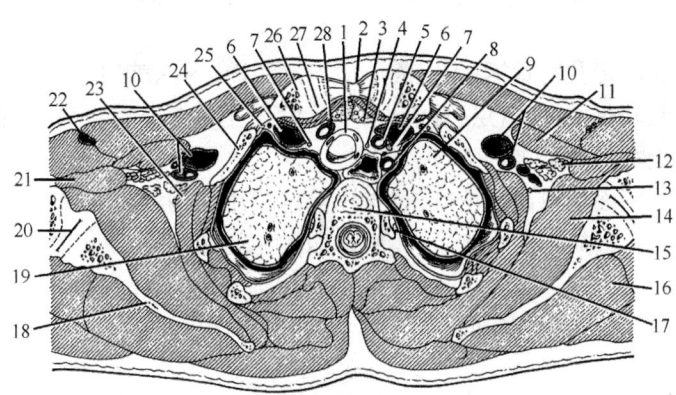

图 4-2-4 经颈静脉切迹层面

1. 气管；2. 颈静脉切迹；3. 胸腺；4. 左喉返神经；5. 左颈总动脉；6. 颈内静脉；7. 迷走神经；8. 胸导管和左锁骨下动脉；9. 左肺上叶；10. 腋动、静脉；11. 胸小肌；12. 臂丛；13. 胸长神经；14. 肩胛下肌；15. 第 2 胸椎间盘；16. 冈下肌；17. 交感干；18. 肩胛骨；19. 右肺上叶；20. 肩关节腔；21. 肱二头肌；22. 头静脉；23. 前锯肌；24. 第 1 肋；25. 膈神经；26. 锁骨；27. 胸锁关节腔；28. 头臂干

（1）纵隔区：断面以胸锁关节出现为标志，纵隔前壁完善，上纵隔前宽后窄，大致呈倒三角形，左、右头臂静脉分别走行于纵隔的两前外侧角，食管居纵隔的尖，其结构可分为 5 层，由前向后依次为：胸腺层、静脉层（头臂静脉位于胸锁关节后方）、动脉层（主动脉弓上的三大支从右向左依次为头臂干、左颈总动脉、左锁骨下动脉）、气管层、食管层。在食管的左后方有胸导管，左前方有左喉返神经，气管两侧有迷走神经和膈神经下行。

（2）胸膜肺区：断面切及两肺上叶，位于纵隔与椎体两侧的胸腔内。

（3）椎体区：断面以第 2 胸椎间盘为中心，椎体两侧为胸交感神经，后方为椎管和脊髓。

（4）肩胛区：断面切及肩关节下份，周围有肩胛骨和肩周围骨骼肌，在肩胛区内侧为腋窝，内有腋动脉、腋静脉和臂丛。

5. 经第 3 胸椎体层面 特征结构：胸腺、头臂静脉、头臂干、胸导管，见图 4-2-5。该层面经过第 3 胸椎体层面，分为纵隔区、胸膜肺区、椎体区、腋窝区。

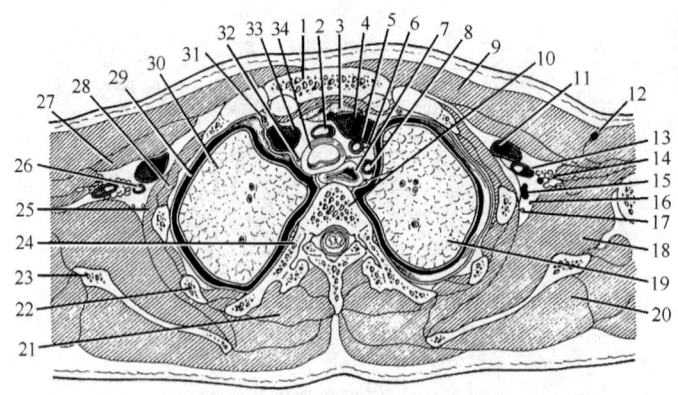

图 4-2-5 经第 3 胸椎体层面

1.胸骨柄;2.头臂干;3.胸腺;4.左头臂静脉;5.左颈总动脉;6.迷走神经;7.食管;8.左锁骨下动脉;9.胸大肌;10.胸导管和第 3 胸椎;11.腋静脉;12.头静脉;13.腋动脉;14.臂丛;15.腋淋巴结;16.肩胛下神经;17.胸长神经;18.肩胛下肌;19.左肺上叶;20.冈下肌;21.竖脊肌;22.第 3 肋;23.肩胛骨;24.第 4 肋;25.前锯肌;26.肩胛下动脉;27.胸小肌;28.肋间内外肌;29.胸膜腔;30.右肺上叶;31.胸廓内动脉;32.迷走神经;33.右头臂静脉;34.气管

（1）纵隔区：断面切及胸骨柄，为纵隔上份典型层面，纵隔结构分为 5 层，由前向后依次为：胸腺层、静脉层、动脉层、气管层、食管层，在食管的左后方有胸导管，左前方有左喉返神经，气管两侧有迷走神经和膈神经下行。

（2）胸膜肺区：断面切及两肺上叶，位于纵隔与椎体两侧的胸腔内。

（3）椎体区：断面以第 3 胸椎为中心，椎体两侧为胸交感神经，后外可见第 4 肋，后方为椎管和脊髓。

（4）腋窝区：肩关节消失，断面切及肩胛骨，在肩胛区前内侧为腋窝，内有腋动脉、腋静脉、臂丛和腋窝淋巴结。

6. 经第 4 胸椎体层面 特征结构：胸腺、头臂静脉、头臂干、胸导管，见图 4-2-6。该层面经过第 4 胸椎体层面，分为纵隔区、胸膜肺区、椎体区、腋窝区。

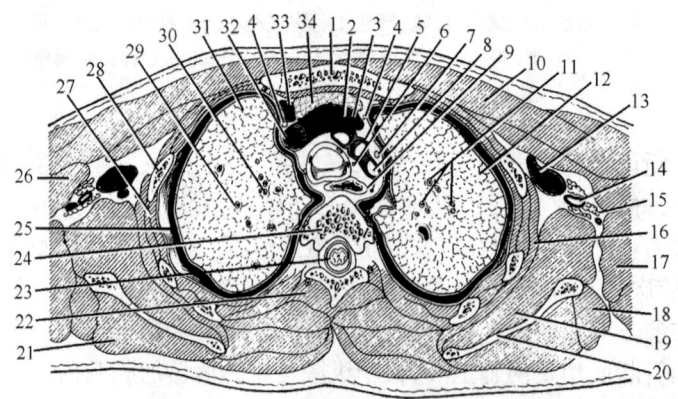

图 4-2-6 经第 4 胸椎体层面

1.胸骨柄;2.左头臂静脉;3.头臂干;4.膈神经;5.左颈总动脉;6.左喉返神经;7.迷走神经;8.左锁骨下动脉;9.食管;10.胸大肌;11.左肺尖后段支气管、动脉;12.左肺上叶;13.腋静脉;14.左腋动脉;15.臂丛;16.前锯肌;17.大圆肌;18.小圆肌;19.肩胛下肌;20.肩胛骨;21.冈下肌;22.竖脊肌;23.脊髓;24.第 4 胸椎体;25.胸膜腔;26.肱二头肌;27.肋间内肌;28.第 2 肋;29.后段支气管;30.尖段支气管;31.右肺上叶;32.右头臂静脉;33.胸廓内静脉;34.胸腺

(1) 纵隔区:断面切及胸骨柄与第1肋结合部,纵隔结构仍然可分为5层,但静脉层内,左头臂静脉继续向右走行,在第1肋与胸骨柄结合后方与右头臂静脉汇合成上腔静脉,动脉层接近主动脉弓上缘,气管居中,食管层位于气管与椎体之间,左前方有左喉返神经,胸导管行于食管左缘后面与左胸膜腔邻近,气管两侧有迷走神经和膈神经下行。

(2) 胸膜肺区:断面切及两肺上叶,肺断面进一步增大。

(3) 椎体区:断面以第4胸椎为中心,椎体两侧为胸交感神经,后方为椎管和脊髓。

(4) 腋窝区:断面切及肩胛骨,在肩胛区前方为腋窝,内有腋动脉、腋静脉、臂丛和腋窝淋巴结。

7. 经主动脉弓层面 特征结构:主动脉弓、上腔静脉,见图4-2-7。该层面前方经过第1肋间隙,后方经过第4~5胸椎间盘,分为纵隔区、胸膜肺区、椎体区、腋窝区。

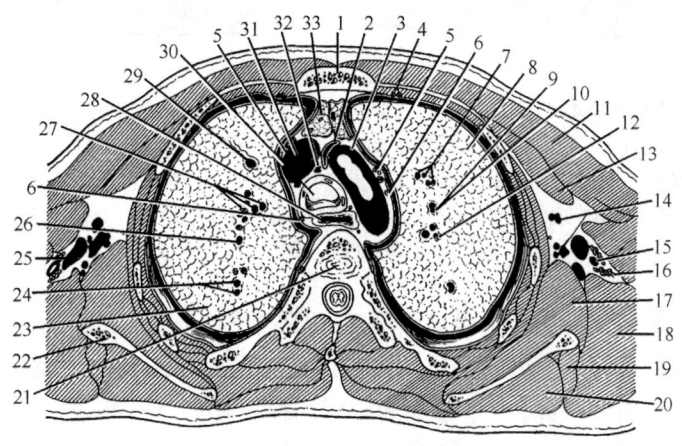

图 4-2-7 经主动脉弓层面

1. 胸骨;2. 心包上隐窝;3. 主动脉弓;4. 胸廓内动、静脉;5. 膈神经;6. 迷走神经;7. 左肺前段支气管和血管;8. 左肺上叶;9. 第2肋;10. 尖后段静脉;11. 胸大肌;12. 尖后段支气管和血管;13. 胸小肌;14. 腋淋巴结;15. 腋动脉;16. 臂丛;17. 肩胛下肌;18. 大圆肌;19. 小圆肌;20. 冈下肌;21. 第4胸椎间盘;22. 肩胛骨;23. 右肺上叶;24. 后段支气管和血管;25. 腋静脉;26. 后段静脉;27. 右肺尖段支气管;28. 食管;29. 右肺尖段静脉;30. 气管;31. 上腔静脉;32. 气管前淋巴结;33. 胸腺

(1) 纵隔区:此层面为胸部上份最后一层面,纵隔结构仍然可分为5层,断面切及,可见呈长椭圆形主动脉弓切面由右前向左后方走行,占据纵隔左前部,主动脉弓右侧由前至后依次为上腔静脉、气管、食管,主动脉弓左侧有左迷走神经和左膈神经,胸导管行于食管左后,食管与气管之间的右侧有右迷走神经和右膈神经下行。

(2) 胸膜肺区:断面切及两肺上叶,尖段及前段可见,肺断面进一步增大。

(3) 椎体区:断面以第4胸椎间盘为中心,椎体两侧为胸交感神经,后方为椎管和脊髓。

(4) 腋窝区:断面切及肩胛骨,在肩胛区前外侧方为腋窝,内有腋动脉、腋静脉、臂丛和腋窝淋巴结。

在影像诊断中,主动脉清晰易辨,故常作为识别邻近结构的标志。在CT上还可见气管前间隙,为一低密度三角区(内有右下气管旁淋巴结,直径约7 mm)、血管前间隙(内有胸腺,主要位于左头臂静脉至大血管根部之间)。

8. 经奇静脉弓层面 特征结构:奇静脉弓、上腔静脉、胸腺、气管权,见图4-2-8。该层面前方经过奇静脉弓跨越右肺根上方层面,后方经过第5胸椎上份,分为纵隔区、胸膜肺区、椎体区。

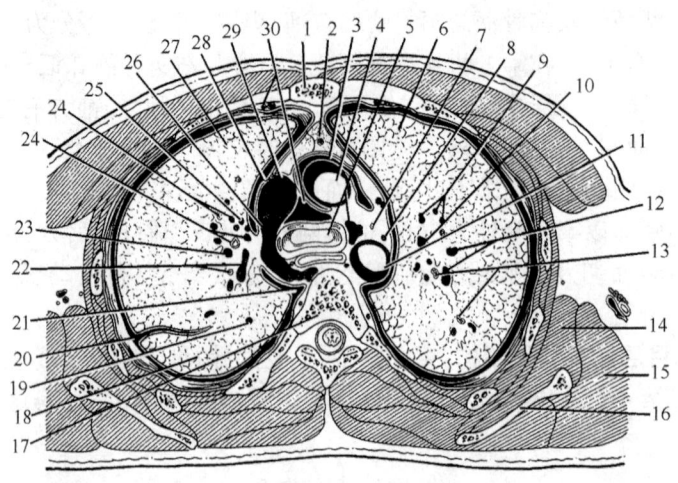

图 4-2-8 经奇静脉弓层面

1. 胸骨;2. 胸腺;3. 心包上隐窝;4. 升主动脉;5. 气管;6. 左肺上叶;7. 动脉韧带;8. 左迷走神经;9. 前段动、静脉;10. 尖后段静脉段间支;11. 降主动脉;12. 尖后段静脉段内支;13. 尖后段支气管;14. 肩胛下肌;15. 大圆肌;16. 肩胛骨;17. 第5胸椎体;18. 右肺下叶;19. 上段静脉上支;20. 斜裂;21. 奇静脉食管隐窝;22. 后段支气管、动脉;23. 后段静脉;24. 尖段支气管、动脉;25. 尖段静脉;26. 奇静脉弓;27. 右肺上叶;25. 膈神经;29. 上腔静脉;30. 奇静脉弓淋巴结

(1) 纵隔区:此层面为胸部中份第一层面,纵隔结构可分为4层,由前至后依次为胸腺层、血管层、气管层、食管层。气管居中,右侧有奇静脉弓向前汇入上腔静脉,左前有升主动脉,三者间围成一三角形间隙,为气管前间隙,气管后方为食管,食管后从右向左有奇静脉、胸导管、副半奇静脉、降主动脉,食管两侧有迷走神经。

(2) 胸膜肺区:断面经第5胸椎上份层面,右肺斜裂开始出现,后方为右肺下叶,前方为右肺上叶,左肺肺段不变,肺断面进一步增大。

(3) 椎体区:断面平对第5胸椎,椎体两侧为胸交感神经,后方为椎管和脊髓。

本断面为胸骨角平面,后方经过第5胸椎体上份,为上、下纵隔的分界线。纵隔内有气管杈(气管杈可位于第4~6胸椎体平面,60%位于第5胸椎体上份)、气管前间隙(内有奇静脉弓淋巴结)、奇静脉与奇静脉弓(本断面正切及奇静脉弓汇入上腔静脉处,奇静脉弓多见于胸部增强 CT 扫描中,当奇静脉弓未被全部包括在一个层面上时,它的部分影像可类似气管旁淋巴结增大,奇静脉弓后部与奇静脉连接处,可表现为右主支气管或右肺上叶支气管后方的圆形阴影,而误认为结节或肿大淋巴结)、主动脉肺动脉窗(70%出现于该平面,正常情况下 CT 难以显示该区淋巴结,有时可辨认出动脉韧带)。

9. 肺动脉杈层面 特征结构:胸腺、上腔静脉、肺动脉、隆嵴下淋巴结,见图4-2-9。本断面前方经过第2肋间隙,后方经过第5胸椎体下份,分为纵隔区、胸膜肺区、椎体区。

(1) 纵隔区:纵隔结构可分为4层,由前至后依次为胸腺层、血管层、气管层、食管层。此层面切及肺动脉干及左、右肺动脉,三支血管形态呈"三叶草"形,气管分为左、右支气管,向肺门延伸,食管位于椎体前方,食管右后方有奇静脉、胸导管、右迷走神经,食管左侧有副半奇静脉、降主动脉胸导管、左迷走神经。纵隔胸膜腔伸入食管与奇静脉之间形成食管奇静脉隐窝。在气管杈下间隙内有恒定的隆嵴下淋巴结。

(2) 胸膜肺区:断面经第5胸椎下份层面,左、右肺斜裂均出现,斜裂后方为肺下叶,前方为肺上叶,两肺斜裂位于肺的后 1/4 处,是划分右肺上叶后段、右肺下叶上段及左肺上叶尖、后段和左肺下叶上段的分界线。肺门上缘及上叶支气管可切及,肺断面进一步增大。

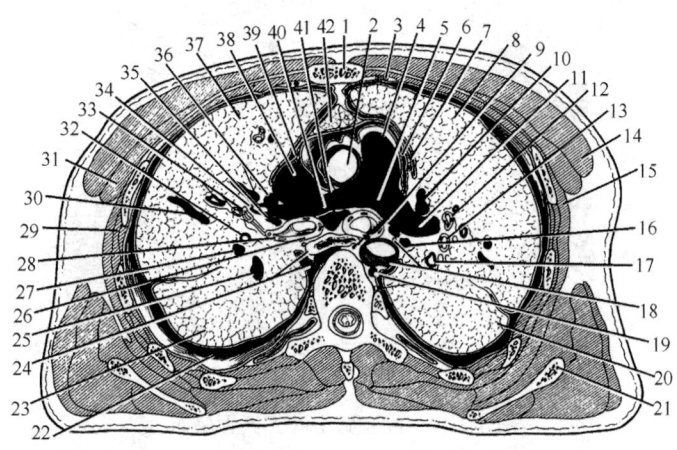

图 4-2-9 肺动脉杈层面

1. 胸骨;2. 升主动脉;3. 胸廓内动脉;4. 肺动脉干;5. 动脉韧带凹;6. 心包上隐窝;7. 左膈神经;8. 左肺上叶;9. 左主支气管和胸导管;10. 左上肺静脉;11. 左肺动脉;12. 左肺前段支气管;13. 尖后段支气管;14. 胸大肌;15. 前锯肌;16. 左支气管旁淋巴结;17. 尖后段动脉;18. 胸主动脉;19. 交感干;20. 左肺下叶;21. 肩胛骨;22. 胸膜腔;23 右肺下叶;24. 奇静脉和食管;25 右上段静脉;26. 右主支气管;27. 后段静脉叶间支;28. 右肺上叶支气管;29. 肋间肌;30. 后段静脉叶间;31. 胸小肌;32. 后段动脉升支;33. 右肺前段支气管、动脉、静脉;34. 右肺上叶动脉;35. 右气管支气管淋巴结;36. 尖段静脉;37. 右肺上叶;38. 上腔静脉;39. 右膈神经和心包膈动脉;40. 右肺动脉;41. 隆嵴下淋巴结;42. 胸腺

(3)椎体区:断面以第 5 胸椎为中心,椎体两侧为胸交感神经,后方为椎管和脊髓。

10. 经左肺上叶支气管层面 特征结构:胸腺、上腔静脉、肺动脉、隆嵴下淋巴结,见图 4-2-10。本断面前方经过第 3 胸肋关节,后方经过第 6 胸椎上份,分为纵隔区、胸膜肺区、椎体区。

(1)纵隔区:此层面为胸部中份与下份移行处,既有心底大血管根部,又有心底上缘结构出现,纵隔结构可分为 3 层,由前至后依次为心包前层、心包层、心包后层。心包前层内胸腺消失;心包层内可见上腔静脉心包内段,左、右心耳和心包横窦,升主动脉居中央,心包两侧有膈神经下行;心包后层内,左、右支气管继续向肺门延伸,食管位于椎体右前,左、右两侧为迷走神经,食管左后为胸导管、副半奇静脉、胸主动脉,胸导管在胸下部与右胸膜腔相邻,当胸导管下段损伤时,可发生右乳糜胸,而胸导管的上段损伤则发生左乳糜胸。

(2)胸膜肺区:两肺斜裂前移至 1/3 处,肺下叶变大,上叶变小。右肺动脉在上腔静脉外侧半后方发出上叶动脉后,即为叶间动脉。它斜行于中间支气管的前外侧。在稍下方,降干急转向下,垂直走行,居中间支气管的外侧。自降干外侧壁不同高度发出至右肺上叶的后段动脉、中叶动脉和下叶上段动脉。右主支气管和中间支气管的后外侧壁直接邻肺,CT 影像上,在它们与肺组织之间出现较高密度影像,即可能是病变。左肺门结构的排列,由前向后是左上肺静脉、肺动脉和支气管,在胸部主动脉与左肺下叶动脉之间,左肺下叶肺组织呈小舌状,如伸入达两大动脉之间,提示左肺门或下叶有病变。

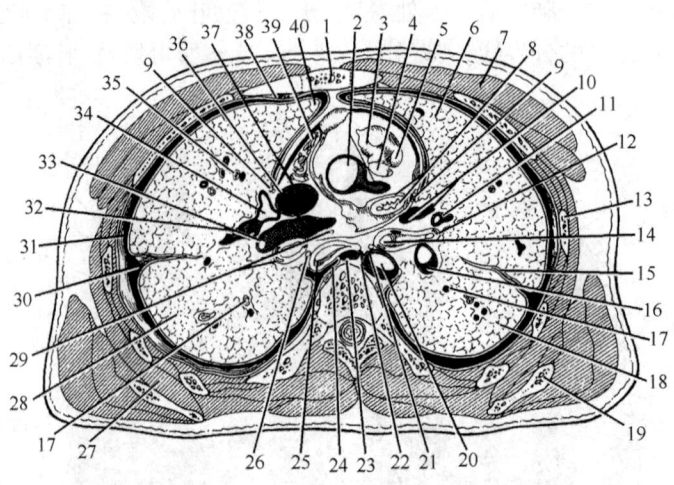

图 4-2-10 经左肺上叶支气管层面

1. 胸骨体;2. 升主动脉;3. 肺动脉右瓣;4. 肺动脉后窦;5. 肺动脉左窦;6. 左肺上叶;7. 胸大肌;8. 心包横窦;9. 膈神经;10. 左上肺静脉;11. 舌动脉干;12. 左肺上叶支气;13. 第3肋;14. 左主支气管;15. 左肺斜裂;16. 左肺动脉叶间部;17. 上段支气管、静脉;18. 左肺下叶;19. 肩胛骨;20. 胸主动脉;21. 左迷走神经;22. 胸导管;23. 奇静脉;24. 奇静脉食管隐窝;25. 食管;26. 右迷走神经;27. 前锯肌;28. 右肺下叶;29. 中间支气管和心包斜窦;30. 右肺斜裂;31. 胸膜腔;32. 右肺后段静脉;33. 右后段升动脉;34. 右肺上静脉;35. 前段支气管;36. 右肺动脉降干;37. 上腔静脉心包内段;38. 右胸廓内动脉、静脉;39. 右心耳;40. 右肺上叶

(3) 椎体区:断面以第6胸椎上份为中心,椎体两侧为胸交感神经,后方为椎管和脊髓。

11. 经左、右上肺静脉层面 特征结构:水平裂、左心房、左肺上静脉、上舌段,见图 4-2-11。本断面经过第6胸椎下份,分为纵隔区、胸膜肺区、椎体区。

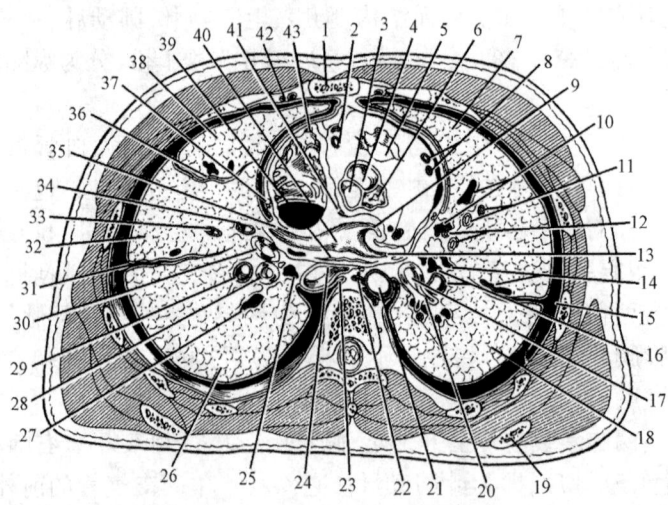

图 4-2-11 经左、右上肺静脉层面

1. 胸骨;2. 右冠状动脉;3. 主动脉右后窦;4. 主动脉前窦;5. 右心室流出道;6. 主动脉左后窦;7. 左肺上叶;8. 前室间支;9. 左心耳;10. 上舌段静脉;11. 上舌段支气管、动脉;12. 下舌段支气管、动脉;13. 左肺上静脉;14. 下舌段静脉;15. 左肺斜裂;16. 左肺下叶动脉和肺门淋巴结;17. 左肺下叶支气管;18. 左肺下叶;19. 肩胛骨;20. 左肺上段支气管、动脉;21. 胸主动脉;22. 奇静脉;23. 奇静脉食管隐窝;24. 食管;25. 肺门淋巴结;26. 右肺下叶;27. 右肺上段静脉;28. 右肺下叶支气管;29. 右肺下叶支动脉;30. 中叶支气管;31. 右肺斜裂;32. 右肺中叶;33. 右肺外侧段动脉;34. 右肺内侧段动脉;35. 右上肺静脉;36. 水平裂;37. 膈神经;38. 右肺上叶;39. 心包斜窦;40. 左心房;41. 主动脉下隐窝;42. 右胸廓内动脉;43. 右心耳

(1) 纵隔区：纵隔结构可分为3层，由前至后依次为心包前层，心包层、心包后层。心包前层内胸腺消失；心包层内切及左心房中部、右心耳基部、右心室流出道和主动脉窦。左心房位于心的后部，两侧有左右肺上静脉汇入，主动脉窦位于心断面中央，房间隔与主动脉窦之间，形成主动脉下隐窝，在左心房与食管之间可见心包斜窦，心包两侧有膈神经下行；心包后层内，椎体右前为食管，食管左、右两侧为迷走神经，椎体前方为奇静脉，椎体左前方为胸主动脉、胸导管、副半奇静脉。

(2) 胸膜肺区：肺水平裂出现，在右肺门部，中、下叶支气管居内侧，其相应肺动脉分支居外侧。在左肺门部，在胸主动脉和下叶动脉之间，在左肺下叶支气管向后外发出上段支气管。

(3) 椎体区：断面以第6胸椎下份为中心，椎体两侧为胸交感神经，后方为椎管和脊髓。

12. 经左、右下肺静脉层面 特征结构：水平裂、心包斜窦、房室口，见图4-2-12。本断面经过第4肋前端和第6~7胸椎间盘，分为纵隔区、胸膜肺区、椎体区。

(1) 纵隔区：纵隔结构可分为3层，心包层内，可见4个心腔，心中隔连续呈"S"形，右半心位于中隔的右前方，右心室呈三角形。左半心位于中隔的左后方，左心室呈半圆形；心包后层内，椎体右前为食管，食管左、右两侧为迷走神经，椎体前方为奇静脉，椎体左前为胸主动脉、胸导管、副半奇静脉。

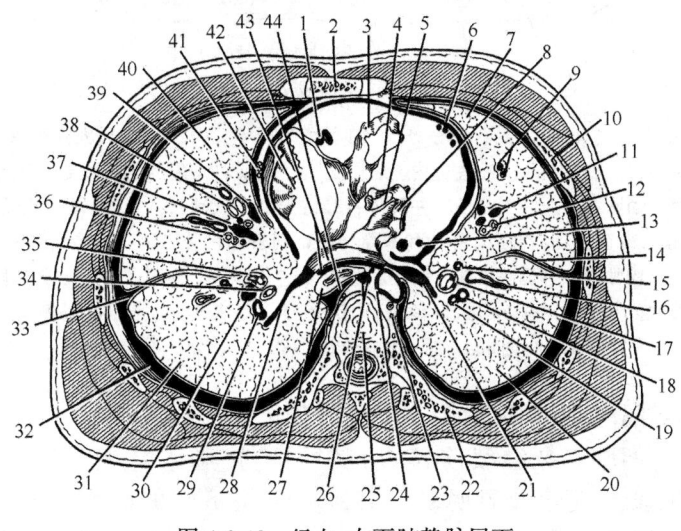

图4-2-12 经左、右下肺静脉层面

1. 右冠状动脉；2. 胸骨；3. 右心室；4. 室间隔肌部；5. 二尖瓣前瓣；6. 左冠状动脉前室间支；7. 左肺上叶；8. 左心室；9. 上舌段支气管、动脉；10. 第3肋；11. 下舌段静脉；12 下舌段支气管；13. 左冠状动脉旋支；14. 左肺斜裂；15. 左肺内底段动脉；16. 左肺前底段动脉；17. 右肺下叶支气管动脉；18. 左肺外底段动脉；19. 左肺后底段动脉；20 左肺下叶；21. 左下肺静脉；22. 第7肋；23. 内脏大神经；24. 胸主动脉；25. 胸椎间盘；26. 奇静脉；27. 食管；28. 右下肺静脉；29. 右肺外后底段动脉；30. 右肺前内底段动脉；31. 右肺下叶；32. 胸膜腔；33. 右肺斜裂；34. 右肺外后底段支气管；35. 右肺内前底段支气管；36. 外侧段支气管动脉；37. 外侧段静脉；38 内侧段支气管、动脉；39. 内侧段静脉；40. 右肺中叶；41. 心包膈神经；42. 右心房；43. 左心房；44. 奇静脉食管隐窝

(2) 胸膜肺区：右肺中叶内，外侧段支气管和血管走行向外，内侧段支气管和血管走行向前外。右肺下叶基底段支气管和动脉分为两个干，内前段支气管和动脉位于前外侧，外后段支气管和动脉位于后内侧。左肺上叶内，上舌段支气管和血管位于前部，比较细小；下舌段支气管和血管位于后部，较粗大。左肺下叶内，4个底段支气管为一总干，左、右下肺静

脉出现,提示两肺门已至下界。

（3）椎体区:断面切及第6~7胸椎间盘,椎体两侧为胸交感神经,后方为椎管和脊髓。

13. 经第7胸椎体层面 特征结构:水平裂消失、心包斜窦、房室口,见图4-2-13。本断面经过第4肋前端,后方经过第7胸椎体,分为纵隔区、胸膜肺区、椎体区。

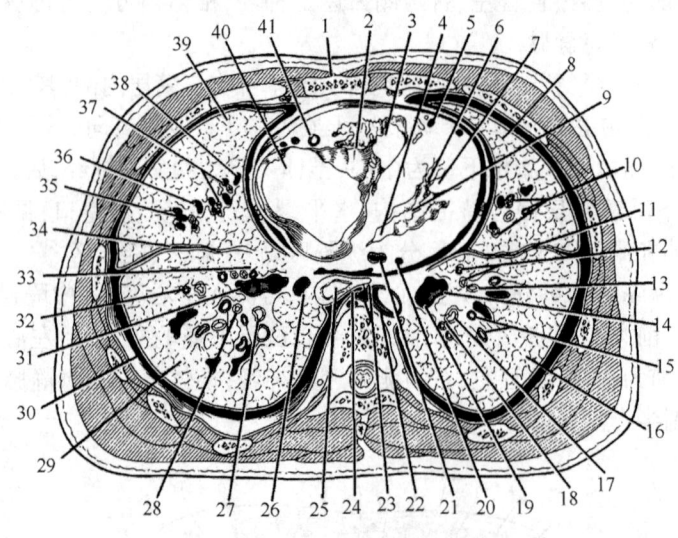

图4-2-13 经第7胸椎体层面

1. 胸骨;2. 三尖瓣;3. 右心室;4. 室间隔和左心房;5. 前室间支;6. 前乳头肌;7. 后乳头肌;8. 舌段;9. 左心室;10. 下舌段支气管、动脉;11. 左肺斜裂;12. 左肺内侧底段支气管、动脉;13. 左肺前底段支气管、动脉;14. 左肺底段上静脉;15. 左肺外侧底段动脉;16. 左肺下叶;17. 左肺外;18. 左肺后底段动脉;19. 左肺底段下静脉;20. 左冠状动脉旋支;21. 心大静脉;22. 胸主动脉;23 奇静脉和胸导管;24. 奇静脉食管隐窝;25. 食管;26. 右肺底段下静脉;27. 右肺后底段支气管、动脉;28. 外侧段支气管、动脉;29. 右肺下叶;30. 胸膜腔;31. 右肺底段上静脉;32. 前底段动脉;33. 右肺内侧底段支气管、动脉;34. 右肺斜裂管、动脉;35. 外侧段支气管、动脉;36. 外侧段支气管、动脉;37. 内侧段支气管、动脉;38. 内侧段静脉;39. 右肺中叶;40. 右心房;41. 右冠状动脉

（1）纵隔区:纵隔内,心中隔呈"一"字形,与矢状面约成45°角。

（2）胸膜肺区:两肺斜裂继续前移,居肺的中份,肺下叶变大。右肺前部仍是中叶,内侧段和外侧段支气管分界明确。右肺后部是下叶的断面。左肺上叶内,上舌段消失,仅见下舌段支气管和血管。下叶内,内侧底段和前底段支气管发出,伴行同名静脉,外、后底段支气管仍为一干。纵隔内,心中隔呈"一"字形,与矢状面约成45°角。

（3）椎体区:断面切及第7胸椎体,椎体两侧为胸交感神经,后方为椎管和脊髓。

在CT图像上识别斜裂对疾患的定位具有重要意义。在标准CT图像上,斜裂的显示通常呈低密度无血管带,少数可呈细线状或高密度带。在薄层CT扫描中,斜裂多呈细线状,但由于心搏动的影响,左肺基底部常见"双裂征",可见到不完整的斜裂。

14. 经第7胸椎间盘层面 特征结构:房室口、奇静脉食管隐窝,见图4-2-14。本断面前方经过第5肋骨,后方经过第7~8胸椎间盘,分为纵隔区、胸膜肺区、椎体区。

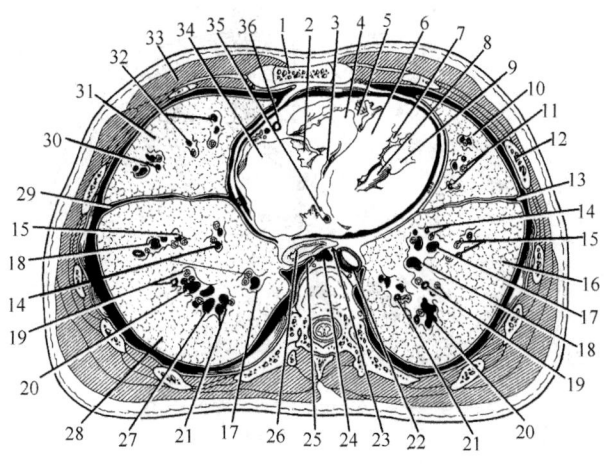

图 4-2-14 经第 7 胸椎间盘层面

1. 胸骨体;2. 三尖瓣前瓣;3. 三尖瓣后瓣;4. 右心室;5. 隔缘肉柱;6. 室间隔;7. 前乳头肌;8. 左心室;9. 后乳头肌;10. 左肺上叶;11. 下舌支气管和血管;12. 第 4 肋;13. 左肺斜裂;14. 内底段支气管、动脉;15. 前底段支气管、动脉;16. 左肺下叶;17. 内侧底段静脉;18. 前底段静脉;19. 外侧底段支气管、动脉;20. 外侧底段静脉;21. 后底段支气管和血管;22. 胸主动脉;23. 胸导管;24. 奇静脉;25. 奇静脉食管隐窝;26. 食管;27. 后底段静脉;28. 右肺下叶;29. 斜裂;30. 外侧段支气管、血管;31. 右肺中叶;32. 内侧段支气管、血管;33. 胸大肌;34. 右心房;35. 冠状窦;36. 右冠状动脉

(1) 纵隔区:纵隔内,左心房消失,右心室呈三角形,隔缘肉柱(又名节制带)自室间隔连至右心室前壁,左心室壁厚腔窄,其内可见前乳头肌和后乳头肌,在右心房的内后壁、下腔静脉瓣的内侧,冠状窦开口于窦瓣的内侧;心包后方可见肺韧带,在奇静脉弓以下断面,右胸膜腔伸入食管后方、脊柱的前方,称奇静脉食管隐窝,其深度因胸廓的发育程度而异,老年及肺气肿患者隐窝深,青年胸腔前后径小,该隐窝浅。

(2) 胸膜肺区:两肺下叶继续扩大,左、右肺韧带在心包后方,紧邻食管的两侧。右肺内仍见内、外侧段和 4 个底段支气管及血管的分支。左肺内下舌段和 4 个底段的支气管和血管清晰可辨。

(3) 椎体区:断面切及第 7~8 胸椎间盘,椎体两侧为胸交感神经,后方为椎管和脊髓。

15. 经腔腔静脉孔层面 特征结构:腔静脉孔、奇静脉食管隐窝,见图 4-2-15。本断面前方经过第 5、6 肋软骨前端,后方经过第 8 胸椎体,分为纵隔区、胸膜肺区、椎体区。

(1) 纵隔区:纵隔内,心呈现 3 个腔,三尖瓣中、后尖位置最低,在接近右心房最低部出现。下腔静脉穿过心包,开口于右心房;在心包后层,食管在下腔静脉的左后方,自本断面以下逐渐向左移。在胸部主动脉后方可见副半奇静脉与奇静脉的吻合弓,CT 图像可清晰显示奇静脉系的主动脉后吻合,但有时会将这些血管误认为后纵隔肿大的淋巴结。

(2) 胸膜肺区:隔弯出现,两肺已近隔面。右肺为中、下叶,左肺为上、下叶,其内的小支气管和血管逐渐行向外周。

斜裂的走行规律:上胸部层面,斜裂由后外至前内;中胸部层面,由外向内,呈冠状位;下胸部层面,由前外走向后内。肺斜裂位置的判断,有助于肺内疾病的定位诊断和观察病变对邻叶的侵犯情况。

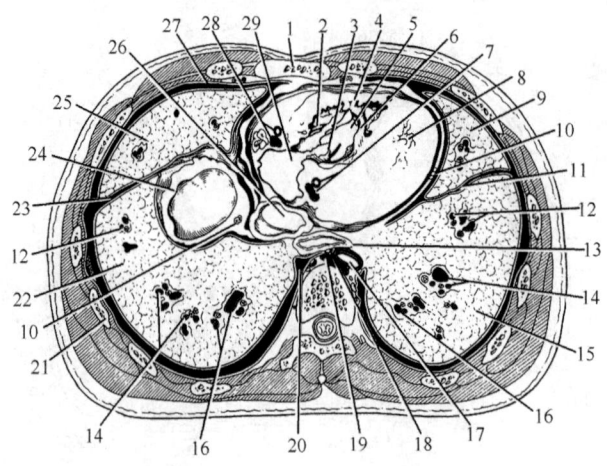

图 4-2-15　经膈腔静脉孔层面

1.胸骨体室;2.腱索;3.三尖瓣;4.前乳头肌;5.右心室;6.隔缘肉柱;7.后室间支和心中静脉;8.左心室;9.下舌段;10.心包膈动、静脉和膈神经;11.左肺斜裂;12.前底段支气管和血管;13.食管;14.外底段支气管和血管;15.左肺下叶;16.后底段支气管和血管;17.胸主动脉;18.胸导管;19.奇静脉;20.奇静脉食管隐窝;21.第6肋;22.右肺下叶;23.右肺斜裂;24.右膈穹隆;25.右肺中叶;26.下腔静脉;27.胸膜腔;28.右冠状动脉和心小静脉;29.右心房

（3）椎体区:断面切及第8胸椎,椎体两侧为胸交感神经,后方为椎管和脊髓。

16. 经第8胸椎间盘层面　特征结构:肝、肺、心尖,见图4-2-16。本断面剑胸结合,后方经过第8~9胸椎间盘,此断面接近胸部下份末端,断面结构可分为纵隔区、胸膜肺区、椎体区和腹部区。

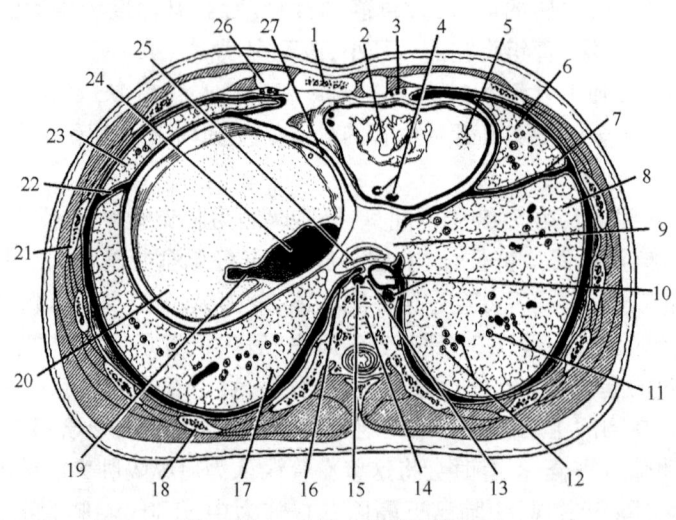

图 4-2-16　经第8胸椎间盘层面

1.第7肋软骨;2.右心室;3.胸廓内动脉;4.后室间支;5.左心室;6.下舌段;7.左肺斜裂;8.左肺下叶;9.肺韧带;10.胸主动脉;11.左肺外侧底段支气管和血管;12.左肺后底段支气管和血管;13.胸导管;14.第8胸椎间盘;15.奇静脉;16.奇静脉食管隐窝;17.右肺下叶;18.第8肋;19.肝右静脉;20.肝右叶;21.第5肋;22.右肺斜裂;23.右肺上叶;24.下腔静脉;25.食管;26.第6肋软骨;27.膈

（1）纵隔区:纵隔内结构依然可分为3层,在心包前层,内为纵隔前淋巴结及少量脂肪

等;心包层面内,心脏仅剩下左、右心室;在心包后层,食管在胸主动脉的右前方,迷走神经伴食管两侧走行,在胸部主动脉后方可见半奇静脉与奇静脉。

(2) 胸膜肺区:右肺仅剩下肺下缘周围部,中间被膈和肝脏占据。左肺为上叶、下叶,其内的小支气管和血管逐渐行向外周。

(3) 椎体区:断面切及第8胸椎间盘,椎体两侧为胸交感神经,后方为椎管和脊髓。

(4) 腹部区:此层面切及膈穹隆,肝脏膈面上部,第二肝门处,肝右静脉与下腔静脉汇合高度。

二、胸部的正中矢状断面与冠状断面

胸部矢状断层标本以正中矢状断面为基准,向左、右连续做断层,观察断面左面。胸部冠状断层标本以腋中线为基准断面,向前后断层,观察其前面。

1. 经胸部的正中矢状断面 特征结构:心、肺动脉干、主动脉弓、气管与左主支气管,见图4-2-17。本断面为正中矢状面左表面观,断面可分为胸部区、腹部区和脊柱区。

(1) 胸部区:为纵隔内结构,可见右心室居心的前部,向上通动脉圆锥,并借肺动脉口与肺动脉干相连。肺动脉干经主动脉口的前方升向后上达主动脉弓的下方,分为左、右肺动脉。在动脉圆锥后方和左心房的前方可见到主动脉口及位于其内的主动脉瓣。左心房位于主动脉口的后方,隔心包与食管相邻。在主动脉口和肺动脉干后方可见心包横窦呈"Y"型裂隙。主动脉弓居胸骨柄上份后方,其前方为胸腺,后方紧邻气管,气管基本上位于正中矢状面,向下分为左、右主支气管,气管隆嵴平第5胸椎体的中1/3处。左主支气管的后方紧邻食管。食管的前方与左心房之间可见心包斜窦。奇静脉行于食管与脊柱之间。

(2) 腹部区:上方借膈与心包相邻,切及肝,周围间隙可见。

(3) 脊柱区:椎体、椎间盘、椎管及脊髓可见。

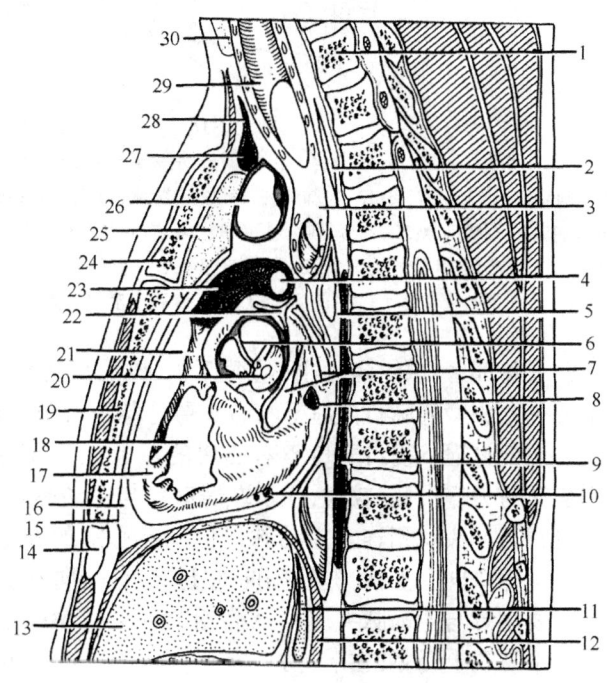

图4-2-17 经胸部的正中矢状断面
1. 第1胸椎体;2. 食管上段;3. 左主支气管;4. 右肺动脉;5. 食管下段;6. 主动脉瓣;7. 左心房;8. 心大静脉;9. 奇静脉;10. 心中静脉;11. 肝尾状叶;12. 膈;13. 肝左外叶;14 剑突;15. 纤维心包;16. 心包腔;17. 右心室前乳头肌;18. 右心室;19. 胸骨体;20. 主动脉瓣后半月瓣;21. 动脉圆锥;22. 心包横窦;23. 肺动脉干;24. 胸骨柄;25. 胸腺;26. 主动脉弓;27. 左头臂静脉;28. 甲状腺下静脉;29. 气管;30. 甲状腺

2. 经升主动脉的冠状断面 特征结构:升主动脉、左心室、头臂静脉、上腔静脉,见图4-2-18。本断面为经过主动脉口和升主动脉,断面可分为胸部区和腹部区。

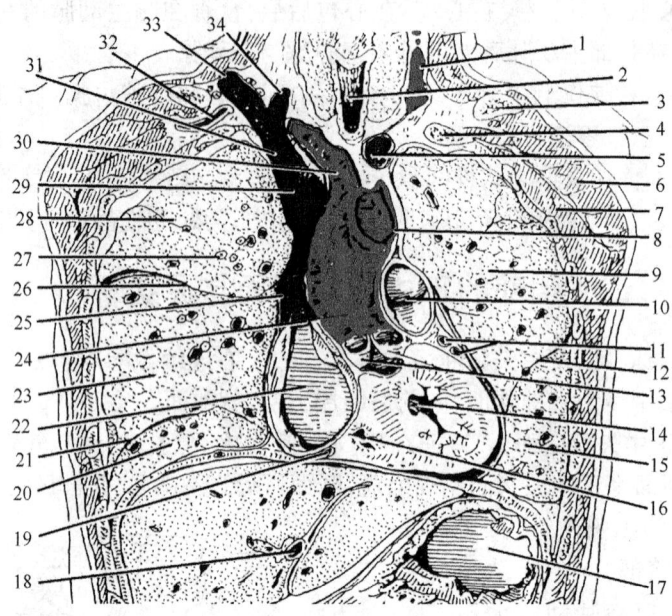

图 4-2-18 经升主动脉的冠状断面

1. 左颈总动脉;2. 气管;3. 锁骨;4. 第1肋;5. 左头臂静脉;6. 胸大肌;7. 胸小肌;8. 主动脉弓椎;9. 左肺上叶;10. 肺动脉干;11. 左旋支;12. 左肺斜裂;13. 主动脉瓣;14 左心室;15. 左肺下叶;16 右心室;17. 胃体;18. 门静脉左支;19. 右冠状动脉;20. 右肺下叶;21. 斜裂;22. 右心房;23. 右肺中叶;24. 升主动脉;25. 上腔静脉;26. 右肺水平裂;27. 右肺上叶前段支气管;28. 右肺上叶;29. 上腔静脉;30. 头臂干;31. 右头臂静脉;32. 右锁骨下动脉;33. 肩胛上静脉;34. 颈内静脉

（1）胸部区:以纵隔为中心,两侧为肺区,胸腺消失,气管位于上纵隔最上方中间。气管下方见左头臂静脉行向右下与右头臂静脉汇合成上腔静脉。上腔静脉下行汇入右心房。右心房腔内见冠状窦口开口于右心房的左下方,左心室流出道向右上与主动脉口相续,腔内二尖瓣前尖靠右侧,较大,介于左房室口与主动脉口之间,后尖位于右下方,较小,二尖均通过腱索与乳头肌相连。主动脉口位于左心室的右上方,附有主动脉右瓣,后瓣。升主动脉由主动脉口向右上行,然后偏向左上,在它凸向右侧处,与上腔静脉隔以心包腔,在影像诊断时要注意与主动脉夹层动脉瘤相鉴别。肺动脉干位于升主动脉左侧凹处;两侧肺区,右肺水平裂在上,斜裂在下,由上至下依次为肺的上叶、中叶和下叶,左肺斜裂将肺分为上叶和下叶。

（2）腹部区:上方借膈与胸腔分开,右侧为肝,左侧为胃。

(余　录)

第三节　胸部病理断层影像学

一、大叶性肺炎

1. **病史临床**　患者,男,32岁,发热、咳嗽3天,体温最高39.8℃。
2. **影像表现**　X线:右肺上叶中外侧带可见大片密度增高影,略呈指向肺门的扇形,阴影的密度较均匀,下缘水平叶间裂略有上移,上缘模糊。CT:肺窗示右肺上叶后段可见大片状高密度影,后缘清楚,余边界欠清,其内可见充气支气管影。纵隔窗示右肺上叶病灶呈不规则片状软组织密度影,见图4-3-1。

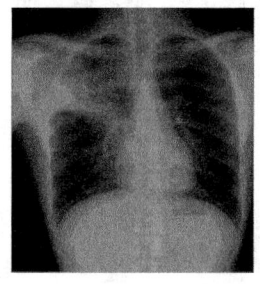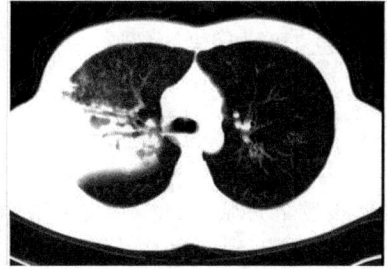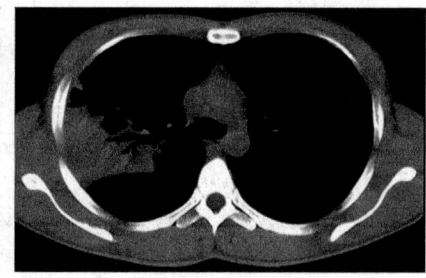

图4-3-1 大叶性肺炎(胸部后前位平片、胸部CT肺窗、纵隔窗)

3. 诊断 (右肺上叶后段)大叶性肺炎(lobar pneumonia)。

4. 讨论 大叶性肺炎是肺炎球菌引起的炎症。病理上典型改变可分4期:充血期、红色肝样变期、灰色肝变期和消散期。本病多见于青壮年。临床表现为急性高热、寒战、咳嗽、咳铁锈色痰等。白细胞总数及中性粒细胞计数明显增高。

典型表现为红色肝样变期和灰色肝变期。影像诊断要点:整个肺叶、大部分肺叶或肺段呈高密度阴影,阴影密度均匀,内常可见含气支气管像。

亚段性肺炎呈肺内局限性浸润片状影,有时需与浸润型肺结核鉴别:大叶性肺炎发病部位无特点,分布呈叶、段、亚段,结核于两肺上叶尖段及下叶背段多见,周围有卫星病灶,病程较长,变化较慢。与中央型肺癌引起的肺叶阴影鉴别:大叶性肺炎支气管通畅,肺门无肿块。

二、支气管肺炎

1. 病史临床 患者,女,3岁,因珠蛋白生成障碍性贫血进行性面色苍白3年余。

2. 影像表现 治疗前:X线表现为两肺纹理增粗、增多,模糊,见沿肺纹理分布斑点状密度增高影,边缘较淡且模糊不清,病灶以两下肺明显。CT可见双肺沿支气管分布的大片状模糊影。治疗后:双肺纹理基本正常,片状影消失,见图4-3-2。

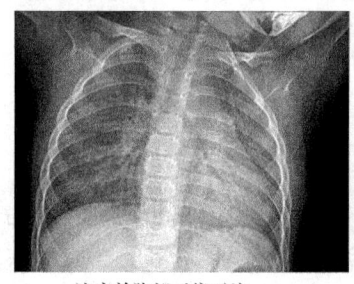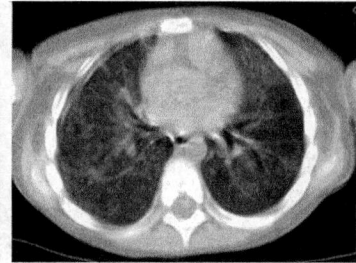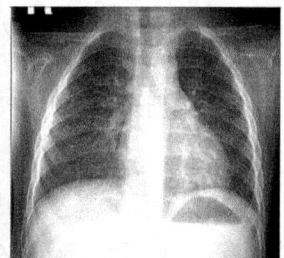

治疗前胸部正位平片　　　　　胸部CT肺窗　　　　　治疗后胸部正位平片

图4-3-2 支气管肺炎

3. 诊断 支气管肺炎(bronchopneumonia)。

4. 讨论 支气管肺炎,即小叶性肺炎,常见病菌有金黄色葡萄球菌、肺炎链连球菌等,病菌先引起支气管炎,支气管黏膜充血、水肿,进而累及呼吸性支气管及肺泡,进而破坏肺实质结构形成空洞。本病多见于婴幼儿、老人及免疫功能低下患者。临床上常有咳嗽、呼吸困难、发绀及胸痛。体温可不高,白细胞总数也可不高。

影像诊断要点:肺纹理增强,边缘模糊。沿肺纹理有模糊小结节及斑片影,实变影一般较小。病变可融合,形成大片影。病灶多位于两肺下野内带。

三、肺 结 核

1. 病史临床　患者,女,43岁,反复咳嗽1月余,加重4天,无咯血,无午后低热、盗汗。

2. 影像表现　右下肺门影不规则增大,右中间支气管及中下叶支气管管腔狭窄及部分闭塞,右肺中叶内侧段楔形片状影;右肺中下叶可见不规则斑点状影均匀分布,边缘模糊,密度不均,见图4-3-3。

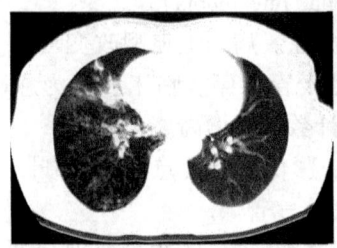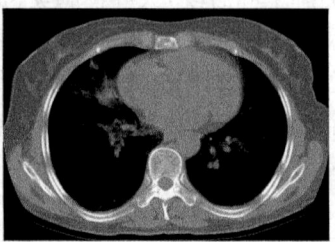

图4-3-3　肺结核(胸部CT平扫肺窗和纵隔窗)

3. 诊断　(右侧)肺结核(pulmonary tuberculosis)。

4. 讨论　肺结核是由结核杆菌引起的呼吸系统感染性疾病,是慢性传染病。渗出、增殖及干酪样坏死是肺结核的基本病理改变。临床表现:呼吸系统症状常见有咳嗽、咯血及胸痛等,全身症状常见有低热、盗汗、乏力、消瘦等。

影像诊断要点:①继发性肺结核(Ⅲ型)中的浸润型肺结核为最常见结核类型;②见于双侧上肺,包括片状影、小结节影,一般较散在;③病灶进一步进展,可发生钙化、纤维化,可形成结核球或空洞等。

肺结核需与肺炎鉴别:肺结核病灶密度较高,一般散在,内常有钙化或纤维条索影,进展较慢,抗炎治疗无效;一般的急、慢性肺炎密度较低,少有钙化,抗感染治疗有效。

四、气　　胸

1. 病史临床　患者,男,32岁,胸部外伤。

2. 影像表现　肺窗示左肺体积变小,左上肺舌叶区见弧形无肺纹理气体区,双下肺可见大片状高密度影,边缘模糊。纵隔窗示双侧后胸腔弧形液性低密度,双下肺局部受压膨胀不全,邻近胸膜可见增厚,见图4-3-4。

3. 诊断　双侧胸腔积液并双下肺部分肺不张,左侧气胸。

4. 讨论　胸腔积液(pleural effusion)即胸膜腔内液体积聚,结核、炎症、肿瘤、外伤及结缔组织病等均可导致。气胸(pneumothrorax)由空气进入胸膜腔引起,胸壁穿通伤、胸部手术及穿刺均可导致。胸膜腔内同时有气体和液体称液气胸。

影像诊断要点：①线平片表现为气液平面横贯患侧胸腔，内侧为受压萎陷的肺组织；②CT下可见弧形液性密度影，肺受压萎陷，边缘为带状无肺纹理区。

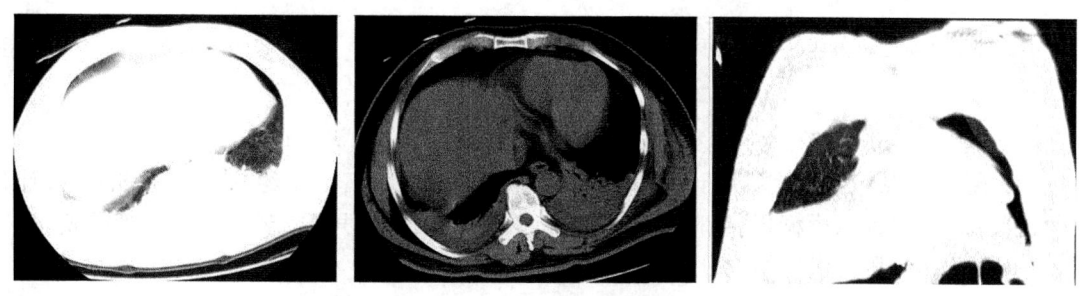

图4-3-4 气胸（胸部CT平扫肺窗、纵隔窗、冠状位重建肺窗图）

五、肺动脉栓塞

1. 病史临床 患者，女，22岁，因"胸痛、呼吸困难入院"，发病当日在当地医院因怀孕7周行人工流产术。

2. 影像表现 治疗前（A～C）：肺部增强扫描示右侧肺动脉主干末端大部充盈缺损，栓子向右下肺动脉分支延续，导致右下肺动脉完全阻塞，右中肺动脉分支处部分堵塞；右肺下叶大片状高密度影，边缘模糊；右侧胸腔后部弧形液性密度影。治疗后（D、E）：右肺动脉主干及各分支原充盈缺损处大部分被造影剂充盈，少部分仍可见充盈缺损；右肺下叶见多处絮状高密度影及条索状影，但较治疗前病变范围明显变小，见图4-3-5。

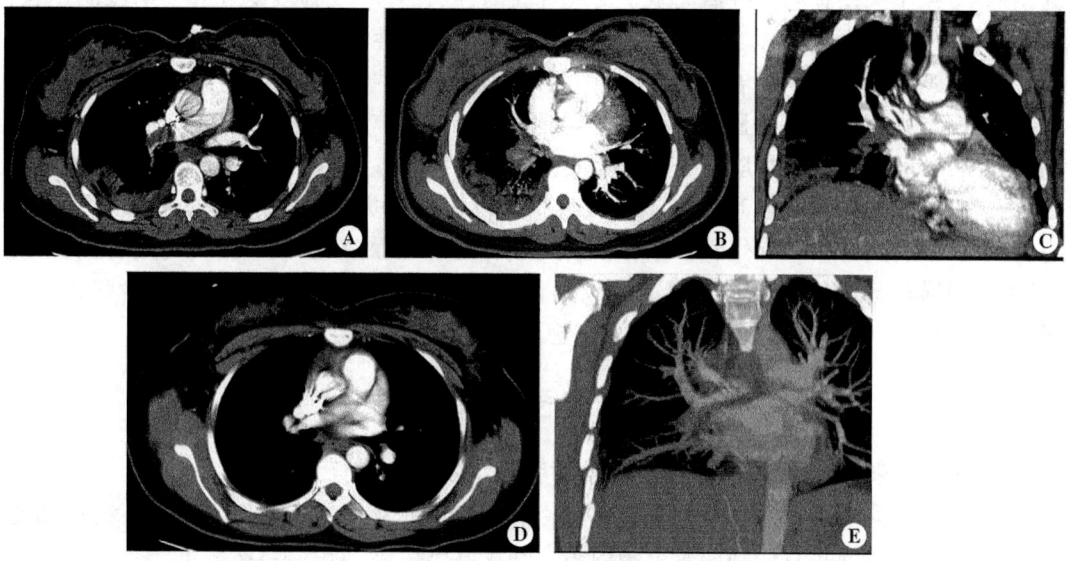

图4-3-5 肺动脉栓塞（CT血管造影术，上图为治疗前，下图为治疗后）

3. 诊断 右肺动脉主干及中下叶分支栓塞。

4. 讨论 肺动脉栓塞（pulmonary artery embolism）指肺动脉或分支被进入血液循环的栓子阻塞，引起相应肺组织供血障碍。栓子中血栓最常见。栓塞一般不引起肺梗死，因支气管动脉足以维持肺栓塞区血供，肺梗死常发生于心功能不全者。肺动脉栓塞常为多发及双侧性。临床表现为非特异性。较小者可无症状,较大者可产生休克。

影像诊断要点:团注动态增强 CT 能清晰显示血管内充盈缺损,CT 血管三维重建能更好显示血栓全貌。

六、中央型肺癌

1. 病史临床　患者,女,41 岁,因"反复咳嗽 1 年余"入院,无血痰。

2. 影像表现　肺窗示左肺下叶见不规则稍高密度肿块影,大小约 8.5cm×6.5cm,病灶边缘见不规则斑片状模糊影;纵隔窗示肿块密度较均匀,其内可见充气支气管,管腔狭窄,纵隔内可见多个肿大淋巴结,见图 4-3-6。

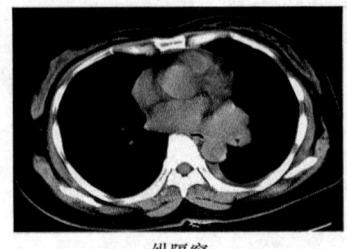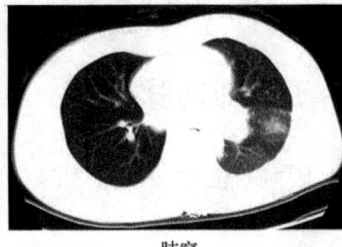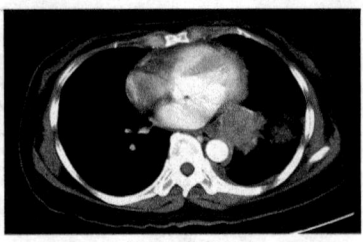

纵隔窗　　　　　　　　　　肺窗　　　　　　　　　　增强扫描纵隔窗

图 4-3-6　中央型肺癌

3. 诊断　(左侧)中央型肺癌。

4. 讨论　支气管肺癌(即肺癌)是一种原发于支气管上皮、细支气管肺泡上皮及腺体的恶性肿瘤。其中鳞癌及腺癌发病率最高。中央型肺癌发生于肺段或肺段以上支气管,主要为鳞癌;早期中央型肺癌指肿瘤局限于支气管腔内,或在肺叶或肺段支气管壁内浸润生长,未侵及周围肺实质,无转移。临床表现:主要为咯血、刺激性咳嗽和胸痛。

影像诊断要点:①早期 CT 可显示支气管轻度狭窄、管壁增厚或腔内结节;②晚期显示局部肿块,增强扫描肿块明显强化;③有继发阻塞性肺炎、肺不张等。

鉴别诊断:阻塞性肺炎应与一般肺炎或浸润型肺结核鉴别。肺癌引起者经抗感染不易吸收,或在同一位置反复出现。肺不张应与结核及慢性肺炎、肺不张区别。结核性肺不张有含气支气管像,并常见支气管扩张、钙化,周围有卫星灶,结核及慢性肺炎均无肺门肿块。CT 增强扫描对鉴别有意义,一般认为肺癌强化高峰强化值>17HU,不强化或轻度强化结节良性可能性大。必要时需在 CT 引导下经皮穿刺活检定性。

七、双肺多发转移瘤

1. 病史临床　患者,男,47 岁,原右前臂腺泡状软组织肉瘤术后 1 年。

2. 影像表现　CT 平扫肺窗示双肺多发散在棉花团状影,最大直径 2.2cm×1.8cm,边缘光滑、清晰。纵隔窗示双侧肺门及纵隔内多个肿大淋巴结影,见图 4-3-7。

3. 诊断　双肺多发转移瘤。

4. 讨论　肺是转移瘤的好发脏器。转移途径主要有血行和淋巴转移,血行转移常见。临床上患者一般先有原发瘤表现。较大及广泛病变引起咳嗽、呼吸困难、胸闷、咯血和胸痛等。

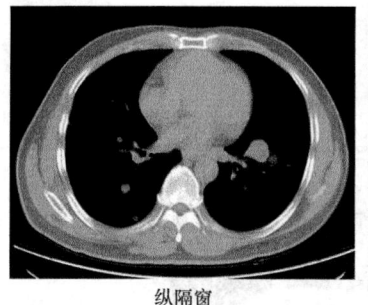
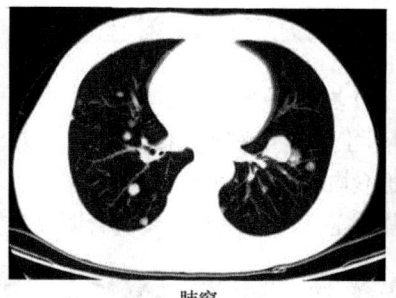
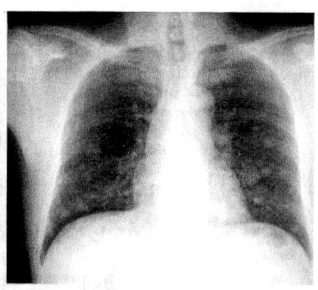

纵隔窗　　　　　　　　　　　肺窗　　　　　　　　　　胸部正位片

图 4-3-7　双肺多发转移瘤

影像诊断要点：①血行转移常见，多见于双侧中下肺。典型表现为肺内单发或多发棉花团状，也可呈结节状，边缘清楚。②淋巴道转移 CT 显示较好，表现为支气管血管束增粗，并有结节；小叶间隔串珠状改变或增粗，小叶中心有结节灶，可有胸膜下结节。

与周围型肺癌鉴别：转移瘤单发者不易鉴别，原发瘤病史对诊断有帮助，必要时需穿刺活检。

八、支气管扩张症

1. 病史临床　患者，男，33 岁，近 1 周咳嗽、咳痰，无发热。

2. 影像表现　肺窗示左肺下叶可见多发支气管囊状及柱状扩张，管壁增厚，周围可见斑片状模糊影，纵隔窗左下肺病变区可见散在点状软组织密度影，见图 4-3-8。

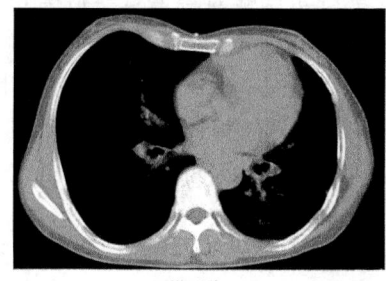
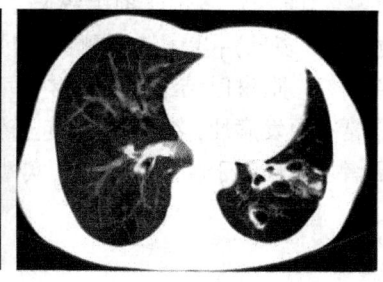

纵隔窗　　　　　　　　　　　　肺窗

图 4-3-8　支气管扩张症

3. 诊断　(肺下叶)支气管扩张症(bronchiectasis)。

4. 讨论　支气管扩张症是支气管内腔异常增宽，少数为先天性，多数为支气管反复感染的继发改变，或因肺内严重纤维化病变牵拉所致。本病好发于支气管 3~6 级分支。大体病理形态上可分为柱状扩张、静脉曲张型扩张、囊状扩张、混合性扩张。主要的临床表现为咳嗽、咳痰，常有多量脓痰，咯血常见。

影像诊断要点：多采用 HRCT 扫描。柱状者表现为与血管影伴行的环形或管状影像。影像诊断标准：扩张支气管断面直径大于同层面血管断面。囊状者表现为多发囊状影像，壁薄光滑，囊内可见液体。周围可合并继发感染。

九、纵隔淋巴瘤

1. 病史临床 患者,女,70岁,水肿、气促20余天。

2. 影像表现 前上纵隔可见不规则软组织肿块,边界欠清楚,可见分叶,大小约为10.5cm×8.6cm×8.7cm,密度不均匀,内部可见囊性低密度影,增强扫描后病灶呈中度不均匀强化,肿块与纵隔内血管影粘连紧密,心脏及大血管明显推压移位,见图4-3-9。

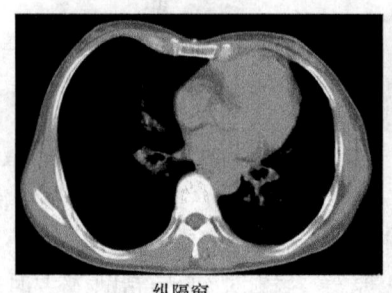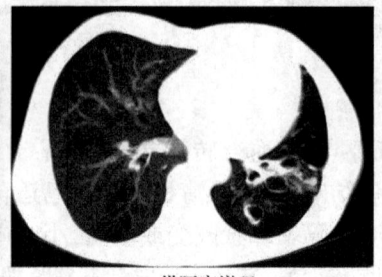

纵隔窗　　　　　　　　　纵隔窗增强

图 4-3-9　纵隔淋巴瘤

3. 诊断 (前上纵隔)淋巴瘤。

4. 讨论 淋巴瘤源于淋巴组织 T 细胞或 B 细胞,病理上根据有无 R-S 细胞分为 HD 和 NHL,几乎可侵犯全身所有脏器。纵隔淋巴瘤主要侵犯淋巴结,以 HD 多见。临床症状主要为发热和浅表淋巴结肿大。淋巴瘤经放疗可于短期内缩小或完全消退。

影像诊断要点:①病灶多位于前上纵隔;②病灶可两侧对称增宽呈波浪状(HD 多见),也可一侧增宽(NHL 多见);③病灶常融合,增强扫描轻度强化。

与淋巴结结核鉴别:淋巴结结核中央常有坏死,增强多呈环状强化,可有钙化。与淋巴结转移鉴别:后者常有原发病灶,多由肺癌引起;转移瘤多呈中等度强化,早期多无融合趋势。与胸腺瘤鉴别:后者位置局限于胸腺区,单发,实性者密度较均匀,可完全囊变,强化程度不一。

(余　录　周正利)

第五章 腹　　部
Chapter 5　Abdomen

第一节　腹部解剖学基础

一、概　　述

1. 境界与分部
（1）境界：腹部位于胸部与盆部之间，腹部上方以膈和剑胸结合部水平面与胸部分界；下方以第5腰椎间盘下缘（骶岬）水平面与盆部及会阴分界。
（2）分部：腹部由腹壁、腹腔和腹腔内器官组成，腹腔以横结肠及其系膜为界分为结肠上区、结肠下区和腹膜后隙。

2. 内容
（1）结肠上区：肝、肝外胆道系统、胃、十二指肠、胰腺、脾、肾。
（2）结肠下区：空肠、回肠、结肠、盲肠、阑尾。

二、体表标志性结构

1. 剑突（xiphoid process）　位于胸骨下端，剑胸结合部水平面两侧邻第6肋，向后平对第9胸椎下份。

2. 幽门平面（midepigastric plane；transpyloric plane；Addsion plane）　为经过剑胸结合部与脐连线中点的平面，此平面向后平第1腰椎下缘高度，幽门位于此平面，在幽门的右后方有胆囊、肝门静脉和右肾门，在其左后方有胰（体）、肠系膜上动脉起点。

3. 肋下平面（infracostal plane）　为经过肋弓最低点的平面，此平面向后平第3腰椎高度，是十二指肠水平部的标准平面，也是左肾下缘所在平面。

4. 脐平面（umbilical plane）　向后平对第3、4腰椎间盘，此平面上方约2.5cm平对肠系膜下动脉起始处。

5. 髂嵴平面（iliac crest plane）　为经过髂嵴最高点的水平面，此平面向后平对第4腰椎棘突，是腹主动脉分为髂总动脉的标准平面。

6. 髂结节平面（iliac tubercle plane）　为经过髂结节的水平面，此平面向后平对第5腰椎棘突，回盲瓣多位于此平面。

三、腹膜及腹膜结构

1. 腹膜（peritoneum）　分为脏腹膜和壁腹膜，分别覆盖于腹腔、盆腔壁内侧面和脏器表面，由内皮细胞和结缔组织构成，薄而光滑。脏腹膜、壁腹膜相互转折、移行，围成潜在、不规则的腔隙,称为腹膜腔(peritoneal cavity),此腔隙,男性密闭,而女性可借输卵管腹腔口,经输卵管、子宫、阴道与外界相通,腔内有少量浆液。腹膜对脏器结构有保护、支持、防御、分泌、吸收、修复等功能。

2. 腹内筋膜 即腹内侧壁筋膜,为覆盖在腹壁内侧面的深筋膜,根据所在部位,有不同称呼,如腹横筋膜(位于腹横肌内侧面的腹内筋膜,向下外形成腹股沟管深环、精索内筋膜、凹间韧带)、膈下筋膜(位于膈肌下面的腹内筋膜)、腰筋膜(由腰方肌、腰大肌筋膜和脊柱前筋膜组成),它们相互延续,共同构成腹内筋膜,并且向下与髂筋膜和盆壁筋膜相续。

3. 腹膜外隙 即腹膜之外的间隙,位于腹内筋膜与腹膜之间,此间隙内有疏松结缔组织、脂肪、腹壁下血管、输精管、腹腔脏器、腹部大血管、腹部的神经和淋巴结等结构。此间隙的上部为膈下腹膜外间隙(位于膈与肝裸区之间);前部又称腹膜外组织、腹膜外脂肪或腹膜下筋膜;后部称为腹膜后隙,向上通后纵隔,向下通盆腔腹膜后隙,炎症可借此隙相互扩散。

4. 腹膜后隙(retroperitoneal)

(1) 位置:位于腹后壁的腹膜与脊柱腰段的腹内筋膜之间,为腹膜外隙的一部分。

(2) 交通:此间隙向上经腰肋三角、主动脉裂孔、食管裂孔与后纵隔相通,向下与盆腔的腹膜外隙相续,向两侧移行为腹膜下筋膜。交通区均可感染扩散。

(3) 内容:此间隙内有肾、肾上腺、输尿管、腹部大血管、神经和淋巴结,以及脂肪和疏松结缔组织填充。

(4) 分区:以肾筋膜前后为界,将腹膜后隙分为肾前、肾周、肾后间隙,三者在下端可相通。

1) 肾前间隙:位于壁腹膜后部与肾前筋膜及侧锥筋膜之间,内有十二指肠、胰、升降结肠。

2) 肾周间隙:位于肾前、后筋膜之间,向上至肝裸区,向下通髂窝。其内有肾、肾上腺、肾血管、肾盂、输尿管、肾脂肪囊等。当间隙内积液时,会先积于肾下极后面的最低位,积液较多时可挤压肾而出现肾移位。

3) 肾后间隙:位于肾后筋膜、侧锥筋膜和腹横筋膜之间,内有脂肪和淋巴结。

4) 肾筋膜(renal fascia):又称 Gerota 筋膜,为肾的最外层被膜,分为前后两层。

肾前筋膜:向内肾前筋膜经血管前方左右相续,向外肾前、后筋膜融合并与腹横筋膜相续,向下消失在腹膜外筋膜中,肾前后筋膜向上在肾上腺上方相融合并与膈下筋膜相续。

肾后筋膜:向内与腰方肌、腰大肌筋膜和脊柱前筋膜相融合,向外肾前后筋膜融合并与腹横筋膜相续,向下至髂嵴与髂筋膜相续,但下端经输尿管可与腹膜外间隙相通,向上在肾上腺上方肾前后筋膜相融合并与膈下筋膜相续,见图5-1-1。

侧锥筋膜(laterconal fascia)为肾前、肾后筋膜向外侧融合形成,再向外与腹横筋膜相续。

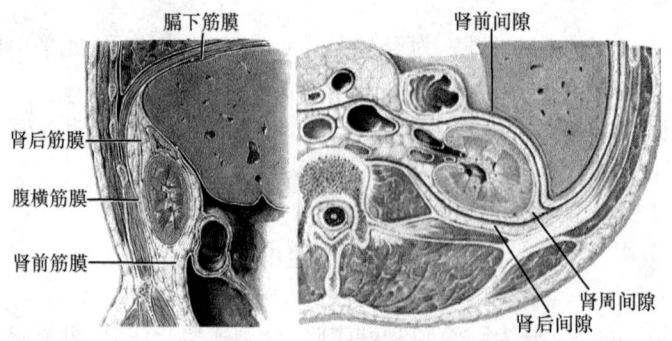

图 5-1-1 腹膜后隙

5. 腹膜与脏器的关系 根据脏器被腹膜覆盖的程度,将腹腔、盆腔内的脏器分为三类。

(1) 腹膜内位器官:几乎都被覆有腹膜的器官,如胃、脾、空肠、回肠、横结肠、乙状结肠、盲肠、阑尾、十二指肠上部和升部、卵巢、输卵管等。

(2) 腹膜间位器官:三面被覆有腹膜的器官,如升结肠、降结肠、肝、胆囊、膀胱、子宫和直肠上段等。

(3) 腹膜外位器官:只有一面被覆有腹膜的器官,如肾、肾上腺、输尿管、胰、十二指肠降部和下部、直肠中部等。

脏器的腹膜包被情况,对于临床外科手术、内科疾病的诊断有着重要的意义。腹膜外位器官和腹膜间位器官手术时,可选择不经过腹膜腔的手术路径,以避免腹膜腔的感染和术后脏器的粘连。在腹膜内位器官手术时,则必须通过腹膜腔进行,手术时一定要预防感染,防止腹膜粘连。

6. 腹膜形成的结构 在此仅描述与断解相关的结构。

(1) 小网膜(lesser omentum):是肝门向下移行至胃小弯和十二指肠上部的双层腹膜结构。其分为肝胃韧带和肝十二指肠韧带,在肝十二指肠韧带内主要结构为肝固有动脉(左前方)、胆总管(右前方)、肝门静脉(前两者的后方)。

(2) 网膜孔(omental foramen):又称 Winslow 孔,是小腹膜腔(即网膜囊)与大腹膜腔的唯一通道,位于肝十二指肠韧带右后方,其平面高度在第 12 胸椎至第 2 腰椎。

(3) 肠系膜根(root of mesentery):又称小肠系膜根,起自第 2 腰椎左侧,斜向右下止于右骶髂关节前方,约 15cm 长。

(4) 膈下间隙(subphrenic space)

1) 位置:位于结肠上区,膈与横结肠及其系膜之间,被肝分为肝上间隙、肝下间隙。

2) 分部:膈下间隙的分部与区别见表 5-1-1。

表 5-1-1 膈下间隙的分部与区别

右膈下腹膜外间隙		左膈下腹膜外间隙	
右肝上间隙	镰状韧带	左肝上间隙 (左三角韧带)	左肝上后间隙
			左肝上前间隙
右肝下间隙	肝圆韧带	左肝下间隙 (小网膜和胃)	左肝下后间隙(网膜囊)
			左肝下前间隙

3) 交通:通右结肠旁沟。

(5) 结肠旁沟

1) 右结肠旁沟:位于腹侧壁和升结肠之间。向上通肝肾隐窝,向下通右髂窝、盆腔,故膈下脓肿可经此沟流入右髂窝和盆腔,阑尾化脓时也可向上漫延至肝下。

2) 左结肠旁沟:位于腹侧壁和降结肠之间。由于左膈结肠韧带发育良好,故左结肠旁沟内的积液只能向下流入盆腔,见图 5-1-2。

(6) 肠系膜窦

1) 右肠系膜窦:位于肠系膜根、升结肠、横结肠及其系膜的右 2/3 部之间,呈三角形,周围相对封闭,窦内感染积脓时不易扩散。

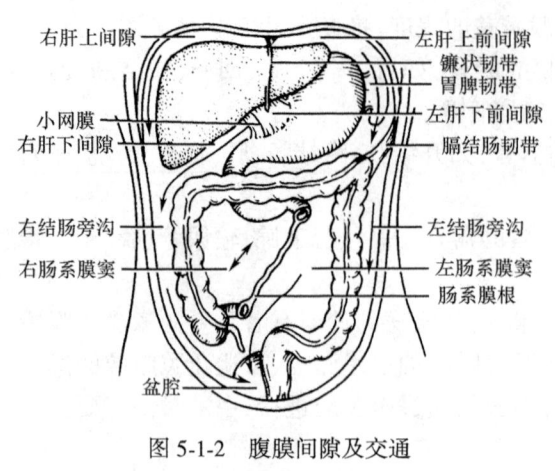

图 5-1-2 腹膜间隙及交通

2) 左肠系膜窦：位于肠系膜根、横结肠及其系膜的左 1/3 部、降结肠、乙状结肠及其系膜之间，略呈向下开口的斜方形，窦内感染时易漫延入盆腔，见图 5-1-2。

四、肝

1. 形态结构 肝(liver)呈不规则的楔形，长、宽、厚约为 25.8cm、15.2cm、5.8cm，位于第 9 胸椎至第 3 腰椎之间，分为脏、膈两面。

(1) 膈面：有肝裸区，形成膈下腹膜外间隙，被三角韧带、冠状韧带、镰状韧带包绕。

(2) 脏面：被"H"形沟分为肝左叶、肝右叶、方叶、尾状叶 4 部。

1) 右纵沟：沟的前下部为胆囊窝，窝的前下缘为胆囊切迹，窝内容纳胆囊(gall bladder)。沟的后上部为腔静脉沟(sulcus for vena cava)，沟内容纳下腔静脉(inferior vena cava)，在其后上端有肝静脉汇入。

2) 左纵沟：沟的前下部为肝圆韧带裂，裂的前下缘为肝圆韧带切迹或脐静脉切迹，裂内容纳肝圆韧带，向上与镰状韧带相连，向下与脐相连，肝圆韧带为脐静脉闭锁的遗迹，向上入肝门静脉左支。沟的后上部为静脉韧带裂或静脉导管窝，沟内容纳静脉导管索或静脉韧带，为脐静脉的延续，向上与下腔静脉相连，出生后闭锁，称静脉导管索或静脉韧带。

3) 肝门

A. 第一肝门，即"H"形沟的横沟，为肝固有动脉左、右支，肝门静脉左、右支，肝左、右管，神经和淋巴管等出入肝的门户，这些结构被结缔组织包绕形成肝蒂，肝蒂内结构排列顺序与肝十二指肠韧带内一致，即"左肝，右胆，后门脉"。肝固有动脉左、右支居中，肝门静脉左、右支居后。

B. 第二肝门，在腔静脉沟的上部，肝左、中、右静脉出肝处，位于肝裸区内，被冠状韧带覆盖。

C. 第三肝门，在腔静脉沟的下部，肝右叶的副肝右静脉和尾状叶的一些肝小静脉出肝处。静脉出肝处，位于肝裸区内，被冠状韧带覆盖，见图 5-1-3。

2. 肝内管道系统

(1) 肝内管道系统的组成：肝内管道系统有肝门静脉、肝固有动脉、肝内胆管（简称肝管）和肝静脉四套独立管道系统，前三种系统合称 Glisson 系统。Glisson 系统和肝静脉系统是肝的分叶分段的主要依据。

(2) 肝内管道系统的位置关系：肝

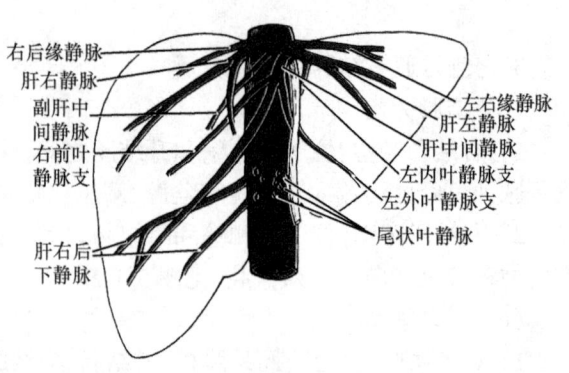

图 5-1-3 肝静脉与第二、第三肝门

门静脉、肝固有动脉和肝管经第一肝门出入,在肝内的分支、走行、分布基本一致,共同形成 Glisson 系统,分布于肝段内。肝静脉自第二肝门出肝,其属支在肝内形成肝静脉系统,走行于肝叶、肝段间。Glisson 系统和肝静脉系统两者分别从上、下相向而行,呈双手交叉状,越接近第一肝门,Glisson 系统的管径越粗,越接近第二肝门,肝静脉系统的管径越粗,见图 5-1-4。

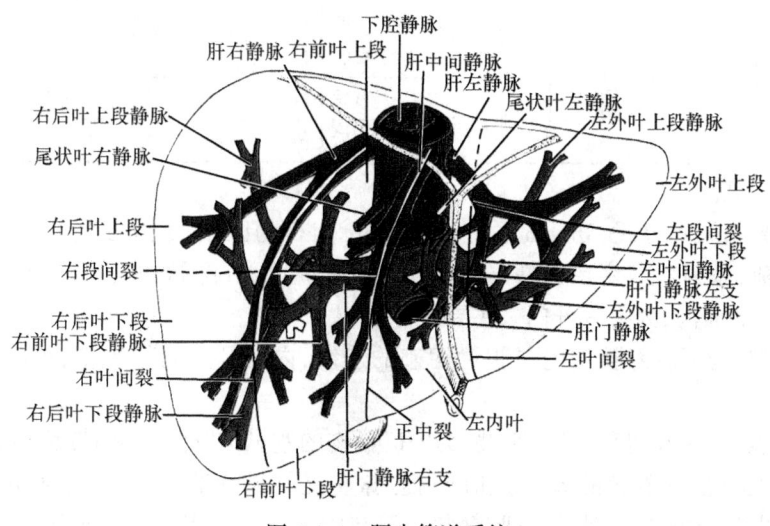

图 5-1-4　肝内管道系统

3. 肝叶和肝段的划分　肝表面的 4 叶分法不能满足临床手术需要,根据 Glisson 系统和肝静脉系统分布和走行,对肝进行了肝内的分叶和分段,但各家的研究和认识差异较大,至今无法统一,目前国际上多采用 Couinaud 肝段划分法。1954 年,Couinaud 根据 Glisson 系统和肝静脉系统的分支和走行,将肝分为 2 半、5 叶、8 段,见图 5-1-5,表 5-1-2。

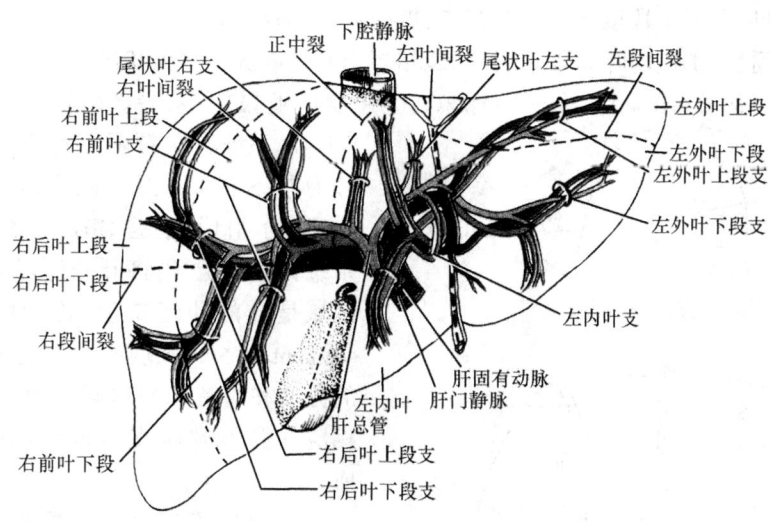

图 5-1-5　肝裂与肝段

表 5-1-2　肝段的划分

肝	左半肝	尾状叶		SⅠ
		左外叶	左外上段	SⅡ
			左外下段	SⅢ
		左内叶		SⅣ
	右半肝	右前叶	右前下段	SⅤ
			右前上段	SⅧ
		右后叶	右后下段	SⅥ
			右后上段	SⅦ

(1) 肝裂：肝裂中缺乏 Glisson 系统，为肝静脉走行的区域，是肝段的分界处。有"三纵一横"4 条裂隙，呈倒"丰"字形，将肝分为 8 段。"三纵"为肝静脉的三大支，起于第二肝门，"一横"为"H"形横沟，为第一肝门。主要裂隙有以下几种。

1) 正中裂：为下腔静脉左壁与胆囊切迹的连线，内有肝中间静脉走行，将肝分为左右两半。

2) 叶间裂：①左叶间裂，又称脐裂，为"H"形沟的左纵沟，即肝圆韧带裂和静脉韧带裂，内有左叶间静脉（肝左静脉的属支）和肝门静脉左支的矢状部走行，将左半肝分为内外两叶。②右叶间裂，又称右门裂，为下腔静脉右壁与胆囊切迹中点右侧的肝下缘外、中 1/3 交点的连线，内有肝右静脉走行，将右半肝分为前后两叶。③背裂，即尾状叶的周界，将尾状叶与肝左内叶、左外叶、右半肝分开。

3) 段间裂：①左段间裂，又称左门裂，为下腔静脉左壁与肝左缘中、上 1/3 交点的连线，内有肝左静脉走行，将肝左外侧叶分为上下两段。②右段间裂，为"H"横沟向右与肝右缘中点的连线，内有肝门静脉右支主干走行，将右半肝分为上下两部。③横裂：肝门处的横沟为横裂，在横裂内，肝门静脉左支横部和肝门静脉右支的延长线将以第二肝门为中心，放射状的 4 部纵行肝叶分成 8 段以尾状叶为起点，顺时针方向命名。

4) 亚段间裂：①左内叶亚段间裂，此裂相当于肝门静脉左支矢状部平面，内有肝中间静脉较大属支，是区分 SⅣa 和 SⅣp 的标志。②尾状叶亚段间裂，最新研究认为，尾状叶的 Glisson 系统有左右两套管道，故将尾状叶分为左（SⅠ）右（SⅨ）两段。

(2) 肝段：根据 Glisson 系统和肝静脉系统分布和走行，将肝分为若干区域，这些区域是肝的功能单位，称为肝段（hepatic segment），各区域均有独立的 Glisson 系统的分支和引流相应区域胆汁的管道，并有相应的肝静脉属支引流相邻区域的静脉血，见图 5-1-6。

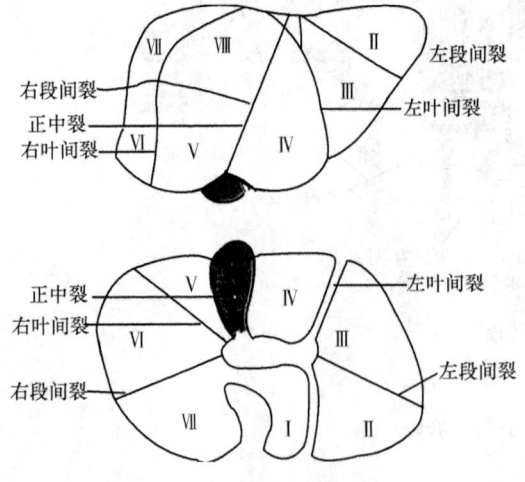

图 5-1-6　肝段的划分

4. 肝内管道系统及肝段的横断层解剖特点

(1) 肝门静脉系统：肝门静脉分布于

肝段内,是肝段划分重要依据之一。

1) 肝门静脉起点:约平第1腰椎下缘,即幽门平面高度,出现率达58%,在胰颈后缘由肠系膜上静脉和脾静脉汇合而成。汇合后进入肝十二指肠韧带内,走行于肝固有动脉和胆总管的后方至第一肝门,后方隔网膜孔与下腔静脉相邻。肝门静脉与下腔静脉之间的空隙称为门腔间隙(portocaval space,内有肝尾状突和乳头突、网膜孔、网膜孔淋巴结、胰十二指肠血管分支、胰钩突的上部等结构,在CT及MRI图像上应注意鉴别)。肝门静脉管径为1.0~1.2cm,长为6~8cm,胰的病变常累及肝门静脉。

2) 肝门静脉终点:约平第12胸椎,即主动脉裂孔平面高度分为左、右支入肝左、右叶。

3) 肝门静脉特点:肝门静脉分为左、右两支。肝门静脉左支高于右支,自肝门静脉发出后,向左行于横沟内,至左纵沟向前下行于肝圆韧带裂内,末端形成盲端。与肝圆韧带相连,可分为横部、角部、矢状部、囊部。肝门静脉右支较左支粗短,向右行于横沟内,进入肝实质后分为前后两支。在近肝门横断面上,肝门静脉左支呈椭圆形,而肝门静脉右支呈长管形。在横断面上从第一肝门向第二肝门靠近,肝门静脉由椭圆形逐渐转变为圆形。

4) 第一肝门:是肝上下部的分界标志,第一肝门平面内有第三肝门出现,第一肝门之上有静脉韧带裂和腔静脉沟为界的肝段存在,第一肝门之下有肝圆韧带裂和胆囊窝为界的肝段存在。

(2) 肝静脉系统:肝静脉分布于肝段间,也是肝段划分重要依据之一。

1) 肝静脉分支:肝静脉主要有左、中、右三大支,由第二肝门向下走行,分布于肝段之间。但肝右后叶常有单独的肝右后静脉在腔静脉沟下端直接汇入下腔静脉,形成第三肝门,而且肝右后静脉走行于肝右后叶的肝实质内,故不能作为分段的标志。

2) 肝静脉特点:在横断面,以下腔静脉为中心,肝右静脉位于其右侧,肝中静脉位于右前方,肝左静脉位于肝左前方。而且横断面从第二肝门向第一肝门靠近,肝静脉由椭圆形逐渐转变为圆形,即与肝门静脉特点相反。

五、胰

1. 形态结构 胰(pancreas)为一狭长腺体,横位于腹腔后上部第1~2腰椎水平,分为头、颈、体、尾四部分,见图5-1-7、图5-1-8。最宽最厚处为胰头:上下缘宽50.4mm,前后厚21.7mm,最窄最薄处为胰颈:上下缘宽24.8mm,前后厚9.6mm。

胰管:正常时,胰管边缘光滑整齐,位于胰腺的中心部居多,横断面上,胰管在胰头内呈圆形或椭圆形,在胰体内呈长条形。胰管与胆总管汇合前后多位于胆总管的前内侧方。

2. 胰及其周围结构横断层解剖特点

(1) 胰头:位于第2腰椎右侧,被十二指肠从右侧呈"C"形包绕,断面上呈圆形或椭圆形,下腔静脉位于其后方,是确认胰头的标志,在下腔静脉与胰头之间有胆总管下行。胰头向左后钩绕肠系膜上动静脉,形成钩突(uncinate process),肠系膜上血管是确认钩突的解剖学标志。正常时,钩突向左延伸不超过肠系膜上动脉中线(横径的一半),如果钩突与肠系膜上动脉间的脂肪线消失,且钩突延伸至肠系膜上动脉左侧,或肠系膜上动脉向左移位超过椎体左缘,均可考虑胰腺的病理改变。

(2) 胰颈:位于胃幽门部的后方,肝门静脉起始处,此处为胰腺最窄最薄处。肝门静脉起始段是区分胰头、颈、体的解剖学标志结构。

(3) 胰体：位于第1腰椎体平面，脊柱和腹主动脉前方，脾血管位于胰体的后缘（上缘为动脉、下缘为静脉），向左经左肾及左肾上腺前面达脾门前移行为胰尾，前面隔网膜囊与胃后壁相邻，后面有腹主动脉、左肾上腺、左肾及脾静脉，上缘与腹腔干发出的脾动脉及腹腔神经丛相邻，下缘有十二指肠空肠曲。在B超和CT图像上，脾动脉、脾静脉管径较粗且恒定，是确认胰的重要标志。

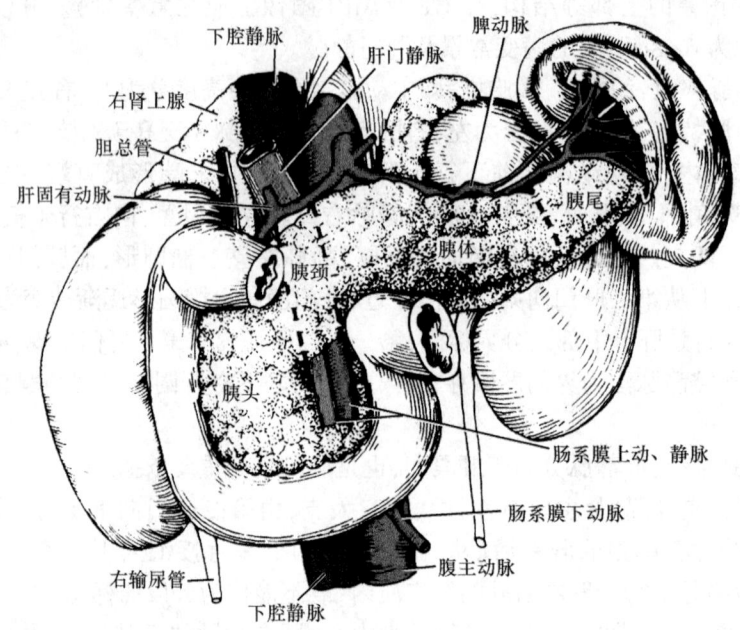

图5-1-7 胰（前面观）

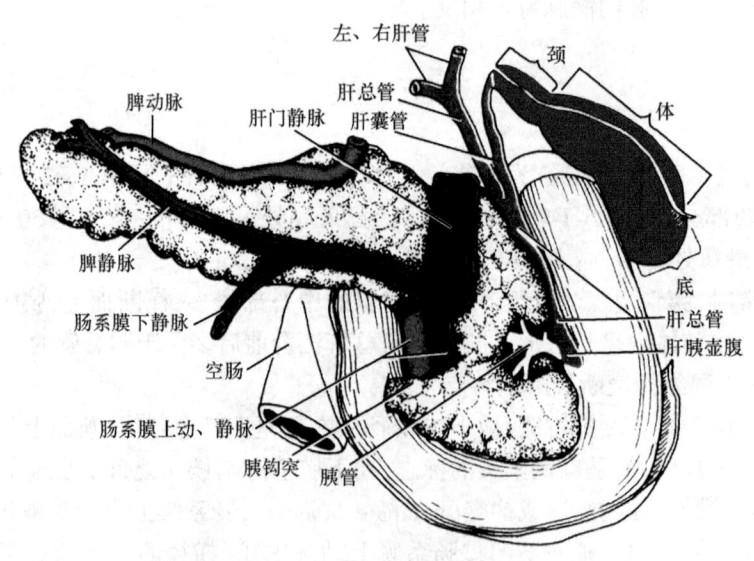

图5-1-8 胰（后面观）

(4) 胰尾：位于第1腰椎体平面，为胰左端狭窄部，经左肾前方，达脾门处，行于脾肾韧带内，脾切除如伤及胰尾，可形成胰瘘。胰尾可与脾静脉或左肾上腺出现在同一平面。

六、肾

1. 形态结构 肾(kidney),为呈蚕豆形的实质性器官,长、宽、厚约为10cm、6cm、4cm。其位于脊柱两侧,平第11胸椎体下缘至第3腰椎上缘之间,由于肝的存在,左肾高于右肾约半个椎体(1.5cm左右)。左右肾门约平第1腰椎体平面。

出入肾门的结构组成肾蒂(renal pedicle),在肾蒂内排列关系:①前后关系:肾静脉、肾动脉、肾盂;②上下关系:肾动脉、肾静脉、肾盂。

2. 肾段

根据肾动脉在肾内的分布和走行,将肾分为5个区域,这些区域为肾的功能单位,称为肾段(renal segment),各肾段之间无血管吻合,为肾局限性病变的定位及手术切除提供了解剖学基础,见表5-1-3,图5-1-9。

表5-1-3 肾段与肾段动脉

肾动脉	前干	上段动脉		SⅠ
		前段动脉	前上段动脉	SⅡ
			前下段动脉	SⅢ
	后干	下段动脉		SⅣ
		后段动脉		SⅤ

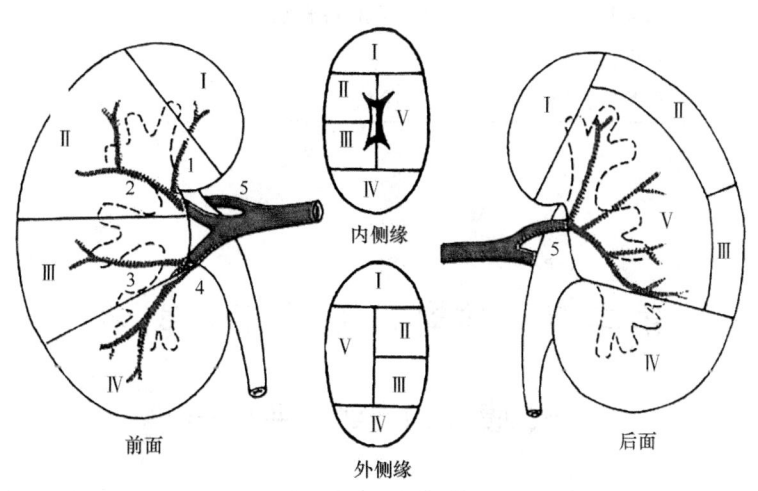

图 5-1-9 肾段的划分

Ⅰ上段;Ⅱ上前段;Ⅲ下前段;Ⅳ下段;Ⅴ后段;

1. 上段动脉;2. 上前段动脉;3. 下前段动脉;4. 下段动脉;5. 后段动脉

肾动脉变异较常见,主要有:①上极动脉:不经肾门而在肾上段入肾的上段动脉;②下极动脉:不经肾门而在肾下段入肾的下段动脉。

上、下极动脉可起于肾动脉或腹主动脉。

七、腹腔内结构的横断层解剖特点

1. 脏器

（1）结肠上区：位于膈与横结肠及其系膜之间，主要有食管、胃、肝、肝外胆管、脾等脏器。

（2）结肠下区：位于横结肠及其系膜与小骨盆上口之间，主要有空肠、回肠、盲肠、阑尾、结肠等脏器。

（3）腹膜后隙：介于壁腹膜后部与腹内筋膜之间，主要有肾、肾上腺、输尿管、十二指肠和胰的大部、腹部大血管、神经、淋巴结等脏器结构。

2. 胸椎与腰椎　第10胸椎至第5腰椎与腹部多结构相对应。胸椎与胸部结构相对应关系见表5-1-4。

表 5-1-4　胸腰椎与胸腹部结构相对应关系

脊椎	结　构
第10胸椎	第二肝门、食管裂孔
第11胸椎	贲门、左肾及肾上腺、肺消失、脾出现
第12胸椎	第一肝门、主动脉裂孔、腹腔干、右肾及肾上腺、脾
第1腰椎	幽门、脾门、肾门、网膜孔、门腔间隙、乳糜池、肠系膜上动脉、胰、结肠左曲
第2腰椎	脾消失、十二指肠大乳头、十二指肠空肠曲
第3腰椎	胰消失、肋弓最低点、肠系膜下动脉、脐平面、结肠右曲
第4腰椎	腹主动脉末端、髂嵴最高点
第5腰椎	下腔静脉末端、髂结节平面、回盲瓣

（高小青　杜　杰）

第二节　腹部断层应用解剖学

一、腹部的连续水平断面

腹部水平断层标本以膈穹平面为基准断面，每层厚10mm，分别向下切割，共15个层，以横结肠（约平对第3腰椎高度）平面为界，可分为上、下两部，上部主要观察结肠上区内的脏器，如肝、脾、胰、肾、肾上腺等实质性脏器和胃、胆囊等空腔脏器；下部主要观察结肠下区内的脏器，主要为肠管。

1. 经右膈穹隆层面　特征结构：膈、肝右叶、下腔静脉、肺、心，见图5-2-1。此断面经第9胸椎下份，为胸、腹部交界区，整体结构分为纵隔区、胸膜肺区、腹腔区、椎体区。

（1）纵隔区：心包层，切及心室为主，心膈面上的后室间沟及后室间血管清晰可见，室间隔将心分为两半，右半心壁较左半心壁厚，左心房消失，其余心腔可见；心包后层，断面以食管为中心,食管渐左移,走向膈的食管裂孔,食管两侧有迷走神经,胸主动脉向脊柱靠拢,有奇静脉伴行。

(2) 胸膜肺区:左、右肺均切及肺底面,被腹腔和心包推挤,仅见不完整的两肺下缘,右肺可见肺下叶和中叶,左肺可见肺下叶和肺上叶。

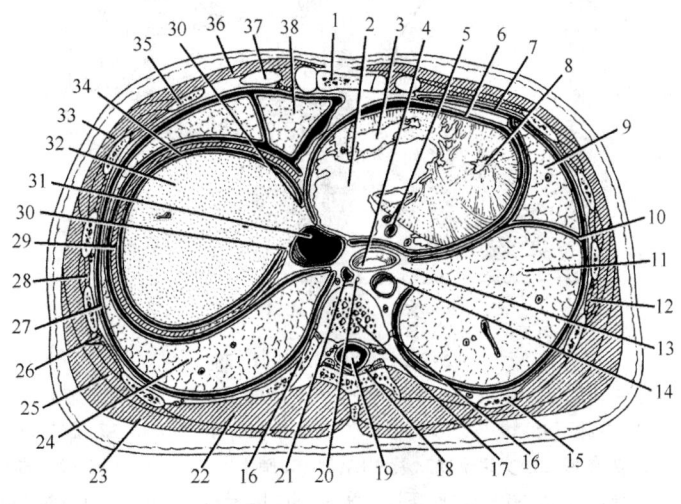

图 5-2-1 经右膈穹隆层面

1. 胸骨体;2. 右心房;3. 右心室;4. 食管;5. 后室间支;6. 心包腔;7. 肋纵隔隐窝;8. 左心室;9. 左肺上叶;10. 左肺斜裂;11. 左肺下叶;12. 肋间外肌;13. 左肺韧带;14. 胸主动脉;15. 第 9 肋;16. 交感干;17. 第 9 胸椎体;18. 黄韧带;19. 脊髓;20. 胸导管;21. 奇静脉;22. 竖脊肌;23. 背阔肌;24. 右肺下叶;25. 前锯肌;26. 肋间后动静脉;27. 胸膜腔;28. 肋间内肌;29. 膈;30. 冠状韧带;31. 下腔静脉;32. 肝右叶;33. 腹外斜肌;34. 右肝上间隙;35. 第 5 肋;36. 腹直肌;37. 第 5 肋软骨;38. 右肺中叶

(3) 腹腔区:切及肝右叶上部,下腔静脉向肝靠近,进入肝腔静脉沟内。

(4) 椎体区:断面以第 9 椎体下缘为中心,两侧为交感干,后方为椎管和脊髓。

2. 经第二肝门层面 特征结构:膈、第二肝门、下腔静脉、肺、心,见图 5-2-2。此断面经第 10 胸椎上份,为胸、腹部交界区,亦为前纵隔的末端层面,整体结构分为纵隔区、胸膜肺区、腹腔区、椎体区。

(1) 纵隔区:已经不完整,心包层与心包后层被腹腔分隔,心包层可见心尖部,心包后层断面以食管为中心,食管由胸主动脉的右前方移到其正前方,正在穿越膈的食管裂孔,食管两侧有迷走神经,胸主动脉向脊柱靠拢,有奇静脉伴行。

(2) 胸膜肺区:左、右肺均切及肺底面、不完整的两肺下缘,右肺仅见肺下叶,左肺可见肺下叶和肺上叶。

(3) 腹腔区:切及第二肝门处,可见肝左、中、右静脉与下腔静脉相会,肝左三角韧带出现,肝裸区及右肝上间隙可切及,腹腔左侧胃底出现。

(4) 椎体区:断面以第 10 椎体中心,两侧为交感干,后方为椎管和脊髓。

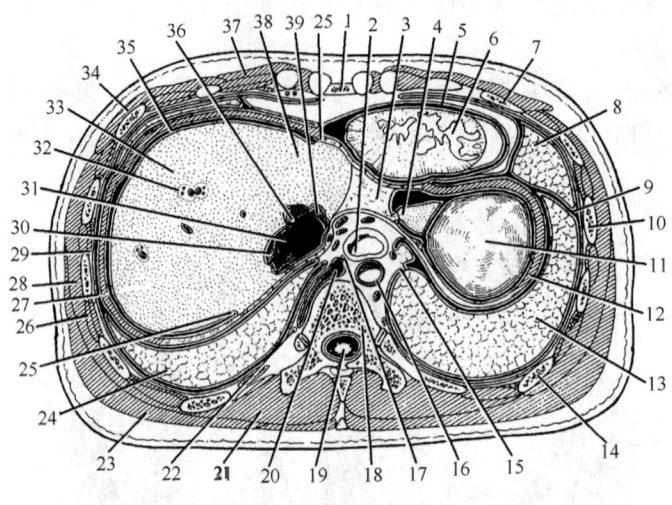

图 5-2-2 经第二肝门层面

1. 胸骨体;2. 食管;3. 肝左三角韧带;4. 肝左外叶;5. 心包;6. 右心室;7. 第5肋;8. 左肺上叶;9. 左肺斜裂;10. 第7肋;11. 胃底;12. 膈;13. 左肺下叶;14. 第10肋;15. 左肺韧带;16. 胸主动脉;17. 胸导管;18. 第10胸椎体;19. 脊髓;20. 奇静脉;21. 竖脊肌;22. 交感干;23. 背阔肌;24. 右肺下叶;25. 冠状韧带;26. 肋间外肌;27. 肋膈隐窝;28. 前锯肌;29. 肋间内肌;30. 肝左静脉;31. 下腔静脉;32. 肝门静脉右前上支;33. 肝右前叶;34. 腹外斜肌;35. 右肝上间隙;36. 肝中间静脉;37. 腹直肌;38. 肝左内叶;39. 肝左静脉

3. 经食管裂孔层面 特征结构:食管裂孔、肝静脉、镰状韧带,见图5-2-3。此断面经第10胸椎下份,为胸、腹部交界区,前纵隔、中纵隔消失,整体结构分为胸膜肺区、腹腔区、椎体区。

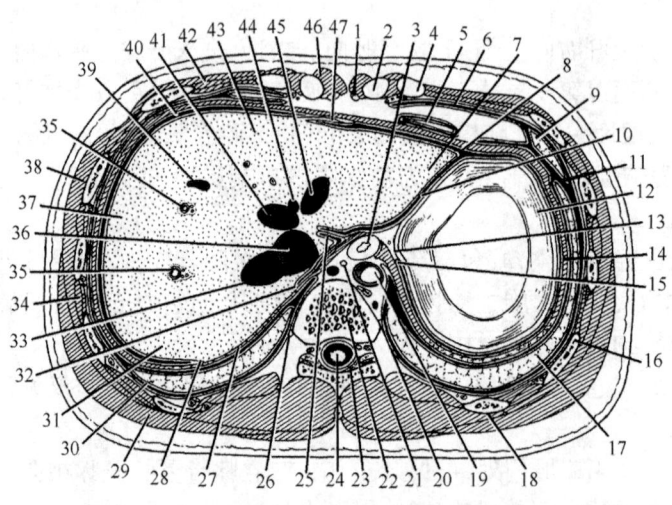

图 5-2-3 经食管裂孔层面

1. 剑突;2. 第7肋软骨;3. 食管;4. 第6肋软骨;5. 右心室;6. 肋纵隔隐窝;7. 肝左外叶;8. 左肝上前间隙;9. 左肺上叶;10. 左肝下前间隙;11. 左肺斜裂;12. 胃底;13. 胃裸区;14. 膈;15. 胃膈韧带;16. 第9肋;17. 左肺下叶;18. 竖脊肌;19. 胸主动脉;20. 交感干;21. 胸导管;22. 第10胸椎;23. 黄韧带;24. 脊髓;25. 肝尾状叶;26. 右交感干;27. 肝裸区;28. 冠状韧带上层;29. 背阔肌;30. 胸膜腔;31. 肝右后叶;32. 冠状韧带下层;33. 肝右静脉;34. 肋间外肌;35. 肝门静脉右前上支;36. 腔静脉;37. 肝右前叶;38. 前锯肌;39. 肝中间静脉属支;40. 右肝上间隙;41. 肝中间静脉;42. 腹外斜肌;43. 肝左内叶;44. 左叶间静脉;45. 肝左静脉;46. 腹直肌;47. 镰状韧带

(1) 胸膜肺区：左肺、右肺均剩肺下缘残迹。

(2) 腹腔区：右侧为肝区，左侧为胃区。肝脏被肝中静脉分为左、右半肝，右半肝被肝右静脉分为右肝前叶上段、右肝后叶上段，左半肝以左肝静脉为界，左肝静脉与静脉韧带裂隙的右后为肝尾状叶，左肝静脉与镰状韧带的左侧为肝左外叶上段，左肝静脉与镰状韧带的右侧为左内叶，肝左外叶左份呈獭尾状，伸向左季肋区，几乎达腹腔左壁，其末段后缘可见肝纤维附件，内含迷走肝管和血管，该处迷走肝管与左外叶上段的肝管相连。腹腔左侧可见扩大的胃底断面，借胃膈韧带固定于膈，胃膈韧带后层向右续于食管前方的腹膜，后层连系于膈，胃膈韧带前、后层之间的胃面无腹膜覆盖，称胃裸区。

(3) 椎体区：断面以第10椎体中心，两侧为交感干，后方为椎管和脊髓，前方以胸主动脉为中心，胸主动脉与椎体间有奇静脉和胸导管，胸主动脉左前方为穿膈的食管及伴行的迷走神经。

4. 经贲门层面 特征结构：贲门、胃裸区、静脉韧带裂隙，见图5-2-4。此断面经第11胸椎上份，为胸、腹部交界区最后一个断面，整体结构分为胸膜肺区、腹腔区、椎体区。

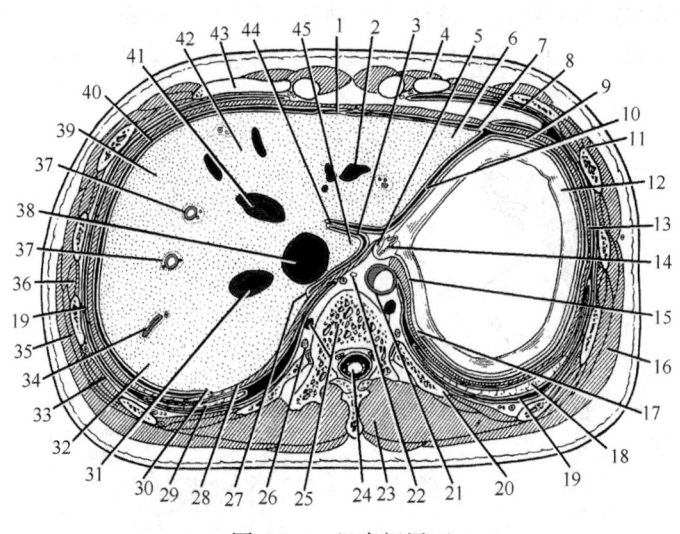

图5-2-4 经贲门层面

1.肝镰状韧带；2.肝左静脉；3.网膜囊上隐窝；4.腹直肌；5.食管腹部；6.肝左外叶；7.左肝上前间隙；8.肋膈隐窝；9.腹膜腔；10.左肝下前间隙；11.腹外斜肌；12.胃底；13.膈；14.胃贲门；15.胃裸区；16.背阔肌；17.胃膈韧带；18.左肺下叶；19.胸膜腔；20.第11肋；21.胸主动脉；22.胸导管；23.竖脊肌；24.脊髓；25.第11胸椎体和奇静脉；26.交感干；27.冠状韧带下层；28.肝裸区；29.右肺下叶；30.冠状韧带上层；31.肝右静脉；32.肝右后叶；33.肋间内肌；34.肝门静脉右后上支；35.下后锯肌；36.肋间外肌；37.肝门静脉右前上支；38.肝中间静脉；39.肝右前叶；40.右肝上间隙；41.下腔静脉；42.肝左内叶；43.第6肋软骨；44.小网膜；45.肝尾状叶

(1) 胸膜肺区：左、右肺均剩肺下缘少许残迹。

(2) 腹腔区：右侧为肝区，左侧为胃区。肝脏被肝中静脉分为左、右半肝，右半肝被肝右静脉分为右肝前叶上段、右肝后叶上段，段内肝门静脉段支可见，左半肝以左肝静脉为界，左肝静脉与静脉韧带裂隙的右后为肝尾状叶，左肝静脉与镰状韧带的左侧为肝左外叶上段，左肝静脉与镰状韧带的右侧为左内叶。

肝尾状叶较上一层面变大，其前面与左外叶之间为静脉韧带裂，小网膜的肝胃韧带部分起始于其右端，并分其为前、后两部。静脉韧带裂前部向左通胃肝隐窝，两者合称左肝下前间隙。静脉韧带裂后部为网膜囊上隐窝的一部分,此隐窝围绕肝尾状叶左侧,呈">"状,肝镰状韧带右侧、肝右叶前外侧面、膈与肝冠状韧带上层之间为右肝上间隙,肝镰状韧带左侧、肝左外叶前面与膈之间为左肝上前间隙。肝冠状韧带下层位于下腔静脉后方、肝尾状叶的右缘,与其上层之间为肝裸区。右肝上间隙向左后方仅能延伸至冠状韧带上层处,难以达到肝裸区。而膈肌外侧的右肋膈隐窝向左均越过肝裸区而延伸至脊柱的右前方。因此,在断层影像上,若液体超过肝裸区而至脊柱右前方,为胸水,反之为腹水。

腹腔左侧可见扩大的胃底断面,食管消失,贲门出现,其右侧可见胃膈韧带的后层续于小网膜的后层。胃裸区较上一断层增宽(至第12胸椎平面达到最大),向下胃膈韧带两层相互靠拢而延续为胃胰韧带。

(3)椎体区:断面以第11椎体为中心,两侧为交感干,后方为椎管和脊髓,前方以胸主动脉为中心,胸主动脉与椎体间有奇静脉和胸导管,胸主动脉左前方贲门及伴行的迷走神经。

5. 经肝门静脉左支角部层面　特征结构:肝门静脉左支角部、脾、第3肝门、肾上腺,见图5-2-5。此断面经第11胸椎下份,肺已经消失,肋膈隐窝可见,断面分为腹腔区、椎体区。

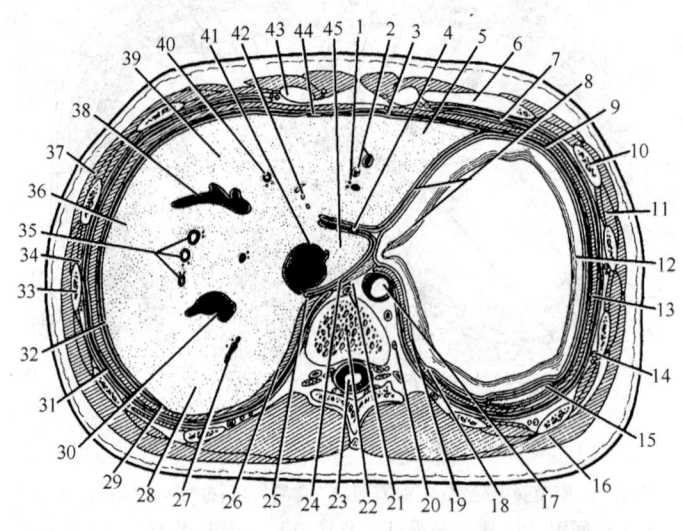

图5-2-5　经肝门静脉左支角部层面

1.肝门静脉左外上支;2.肝左静脉;3.左肝上间隙;4.静脉韧带裂;5.肝左外叶;6.第6肋软骨;7.肋膈隐窝;8.贲门和左肝下前间隙;9.腹膜腔;10.第7肋;11.肋间外肌;12.胃底;13.膈;14.肋间后动脉;15.脾;16.背阔肌;17.胸主动脉;18.胃膈韧带;19.胃裸区;20.交感干;21.胸导管和奇静脉;22.第11胸椎体;23.脊髓;24.网膜囊上隐窝;25.冠状韧带下层;26.肝裸区;27.肝门静脉右后上支;28.肝右后叶;29.冠状韧带上层;30.肝右静脉;31.肋膈隐窝;32.右肝上间隙;33.第9肋;34.肋间内肌;35.肝门静脉右前上支;36.肝右前叶;37.腹外斜肌;38.肝中间静脉;39.肝左内叶;40.肝门静脉左内支;41.下腔静脉;42.肝门静脉左支角部;43.第5肋软骨;44.肝镰状韧带;45.肝尾状叶

(1)腹腔区:右侧为肝区,左侧为胃区。肝脏被肝中静脉分为左、右半肝,右半肝被肝右静脉分为右肝前叶上段、右肝后叶上段,段内肝门静脉段支可见,左半肝以左肝静脉为界,左肝静脉与静脉韧带裂隙的右后为肝尾状叶,左肝静脉与镰状韧带的左侧为肝左外叶上段,左肝静脉与镰状韧带的右侧为左内叶。腹腔左侧可见扩大的胃底断面,贲门逐渐与胃融合,脾首次出现于胃底左后方,呈"新月"状。

(2) 肝门静脉左支出现。在横断面,由上到下,肝门静脉左支先出现角度,稍低水平可切及横部的起始部和矢状部,再向下则出现囊部。肝右叶内,可见肝中静脉和肝右静脉的断面,呈椭圆形管腔,其长轴向下腔静脉汇集。肝中静脉和肝右静脉之间,可见肝右前叶的门静脉支。肝尾状叶内,可见一小的尾状叶静脉汇入下腔静脉左前壁。肝尾状叶与肝左外叶之间为静脉韧带裂,肝胃韧带起于其右端。在胃底和脾的左侧与膈之间,可见大网膜,其左侧连于胃脾韧带。

(3) 椎体区:断面以第11椎体中心,两侧为交感干,后方为椎管和脊髓,前方以胸主动脉为中心,胸主动脉与椎体间有奇静脉和胸导管,胸主动脉左前方贲门及伴行的迷走神经。

6. 经肝门静脉左支矢状部层面 特征结构:肝门静脉左支矢状部、脾门、左肾、腹主动脉,见图 5-2-6。此断面经第 11、12 胸椎椎间盘,可分为腹腔区和椎体区。

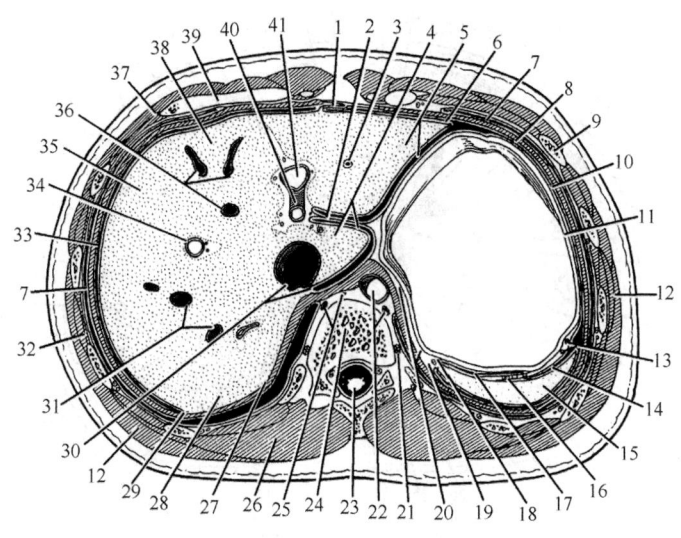

图 5-2-6 经肝门静脉左支矢状部层面

1. 肝镰状韧带;2. 静脉韧带裂和肝胃韧带;3. 肝左静脉属支;4. 肝尾状叶和网膜囊上隐窝;5. 肝左外叶和左肝下前间隙;6. 左肝上前间隙;7. 肋膈隐窝;8. 膈;9. 第 7 肋;10. 腹膜腔;11. 胃底;12. 背阔肌;13. 胃短血管;14. 胃脾隐窝;15. 脾;16. 胃脾韧带;17. 网膜囊脾隐窝;18. 胃膈韧带;19. 膈脾韧带;20. 胃裸区;21. 交感干;22. 胸主动脉;23. 脊髓;24. 第 12 胸椎体;25. 胸导管和奇静脉;26. 竖脊肌;27. 肝裸区;28. 肝右后叶;29. 冠状韧带上层;30. 下腔静脉;31. 肝右静脉属支;32. 肋间外肌;33. 右肝上间隙;34. 肝门静脉右前上支;35. 肝右前叶;36. 肝中间静脉属支;37. 腹外斜肌;38. 肝左内叶;39. 第 7 肋软骨;40. 肝门静脉左支矢状部;41. 肝门静脉左支囊部

(1) 腹腔区:右侧为肝区,左侧为胃区。肝脏仍为横沟上半部,被肝中静脉分为左、右半肝,右半肝被肝右静脉分为右肝前叶上段、右肝后叶上段,段内肝门静脉段支可见,左半肝以左肝静脉为界,左肝静脉与静脉韧带裂隙的右后为肝尾状叶,左肝静脉与镰状韧带的左侧为肝左外叶上段,左肝静脉与镰状韧带的右侧为左内叶。腹腔左侧可见扩大的胃底断面,贲门消失。

肝门静脉左支角部出现是此断面的重要特征。在此断层中,肝门静脉支和肝静脉支相间出现,肝中间静脉和肝右静脉已被其属支取代。肝门静脉右前上支本干出现,居肝中间静脉和肝右静脉的属支之间。脾断面增大,借膈脾韧带固定于膈,膈脾韧带的前层与胃膈韧带的左层相续。胃脾韧带伸入胃和脾之间，含有胃短血管，在 CT 图像上，可借胃和脾之间的脂肪和血管来辨认。网膜囊脾隐窝出现，居胃底后面和脾前面内侧份之间，其外侧与胃脾隐窝仅隔以胃脾韧带。左、右膈脚后方和椎体前方之间为膈脚后间隙，内可见奇静脉、半奇静脉和胸导管。

（2）椎体区：断面以第 11、12 胸椎椎间盘为中心，两侧为交感干，后方为椎管和脊髓。

※ 肝门静脉左支矢状部出现的意义：①肝门已经出现或在下一个断层内出现；②肝圆韧带裂的出现；③左叶间裂的出现，其左侧为肝左外叶，内为肝左内叶；④肝左管内支的出现及肝左管的合成，81% 的肝左管内支经左支矢状部右侧上升，而肝左管在左支角部合成后，一般沿横部方叶侧往右行。

肝门静脉左支矢状部，在断层标本中均易显示，在 MRI 图像上，其显示率为 93%。

7. 经肝门层面 特征结构：肝门、肝圆韧带裂、肝门静脉右支，见图 5-2-7。此断面经第 12 胸椎上份，可分为腹腔区和椎体区。

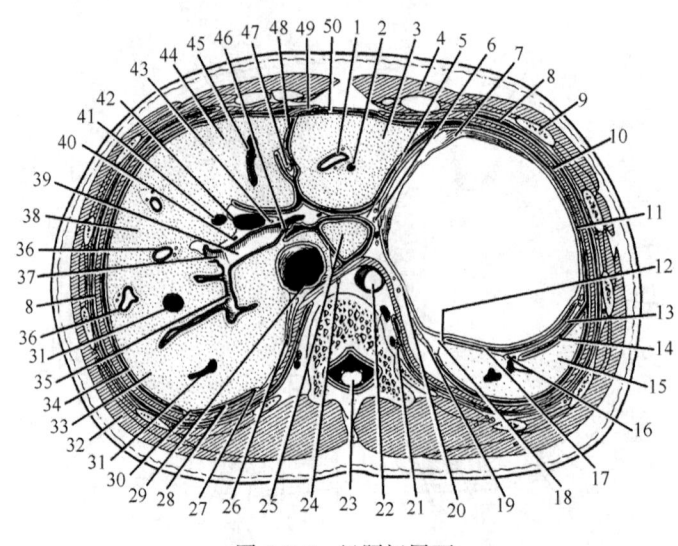

图 5-2-7 经肝门层面

1. 肝门静脉左外下支；2. 肝左静脉下根；3. 肝左外叶；4. 腹直肌；5. 小网膜；6. 胃左血管；7. 胃体；8. 肋膈隐窝；9. 第 7 肋；10. 膈；11. 腹膜腔；12. 胃膈韧带；13. 胃脾韧带；14. 胃脾隐窝；15. 脾；16. 脾动、静脉；17. 网膜囊脾隐窝；18. 膈脾韧带；19. 左肾上腺；20. 胃裸区；21. 交感干；22. 胸主动脉；23. 脊髓；24. 胸导管；25. 肝乳头突；26. 右肾上腺；27. 冠状韧带下层；28. 右肝下间隙；29. 下腔静脉；30. 肝右三角韧带；31. 肝右静脉属支；32. 背阔肌；33. 肝右后叶；34. 右肝上间隙；35. 肝门静脉右后支；36. 肝门静脉右前上支；37. 肝门静脉右前支；38. 肝右前叶；39. 肝门静脉右支；40. 肝固有动脉右支；41. 肝中间静脉右根；42. 胆囊；43. 肝左、右管；44. 肝左内叶；45. 肝中间静脉左根；46. 肝门静脉左支横部；47. 肝圆韧带；48. 肝圆韧带裂；49. 肝镰状韧带；50. 左肝上前间隙

（1）腹腔区：右侧为肝区，左侧为胃区。在此层面，可切及肝门静脉及其右支是此断面的特征，它们是肝门出现的标志。肝门静脉右支行向右后，分出右前支和右后支，分别进入肝的右前叶和右后叶。在肝圆韧带裂内，肝门静脉左支囊部出现。它向右发出左内支，向左发出的左外下支位于该断面的上表面。肝门静脉左支囊部向前下连接肝圆韧带。肝尾状叶的乳头突可见，被网膜囊上隐窝环绕。左肾上腺首次出现，居胃和左膈脚之间。右肾上腺面积较上一断面变大，仍居肝裸区、膈和下腔静脉后壁所围成的三角形空隙内。

肝胃韧带在CT图像上91%可显示,略呈三角形或半月形,其内的结构若大于6mm,可能是变异结构,如胰体、横结肠、弯曲的脾动脉或腹腔干,亦可能是上腹部疾病引起的腹腔淋巴结或胃左淋巴结肿大、淋巴瘤或胃左静脉曲张。

肝门静脉分叉点是识别肝门区结构和肝分叶分段的重要标志,它通常行于下腔静脉的前方或稍偏右,两者隔以肝尾状突。该分叉点至椎孔中心的连线与经椎孔中心矢状线的夹角为44.40°±1.1°,CT扫描时若该夹角小于39°±4°,常考虑有肝门肿大左凸。

(2)椎体区:断面以第11、12胸椎椎间盘为中心,两侧为交感干,后方为椎管和脊髓。

8. 经第12胸椎下份层面 特征结构:第12胸椎下份、肝门下方、胆囊窝上份、肝门右切迹、右肾上腺,见图5-2-8。此断面为胸腔后纵隔最后一个断面,可分为腹腔区和椎体区。

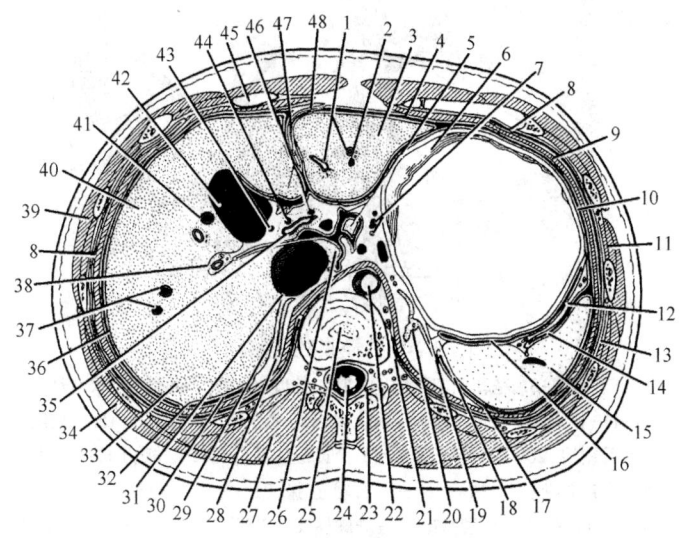

图5-2-8 经第12胸椎下份层面

1.肝门静脉左外下支;2.肝左静脉属支;3.肝左外叶;4.左肝上前间隙;5.肝乳头突;6.胃体;7.胃左血管;8.肋膈隐窝;9.膈;10.腹膜腔;11.肋间外肌;12.胃脾韧带;13.肋间内肌;14.胃脾隐窝;15.脾;16.网膜囊脾隐窝;17.脾肾隐窝;18.膈脾韧带;19.胃膈韧带;20.左肾上腺;21.交感干;22.胸主动脉;23.黄韧带;24.脊髓;25.椎间盘;26.肝尾状韧带;27.竖脊肌;28.右肾上腺;29.肝裸区;30.右肝下间隙;31.下腔静脉;32.肝右三角韧带;33.肝右后叶;34.背阔肌;35.肝右静脉;36.右肝上间隙;37.肝右静脉属;38.肝门静脉右后下支;39.腹外斜肌;40.肝右前叶;41.肝中间静脉属支;42.胆囊;43.胆囊管;44.胆总管;45.第8肋软骨;46.肝方叶;47.肝圆韧带;48.肝镰状韧带

(1)腹腔区:在此层面,肝蒂出现于下腔静脉前方、胆囊的左侧,肝门静脉是其内最粗大的结构,肝固有动脉的断面细小,走行于肝门静脉的左前方,肝总管和其右侧较细的胆囊管位于肝门静脉的右前方,在肝门静脉左后方可见一肝门淋巴结的椭圆形断面。胆囊断面较上一断层增大,于其右后方可见肝门右切迹,伸向肝右叶呈右后下走行,其内的管道为肝右后叶下段鞘系,故此切迹可作为区分肝右前叶和肝右后叶的标志。肝门以下断面,肝内管道数量明显变小,口径明显变细。肝尾状叶的乳头突孤立存在于网膜囊上隐窝内,因其邻近肝门,故应注意与肝门病变及淋巴结相鉴别。

左、右肾上腺呈现其最大横断面,居左、右膈下腹膜外间隙内。网膜囊脾隐窝的断面继续增大,居胃底后面与脾前面之间,借胃脾韧带与胃脾隐窝相分。脾较前一断层明显变大,大致呈三角形,脾在体壁上主要与左侧第9~11肋相对,同时对应于脊柱的第11胸椎至第2腰椎水平。在CT图像上,应注意副脾与胰尾肿瘤、淋巴结和静脉曲张相鉴别。

(2) 椎体区:断面以第12胸椎为中心,两侧为交感干,后方为椎管和脊髓。

9. 经腹腔干层面 特征结构:腹腔干、网膜孔、脾肾韧带。此断面经第12胸椎、第1腰椎椎间盘,可分为腹腔区和椎体区,见图5-2-9。

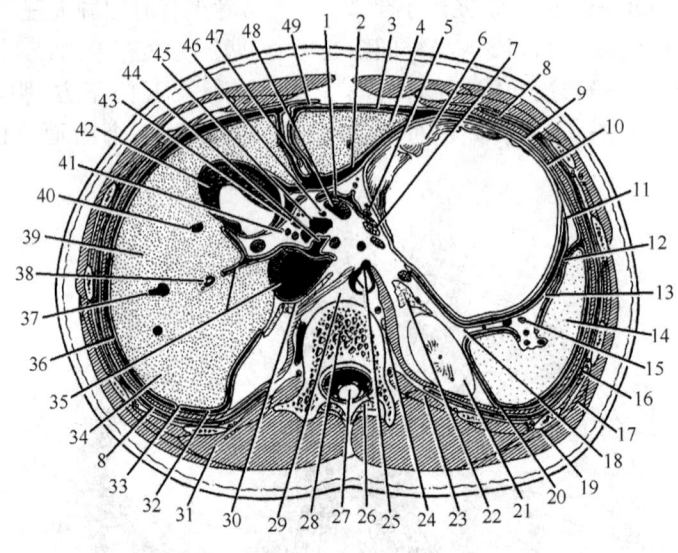

图5-2-9 经腹腔干层面

1. 网膜囊下隐窝;2. 左肝下前间隙;3. 左肝上前间隙;4. 肝左外叶;5. 胃左动、静脉;6. 胃体;7. 腹腔神经节;8. 肋膈隐窝;9. 膈;10. 腹膜腔;11. 网膜囊脾隐窝;12. 胃脾隐窝;13. 胃脾韧带;14. 脾;15. 脾静脉;16 肋间内肌;17 背阔肌;18. 脾肾韧带;19. 下后锯肌;20. 脾肾隐窝;21. 左肾;22 左肾上腺;23. 腰方肌;24. 交感干;25. 腹主动脉;26. 黄韧带;27. 脊髓;28. 第1腰椎;29. 胸导管;30. 右肾上腺;31. 竖脊肌;32. 右肝下间隙;33. 右三角韧带;34. 肝右后叶;35. 下腔静脉;36. 右肝上间隙;37. 肝右静脉属支;38. 肝门静脉右下支;39. 肝前叶;40. 肝中间静脉属支;41. 胆囊管;42. 胆囊;43. 肝总管;44. 网膜孔;45. 肝门静脉;46. 肝固有动脉;47. 肝圆韧带;48. 肝门淋巴结;49. 肝镰状韧带

(1) 腹腔区:在此层面,腹腔干于主动脉裂孔稍下方发自腹主动脉,腹腔干常出现在第12胸椎至第1腰椎水平,出现率高达85%以上,胰腺与腹腔干同时出现率达95%以上。

在断面左后方,左肾和胰体出现,腹部结构趋于复杂。肝较上一断面变小,肝圆韧带裂呈现裂隙状,其左侧为游离的肝左外叶,右侧则为方叶,该裂内可见镰状韧带游离缘及其包含的肝圆韧带。小网膜显示完整,其左份为肝胃韧带,连于胃小弯;右份为肝十二指肠韧带,肝门静脉居内,其右前方为肝总管和肝右管后支,肝固有动脉走行于肝门静脉前方。于小网膜和胃的后方与胰体及腹后壁腹膜的前方之间可见网膜囊。网膜囊被连于胃后壁和胰之间的胃胰韧带分为左侧的下隐窝和右侧的上隐窝,肝尾状叶游离于上隐窝之中,在肝门静脉和下腔静脉之间可见网膜孔。左、右肾上腺呈现出最大横断面,左肾上腺位于左肾上极右前方、左膈脚与脾血管之间,在断面影像诊断中,脾静脉常用来区分胰体与左肾上腺。腹腔干的两侧,可见左、右腹腔神经节。

(2) 椎体区:断面以第12胸椎、第1腰椎椎间盘为中心,两侧为交感干,后方为椎管和脊髓。

10. 经幽门层面 特征结构:幽门、肠系膜上动脉、门腔间隙、网膜囊、胰。此断面经第1

腰椎中份,可分为腹腔区和椎体区,见图5-2-10。

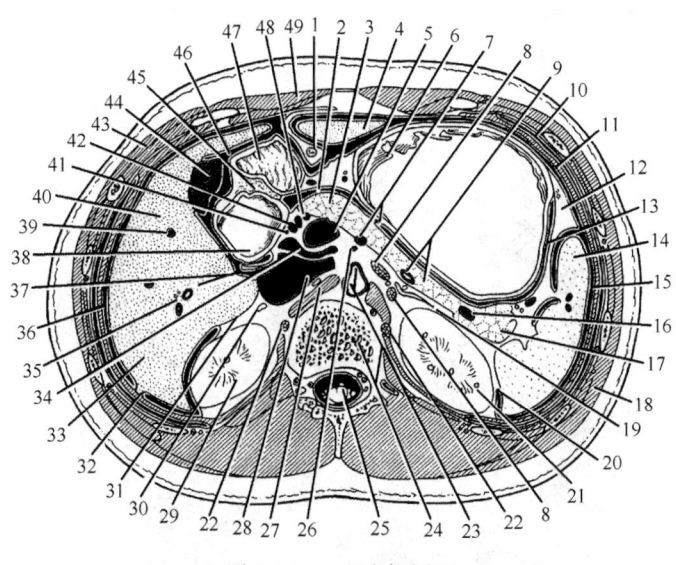

图 5-2-10 经幽门层面

1. 肝圆韧带;2. 网膜囊前庭;3. 胰颈;4. 肝左外叶;5. 肝门静脉;6. 胃体;7. 脾静脉;8. 肠系膜上神经节;9. 脾动脉和胰体;10. 肋膈隐窝;11. 膈;12. 大网膜;13. 网膜囊下隐窝;14. 脾;15. 腹膜腔;16. 脾静脉;17. 胰尾;18. 背阔肌;19. 左肾上腺;20. 脾肾韧带;21. 左肾;22. 交感干;23. 腹主动脉;24. 第1腰椎体;25. 脊髓;26. 脾动脉;27. 右膈脚;28. 下腔静脉;29. 右肾;30. 右肾上腺;31. 肝裸区;32. 肝右三角韧带;33. 肝右后叶;34. 门腔淋巴结;35. 肝门静脉右后下支;36. 右肝上间隙;37. 肝门右切迹;38. 十二指肠上部;39. 肝中间静脉属支;40. 肝右前叶;41. 胆囊管;42. 肝总管;43. 腹外斜肌;44. 胆囊;45. 幽门括约肌;46. 右肝下间隙;47. 胃幽门部;48. 胃十二指肠动脉;49. 腹直肌

(1)腹腔区:在此层面,腹主动脉向前发出肠系膜上动脉,肠系膜上动脉在第1腰椎及第1腰椎间盘高度发自腹主动脉,达80%~90%的出现率。胰尾、胰体、胰颈出现,胰尾抵达脾门,与胰体间无明显分界,肝门静脉居胰颈后方,脾动脉左行于胰腺上缘。肝门静脉右前方可见胃十二指肠动脉下行,右侧可见肝总管与胆囊管,于下一断层内两者合成胆总管。肝门静脉与十二指肠上部之间的空隙是在断层影像上寻认胆总管或肝总管的可靠部位。肝断面进一步变小,由左外叶、方叶、右前叶和右后叶组成,肝门右切迹有助于区别是右前叶和右后叶。

小网膜及胃后壁与胰之间可见网膜囊,此囊被胃胰韧带分隔为右侧的前庭和左侧的下隐窝,胃胰韧带由胃膈韧带左、右层靠拢后形成,出现于70%的横断层标本中。右肾首次出现,其与肝之间为肝肾隐窝。

(2)椎体区:断面以第1腰椎为中心,两侧为交感干,后方为椎管和脊髓。

门腔间隙是指肝门静脉与下腔静脉之间的空隙,其上界为肝门静脉分叉处,下界为肝门静脉合成处,门腔间隙内结构众多且常见变异,是影像学诊断中易致误诊之处。位于此间隙内的结构,自上而下依次有:①肝尾状突,有时游离的肝乳头突亦可位于此间隙内;②网膜孔;③门腔淋巴结,92%的断层标本中可见,其横断面形态多为长方形、哑铃形、新月形或三角形等,在横断面上,其最大前后径为 5.4±3.0 mm,最大左右径 21.6±6.9 mm,在影像诊断中,易将此淋巴结误认为胰钩突;④胰钩突,73%的横断层标本中可见;⑤其他结构,主要有肠系膜上动脉、肝固有动脉或迷走副肝右动脉、偏左下行的胆总管、低位汇合的肝总管与胆囊管和胰十二指肠下后血管等。

11. 经肝门静脉起始处层面 特征结构：肝门静脉合成处、胰。此断面经第1腰椎下份，可分为腹腔区和椎体区，见图5-2-11。

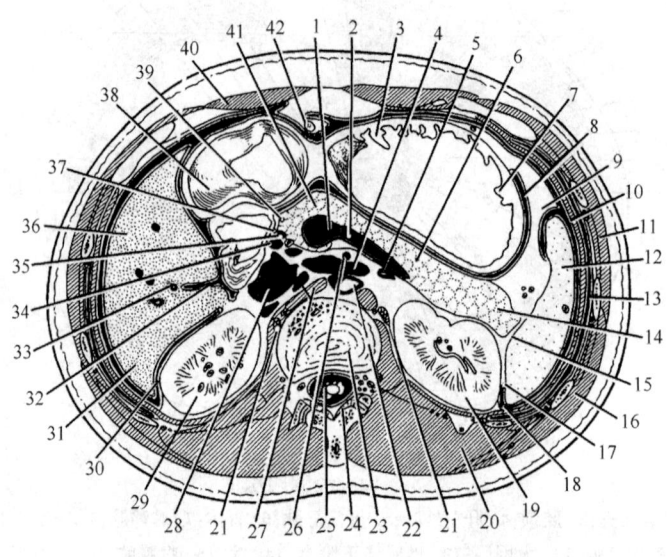

图 5-2-11 经肝门静脉起始处层面

1. 肠系膜上静脉；2. 脾静脉；3. 胃幽门部；4. 左肾静脉；5. 脾动脉；6. 胰体；7. 胃体；8. 网膜囊下隐窝；9. 大网膜；10. 膈；11. 腹外斜肌；12. 脾；13. 肋膈隐窝；14. 胰尾；15. 脾裸区；16. 背阔肌；17. 脾肾韧带；18. 脾肾隐窝；19. 左肾；20. 竖脊肌；21. 交感干；22. 腹主动脉；23. 椎间盘；24. 黄韧带；25. 脊髓；26. 肠系膜上动脉；27. 腔静脉后淋巴；28. 下腔静脉；29. 右肾；30. 肝肾隐窝；31. 肝右后叶；32. 肝门右切迹；33. 肝门静脉右后下支；34. 腔静脉前淋巴结；35. 肝总管；36. 肝右前叶；37. 胆囊管；38. 胃幽门部；39. 胃十二指肠动脉；40. 腹直肌；41. 胰颈；42. 肝圆韧带

（1）腹腔区：在此层面，肠系膜上静脉与脾静脉在胰颈后方合成肝门静脉，此合成处多在第1腰椎水平（56.67%）。肠系膜上静脉右壁是区分胰头与胰颈的标志，左壁是区分胰颈与胰体的标志。在连续横断层解剖中，自上而下，一般先切及胰尾，再切及胰体和胰颈，最后切及胰头。本断面同时出现胰头、胰颈、胰体、胰尾。胰头的右侧紧邻十二指肠降部，后方有胆总管下行和胰十二指肠后静脉弓。钩突至肠系膜上静脉后方。胰的前面与胃后壁相邻，两者间为网膜囊下隐窝。脾动、静脉行于胰体后缘，胰体跨越左肾的前面移行为胰尾。胰尾紧邻脾门，居脾肾韧带中。腹主动脉向两侧发出左、右肾动脉，左肾静脉于肠系膜上动脉与腹主动脉之间右行，三者之间的关系较为恒定。左、右膈脚居腹主动脉两侧，膈脚的后方可见交感干上的腰交感神经节。肝左外叶、肝方叶及胆囊消失，肝仅剩下右前叶和右后叶，可大致以肝门右切迹分开。肝膈面与膈之间为右肝上间隙，肝脏面与胃及十二指肠降部之间为右肝下间隙，肝与右肾之间为肝肾隐窝，两者间尚可见肝肾韧带。

（2）椎体区：断面以第1腰椎为中心，两侧为交感干，后方为椎管和脊髓圆锥。

CT血管造影和CT增强扫描可显示胰十二指肠血管弓，尤其是静脉弓，当胰腺病变（肿瘤或炎症）或肝门静脉系出现异常时，可造成胰十二指肠静脉弓的形态学改变。

12. 经结肠左曲层面 特征结构：结肠左曲、十二指肠降部、胃、胰、肾、脾。此断面经第1、2腰椎椎间盘，可分为腹腔区和椎体区，见图5-2-12。

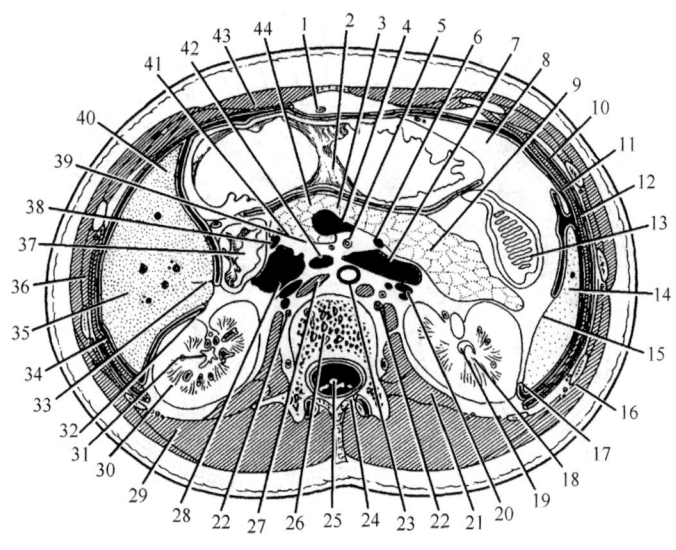

图 5-2-12 经结肠左曲层面

1. 肝圆韧带;2. 胃体;3. 胰颈;4. 肠系膜上静脉;5. 肠系膜上动脉;6. 脾静脉;7. 左肾静脉;8. 大网膜;9. 胰体;10. 肋膈隐窝;11. 腹膜腔;12. 膈;13. 结肠左曲;14. 脾;15. 脾裸区;16 背阔肌;17. 脾肾韧带;18. 左肾;19. 肾大盏;20. 左肾动脉;21. 腰方肌;22 交感干;23. 腹主动脉;24. 黄韧带;25. 马尾;26. 第 2 腰椎体;27. 右膈脚;28. 下腔静脉和右肾动脉;29. 竖脊肌;30. 右肾;31. 肾乳头;32. 冠状韧带下层;33. 肝门右切迹;34. 右肝上间隙;35. 肝后叶;36. 肋间外肌;37. 十二指肠降部;38. 腔静脉前淋巴结;39. 胰十二指肠上后动脉;40. 肝右前叶;41. 胆总管;42. 中间腰淋巴结;43. 腹直肌;44. 胰头

(1) 腹腔区:在此层面,结肠左曲和十二指肠降部的出现是其重要特征。胰居断面的中央,由胰头、胰颈和胰体组成。胰头居肠系膜上静脉右壁的右侧和十二指肠降部之间,其中至肠系膜上静脉与下腔静脉之间的部分称钩突,胆总管下行胰头后缘。胰颈位于肠系膜上静脉的前方,向左接续胰体。脾静脉或左肾前缘可作为胰体后界的标志,左肾血管有助于确定胰体的下界。

左、右肾位于腹膜后间隙内,分列脊柱两侧,左、右肾通常不等高,据钱学华等对 30 例腹部横断层标本的研究,左肾高于右肾者 17 例(56.67%),右肾高于左肾者 12 例(40%),两肾等高者 1 例(3.33%)。在横断面上,肾门断面通常出现于第 1~2 腰椎平面(93.33%)。左肾的形态变化通常多于右肾,并与脾的大小、形态有密切关系。肾皮质、肾锥体、肾柱、肾乳头、肾大盏、肾小盏、肾窦等,在断面上清晰可见。右肾动脉通常在下腔静脉与右膈脚之间走向右肾,左肾动脉在左肾静脉后方达左肾。

(2) 椎体区:断面以第 1、2 腰椎椎间盘为中心,两侧为交感干,后方为椎管和马尾。

13. 经十二指肠空肠曲层面 特征结构:十二指肠空肠曲、胃、胰、肾门中份,见图 5-2-13。此断面经第 2 腰椎体上份,可分为腹腔区和椎体区。

(1) 腹腔区:在此层面,十二指肠空肠曲的出现是其重要特征。十二指肠空肠曲与十二指肠降部之间可见胰腺。此处胰主要由胰头组成,胰体仅剩下一小部分,胆总管下行于胰头后缘、下腔静脉的前方,故下腔静脉是在断层影像上寻认胆总管的标志。十二指肠空肠曲右侧为肠系膜上动、静脉,左侧为横结肠,后方有左肾动、静脉经过,前方为横结肠系膜根部。

腹主动脉和下腔静脉之间可见主动脉肾神经节,其周围有腰淋巴结的断面。右肾静脉粗大,汇入下腔静脉,其长度短于左肾静脉,右肾动脉于其后方走向右肾。

(2) 椎体区:断面以第 2 腰椎体上份为中心,两侧为交感干,后方为椎管和马尾。

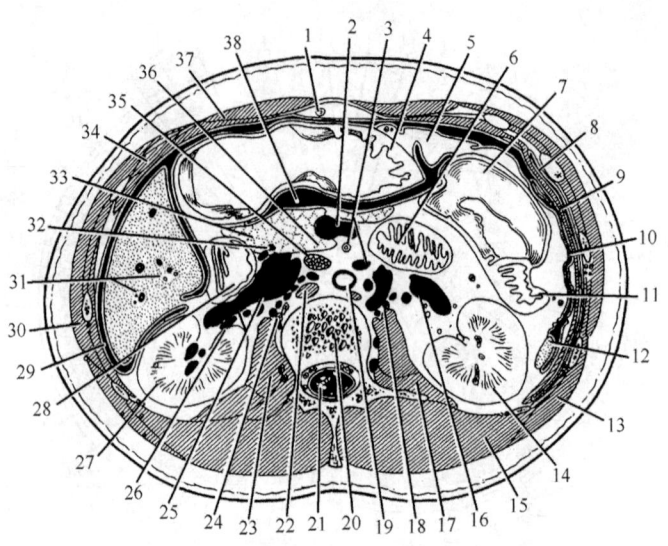

图 5-2-13　经十二指肠空肠曲层面

1. 肝圆韧带；2. 肠系膜上静脉；3. 肠系膜上动脉；4. 胃体；5. 大网膜；6. 十二指肠空肠曲；7. 横结肠；8. 肋膈隐窝；9. 膈；10. 腹膜腔；11. 结肠左曲；12. 脾；13. 背阔肌；14. 左肾；15. 竖脊肌；16. 左肾静脉；17. 腰方肌；18. 左交感干；19. 腹主动脉；20. 第 2 腰椎体；21. 马尾；22. 右膈脚；23. 腰大肌；24. 右交感干；25. 下腔静脉；26. 右肾动脉；27. 右肾；28. 十二指肠降部；29. 肝上间隙；30. 腹外斜肌；31. 肝门静脉右后下支；32. 胆总管；33. 胰头；34. 肋间外肌；35. 主动脉肾神经节；36. 胰钩突；37. 腹直肌；38. 网膜囊下隐窝

14. 经第 2 腰椎中份层面　特征结构：第 2 腰椎、十二指肠降部、胃、胰、肾门下份、降结肠。此断面经第 2 腰椎中份，可分为腹腔区和椎体区，见图 5-2-14。

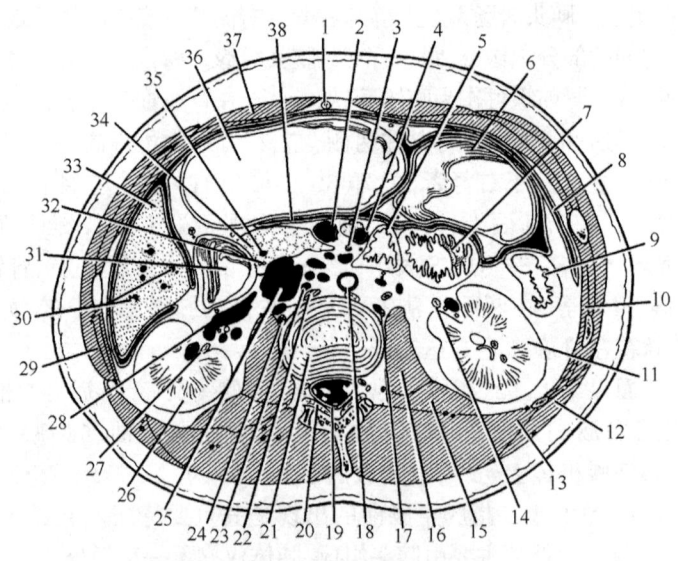

图 5-2-14　经第 2 腰椎中份层面

1. 肝圆韧带；2. 肠系膜上静脉；3. 肠系膜上动脉；4. 空肠静脉；5. 十二指肠升部；6. 横结肠；7. 空肠；8. 腹膜腔；9. 降结肠；10. 膈；11. 左肾；12. 背阔肌；13. 竖脊肌；14. 左肾盂；15. 腰方肌；16. 腰大肌；17. 左交感干；18. 腹主动脉；19. 马尾；20. 黄韧带；21. 椎间盘；22. 右膈脚；23. 腰淋巴结；24. 右交感干；25. 下腔静脉；26. 右肾；27. 右肾盂；28. 右肾静脉；29. 腹外斜肌；30. 肝门静脉右后下支；31. 十二指肠降部；32. 胰十二指肠后动脉弓；33. 肝右叶；34. 胰头；35. 胆总管；36. 胃体；37. 腹直肌；38. 网膜囊下隐窝

腹腔区：在此层面，脾消失。十二指肠升部和空肠出现。总管下行于胰头后缘，逐渐靠近十二指肠降部。左、右肾居脊柱两侧，周围裹以脂肪囊，双肾门开口向前内，由于肾周及肾窦内有丰富的脂肪，故CT能清晰显示肾的轮廓，表现为外形光滑或略有分叶的结构。在增强CT图像上肾皮质、髓质可以区别，还可见肾柱。降结肠位于左肾前方。

腹主动脉和下腔静脉周围可见到数个腰淋巴结的断面，通常可区分为左、中、右三群：左腰淋巴结沿腹主动脉的前方、后方及左侧缘配布；右腰淋巴结沿下腔静脉的前方、后方及右侧缘配布；中间腰淋巴结位于腹主动脉与下腔静脉之间。在CT图像上，腰淋巴结表现为大血管旁点状软组织密度影，一般直径不超过10 mm。

肝为右半肝后下段，呈三角形，胃和横结肠左端均较膨大，壁的不连续区是两者分界线。

椎体区：断面以第2腰椎中份为中心，两侧为交感干，后方为椎管和马尾。

15. 经结肠右曲层面 特征结构：结肠右曲、第3腰椎体、胃、胰头末段、肾、降结肠、肝。此断面经第2、3腰椎椎间盘，可分为腹腔区和椎体区，见图5-2-15。

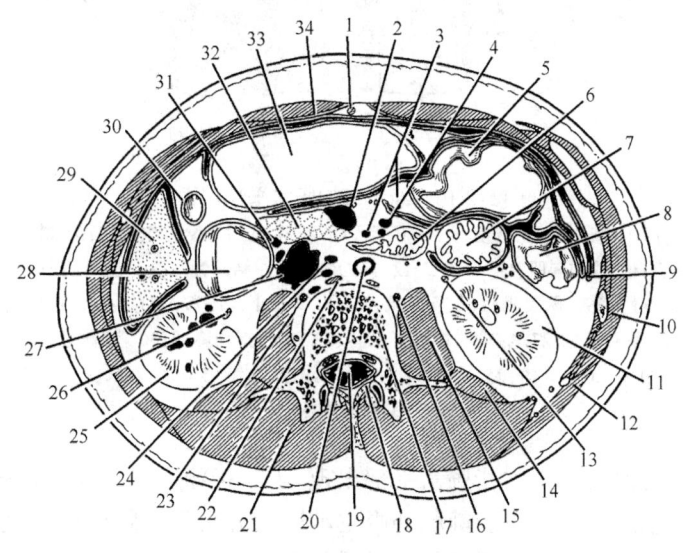

图 5-2-15 经结肠右曲层面

1. 肝圆韧带；2. 肠系膜上静脉；3. 肠系膜上动脉；4. 空肠静脉；5. 横结肠；6. 十二指肠升部；7. 空肠；8. 降结肠；9. 左结肠旁沟；10. 腹外斜肌；11. 左肾；12. 背阔肌；13. 左输尿管；14. 腰方肌；15. 腰大肌；16. 左交感干；17. 第3腰椎体；18. 黄韧带；19. 马尾；20. 腹主动脉；21. 竖脊肌；22. 右膈脚；24. 中间淋巴结；25. 右肾；26. 右肾盂；23. 右交感干；27. 下腔静脉；28. 十二指肠降部；29. 肝右叶；30. 结肠右曲；31. 胆总管；32. 胰头；33. 胃体；34. 腹直肌

（1）腹腔区：在此层面，结肠右曲开始出现，胆总管已近下段，居胰头后缘右端和十二指肠降部之间，向下即穿入十二指肠壁内。由于胃肠气体的影响，胆总管胰腺段（C_3段）及十二指肠壁段（C_4段）在影像学上显示较为困难。

肠系膜上动、静脉是中腹部的重要血管，它既是胰颈、钩突和左肾静脉的识别标志，又有助于辨识肠系膜根的起始段，还在中肠扭转不良的诊断中具有重要意义。据近年的CT、MRI研究：肠系膜上动脉上段多位于腹主动脉的前方或偏左，其全长多位于肠系膜上静脉的左后方，两者间的距离不超过5 mm，静脉的管径均大于或等于动脉。如发现静脉管径小于动脉并伴有静脉前移大于 5 mm,即应认为异常,需进一步查明病因。

(2) 椎体区:断面以第 2、3 腰椎椎间盘为中心,两侧为交感干,后方为椎管和马尾。

16. 经十二指肠水平部层面　特征结构:十二指肠水平部、升结肠、肠系膜下动脉、肝、胃。此断面经第 3 腰椎体上份,可分为腹腔区和椎体区,见图 5-2-16。

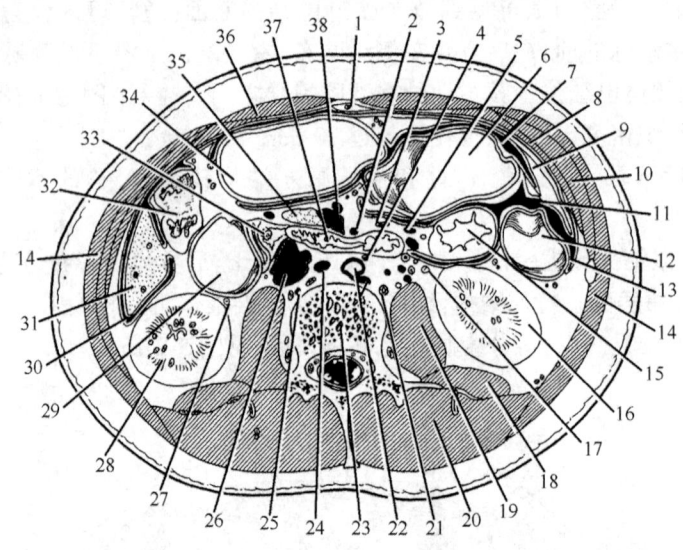

图 5-2-16　经十二指肠水平部层面

1. 肝圆韧带;2. 肠系膜上动脉;3. 空肠静脉;4. 肠系膜下动脉;5. 肠系膜淋巴结;6. 横结肠;7. 网膜囊下隐窝;8. 腹横肌;9. 大网膜;10. 腹内斜肌;11. 腹膜腔;12. 降结肠;13. 左结肠旁沟;14. 腹外斜肌;15. 空肠;16. 左肾;17. 左输尿管;18. 腰方肌;19. 腰大肌;20. 竖脊肌;21. 左交感干;22. 腹主动脉;23. 第 3 腰椎体;24. 中间腰淋巴结;25. 右交感干;26. 下腔静脉;27. 右输尿管;28. 右肾;29. 十二指肠降部;30. 肝肾隐窝;31. 肝右叶;32. 升结肠;33. 十二指肠大乳头;34. 胃体;35. 肠系膜上静脉周围淋巴结;36. 腹直肌;37. 十二指肠水平部;38. 肠系膜上静脉

(1) 腹腔区:在此层面,十二指肠水平部出现,十二指肠水平部在脊柱的右侧接续十二指肠降部,水平向左走行,横跨下腔静脉和腹主动脉前方由第 3 腰椎前方至其左侧,移行为十二结肠升部。由于十二指肠水平部位于肠系膜上动脉与腹主动脉之间,如果肠系膜上动脉起点过低,可能引起肠系膜上动脉压迫综合征。肝胰壶腹及十二指肠大乳头出现,居十二指肠降部与水平部的移行处。服造影剂后,CT 可显示十二指肠,正常壁厚小于 5mm。由于胃肠蠕动的影响及磁共振信号的对比度和分辨力所限,目前 MRI 尚未应用于胃肠道检查。饮水后利用 B 超在横状断面及矢状断面上均可显示十二指肠的第一段和第二段,第三段少数人能显示,第四段尚难显示。

腹主动脉于脊柱左前方发出肠系膜下动脉,肠系膜下动脉的起始平面多位于第 3 腰椎高度。十二指肠水平部是区分肠系膜上动脉和肠系膜下动脉的标志;肠系膜上动脉和肠系膜下动脉分别位于十二指肠水平部的前面和后面。

(2) 椎体区:断面以第 3 腰椎上份为中心,两侧为交感干,后方为椎管和马尾。

17. 经第 3 腰椎中份层面　特征结构:肠系膜、肝、胃、肾。此断面经第 3 腰椎中份,可分为腹腔区和椎体区,见图 5-2-17。

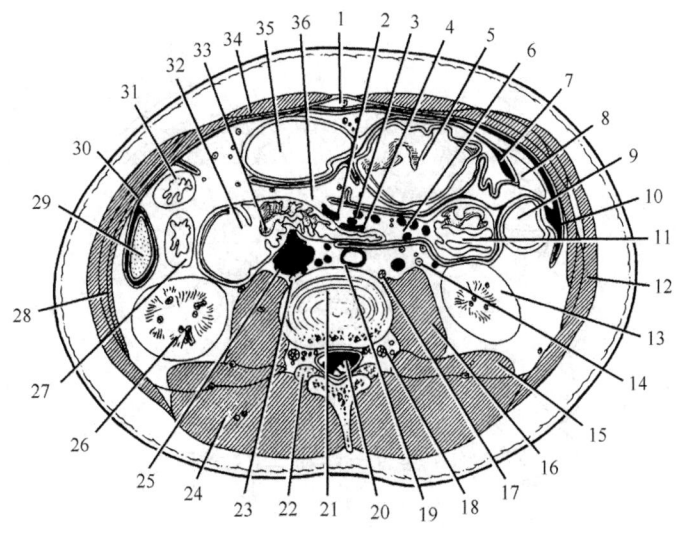

图 5-2-17　经第 3 腰椎中份层面

1. 肝圆韧带;2. 肠系膜上静脉;3. 肠系膜上动脉;4. 空肠静脉;5. 横结肠;6. 肠系膜;7. 网膜囊下隐窝;8. 大网膜;9. 降结肠;10. 左结肠旁沟;11. 空肠;12. 腹外斜肌;13. 左肾;14. 左输尿管;15. 腰方肌;16. 腰大肌;17. 左交感干;18. 第 3 腰神经;19. 腹主动脉;20. 马尾;21. 第 3、4 腰椎间盘;22. 黄韧带;23. 右交感干;24. 竖脊肌;25. 下腔静脉;26. 右肾;27. 升结肠;28. 腹内斜肌;29. 肝右叶;30. 腹横肌;31. 横结肠;32. 十二指肠降部;33. 十二指肠大乳头;34. 腹直肌;35. 胃体;36. 横结肠系膜

（1）腹腔区：在此层面，许多结构即将消失和出现，是结肠上下区的重要分界层。肝和胃达下极，左肾多数在此断面消失，但本标未消失。横结肠系膜明显，升结肠、降结肠逐渐代替肝、肾所在的位置。

在椎体前方，有下腔静脉和腹主动脉，十二指肠水平部的剖面横过这两条大血管的前方，在十二指肠水平部的左前方有空肠断面。在椎管内为马尾。

椎体两侧有腰大肌，腰大肌的前面有输尿管的断面，在无造影剂充盈时，正常输尿管在 CT 图像上不容易与血管影像鉴别，静脉注射造影剂后，CT 图像上可显示出腰大肌前方的输尿管。

（2）椎体区：断面以第 3 腰椎中份为中心，两侧为交感干，后方为椎管和马尾。

18. 经第 3 腰椎体下份层面　特征结构：结肠旁沟。此断面经第 3 腰椎体下份，可分为腹腔区和椎体区，见图 5-2-18。

（1）腹腔区：在此层面，肝、胃从断面上消失。升结肠右侧为右结肠旁沟，此沟向上通右肝下间隙，向下达右髂窝和盆腔，肝脓肿或阑尾化脓可相互漫延；降结肠左侧为左结肠旁沟，此沟上端被左膈结肠韧带阻断，向下通盆腔。空肠和回肠的断面分别居腹部两侧。左肾即将消失。两侧输尿管于腰大肌前方下行。

肠系膜淋巴结总数约 300 个，按其位置可分为 3 列：第一列沿着肠壁排列，在小肠系膜缘，由于肠的蠕动，CT 下不易显示。第二列位于肠系膜中份内的血管袢内。第三列位于肠系膜根内。如果脂肪含量充足，CT 图像上可显示 5mm 以下的淋巴结，并可沿着肠系膜血管追踪至肝门静脉，观察疾病的淋巴播散情况。

（2）椎体区：断面以第 3 腰椎下份为中心，两侧为交感干，后方为椎管和马尾。

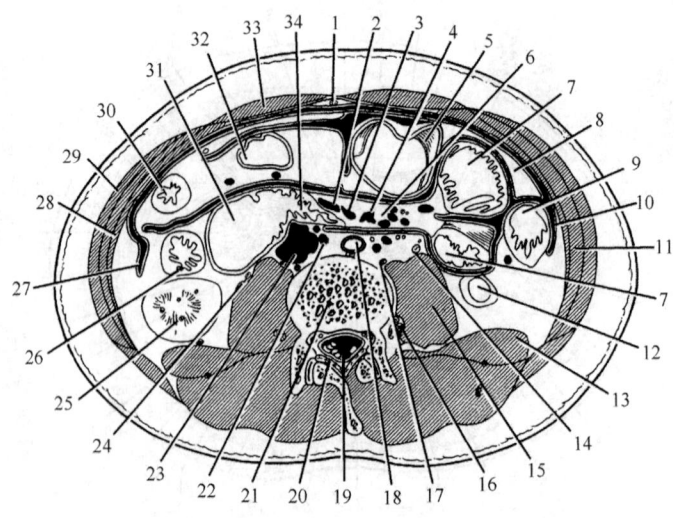

图 5-2-18　经第 3 腰椎下份层面

1. 肝圆韧带；2. 肠系膜上静脉；3. 肠系膜上动脉；4. 空肠静脉；5. 横结肠；6. 肠系膜；7. 空肠；8. 大网膜；9. 降结肠；10. 左结肠旁沟；11. 腹内斜肌；12. 左肾；13. 腰方肌；14. 左输尿管；15. 腰大肌；16. 腰丛；17. 左交感干；18. 腹主动脉；19. 马尾；20. 黄韧带；21. 第 4 腰椎体；22. 中间腰淋巴结；23. 下腔静脉；24. 右输尿管；25. 右肾；26. 升结肠；27. 右结肠旁沟；28. 腹横肌；29. 腹外斜肌；30. 横结肠；31. 十二指肠降部；32. 胃体；33. 腹直肌；34. 十二指肠水平部

19. 经第 3、4 腰椎椎间盘层面　特征结构：腹前外侧壁、下腔静脉、结肠旁沟。此断面经第 3、4 腰椎椎间盘，可分为腹腔区和椎体区，见图 5-2-19。

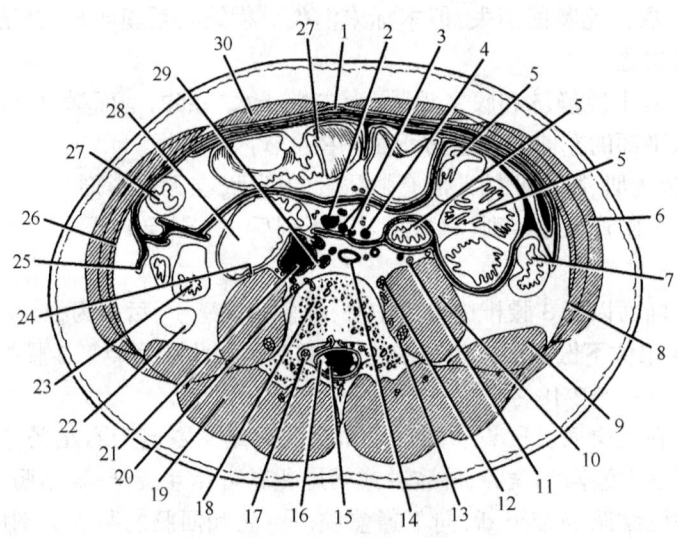

图 5-2-19　经第 3、4 腰椎椎间盘层面

1. 肝圆韧带；2. 肠系膜上静脉；3. 肠系膜上动脉；4. 空肠静脉；5. 空肠；6. 腹外斜肌；7. 降结肠；8. 腹内斜肌；9. 腰方肌；10. 腰大肌；11. 左输尿管；12. 左交感干；13. 第 3 腰神经；14. 腹主动脉；15. 蛛网膜下隙；16. 马尾；17. 第 4 腰神经；18. 第 4 腰椎体；19. 竖脊肌；20. 右交感干；21. 下腔静脉；22. 右肾；23. 升结肠；24. 右输尿管；25. 右结肠旁沟；26. 腹横肌；27. 横结肠；28. 回肠；29. 中间腰淋巴结；30. 腹直肌

（1）腹腔区：在此层面，腹腔内，右肾、十二指肠即将消失，肠道结构的配布大致同上一断层。下腔静脉，常见变异和畸形，由于畸形的下腔静脉在断层影像上易致误诊，

故应引起重视。

常见的下腔静脉畸形有:①双下腔静脉,发生率为 2.2%~2.8%;②左下腔静脉,发生率为 0.20%~0.45%;③奇静脉通连,发生率为 0.3%;④下腔静脉后输尿管,发生率为 0.1%。

腹直肌位居腹前壁中线两侧、腹外侧壁上,腹横肌、腹内斜肌和腹外斜肌由内向外依次排列。在 B 超图像上,正中线、旁正中线及腹股沟区的腹壁结构(如腹白线、腹直肌鞘、腹股沟管深环等)均易显示。CT 可显示腹壁上的肌和皮下组织,腹壁的一些疾病,如疝、血肿、脓肿、肿瘤等,B 超和 CT 均能准确诊断。

(2) 椎体区:断面以第 3 腰椎下份为中心,两侧为交感干,后方为椎管和马尾。

20. 经第 4 腰椎体中份层面 特征结构:下腔静脉、腰大肌、髂总动脉。此断面经第 4 腰椎体中份,可分为腹腔区和椎体区,见图 5-2-20。

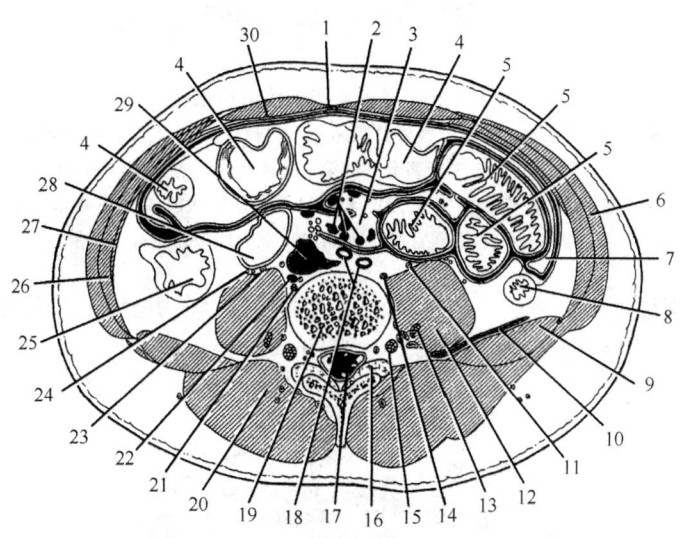

图 5-2-20 经第 4 腰椎体中份层面

1. 肝圆韧带;2. 空肠动、静脉;3. 肠系膜;4. 横结肠;5. 空肠;6. 腹外斜肌;7. 大网膜;8. 降结肠;9. 腰方肌;10. 腰静脉;11. 左输尿管;12. 腰大肌;13. 第 2、3 腰神经;14. 左交感干;15. 第 4 腰神经;16. 黄韧带;17. 马尾;18. 左、右髂总动脉;19. 第 4 腰椎体;20. 竖脊肌;21. 右交感干;22. 腔静脉;23. 右输尿管;24. 右睾丸静脉;25. 升结肠;26. 腹内斜肌;27. 腹横肌;28. 空肠;29. 下腔静脉;30. 腹直肌

(1) 腹腔区:在此层面,腹主动脉分为左、右髂总动脉,腹壁的肌群变薄。升结肠居右侧腰大肌右前方,其右侧为右结肠旁沟。横结肠的管腔仍较大,横过腹腔的前份。小肠的断面增多,居腹腔的中部。肠系膜根右移,其断面血管众多。

(2) 椎体区:断面以第 4 腰椎中份为中心,两侧为交感干,后方为椎管和马尾。

21. 经第 4 腰椎体下份层面 特征结构:下腔静脉、髂总动脉、腰大肌。此断面经第 4 腰椎体下份,可分为腹腔区和椎体区,见图 5-2-21。

(1) 腹腔区:在此层面,断面肠管分两层排列,前层为结肠,后层为小肠。空肠连于小肠系膜,系膜内含有许多小肠动、静脉的断面。腰大肌的前方有左、右输尿管下行,腰大肌的深面为腰丛的断面。

(2) 椎体区:断面以第 4 腰椎下份为中心,两侧为交感干,后方为椎管和马尾。

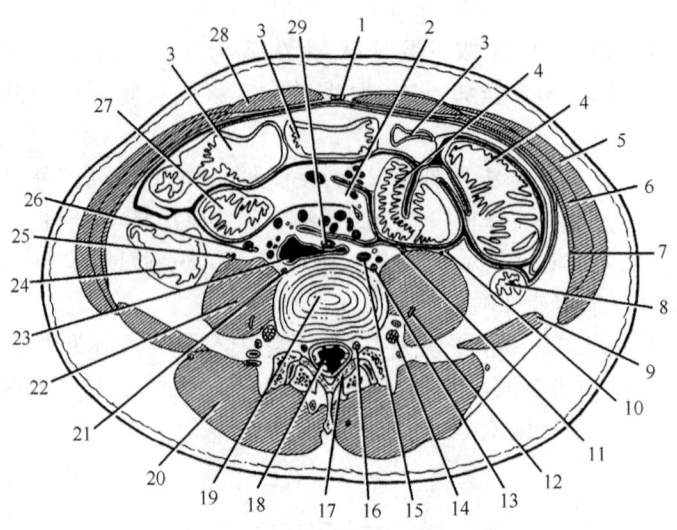

图 5-2-21　经第 4 腰椎体下份层面

1. 肝圆韧带；2. 肠系膜；3. 横结肠；4. 空肠；5. 腹外斜肌；6. 腹内斜肌；7. 腹横肌；8. 降结肠；9. 腰方肌；10. 左睾丸静脉；11. 左输尿管；12. 第 2、3 腰神经；13. 左交感干；14. 第 4 腰神经；15. 左髂总动脉；16. 第 5 腰神经；17. 黄韧带；18. 马尾；19. 第 4、5 腰椎间盘；20. 竖脊肌；21. 右交感干；22. 腰大肌；23. 右髂总静脉；24. 升结肠；25. 右睾丸静脉；26. 右输尿管；27. 回肠；28. 腹直肌；29. 右髂总动脉

22. 经第 5 腰椎体上份层面　特征结构：脐、空肠、回肠、升结肠、降结肠、髂骨。此断面经第 5 腰椎体上份，可分为腹腔区和椎体区，见图 5-2-22。

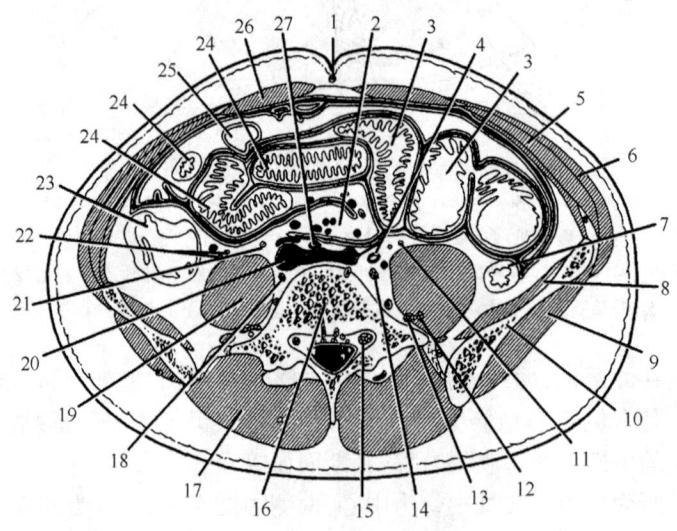

图 5-2-22　经第 5 腰椎体上份层面

1. 脐；2. 肠系膜；3. 空肠；4. 左髂总动脉；5. 腹内斜肌；6. 腹外斜肌；7. 降结肠；8. 髂肌；9. 臀中肌；10. 髂骨翼；11. 左输尿管；12. 第 2、3 腰神经；13. 第 4 腰神经；14. 左交感干；15. 第 5 腰神经；16. 第 5 腰椎体；17. 竖脊肌；18. 右交感干；19. 腰大肌；20. 右髂总静脉；21. 右输尿管；22. 右睾丸动脉、静脉；23. 升结肠；24. 回肠；25. 横结肠；26. 腹直肌；27. 右髂总动脉

(1) 腹腔区：在此层面，脐的出现是此面重要特征之一，两侧髂嵴亦同时切及。脐的位置常因年龄、性别、胖瘦程度、腹肌张力和腹部隆起情形等而变化，但一般脐与左、右髂嵴最高点约在同一平面上，后方平对第4腰椎棘突。

在第5腰椎体右前方，左、右髂总静脉正在合成下腔静脉。下腔静脉的合成处多在第4~5腰椎体高度，但平第5腰椎体者最常见，达73%左右，下腔静脉由左、右髂总静脉合成者占92%左右，由左、右髂总静脉及1支髂内静脉或髂外静脉合成者占8%左右。

腹腔内横结肠即将消失，空肠和回肠断面明显增多，其前方有大网膜遮盖。肠系膜根附着于右髂窝，肠系膜内可见许多肠系膜上动脉、静脉的分支和属支及肠系膜淋巴结的断面。右髂窝可见升结肠，左髂窝有降结肠。

(2) 椎体区：断面以第5腰椎上份为中心，两侧为交感干，后方为椎管和马尾。

23. 经第5腰椎体中份层面 特征结构：回盲部、输尿管、回肠、空肠、髂骨。此断面经第5腰椎体中份，可分为腹腔区和椎体区，见图5-2-23。

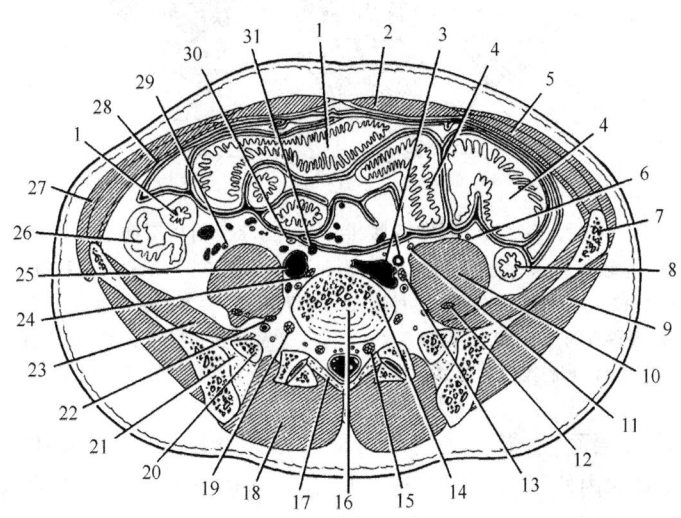

图5-2-23 经第5腰椎体中份层面

1. 回肠；2. 腹直肌；3. 左髂总动、静脉；4. 空肠；5. 腹内斜肌；6. 左睾丸动、静脉；7. 髂嵴；8. 降结肠；9. 臀中肌；10. 腰大肌；11. 左输尿管；12. 第2腰神经；13. 左交感干；14. 第5腰椎体；15. 第5腰神经；16. 第5腰椎间盘；17. 黄韧带；18. 竖脊肌；19. 第4腰神经；20. 骶骨翼；21. 骶髂骨间韧带；22. 第3腰神经；23. 髂肌；24. 右交感干；25. 右髂总静脉；26. 盲肠；27. 腹外斜肌；28. 腹横肌；29. 右睾丸静脉；30. 右输尿管；31. 右髂总动脉

(1) 腹腔区：在此层面，髂骨翼外侧面有臀中肌附着，内侧面有髂肌附着，右髂窝内可见回盲部，回肠末端连于盲肠，其入口外可见回盲瓣。左髂窝内为乙状结肠。在髂嵴平面以下，降结肠移行为乙状结肠，在断面的前份，可见右侧份的回肠和左侧份的空肠，大网膜遮盖于其前方。

在右腰大肌与脊柱之间的前方，可见右髂总动、静脉，脊柱与右髂总静脉之间有右腰交感干的断面，右髂总淋巴结的断面出现于右髂总静脉的前方和后方。在左腰大肌与脊柱之间的前方，可见左髂总动、静脉，两者与腰大肌之间可见左腰交感干。

输尿管均内移，在骨盆入口处从前方跨越髂血管而移行为盆部。右输尿管走行于回肠后方、肠系膜根附着处的深面，左输尿管居左腰大肌的前内侧、左髂总动脉外侧，此处恰为乙状结肠系膜根的起始处。

（2）椎体区：断面以第5腰椎中份为中心，两侧为交感干，后方为椎管和马尾，有第5腰神经根从椎间孔穿出。

24. 经第5腰椎、第1骶椎椎间盘层面　特征结构：阑尾、盲肠、回肠、空肠、乙状结肠、髂骨。此断面经第5腰椎、第1骶椎椎间盘，为腹部最后一层，可分为腹腔区和椎体区，见图5-2-24。

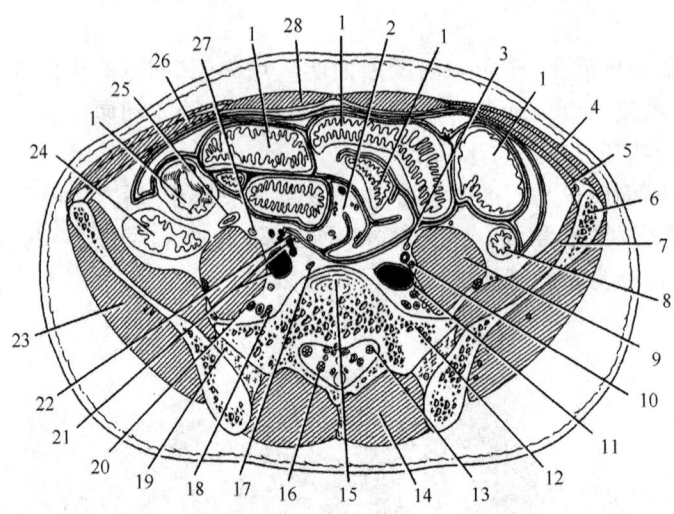

图 5-2-24　经第5腰椎、第1骶椎椎间盘层面

1. 回肠；2. 肠系膜；3. 左输尿管；4. 腹外斜肌；5. 腹横肌；6. 髂嵴；7. 髂肌；8. 降结肠；9. 腰大肌；10. 左交感干；11. 左髂总动、静脉；12. 第1腰椎；13. 第1骶神经；14. 竖脊肌；15. 第5腰椎间盘；16. 第2骶神经；17. 右交感干；18. 第5腰神经；19. 骶髂骨间韧带；20. 第4腰神经；21. 右髂总静脉和右髂内、外动脉；22. 右输尿管；23. 臀中肌；24. 盲肠；25. 阑尾；26. 腹内斜肌；27. 右睾丸静脉；28. 腹直肌

（1）腹腔区：在此层面，右髂窝内可见盲肠和阑尾的断面，左髂窝中有乙状结肠下行，其系膜连于左腰大肌的内侧。口服造影剂并以造影剂和空气灌肠，CT可诊断结肠的病变。当结肠内有足够的气体或造影剂时，其肠壁厚度一般不超过 5 mm，如果大于 6 mm 则可以肯定有病变。空肠、回肠占据断面的前中份，其系膜根附着在右髂窝腰大肌的前方。腰大肌和髂肌之间可见股神经。

（2）椎体区：断面以第5腰椎、第1骶椎椎间盘为中心，两侧为交感干，后方为椎管和马尾，有第5腰神经根从椎间孔穿出。

二、腹部的正中矢状断面与冠状断面

腹部矢状断层标本以正中矢状断面为标准，向左右断层，观察其左面。腹部冠状断层标本以腋中线为标准断面，向前后断层，观察其前面。

1. 经腹部的正中矢状断面　特征结构：肝左静脉、尾状叶、肠系膜上静脉。本断面为正中矢状面左表面，可分为结肠上区、结肠下区、盆部区（见盆部断面）和脊柱区，见图5-2-25。

主要结构：膈上可见心包和右心房，后方脊柱前可见食管裂孔及食管。膈下大部空间被肝占据,肝在断面上呈楔形,静脉韧带裂将肝断面分为前后两部,前部较大,为肝左外叶,后部较小,为肝尾状叶。在肝左外叶上部,有肝左静脉存在。在肝左外叶后下方为网膜囊上隐窝,即左肝上后间隙,向下为左肝下后间隙,通网膜囊。当网膜囊包块延伸至肝尾状叶周围时,在影像上难与肝内肿块区别,易造成误诊;当尾状叶周围大量积液时,形成"尾状叶飘浮征",提示网膜囊有大量积液,如果仅在尾状叶前方有积液,则为肝胃隐窝积液。

肝静脉韧带裂向下在肝门处有小网膜与胃相连,胃向后为网膜囊、胰、腹主动脉及由腹主动脉发出的腹腔干和肠系膜上动脉,在肠系膜上动脉与腹主动脉夹角处为十二指肠水平部。腹腔内可见横结肠和许多空肠、回肠的断面及其系膜。

这些结构与脊柱对应关系为:胰颈在第11胸椎下缘至第1腰椎上缘高度,横结肠及其系膜在第12胸椎下缘至第2腰椎上缘高度,十二指肠水平部平对第3腰椎高度,右肾动脉平第2腰椎上缘高度起自腹部主动脉,腹部主动脉在第4腰椎下缘处分出右髂总动脉,左髂总静脉在第5腰椎前方分出。

2. 经腹部左、右肾门的冠状断面 特征结构:肾门、肝裸区、胃裸区、脾裸区。本断面为经腹部左、右肾门的冠状断面,可分为结肠上区、结肠下区、和脊柱区,见图5-2-26。

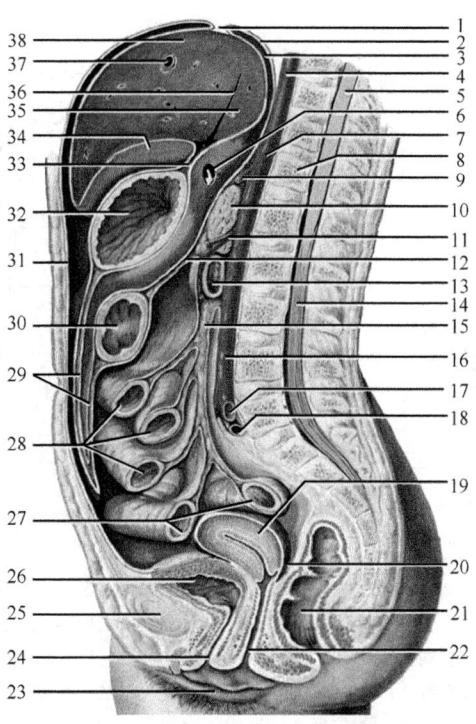

图5-2-25 经腹部的正中矢状断面
1. 肝裸区;2. 膈;3. 网膜囊上隐窝;4. 胸主动脉;5. 脊髓;6. 网膜孔;7. 主动脉裂孔处;8. 第12胸椎;9. 腹腔干;10. 胰;11. 肠系膜上动脉;12. 横结肠系膜;13. 十二指肠水平部;14. 马尾;15. 小肠系膜根;16. 腹主动脉;17. 左髂总动脉;18. 左髂总静脉;19. 子宫;20. 直肠子宫陷凹;21. 直肠;22. 阴道;23. 大阴唇;24. 尿道;25. 耻骨联合;26. 膀胱;27. 回肠;28. 空肠;29. 大网膜;30. 横结肠;31. 壁肠腹膜;32. 胃;33. 肝胃韧带;34. 左肝下前间隙;35. 肝尾状叶;36. 静脉韧带裂;37. 肝左静脉;38. 肝左外叶

主要结构:肝裸区,位于冠状韧带的上、下层间。右肝下间隙被肝肾韧带分为内、外两部分。肝尾状叶及网膜囊上隐窝消失。网膜囊脾隐窝分别借胃脾韧带及脾肾韧带和胃脾隐窝及脾肾隐窝隔开。左结肠旁沟消失,左肾上腺位于左肾的内上方,右肾上腺出现,位于肝裸区内。左、右肾窦内肾动脉的分支和肾静脉的属支清晰可见。胃裸区位于胃膈韧带的左、右层间。胃裸区集中出现的层面在下腔静脉前份层面,集中消失的层面在左、右肾窦后份层面,一般起始和消失层面较小,中间层面较大。脾的断面明显。断面中部可见胸主动脉、胸导管、第12胸椎及第1~5腰椎及椎间盘。

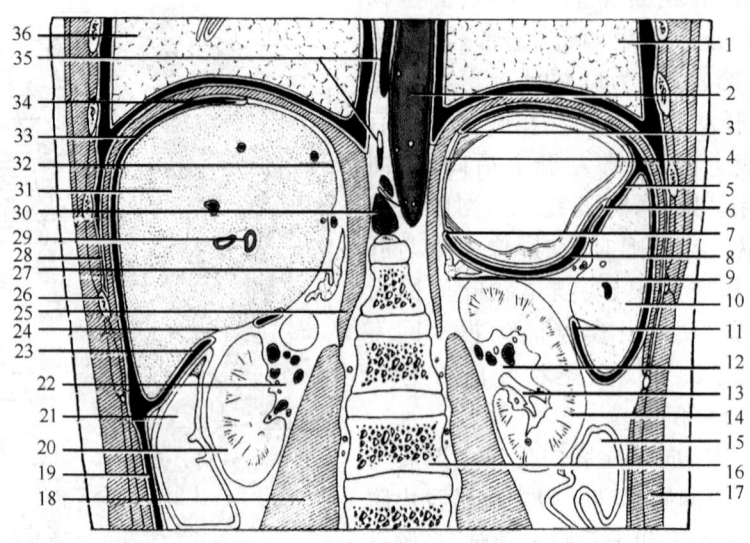

图 5-2-26 经腹部左、右肾门的冠状断面

1. 左肺下叶；2. 胸主动脉；3. 胃膈韧带右层；4. 胃裸区；5. 胃脾隐窝；6. 胃脾韧带；7. 胃膈韧带左层；8. 网膜囊脾隐窝；9. 左肾上腺；10. 脾；11. 脾肾韧带和脾肾隐窝；12. 左肾门；13. 左肾盂；14. 左肾；15. 降结肠；16. 第2腰椎；17. 腹外斜肌；18. 腰大肌；19. 右结肠旁沟；20. 右肾；21. 升结肠；22. 右肾门；23. 右肝下间隙；24. 肝肾韧带；25. 右膈脚；26. 右侧第10肋；27. 右肾上腺；28. 右肋膈隐窝；29. 肝门静脉右后下支；30. 主动脉旁淋巴结；31. 肝右后叶；32. 肝裸区；33. 右肝上间隙；34. 冠状韧带上层；35. 胸导管；36. 右肺下叶

（高小青 邓 莉）

第三节 腹部病理断层影像学

一、食管鳞状细胞癌

1. 病史临床 患者,男,63岁,胸痛,进行性吞咽困难伴消瘦20天。

2. 影像表现 食管吞钡表现为食管中段充盈缺损,管腔不规则狭窄,管壁僵硬,黏膜纠集破坏,与正常食管壁分界清晰。CT表现为食管壁明显增厚,管腔狭窄;食管与周围结构分界不清,见图5-3-1。

3. 诊断 病理诊断:食管(中下段)高~中分化鳞状细胞癌,侵及食管壁全层。

4. 讨论 食管癌(carcinoma of the esophagus)是消化系统常见恶性肿瘤之一,好发于40岁以上,男性多见。临床上主要表现为进行性吞咽困难。病变部位:中段>下段>上段。病理上以鳞癌为多。食管癌可分为早期食管癌和中晚期食管癌,早期食管癌可分为隐匿型、糜烂型、斑块型和乳头状型。中晚期癌可分为5型:①髓质型:呈坡状隆起,侵及食管壁各层及周围组织,本型多见,恶性程度较高。②蕈伞型:多呈圆形或卵圆形,向食管腔内突起,边缘外翻如蕈伞状,表面常有溃疡,属高分化癌,预后较好。③溃疡型:表面常有较深的溃疡,边缘稍隆起,出血和转移较早,梗阻发生较晚。④缩窄型:环形生长,质硬,侵入食管全周,食管黏膜呈向心性收缩,梗阻发生较早,转移发生较晚,本型少见。⑤其他类型:不能归入上述各型的。

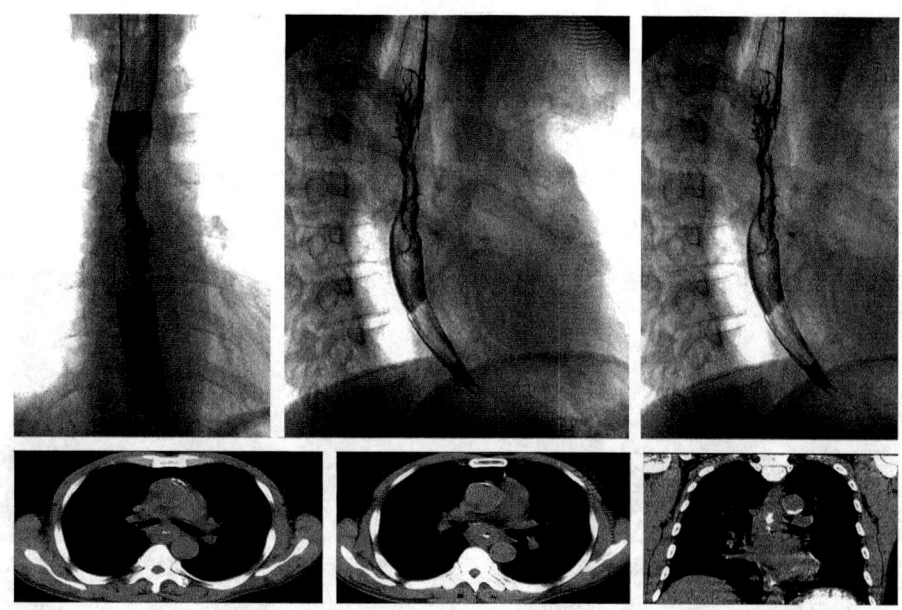

图 5-3-1　食管鳞状细胞癌(胸部吞钡及胸部 CT 肺窗)

影像学诊断要点:内镜检查并活检是诊断食管癌首选的方法。内镜下食管黏膜染色有助于提高早期食管癌的检出率。X 线检查:①早期食管癌:病变区黏膜皱襞增粗紊乱,中断及扭曲;病变区小凹陷或隆起性病变,直径约<5mm,管壁轻度僵硬,扩张伸展稍受限;病变区可形成溃疡,呈地图状。病变常累及周径于局部,与正常管径分界截然。②进展期:蕈伞型,管腔内菜花样或蕈伞样充盈缺损,偏于食管一侧,范围较大,可见不同程度梗阻。溃疡型,纵性腔外龛影,龛影可见尖角征,周边可见环堤(周围肿瘤组织呈带状密度减低区)。浸润型,局限性环形狭窄,轮廓毛糙,与正常食管分界清楚,钡剂通过缓慢,近端不同程度扩张。髓质型,广泛侵犯食管全层,形成腔外肿物,管腔狭窄,表面可见溃疡。混合型,以上多种表现均可存在。CT:食管壁环形或不规则增厚,厚度>5mm 应视为异常;或形成腔内肿块,多为广基底,表面有时可见龛影;食管周围脂肪层模糊、消失;周围器官受累和(或)淋巴结转移;增强扫描可见肿块轻度强化,较大瘤体强化不均匀,可合并低密度坏死灶。MRI:扫描前需嘱咐患者吞服适量液体。中晚期食管癌表现为信号异常,T1WI 与肌肉信号近似,T2WI 较肌肉信号高,增强扫描病灶明显强化。

与食管贲门失弛缓症相鉴别:后者多见于 20~40 岁女性,临床上表现为间歇性吞咽困难,病程较长,典型 X 线钡餐表现为漏斗状或鸟嘴样梗阻,管壁柔软,边缘光滑,黏膜正常,食管上段明显扩张。服用硝酸甘油类药物可缓解症状。

与胃食管反流病相鉴别:后者影像学无新生物,仅表现为黏膜炎症、溃疡或糜烂。

与食管静脉曲张相鉴别:后者常有肝硬化、门静脉高压病史,食管壁柔软,黏膜正常,CT 增强扫描可见明显强化的迂曲血管团,呈持续、延迟性强化。MRI:由于流空效应,曲张的血管在 T1WI 及 T2WI 上均呈低信号,增强扫描静脉期病灶明显强化。CT 三维重建及 MRI 血管重建可以清晰显示曲张血管的全貌。

与食管平滑肌瘤相鉴别:后者表现为腔内光滑圆形充盈缺损,无管壁僵硬、黏膜皱襞破坏、周围组织侵犯及转移等恶性肿瘤征象。

二、胃　癌

1. 病史临床　男,44岁,剑突下疼痛伴呕吐半年余,加重1周。

2. 影像表现　CT表现:胃窦部胃壁局限性增厚,增强扫描病灶明显强化(图5-3-2A、D)。吞钡表现:局部可见龛影,胃窦部胃小弯可见数枚肿大淋巴结(图5-3-2B、E)。胃镜所见:胃窦部类圆形占位性病变突出于胃腔内,表面可见溃疡,见(图5-3-2C、F)。

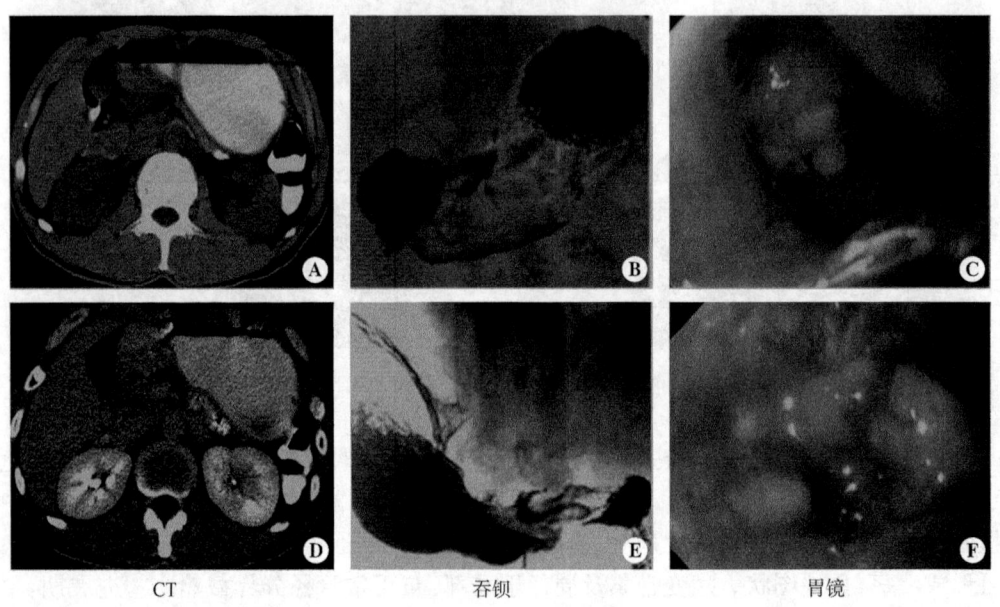

CT　　　　　　　　吞钡　　　　　　　　胃镜

图5-3-2　胃癌

3. 诊断　胃癌(carcinoma of stomach)。

4. 讨论　胃癌是消化系统常见恶性肿瘤之一,男性多见,发病年龄在40~60岁,从发病部位上看,以胃小弯胃窦部最常见,占50%~60%,其次为贲门胃底区,胃体部及大弯侧发病率最低。临床上主要表现为上腹部隐痛不适,进而出现恶心、呕吐等。根据胃癌的进程其可分为早期胃癌及进展期胃癌。早期胃癌是指病灶局限且深度不超过黏膜下层的胃癌,无论有无局部淋巴结转移。进展期胃癌是指胃癌深度超过黏膜下层,已超过肌层者称中期,侵及质膜或质膜外者称晚期胃癌。进展期胃癌的Borrmann分期,Ⅰ型:息肉型或蕈伞型,肿瘤呈结节状,向胃腔内隆起生长,边界较清楚,不多见。Ⅱ型:溃疡型,单个或多个溃疡,边缘隆起,形成堤坎状,边界较清楚,常见。Ⅲ型:溃疡浸润型,结节状的边缘向周围浸润,与正常黏膜无清晰的边界,最常见。Ⅳ型:弥漫浸润型,癌组织发生于黏膜表层之下,在胃壁向四周弥漫浸润扩散,同时伴有纤维组织增生,少见。

(1)影像学诊断要点

1)内镜检查:内镜检查结合黏膜活检是目前最可靠的诊断手段。应在病灶边缘与正常黏膜交界多处活检,至少活检取6块以上。内镜下对病灶进行亚甲蓝染色(癌性病变处无着色),可以大大提高病灶的检出率。

2)X线:①早期胃癌:低张双重对比造影可见胃小区黏膜结构紊乱、消失;切线位上可见刺突样小龛影;可见颗粒状、小圆形充盈缺损,表面毛糙不平。②进展期胃癌:肿瘤局部黏膜皱襞中断消失;胃轮廓毛糙不整,胃腔变形狭窄;边缘不整,凹凸不平,形成菜花状充盈缺损;恶性溃疡征象如"半月综合征"、"环堤征"、"裂隙征"、腔外龛影等;局限性胃壁僵硬、蠕动消失。

图 5-3-2 为另一病理证实为胃癌的钡餐图像:图 5-3-2 上显示为腔内龛影;图 5-3-2 中显示"半月综合征";图 5-3-2 下显示为胃壁局部充盈缺损,黏膜纠集现象。

3) CT 检查:平扫可见不规则软组织影突向腔内,胃壁弥漫性或局限性增厚(CT图像一般把胃壁厚度>10mm 视为异常,但如发现局限性增厚,即便<10mm,亦应视为异常),壁不光滑。动态CT增强上表现为突出胃黏膜皱襞之间的明显强化区,肿瘤中度或明显不均一强化,静脉期病灶均一强化。CT能准确显示肿瘤对周围器官的侵犯征象,表现为病变区胃轮廓不清,质膜面毛糙,胃周脂肪层模糊不清或消失,病变区可见延伸向胃周的不规则条带状致密影,还可以显示病灶对周围脏器的侵犯和腹腔淋巴结的转移情况。

4) MRI:中晚期胃癌 MRI 信号表现为 T1WI 呈中等或稍低信号,T2WI 呈中等高信号。增强扫描病灶呈不均匀中等程度强化。其他表现类似于 CT。

(2) 鉴别诊断

1) 与胃淋巴瘤相鉴别:好发于 40 岁以上,好发于胃体、胃窦部。临床症状轻,胃腔缩小较胃癌少见,幽门梗阻的概率也较少。X 线表现为胃内较大龛影,黏膜广泛受侵,较多息肉样或结节样表现,胃窦部多呈漏斗状狭窄为其 X 线特征。CT 上显示胃壁弥漫性增厚,强化程度不如胃癌,且对胃周脂肪及邻近器官的侵犯不如胃癌明显。胃淋巴瘤的腹内淋巴结转移较胃癌淋巴结转移数目多且体积较大。

2) 与间质瘤相鉴别:发生于胃固有肌层的良性肿瘤,男性稍多,好发于 50~60 岁。X 线表现为黏膜下肿瘤的特点,典型者呈半圆形边缘光滑的隆起,可有桥形皱襞。CT 表现为发生于胃壁并向胃腔内和(或)腔外突出的肿块,边界清楚,密度均匀,胃黏膜受压变薄,但其完整性良好。增强扫描肿块内侧胃黏膜面形成连续的弧线性强化为其特征性表现。

三、结肠癌并肝脏多发转移

1. 病史临床 患者,女,66 岁,纳差消瘦 3 个月。

2. 影像表现 CT 表现:结肠壁局限性增厚(箭头),形态不规则,肝脏发现多发大小不等占位性病变,动脉期强化不明显,呈延迟强化。结肠镜:结肠内占位性病变,表面不光滑,并可见溃疡,见图 5-3-3。

3. 诊断 结肠癌并肝脏多发转移。

4. 讨论 大肠癌包括结肠癌(carcinoma of colon)及直肠癌(colorectal carcinoma),发生部位约半数以上位于直肠,20% 位于乙状结肠,其次依次为盲肠、升结肠、降结肠、横结肠。发病年龄多在 40~60 岁,但 30 岁以下的青年大肠癌并不少见。临床表现:早期常表现为粪便隐血阳性;随后可出现排便习惯及粪便性状改变;腹痛;局部肿块及全身情况改变(右半结肠癌多见)。临床上习惯用 Dukes 分期:①A 期,癌局限于肠壁;②B 期,癌穿透浆膜;③C 期,有局部淋巴结转移;④D 期,有远处转移。

(1) 影像学诊断要点:结肠镜检及活检有助于确诊。

1) X 线:①增生型,主要表现为充盈缺损,充盈缺损周边的黏膜破坏中断或见小溃疡。气钡双重造影可显示肿块的轮廓。②溃疡型,主要表现为腔内突起的龛影和"半月征"。③浸润型,主要沿肠壁环形生长,使肠壁增厚,肠腔狭窄,可见狭窄段黏膜呈锯齿状。④混

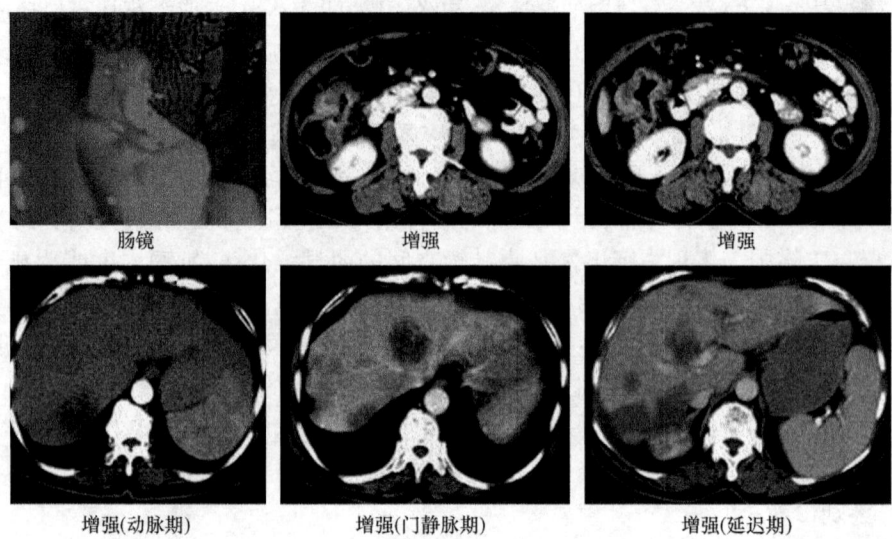

| 肠镜 | 增强 | 增强 |
| 增强(动脉期) | 增强(门静脉期) | 增强(延迟期) |

图 5-3-3　结肠癌并肝脏多发转移

合型,常有两种以上的表现混合存在。

2) CT:①肠壁增厚,增厚的肠壁黏膜面多明显凹凸不平;②腔内肿块影,偏心性,呈分叶状或不规则形,与正常肠壁分界清楚,肿块表面可见小溃疡,呈火山口样;③肠腔狭窄,且为非对称性;④增强扫描可见较明显异常强化;⑤质膜及邻近器官受侵表现。

3) MRI:T1WI 低或等软组织信号影,T2WI 肿瘤信号增高,接近或高于脂肪组织的信号强度,增强扫描可见轻~中度强化。其他表现同 CT。

(2) 鉴别诊断

1) 与慢性结肠炎相鉴别:后者狭窄段肠壁较光滑,形态可变,无肿块影。

2) 与淋巴瘤相鉴别:后者常发生于回盲部,CT 上可见局部肿块和肠壁增厚,轮廓较光整,少有毛刺及周围浸润表现,常伴腹腔、盆腔及腹膜后淋巴结肿大,并可融合成团。

3) 与结肠良性肿瘤或息肉相鉴别:后者的充盈缺损表现光滑整齐,黏膜规则,蠕动正常,而前者多表现为黏膜皱襞破坏中断,管壁僵硬。

4) 与肠结核相鉴别:后者常累及末端回肠与盲肠,盲肠缩短挛缩,一般不见充盈缺损征象。多有肠外结核病史,PPD 试验阳性有助于确诊。

四、肝 脓 肿

1. 病史临床　患者,男,63 岁,甲状腺功能亢进、甲状腺亢进性心脏病 20 余年,发热 10 天,体温最高达 38.9℃,WBC $10.9×10^9$/L。

2. 影像表现　CT 表现:肝右后叶可见一大小约 6cm 类圆形占位灶,边界尚清,可见厚壁,低于肝组织密度,内部以液性密度为主,其上部可见积气影及气液平面;增强扫描病变周围可见环状强化晕及外层未强化的水肿环,呈"双环征"。门静脉右支受压前移,余肝内未见明显异常;左侧胸腔可见少量弧形低密度影,见图 5-3-4。

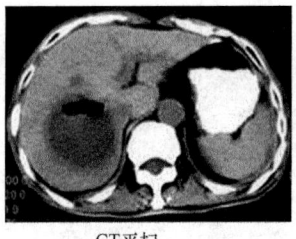 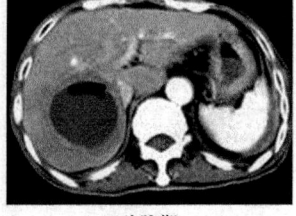 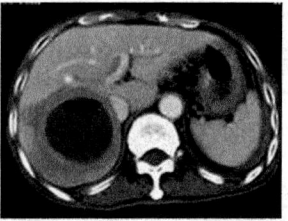

CT平扫　　　　　　　　　　动脉期　　　　　　　　　门静脉期

图 5-3-4　肝脓肿

3. 诊断　肝右后叶脓肿(B超引导下肝脏穿刺术证实):B超下见 5.8cm×5.6cm 大小液化包块,并有少量气体;抽取 6ml 淡黄色黏稠液体细菌培养提示克雷白杆菌感染,未培养出厌氧菌。术后 B 超复查发现原脓肿已基本吸收,体温恢复正常。

4. 讨论　肝脓肿多由细菌、阿米巴等病原菌经胆道逆行感染、血行感染及邻近脏器直接漫延所致;多见于年老体弱、抵抗力减弱者,肝右叶多见;常伴有发热、寒战、肝区疼痛及白细胞增高等临床症状;急性期肝组织充血、水肿,大量白细胞浸润,进一步白细胞崩解,组织液化坏死,形成脓腔,脓肿壁由炎症、充血带或纤维肉芽组织形成,灶周常伴有水肿。肝脓肿的形成大致分为化脓性炎症期、脓肿形成初期和脓肿形成期。

因不同病原菌及不同时期,其影像表现各不相同。典型脓肿 CT 表现为"靶环征",可为单环、双环或三环,环可为完整的或不完整的,增强扫描显示更为清晰;脓肿中心液化区不强化,环均有不同程度的增强。单环显示周围水肿带不明显;双环表明脓肿壁周围有水肿带;三环说明脓肿壁由两层构成,即外层较明显强化的纤维肉芽组织,内层由炎性组织构成,强化不及肉芽组织。"靶环征"可以作为肝脓肿的可靠诊断依据。若由产气杆菌感染可引起脓肿内积气,形成气液平面,具有一定的特征性。

不典型肝脓肿需与肝癌、转移瘤、肝囊肿等鉴别。早期肝脓肿和肝癌均表现为低密度灶,但动态增强有不同表现,结合病史及临床症状可鉴别;转移瘤一般有原发灶,且一般无水肿带及急性感染症状;肝囊肿边界清晰、壁薄常无明显强化,当囊肿感染时不易区别,穿刺活检有利于明确诊断。

五、肝细胞癌

1. 病史临床　患者,男,47 岁,慢性乙肝活动期伴全身乏力、纳差、尿黄 1 年余。

2. 影像表现　CT 表现:肝脏体积减小,包膜不光滑,肝内密度欠均匀,呈多发小结节状,肝左叶外侧段可见一类圆形低密度灶,直径大小约 6.0cm,边界尚清,密度不均匀,内可见更低密度区;增强后动脉期病灶呈不均匀点条状血管样强化,门静脉期强化程度下降,延迟扫描病灶呈低密度;胆囊缩小,壁增厚;脾大于 7 个肋单元;肝门区及腹膜后未见明显肿大淋巴结,见图 5-3-5。

3. 诊断　病理诊断:(肝肿物穿刺组织)中分化肝细胞癌。送检组织见瘤细胞呈梁索状、片巢状排列,瘤细胞多个聚集成多细胞层的小梁,其间为血窦样结构,瘤细胞拥挤,排列紊乱,胞核浓染,核质比大,可见瘤巨细胞。

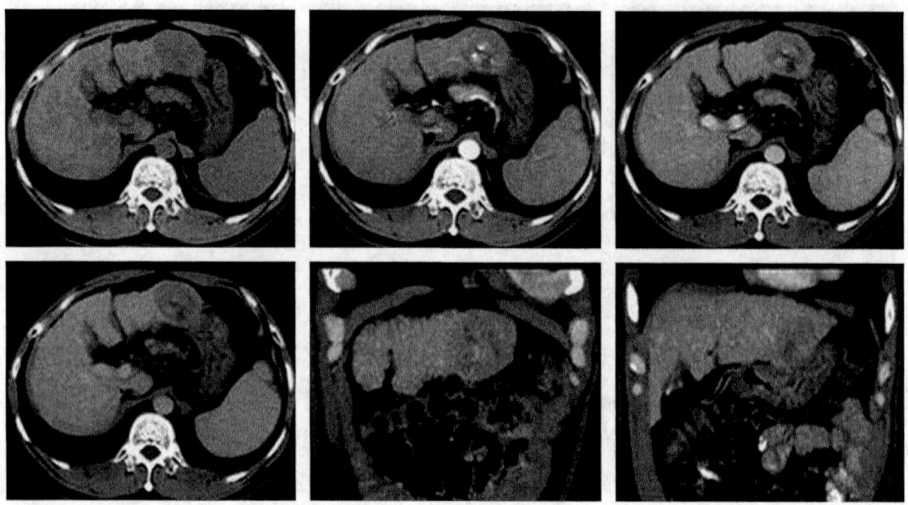

图 5-3-5 肝脓肿（肝脏 CT 平扫、增强三期扫描及冠状面成像）

4. 讨论 肝细胞癌是消化系统常见恶性肿瘤，多发生在肝炎及肝硬化基础上，AFP 可增高，起病隐匿。大体病理解剖分为：①巨块型，可由单个或多个结节融合而成，直径>5cm；②结节型，指单个或多发结节，直径<5cm；③弥漫型，多为直径<1cm 结节，弥漫分布全肝；小肝癌指不超过 2 个癌结节，其最大直径≤3cm。

肝细胞癌 CT 平扫一般为低密度、等密度或略高密度，增强扫描动脉期可见肿瘤实质明显强化，呈高密度，门静脉期及平衡期为低密度，即造影剂呈"快进快出"的特点；部分肝细胞癌灶周可见假包膜，增强早期肿瘤实质内强化，假包膜强化不明显而呈低密度，延迟后假包膜强化；常合并肝硬化、动静脉短路、门静脉癌栓、远处转移等。

肝细胞癌增强后造影剂呈"快进快出"特点，与肝血管瘤增强早期边缘结节状强化，呈"快进慢出"可鉴别；肝转移瘤有原发肿瘤病史，中心多出现坏死、囊变而呈"牛眼征"或"靶征"；肝局灶性结节增生和肝腺瘤为少见良性病变，好发于年轻女性，动脉期明显强化，门静脉期一般为略高或等密度；若中心为呈放射状分布的纤维瘢痕组织，多为局灶性结节增生的特征性表现，肝腺瘤与长期口服避孕药有关，可见包膜或肿瘤内出血；肝脓肿增强呈环状强化，内壁光滑，病灶内可见气液平面为其特征。

六、肝转移瘤

1. 病史临床 患者，女，39 岁，卵巢浆液性乳头状囊腺癌侵及直肠全层术后 2 个月，左下肢麻木 1 月余。

2. 影像表现 MRI 示肝右叶可见一类圆形病灶，边界尚清楚，T1WI 呈低信号，T2WI 呈高信号，信号尚均匀，Gd-DTPA 增强后病灶呈环状强化。3 个月后 CT 表现：肝左右叶可见多个散在分布、大小不一的圆形病灶，最大直径达 3.8cm，平扫呈低密度，边界欠清，病灶密度不均匀，中央可见更低密度区，增强扫描病灶环状强化，中央不强化，呈现"牛眼征"；胆囊不大，囊壁增厚；脾达 8 个肋单元。腹膜后可见数个肿大淋巴结，见图 5-3-6。

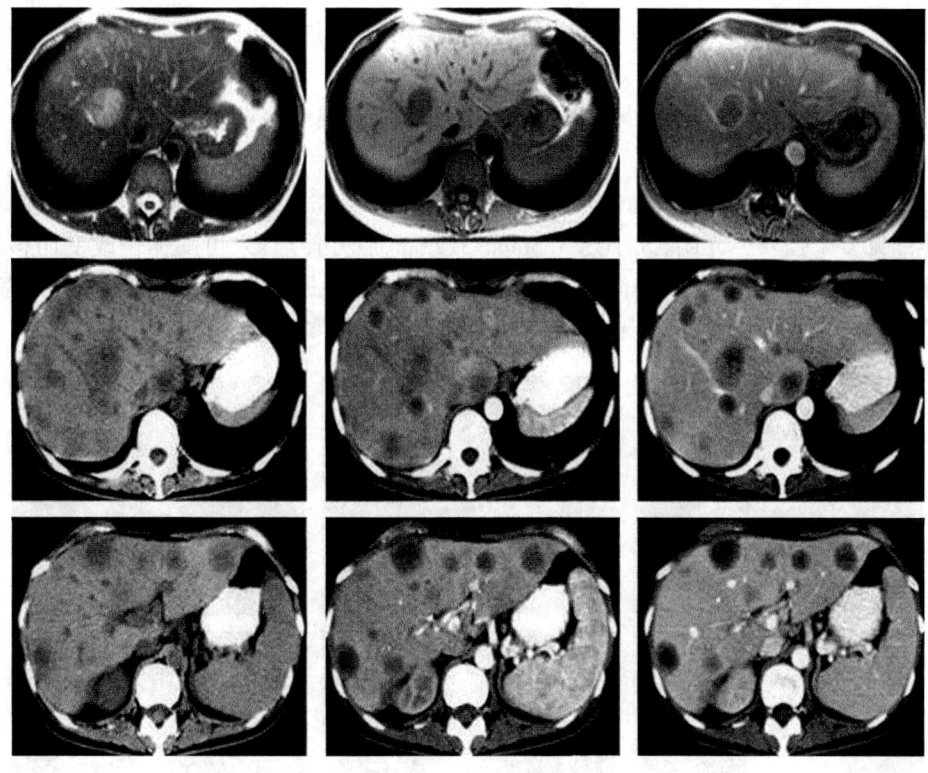

图 5-3-6 肝转移瘤
3 个月前 MRI 的 T1WI、T2WI 及增强 T1WI(前 3 图);
3 个月后不同层面 CT 平扫及增强动脉期、门静脉期(后 6 图)

3. 诊断 肝转移瘤(临床证实):卵巢浆液性乳头状囊腺癌侵及直肠全层术后 2 个月;3 个月后病灶明显增多;腹膜后淋巴结肿大;转移瘤典型的"牛眼征"、"靶征"等影像学表现。

4. 讨论 肝转移瘤为常见的继发肿瘤,因肝脏具有双重血供,其转移发生率高,人体各部位的恶性肿瘤均可经门静脉、肝动脉及淋巴结等途径转移到肝脏,临床症状多无特征性;较常见肝转移瘤为胃、结肠及胰腺等的原发肿瘤经门静脉转移到肝。

CT 表现为单发或多发圆形、类圆形或不规则形低密度灶,大小不等,边缘可光整,可有出血、坏死、囊变及钙化等;因原发病各异,影像表现亦不同;肝转移瘤主要见于消化道肿瘤肝内转移,以少血供者多见,增强时无明显强化;多血供者主要来源于腺癌,在动、静脉期常见病灶周边环状强化,中心不强化,最外缘密度又低于正常肝,呈"牛眼征",一般无门静脉癌栓形成。

MRI 表现 T1WI 多呈边缘较清楚低信号,T2WI 多呈高信号,又称为"靶征";有的转移瘤 T2WI 边缘可见高信号带称为"晕圈征",增强后与 CT 表现相同。

有原发病史、多发病灶、"牛眼征"、"靶征"等,一般转移瘤可明确。肝细胞癌多有肝硬化病史,增强后呈"快进快出"特点,部分弥漫性肝癌易与转移瘤混淆,原发肿瘤病史有助于鉴别。肝血管瘤强化特点为"快进慢出",少数无强化或不完全强化病灶与转移瘤不易区分,结合原发病史有利于诊断;局灶性结节样增生多见于服用避孕药的年轻女性,增强时动脉期、门静脉早期均匀明显强化,与单发转移瘤易鉴别;肝脓肿多有高热病史、"靶环征"及气液平面可鉴别。

七、慢性胆囊炎并胆囊结石

1. 病史临床 患者,女,39岁,卵巢浆液性乳头状囊腺癌侵及直肠全层术后2个月,左下肢麻木1个月余。

2. 影像表现 声像图示胆囊体积尚可,囊壁增厚>3mm,回声稍增强;胆汁透声尚可;于胆囊体部见多个强回声光团,大小约3.5mm×3.2mm,后方伴声影,可随体位改变而移动,胆总管未见扩张。CT示胆囊大小尚可,壁稍厚,胆囊体部可见多个类圆形高密度影,密度均匀,边界清楚,增强后未见明显强化,胆囊周围未见明显异常强化灶,见图5-3-7。

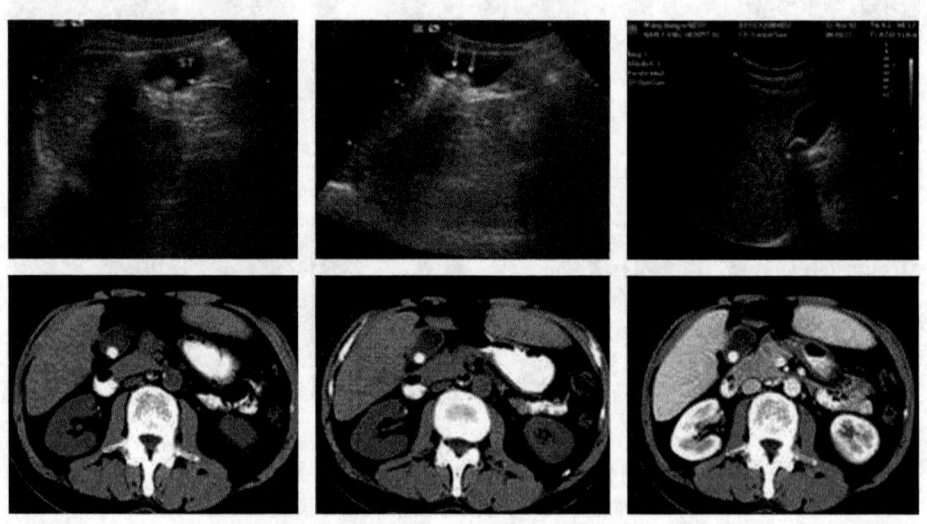

图5-3-7 慢性胆囊炎并胆囊结石(声像图及CT平扫、增强动脉期)

3. 诊断 病理诊断:慢性胆囊炎并胆囊结石。胆囊黏膜上皮呈乳头状增生,部分腺体伸入肌层,壁间血管扩张充血伴慢性炎细胞浸润,局部见结石。

4. 讨论 胆结石是一种常见病,多见于中年女性,病因多与家族史、油腻饮食、血脂增高、饮酒等因素有关,分为胆色素型、胆固醇型和混合型。临床上表现为胆绞痛和阻塞性黄疸,伴有胆囊炎者可有胆囊炎的症状体征。

声像图示胆囊腔内一个或多个强回声光团、光斑或弧形强光带,后方伴有清晰的声影,可随体位改变而移动;典型声像图表现为"囊壁、结石、声影"三合征;充满型结石表现为胆囊无回声消失,前半部呈弧形强光带,后方伴声影;泥沙样结石则为囊内细小的强回声光点群,后伴声影;胆囊壁间结石则为壁内强回声光斑,后方伴彗星尾征或声影,体位改变时不移动。

CT表现因结石化学成分不同,可为高密度、等密度、低密度、环状结石。等密度、低密度结石CT不易发现,胆影葡胺增强检查见胆囊内可移动的充盈缺损可明确。

典型的超声及CT表现,胆结石诊断不难,需与胆囊息肉、胆汁浓缩及胆囊癌相鉴别。胆囊息肉呈高回声结节,后不伴声影,不随体位改变而移动;胆汁浓缩示胆囊内回声增强、密度增高,但后方不伴声影;胆囊癌呈实性结节,突向囊腔,增强后强化及向周边侵犯可鉴别。

八、慢性胰腺炎

1. 病史临床 患者,男,58岁,有急性胰腺炎病史,腹痛1周。

2. 影像表现 胰腺大小正常,主胰管扩张明显,胰体部可见一液性病变,呈条索状(白色箭头),增强扫描胰腺实质呈均匀强化,胰体部病灶未见强化,见图5-3-8。

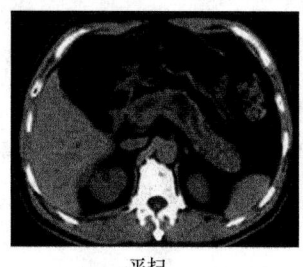
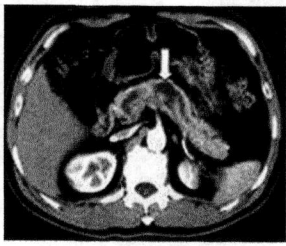
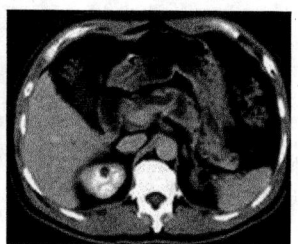

平扫　　　　　　　　　增强扫描　　　　　　　　　增强扫描

图 5-3-8　慢性胰腺炎

3. 诊断 慢性胰腺炎(chronic pancreatitis)。

4. 讨论 慢性胰腺炎是由于急性胰腺炎反复发作所造成的一种胰腺慢性进行性破坏疾病。病理上胰腺实质组织萎缩,胰管呈节段性扩张,偶可见胰管内结石影,此为诊断慢性胰腺炎的可靠依据。临床表现:腹痛是最常见的症状,反复发作,常因饮酒、劳累饱食诱发。常可见糖尿病、黄疸等。

影像学诊断要点:胰腺体积正常或萎缩,密度增高,胰管节段性扩张,胰腺实质内或胰管内可见钙化,是慢性胰腺炎特征性的表现。可伴有不同程度的慢性胆管扩张,30%可并发假性囊肿。假性囊肿胰头区多见,壁薄,可见钙斑,增强扫描未见强化。肾周筋膜增厚等。MRI优势是能发现慢性胰腺炎的纤维化表现,表现为T1WI信号减低。ERCP:主要表现为胰管多发性狭窄和扩张并存,形成串珠样改变,分支粗细不均,稀疏,可扩张呈小囊状,胰管结石阻塞呈充盈缺损影,胰泡易显影,边界模糊,胰腺增大或缩小,胆总管下段僵直、狭窄、阻塞或移位。

与胰腺癌鉴别:胰腺癌病变区较局限且较大,液化坏死多见,钙化罕见。胰胆管扩张程度较重,且表现为突然中断和双管征等,可有恶性肿瘤征象,如转移,血管侵犯等可以鉴别。

与胰腺囊性肿瘤鉴别:后者表现为囊实性肿块,囊壁可见不规则壁结节,增强扫描囊壁和纤维分隔的强化,部分瘤体中央可见不规则钙化。MRI上可表现为典型的蜂窝样改变,MRCP上少见胰胆管系统的梗阻征象。

九、肠穿孔致急性弥漫性腹膜炎

1. 病史临床 患者,男,43岁,车祸致全身多处伤伴腹痛3小时余。

2. 影像表现 肝脏大小、形态尚可,未见明显异常密度灶,胆囊体积略大,内密度略增高,脾密度欠均匀,肝脾周围可见少量弧形液性低密度灶,壁层腹膜增厚,网膜混浊,密度增高,肠管积气聚积,结构紊乱,右侧腹壁可见少量积气影,双肾大小、形态尚可,未见明显高密度病灶,亦未见明显异常,见图5-3-9。

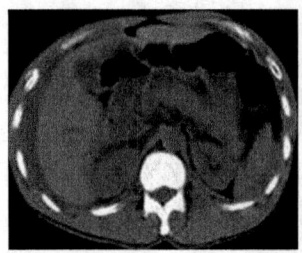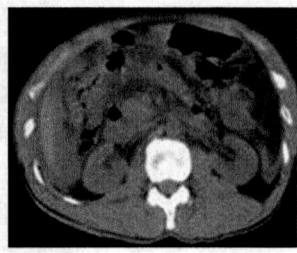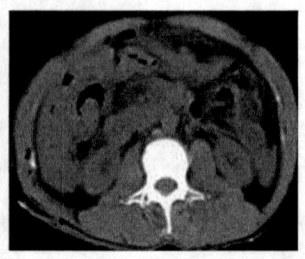

图 5-3-9　肠穿孔致急性弥漫性腹膜炎(CT 图)

3. 诊断　病理诊断:符合(回肠、升结肠)肠穿孔致急性弥漫性腹膜炎;脾挫裂伤。右侧阑尾黏膜及黏膜下层纤维组织、淋巴组织增生,伴少量淋巴、质细胞及嗜酸粒细胞浸润;回肠及结肠肠壁质膜面见纤维素渗出物与中性粒细胞浸润。脾组织包膜下组织坏死,出血灶形成。

4. 讨论　急性腹膜炎以继发性腹膜炎常见,多因腹腔脏器的穿孔、损伤、炎症和手术污染等引起腹膜的混合感染,常见的致病菌为大肠埃希菌、厌氧菌、链球菌等。临床上有腹痛、全身感染、恶心、呕吐、高热等中毒症状。

　　CT 表现为肝脾周围弧形液性低密度灶,腹膜增厚,肠管积气聚积,结构紊乱;腹腔肠管穿孔者可表现为腹腔少量积气影。

　　急性原发性腹膜炎,临床少见,致病菌多为溶血性链球菌、肺炎链球菌,为致病菌经血液、淋巴或女性生殖器官进入腹腔所致。急性腹膜炎的确诊还需结合临床的症状及实验室检查结果。

十、慢性粘连性肠梗阻并多灶性肠坏死

1. 病史临床　患者,男,47 岁,2 个月前因车祸行肠系膜裂伤修补,术后反复阵发性腹痛 1 月余,加重 2 天,无放射性痛,伴少许腹胀,无恶心、呕吐,有肛门排气、排便。

2. 影像表现　膈下未见游离气体。左上腹部见数个气液平面,肠腔扩张,并见密集肠黏膜皱襞。脏器轮廓正常。双肾区、输尿管经路及膀胱区未见明显阳性结石影。腰椎及骨盆骨质未见异常。治疗 1 个月后左上腹仅见少许气液平面,见图 5-3-10。

3. 诊断　病理诊断:回肠下段符合慢性粘连性肠梗阻并多灶性肠坏死、局部慢性肠穿孔和脓肿形成。临床诊断:不完全性粘连性肠梗阻回肠局部黏膜脱落消失,表面有坏死及炎性渗出物,其下纤维组织增生伴大量急慢性炎细胞浸润,部分区域肠壁坏死,穿透全层,灶片状中性粒细胞浸润、聚集,脓肿形成。

4. 讨论　肠梗阻以机械性肠梗阻最为常见,分为单纯性和绞窄性肠梗阻两种,前者只有肠道通畅障碍,后者同时伴有血液循环障碍。单纯性肠梗阻常由于肠粘连、炎症、肿瘤、腹腔手术等因素引起肠腔部分或完全性阻塞造成肠内容物通过受阻,临床上常有腹痛、腹胀、恶心、呕吐及肛门停止排气排便等。

　　单纯性肠梗阻腹部平片示:阶梯状液平面征,指梗阻近侧的肠曲扩张形成多个气液平面,排列呈典型的阶梯状;大跨度肠襻征,卧位腹部平片表现为充气扩大的空肠、回肠充满腹腔,充气肠曲跨越距离超过整个腹腔横径一半以上称为大跨度肠襻;鱼肋征多指左上腹

扩大的空肠内见到较多横贯肠腔,密集排列的线条状或弧线状皱襞形似鱼肋骨样影。

典型的 X 线表现结合临床症状,单纯性小肠梗阻一般不难诊断,但需与绞窄性小肠梗阻相鉴别,若腹痛呈持续性伴阵发性加剧,或腹部平片见典型的"假肿瘤征"、"咖啡豆征"、"空回肠换位征"等应考虑为绞窄性小肠梗阻。

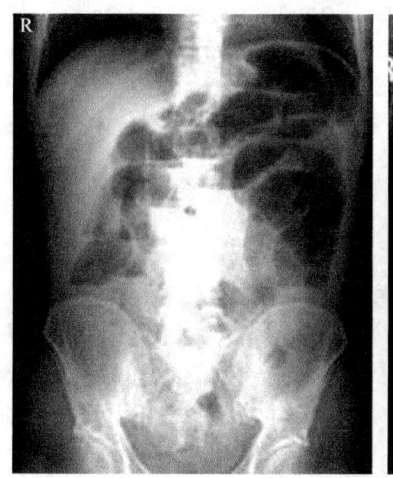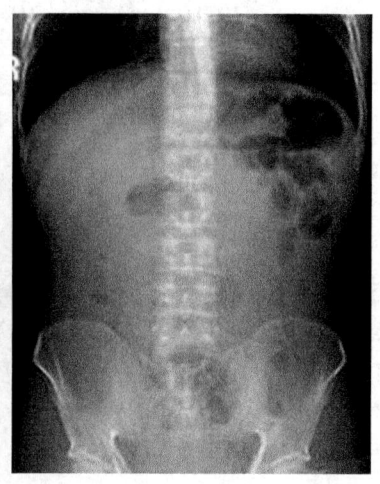

图 5-3-10　慢性黏连性肠梗阻并多灶性肠坏死
腹部平片及治疗 1 个月后复查

(高小青　杜　杰)

第六章 盆部及会阴

Chapter 6 Pelvis and perineum

第一节 盆部及会阴解剖学基础

一、概述

1. 境界与分部

（1）境界：盆部（pelvis）及会阴（perineum）位于躯干部的下份。在断面解剖学中，上方以第5腰椎间盘下缘（骶岬）水平面与腹部分界，下方以外生殖器消失平面为界。

（2）分部：盆部由骨盆、盆壁、盆腔和盆腔内器官组成。盆壁以骨盆为基础，覆以肌肉、筋膜、血管、神经等软组织构成。盆腔内脏器为消化系统和泌尿系统下段，以及内生殖器等。会阴部由盆膈、封闭骨盆下口的软组织和穿过盆膈的结构构成。

2. 内容

（1）盆部：膀胱、直肠、回肠、内生殖器、血管、神经等。

（2）会阴部：尿道、阴道、肛管等。

二、体表标志性结构

1. 髂嵴（iliac crest） 为髂骨翼的游离缘，两侧最高点连线约平对第4、5腰椎间盘，经此所作横断层面称嵴间平面，是腹主动脉分叉的标志平面。

2. 髂前、后上棘 为髂脊前后端的突起，两侧髂后上棘的连线平对第2骶椎，是蛛网膜下隙终止的标志。

3. 耻骨联合上缘（superior margin of pubic symphysis） 为耻骨联合的上缘，此横断层是显示精囊的最佳平面。

4. 坐骨结节（ischial tuberosity） 为坐骨最低部的结节粗隆，其内侧缘的深面有阴部管及通过管内的阴部神经和阴部内动脉、阴部内静脉。

三、盆筋膜与筋膜间隙

（一）盆筋膜

盆筋膜（pelvic fascia）可分为3部分，即盆壁筋膜、盆脏筋膜、盆膈筋膜，见图6-1-1。

1. 盆壁筋膜 为盆筋膜壁层，向上越过界线与腹内筋膜（即腹壁内面的筋膜）相续，向下相移行于骶骨前方的筋膜（骶前筋膜）、梨状肌内表面的筋膜（梨状肌筋膜）。

2. 盆脏筋膜 为盆筋膜脏层，是由盆膈上筋膜内侧缘在盆腔内脏器穿过盆膈或尿生殖膈时向上反折形成的包裹脏器的筋膜鞘，向上逐渐消失在筋膜间隙中。在盆腔侧壁，盆脏筋膜形成的膈和韧带与盆壁筋膜相连，如直肠膀胱膈、直肠侧韧带等。

第六章 盆部及会阴

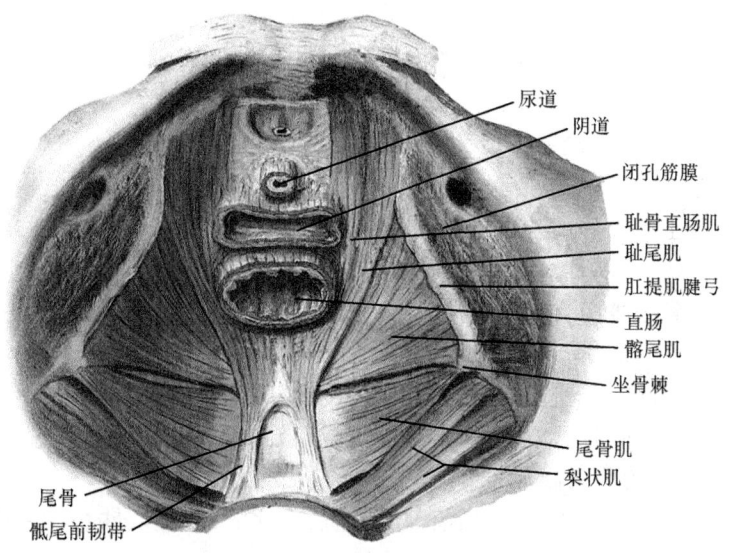

图 6-1-1 女性盆部筋膜上面观

3. 盆膈筋膜 分为盆膈上筋膜和盆膈下筋膜,向周围与盆壁筋膜相续,向中央裂孔处与盆脏筋膜相融合。

（二）盆筋膜间隙

盆筋膜间隙为盆筋膜（除盆膈下筋膜）与覆盖盆腔脏器腹膜之间的间隙,内有疏松结缔组织和静脉丛等,是手术分离、辅助检测的途径,也是病变漫延的通道,见图 6-1-2。

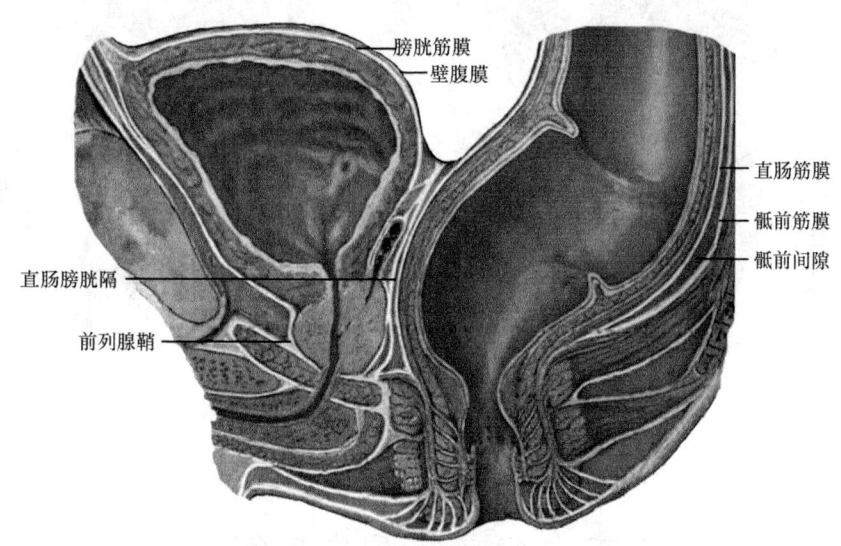

图 6-1-2 男性盆部筋膜及筋膜间隙矢状面观

1. 耻骨后隙 又称膀胱前隙,临床上腹膜外引流、膀胱及子宫下部手术均通过此间隙,耻骨骨折后血肿、膀胱前壁损伤后尿外渗等常潴留于此间隙。

2. 直肠后隙 又称骶前间隙,此间隙向上腹膜后隙相通,直肠后隙的炎症或积液可向上沿腹膜后隙漫延,临床上作腹膜后隙空气造影,也通过此间隙,此间隙内骶前静脉丛血管丰富,手术分离时应作钝性分离。

四、盆腔脏器配布特点

1. 三纵 盆腔脏器无论男性、女性,分为前、中、后3纵列。
(1) 前列:为泌尿器官,包括膀胱、尿道。
(2) 中列:为生殖器官,包括男性的输精管壶腹、精囊和前列腺,女性的子宫、阴道、输卵管和卵巢。
(3) 后列:为消化器官,包括直肠、肛管,以及沿盆壁下降的输尿管。

2. 四横 盆腔脏器无论男性、女性,由上至下可分4层。
(1) 第一层:为输尿管和腹腔下部脏器层,包括盲肠、阑尾、回肠和乙状结肠。
(2) 第二层:为腹腔脏器与盆腔脏器过渡层,包括前部的膀胱、尿道、男性的前列腺。回肠、乙状结肠,后部的生殖器官和直肠。
(3) 第三层:为盆腔脏器层,包括前部的膀胱,男性的前列腺、输精管壶腹和精囊,女性的尿道、子宫、阴道、输卵管和卵巢,后部的直肠。
(4) 第四层:为会阴部结构层,包括尿道、睾丸、阴道、外生殖器、直肠及肛管,见图6-1-3。

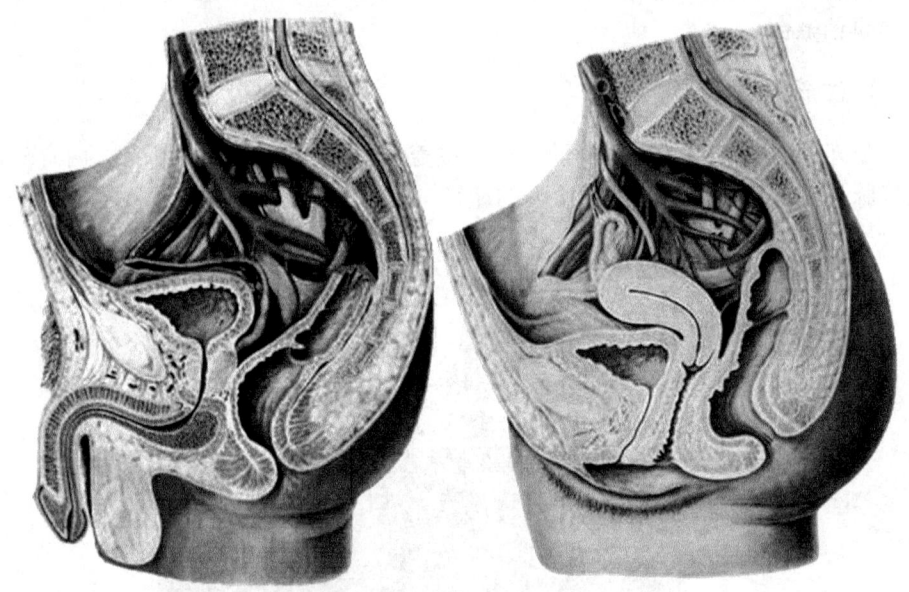

图6-1-3 盆腔脏器配布特点(矢状面观)

(范光碧 涂江义)

第二节 盆部断层应用解剖学

一、盆部的连续水平断面

盆部水平断层标本以骶岬水平面为标准断面,每层厚10mm,分别向下切割至坐骨结节,女性有14个层面,男性有18个层面。根据临床运用的需要,本教材女性为主进行讲解,男性盆部髋关节以上的结构及髋关节以下各断面外侧部的结构与女性盆部相似,故只选出8个断面,以男性生殖器为主要层面讲解。

(一) 女性盆部水平断层

1. 经第 1 骶椎上份层面 特征结构:肠管、髂血管、输尿管。此断面经第 1 骶椎上份,见图 6-2-1。

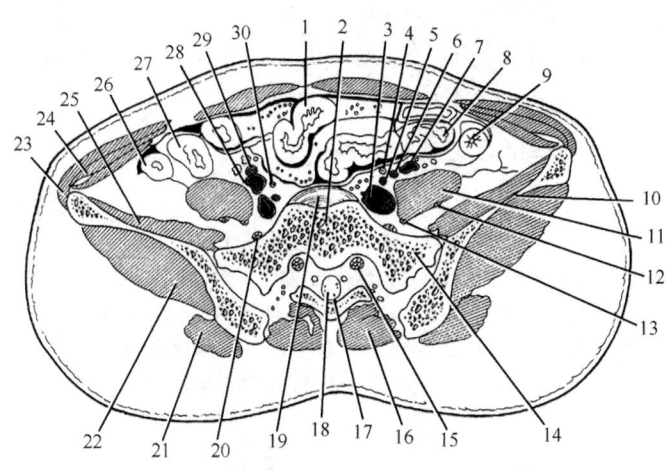

图 6-2-1 经第 1 骶椎上份层面

1. 回肠;2. 第 1 骶椎;3. 左髂总静脉;4. 左输尿管;5. 左髂内动脉;6. 左髂外动脉;7. 左卵巢血管;8. 空肠;9. 乙状结肠;10. 髂骨翼;11. 腰大肌;12. 股神经;13. 闭孔神经;14. 髂骨;15. 第 1 骶神经;16. 竖脊肌;17. 硬脊膜;18. 马尾;19. 第 5 腰椎间盘;20. 腰骶干;21. 臀大肌;22. 臀中肌;23. 腹外斜肌;24. 腹内斜肌;25. 髂肌;26. 盲肠;27. 回肠;28. 右髂外静脉;29. 右髂外动脉;30. 右输尿管

可见:腹前外侧壁由中线两侧的腹直肌及其外侧的腹外斜肌、腹内斜肌和腹横肌构成。腹腔的右侧有盲肠,可见阑尾断面;左侧为乙状结肠,两者之间为回肠、肠系膜和大网膜。腰大肌与骶椎体之间的结构,由前向后依次为:髂外动脉、髂内动脉和髂总静脉。左右输尿管分别跨越左髂总动脉末端和右髂外动脉的起始部。腰大肌的外侧有股神经,内侧有闭孔神经和腰骶干。髂骨翼前方为髂肌,后方为臀大肌和臀中肌,骶中嵴两侧有竖脊肌。

2. 经第 1 骶椎下份层面 特征结构:肠管、髂血管、输尿管。此断面经第 1 骶椎下份,见图 6-2-2。

在此断面可见:腹前壁仍由腹直肌和三层扁腹肌构成。右髂窝处有盲肠,其内侧壁处可见阑尾的断面。左髂窝有乙状结肠。在盲肠和乙状结肠之间有回肠及肠系膜。腰大肌与髂肌之间有股神经,腰大肌的内侧有髂外动、静脉,输尿管,髂内动、静脉,闭孔神经及腰骶干。第 1~2 骶椎之间有椎间盘,其两侧有骶前孔,内有第 1 骶神经前支。椎体后方可见骶管及在骶正中嵴两侧的竖脊肌。

3. 经第 2 骶椎层面 特征结构:肠管、髂血管、卵巢血管、输尿管。此断面经第 2 骶椎,见图 6-2-3。

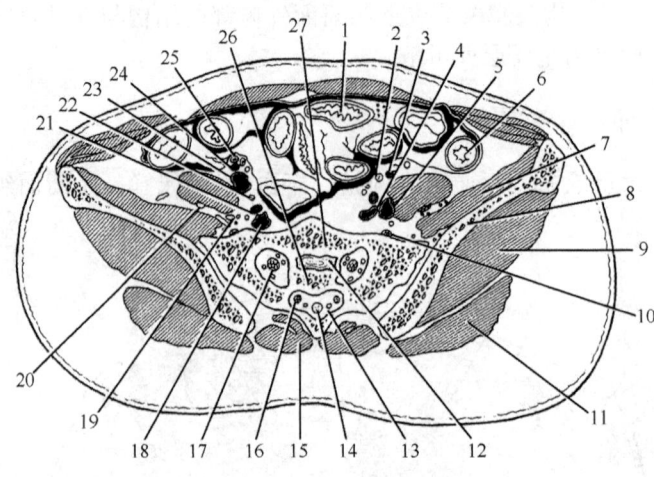

图 6-2-2 经第 1 骶椎下份层面

1. 回肠;2. 左输尿管;3. 左髂外动脉;4. 左髂内静脉;5. 左髂外静脉;6. 乙状结肠;7. 髂肌;8. 髂骨翼;
9. 臀中肌;10. 腰骶干;11. 臀大肌;12. 第 1 骶椎间盘;13. 骶管;14. 马尾;15. 竖脊肌;16. 第 2 骶神经;
17. 第 1 骶神经;18. 右髂内静脉;19. 闭孔神经;20. 股神经;21. 右髂内动脉;22. 右输尿管;23. 右髂外
静脉;24. 右髂外动脉;25. 右卵巢静脉;26. 第 2 骶椎;27. 第 1 骶椎

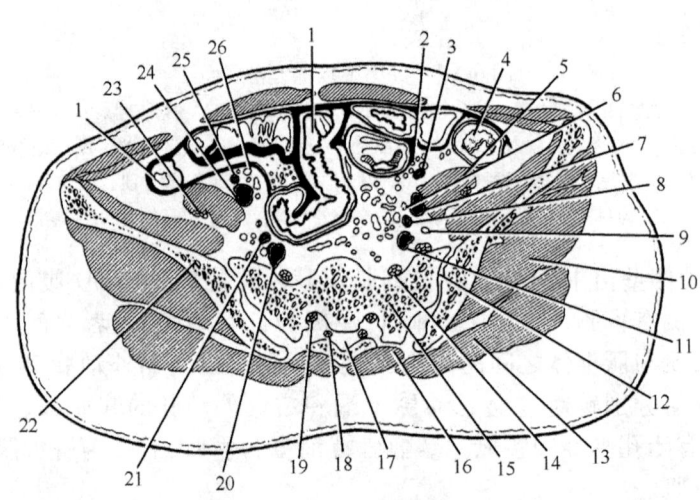

图 6-2-3 经第 2 骶椎层面

1. 回肠;2. 左卵巢动、静脉;3. 左髂外动脉;4. 乙状结肠;5. 腰大肌;6. 左输尿管;7. 左髂外静脉;8. 左髂
内动脉;9. 闭孔神经;10. 臀中肌;11. 左髂内静脉;12. 骶髂关节;13. 臀大肌;14. 第 1 骶神经;15. 第 2 骶
椎;16. 竖脊肌;17. 骶管;18. 第 3 骶神经;19. 第 2 骶神经;20. 右髂内静脉;21. 右髂内动脉;22. 髂骨翼;
23. 股神经;24. 右髂外静脉;25. 右髂外动脉;26. 右卵巢静脉

在此断面可见:腹前壁有腹直肌及三层扁腹肌。腹腔内肠管位于右髂窝处为盲肠、左髂窝处为乙状结肠,余为回肠剖面。在盲肠内侧可见右卵巢剖面,在左髂内、外动脉之间有左侧卵巢。髂骨翼的前面有髂肌和腰大肌的断面,二肌之间外侧有股神经,内侧有闭孔神经。腰大肌内侧从前到后依次有髂外动、静脉,输尿管和髂内动、静脉。髂骨翼的后方有臀小肌、臀中肌和臀大肌。第 2 骶椎体前方两侧有第 1 骶神经,其外侧有腰骶干,后方可见骶管及骶正中嵴两侧的竖脊肌。

4. 经第 3 骶椎下份层面　特征结构:肠管、髂血管、卵巢、输尿管。此断面经第 3 骶椎下份,见图 6-2-4。

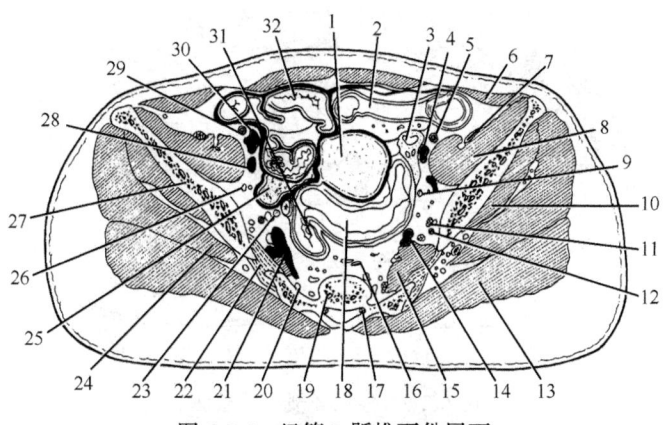

图 6-2-4 经第 3 骶椎下份层面

1. 子宫底;2. 乙状结肠;3. 左卵巢;4. 左髂内静脉;5. 左髂外动脉;6. 腹内斜肌;7. 股神经;8. 髂腰肌;9. 左输尿管;10. 臀小肌;11. 腰骶干;12. 左臀上动脉;13. 臀大肌;14. 左髂内静脉;15. 梨状肌;16. 直肠上动脉;17. 第 4 骶神经;18. 乙状结肠;19. 第 4 骶椎;20. 第 3 骶神经;21. 右髂内静脉;22. 骶髂关节囊;23. 右输尿管;24. 臀中肌;25. 右卵巢;26. 闭孔神经;27. 髂骨翼;28. 髂外淋巴结;29. 右髂外动脉;30. 右髂外静脉;31. 直肠;32. 回肠

在此断面可见:腹前壁内有腹直肌及三层扁腹肌。乙状结肠被切为两个断面,一个呈圆形位于左髂窝处,一个斜置于骶骨体前方。此处相当于乙状结肠作"乙"字形弯曲的部位。盲肠位于右髂窝处,其余肠管为回肠。髂骨翼前面为髂肌和腰大肌,二肌交界的外侧有股神经。髂肌的后内侧可见闭孔神经。腰大肌的内侧有髂外动、静脉,髂外静脉的内侧有卵巢的剖面。输尿管位于髂内、外静脉之间。第 3 骶椎骶前孔外侧可见梨状肌。骶髂关节前方的结构从前外向后内依次有髂内动、静脉,腰骶干,第 1、2 骶神经和交感干,髂骨翼后方有臀小肌、臀中肌和臀大肌,臀大肌与臀中肌之间有臀上动、静脉和臀上神经的断面。椎体后方可见骶管及骶正中嵴两侧的竖脊肌。

5. 经第 4 骶椎层面 特征结构:乙状结肠、髂血管、卵巢、输尿管。此断面经第 4 骶椎,见图 6-2-5。

在此断面可见:盆腔内可见盲肠位于右侧髂腰肌前方,乙状结肠在此断面被切成前、后两个断面,一个位于左髂腰肌的内前方,一个位于骶骨前方,并与直肠相连续,其他的肠管为回肠。腰大肌外侧有股神经,内侧有髂外动、静脉及闭孔神经。腰大肌与髂肌合为髂腰肌,位于髂骨翼前方。髂骨翼后端内侧有输尿管,髂内动、静脉和腰骶干。第 1~3 骶神经由前外向后内依次位于梨状肌的前缘。骶骨与髂骨翼之间为坐骨大孔,内有梨状肌穿过。梨状肌与骶骨之间为梨状肌上孔,内有臀上动、静脉和臀上神经通过。髂骨翼后方有臀小肌、臀中肌和臀大肌。骶管呈扁管状,其后方开放,即为骶管裂孔。

6. 经第 5 骶椎层面 特征结构:乙状结肠、髂血管、子宫、输尿管。此断面经第 5 骶椎体上份,见图 6-2-6。

在此断面可见:腹直肌内侧前方有锥状肌断面,盆腔内脏器前为膀胱尖,中为子宫底,后为直肠。膀胱尖的后方可见乙状结肠断面。直肠位于骶骨前方。子宫底两侧与输卵管相近,后方与直肠之间可见由腹膜形成的直肠子宫陷凹的断面。骨体呈宽厚的三角形,其内侧有闭孔内肌,该肌内侧有闭孔血管、闭孔神经和输尿管。髂骨体前方有髂腰肌,该肌前

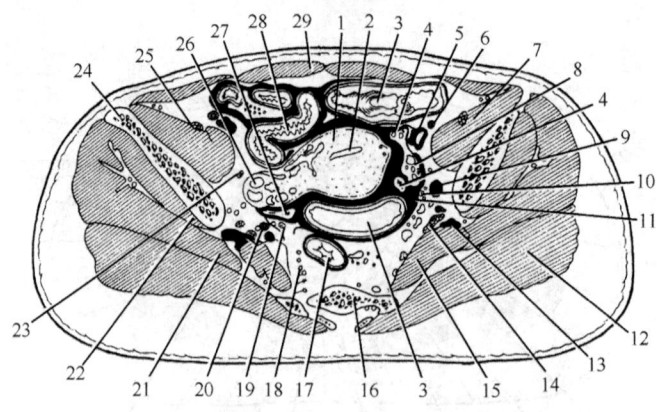

图 6-2-5 经第 4 骶椎体层面

1. 子宫体；2. 子宫腔；3. 乙状结肠；4. 左输卵管；5. 左髂外静脉；6. 左髂外动脉；7. 髂腰肌；8. 左卵巢；9. 髂内淋巴结；10. 左输尿管；11. 腹膜腔；12. 臀大肌；13. 髂内静脉属支；14. 坐骨神经；15. 梨状肌；16. 第 4 骶椎；17. 直肠；18. 直肠静脉丛；19. 右输尿管；20. 臀下动、静脉；21. 臀中肌；22. 臀小肌；23. 闭孔神经；24. 髂骨翼；25. 股神经；26. 右卵巢；27. 右输卵管；28. 回肠；29. 腹直肌

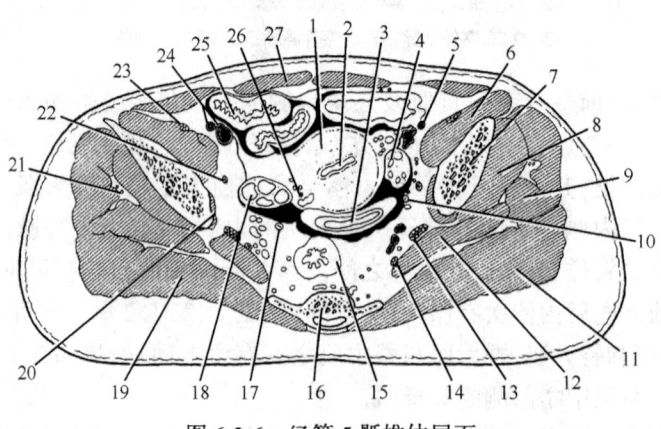

图 6-2-6 经第 5 骶椎体层面

1. 子宫体；2. 子宫腔；3. 乙状结肠；4. 左卵巢；5. 左髂外动脉；6. 髂腰肌；7. 髂骨翼；8. 臀小肌；9. 臀中肌；10. 左输尿管；11. 臀大肌；12. 梨状肌；13. 坐骨神经；14. 第 3 骶神经；15. 直肠；16. 第 5 骶椎；17. 右输尿管；18. 右卵巢；19. 臀大肌；20. 闭孔内肌；21. 臀上动、静脉；22. 闭孔神经；23. 股神经；24. 右髂外动、静脉；25. 回肠；26. 子宫动脉；27. 腹直肌

内方由外至内有股神经和髂外动、静脉。髂腰肌外侧有缝匠肌，该肌后外方有阔筋膜张肌。髂骨体后外侧有臀小肌、臀中肌和臀大肌。骶椎体与髂骨体之间为坐骨大孔，梨状肌已穿出坐骨大孔，位于髂骨体与臀大肌之间。梨状肌的前方有臀下动、静脉和骶丛各支的断面。

7. 经髋臼上缘层面 特征结构：乙状结肠、膀胱、子宫、输尿管。此断面经髋臼上缘，见图 6-2-7。

此断面可见：锥状肌、腹直肌后方有膀胱。子宫体位于盆腔中央，内有子宫腔，其两侧为输尿管。骶尾联合前方有直肠。直肠与子宫体之间隔以直肠子宫陷凹，膀胱与子宫之间有膀胱子宫陷凹。髂骨体前方有髂腰肌，该肌前方可见股神经，髂外动、静脉及腹壁下动、静脉，外侧有缝匠肌和阔筋膜张肌。髋臼的内侧有闭孔内肌，该肌前端的内侧有闭孔动、静脉和闭孔神经。髋臼内可见股骨头。坐骨体的后外方有臀小肌、臀中肌和臀大肌。坐骨体

第六章 盆部及会阴

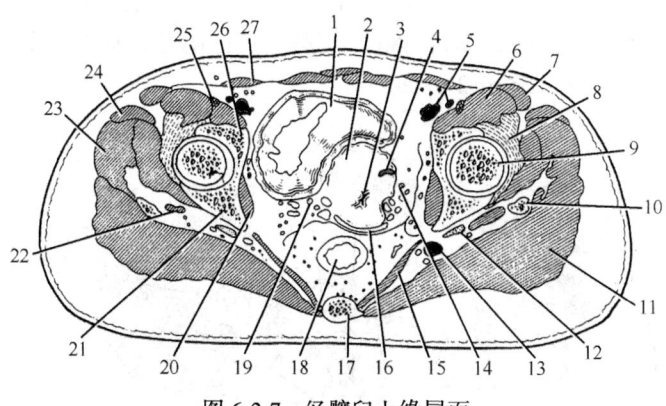

图 6-2-7 经髋臼上缘层面

1. 膀胱；2. 子宫颈；3. 子宫颈管；4. 子宫动脉；5. 左髂外血管；6. 髂腰肌；7. 缝匠肌；8. 髂股韧带；9. 股骨头；10. 股骨大转子；11. 臀大肌；12. 坐骨神经；13. 臀下静脉；14. 左输尿管；15. 尾骨肌；16. 阴道穹后部；17. 尾骨；18. 直肠；19. 右输尿管；20. 闭孔内肌；21. 坐骨体；22. 梨状肌；23. 臀中肌；24. 阔筋膜张肌；25. 股神经；26. 耻骨体；27. 腹内斜肌

与臀大肌之间有坐骨神经和梨状肌断面，坐骨神经内侧有阴部内动、静脉和阴部神经。在尾骨两侧可见细条状的尾骨肌向前外伸至臀大肌前方，两肌之间有臀下动、静脉。

8. 经股骨头上份层面 特征结构：直肠、膀胱、子宫、输尿管。此断面经股骨头上份层面，见图 6-2-8。

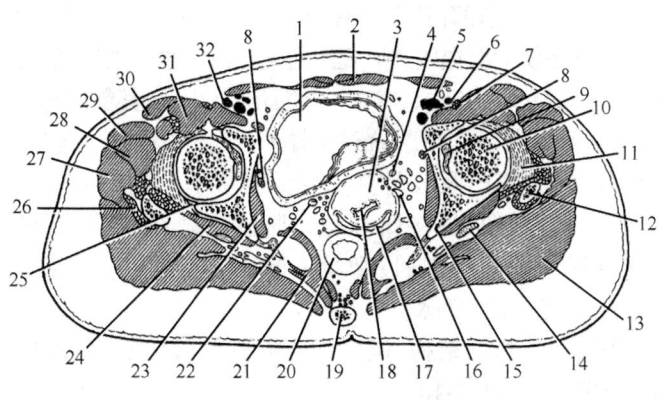

图 6-2-8 经股骨头上份层面

1. 膀胱；2. 腹直肌；3. 子宫颈；4. 左输尿管；5. 左髂内静脉；6. 左髂外动脉；7. 股神经；8. 闭孔神经；9. 股骨头韧带；10. 股骨头；11. 髂股韧带；12. 股骨大转子；13. 臀大肌；14. 坐骨神经；15. 坐骨棘；16. 子宫阴道静脉丛；17. 阴道穹后部；18. 子宫颈管；19. 尾骨；20. 直肠；21. 肛提肌；22. 右输尿管；23. 闭孔内肌；24. 上孖肌；25. 髋臼唇；26. 臀中肌腱；27. 臀中肌；28. 臀小肌；29. 阔筋膜张肌；30. 缝匠肌；31. 髂腰肌；32. 右髂外动脉

此断面可见：锥状肌和腹直肌后方有膀胱，尾骨前方有直肠，膀胱与盲肠之间为子宫颈，内有子宫颈管。子宫颈的两侧与闭孔内肌之间有输尿管和子宫阴道静脉丛。直肠与闭孔内肌之间为坐骨肛门窝，其间充满脂肪。髋臼由前部的耻骨体和后部的坐骨体构成，髋臼内有股骨头及股骨头韧带。耻骨体前方有髂腰肌和耻骨肌，髂腰肌前方由外向内有股神经、股动脉和股静脉。髂腰肌外侧有缝匠肌、股直肌和阔筋膜张肌。髋骨内侧的闭孔内肌前方有闭孔动、静脉和闭孔神经。在股骨头与坐骨体的外后方有臀小肌、臀中肌和臀大肌。

坐骨体后方有一横行的肌肉为上孖肌,该肌与臀大肌之间有坐骨神经及臀下动、静脉。

9. 经股骨头中份层面 特征结构:髋臼、直肠、膀胱、阴道。此断面经股骨头中份层面,该断面分中间部和外侧部,见图 6-2-9。

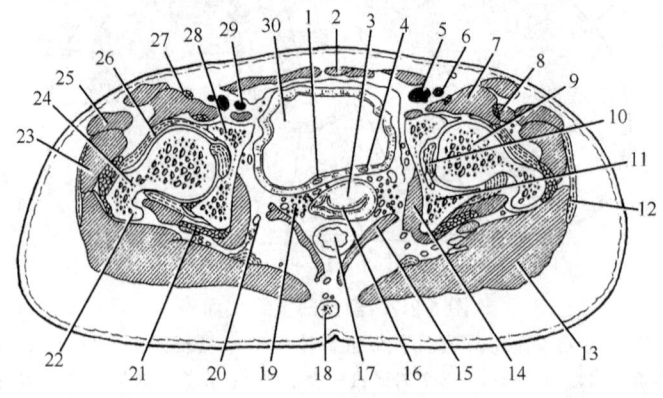

图 6-2-9 经股骨头中份层面

1. 右输尿管(壁内段);2. 腹直肌;3. 子宫颈;4. 左输尿管;5. 左髂外静脉;6. 左髂外动脉;7. 髂腰肌;8. 股直肌;9. 股骨头;10. 股骨头韧带;11. 坐骨体;12. 阔筋膜;13. 臀大肌;14. 闭孔内肌;15. 肛提肌;16. 阴道穹后部;17. 直肠;18. 尾骨;19. 子宫阴道静脉丛;20. 阴部内动、静脉;21. 坐骨神经;22. 股骨大转子;23. 臀中肌;24. 股骨颈;25. 阔筋膜张肌;26. 髂股韧带;27 股神经;28. 耻骨体;29. 髂外淋巴结;30. 膀胱

(1)中间部:位于两侧髋骨断面之间。锥状肌和腹直肌后方,由前向后依次有膀胱、阴道和直肠的断面。阴道内有子宫颈阴道部,其中间有子宫颈管。在阴道两侧有阴道静脉丛。直肠后方为尾骨,直肠两侧可见条带状的肛提肌。肛提肌与闭孔内肌之间的三角形间隙为坐骨肛门窝,窝内有阴部神经、阴部内血管和脂肪组织。髋臼内侧有闭孔内肌,其前端与髋臼之间有闭孔神经和闭孔动、静脉,该肌后端肌束集中成肌腱,绕过坐骨小切迹至臀区,止于转子窝。

(2)外侧部:盆腔两侧为髋臼及股骨头构成的髋关节。髋臼的前部为耻骨体,后部为坐骨体。耻骨体的前方有缝匠肌、髂腰肌和耻骨肌,髂腰肌的内前方有股神经和股动、静脉。股骨头外侧有阔筋膜张肌和臀中肌;坐骨体的后方有闭孔内肌腱、下孖肌和臀大肌。臀大肌深面有坐骨神经和臀下动、静脉。

10. 经股骨大转子层面 特征结构:髋臼、直肠、膀胱、阴道。此断面平股骨大转子,该断面也分中间部和外侧部,见图 6-2-10。

(1)中间部:位于两侧髋骨断面之间。主要结构从前到后依次为膀胱、阴道和直肠。膀胱位于两耻骨上支之间。直肠后方及两侧有肛提肌。髋骨内侧有闭孔内肌,该肌前部外侧与闭孔沟之间为闭膜管,内有闭孔神经和闭孔动、静脉穿过。在臀大肌前方、肛提肌与闭孔内肌之间为坐骨肛门窝,窝的外侧壁有阴部管,内有阴部神经和阴部内动、静脉通过。

(2)外侧部:髋臼的前部为耻骨上支和耻骨体,后部为坐骨体。位于髋臼内的股骨头伸向后外方连接股骨颈,股骨颈的后外方有膨大的大转子。在耻骨上支前外方有耻骨肌,股骨头前方有髂腰肌,两肌之间的前方有股神经和股动、静脉。髂腰肌外侧有缝匠肌、股直肌和阔筋膜张肌。在坐骨体后方有闭孔内肌腱及其伴行的下孖肌,该肌与臀大肌之间有坐骨神经。大转子后外方有臀中肌和臀大肌。

11. 经耻骨联合上部层面 特征结构:直肠、阴道、尿道。此断面平耻骨联合上部,也分为中间部和外侧部分,见图 6-2-11。

(1)中间部:前方为耻骨联合及耻骨上支,后部两侧为臀大肌、闭孔内肌。耻骨联合面

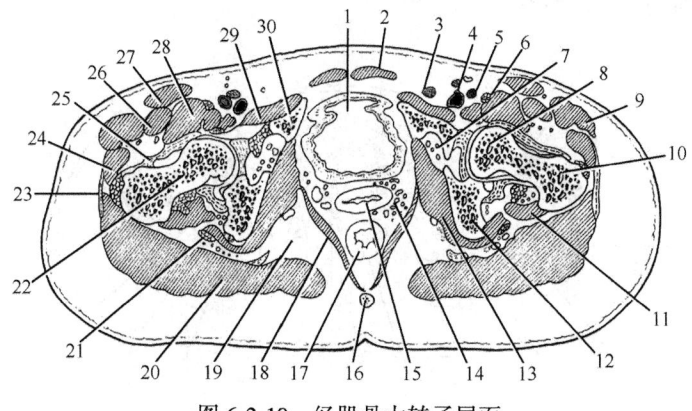

图 6-2-10　经股骨大转子层面

1. 膀胱；2. 锥状肌；3. 腹股沟深淋巴结；4. 股静脉；5. 股动脉；6. 股神经；7. 闭孔动、静脉和神经；8. 股骨头；9. 阔筋膜张肌；10. 股骨大转子；11. 股方肌；12. 坐骨体；13. 闭孔内肌；14. 阴道静脉丛；15. 阴道；16. 尾骨；17. 直肠；18. 肛提肌；19. 坐骨肛门窝；20. 臀大肌；21. 坐骨神经；22. 股骨颈；23. 阔筋膜；24. 臀中肌；25. 髂股韧带；26. 股直肌；27. 缝匠肌；28. 髂腰肌；29. 耻骨肌；30. 耻骨上支肌；25. 髋臼唇；26. 臀中肌腱；27. 臀中肌；28. 臀小肌；29. 阔筋膜张肌；30. 缝匠肌；31. 髂腰肌；32. 右髂外动脉

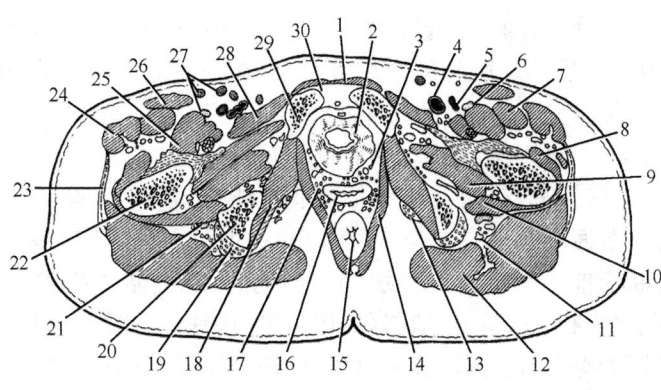

图 6-2-11　经耻骨联合上部层面

1. 锥状肌；2. 膀胱；3. 膀胱静脉丛；4. 股静脉；5. 股动脉；6. 股神经；7. 股直肌；8. 股外侧肌；9. 闭孔外肌；10. 股方肌；11. 臀下动、静脉；12. 臀大肌；13. 阴部内动、静脉和阴部神经；14. 肛提肌；15. 肛管；16. 阴道；17. 阴道静脉丛；18. 闭孔内肌；19. 半腱肌、半膜肌；20. 坐骨结节；21. 坐骨神经；22. 股骨大转子；23. 阔筋膜；24. 阔筋膜张肌；25. 髂腰肌；26. 缝匠肌；27. 股神经；28. 耻骨肌；29. 耻骨上支；30. 耻骨联合

之间为耻骨间盘。耻骨联合后方有尿道、阴道和直肠。直肠后方及两侧呈"U"字形的肛提肌越过阴道、尿道的两侧，向前止于耻骨。闭孔内肌、肛提肌与臀大肌之间为坐骨肛门窝。闭孔内肌的内侧有阴部内动、静脉及阴部神经。

（2）外侧部：耻骨上支与坐骨结节之间为闭孔，有闭孔膜封闭。膜的内、外侧分别有闭孔内、外肌。闭孔外肌的前方有耻骨肌，股骨颈前方有髂腰肌、缝匠肌、股直肌和阔筋膜张肌。耻骨肌和髂腰肌前方有股神经和股动、静脉。股骨大转子与坐骨结节之间有股方肌，该肌与后方的臀大肌之间可见坐骨神经，臀下动、静脉和臀下神经的分支。

12. 经耻骨联合下部层面　特征结构：直肠、阴道、尿道。此断面平耻骨联合下部，也分为中间部和外侧部分,见图 6-2-12。

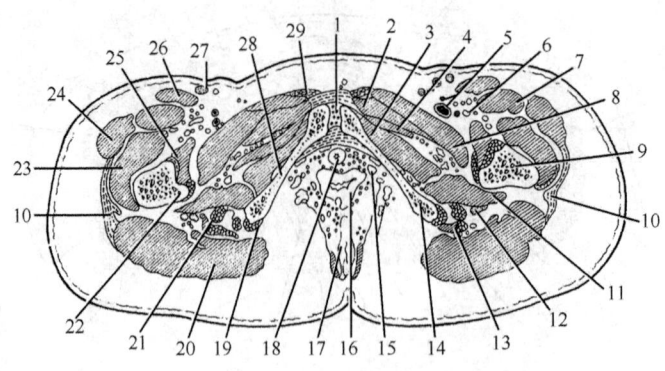

图 6-2-12　经耻骨联合下部层面

1. 耻骨联合；2. 长收肌；3. 闭孔外肌；4. 短收肌；5. 股动、静脉；6. 股深动、静脉；7. 股直肌；8. 耻骨肌；9. 股骨；10. 阔筋膜；11. 股方肌；12. 坐骨神经；13. 半腱肌与股二头肌长头腱；14. 坐骨支；15. 阴道静脉丛；16. 阴道；17. 肛门和肛门外括约肌；18. 尿道；19. 大收肌腱；20. 臀大肌；21. 半膜肌腱；22. 股骨小转子；23. 股外侧肌；24. 阔筋膜张肌；25. 髂腰肌；26. 缝匠肌；27. 腹股沟浅淋巴结；28. 耻骨下支；29. 长收肌腱

（1）中间部：呈三角形，前方为耻骨联合及耻骨下支，两侧有闭孔内肌和坐骨结节，后方为臀大肌内侧缘。耻骨联合前方为凸向前的阴阜。两侧耻骨下支伸向后外方，形成耻骨弓，其后方的间隙为耻骨后隙。耻骨间隙后方从前向后依次为尿道、阴道和肛管的断面。肛提肌断面呈条带状位于上述 3 个脏器的两侧。闭孔内肌内侧缘有阴部内动、静脉及阴部神经。闭孔内肌、肛提肌与臀大肌之间为坐骨肛门窝。

（2）外侧部：位于耻骨下支、闭孔及坐骨结节以外的部分。该部中间可见股骨的大转子及其前方的股骨颈断面。在耻骨和坐骨的外侧，由前外向后内依次有耻骨肌、短收肌和闭孔外肌。在股骨断面前方有缝匠肌、股直肌、阔筋膜张肌、髂腰肌和股外侧肌。在耻骨肌、缝匠肌与髂腰肌之间有大隐静脉、股静脉、股动脉，股深动、静脉及股神经。大转子和坐骨结节的后方有宽厚的臀大肌，二骨之间有横行的股方肌，其后方有坐骨神经及臀下动、静脉和臀下神经的分支。

13. 经耻骨弓层面　特征结构：尿道、阴道。此断面平耻骨弓高度，也分为中间部和外侧部分，见图 6-2-13。

（1）中间部：前方为大阴唇和阴蒂，两侧为坐骨海绵体肌、坐骨支及坐骨结节的剖面。断面从前向后可见尿道、阴道。尿道、阴道周围有球海绵体肌及其深面的前庭球。肛管周围有肛门外括约肌，肛管两侧有三角形的坐骨肛门窝，窝内有到肛门的血管和神经。

（2）外侧部：以股骨大转子下部为中心，其内前方有长收肌、短收肌和大收肌。耻骨肌位于短收肌外侧。短收肌和大收肌之间有闭孔神经和血管。股骨体内前方可见髂腰肌肌腱止于小转子。股骨体前方及外侧有缝匠肌、阔筋膜张肌和股四头肌。在长收肌、耻骨肌与缝匠肌之间有股动、静脉，股深动、静脉和股神经等。在股静脉前方有大隐静脉。坐骨结节与转子间嵴之间有横行的股方肌。股方肌与臀大肌之间有股二头肌长头。

14. 经阴道前庭层面　特征结构：阴道前庭、阴道、尿道。此断面平阴道前庭，也分为中间部和外侧部分，见图 6-2-14。

（1）中间部：前方有大阴唇和阴蒂。阴蒂后方为阴道前庭。

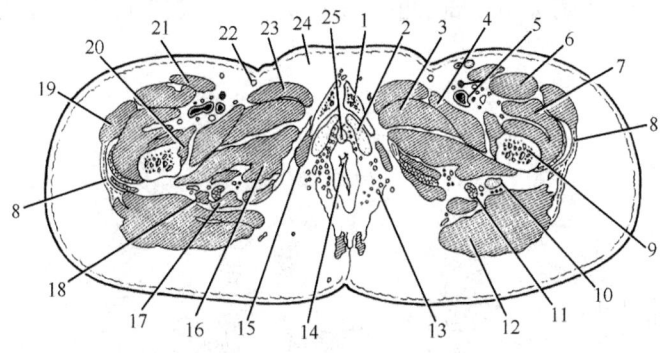

图 6-2-13 经耻骨弓层面

1. 耻骨下支;2. 前庭球;3. 短收肌;4. 耻骨肌;5. 股动、静脉;6. 股直肌;7. 股外侧肌;8. 阔筋膜;9. 股骨体;10. 坐骨神经;11. 半腱半膜肌;12. 臀大肌;13. 阴道静脉丛;14. 阴道;15. 坐骨海绵体肌;16. 大收肌;17. 股二头肌长头;18. 股后皮神经;19. 阔筋膜张肌;20. 髂腰肌;21. 缝匠肌;22. 大隐静脉;23. 长收肌;24. 阴阜;25. 尿道

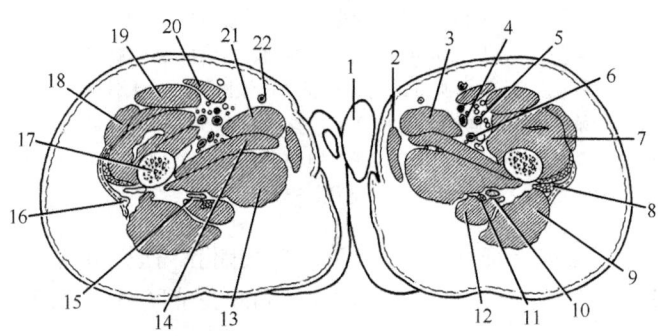

图 6-2-14 经阴道前庭层面

1. 大阴唇;2. 股薄肌;3. 长收肌;4. 股动、静脉;5. 旋股外侧动、静脉;6. 股深动、静脉;7. 股中间肌与股内侧肌;8. 臀大肌腱;9. 臀大肌;10. 股二头肌长头;11. 半膜肌;12. 半腱;13. 大收肌;14. 短收肌;15. 坐骨神经;16. 阔筋膜;17. 股骨体;18. 阔筋膜张肌;19. 股直肌;20. 缝匠肌;21. 长收肌;22. 大隐静脉

(2) 外侧部:可见股骨体及其周围的肌肉、血管、神经。股骨前内方为股内侧群肌,股薄肌位于此群肌断面的最内侧并呈矢状位配布。股骨前方和外侧则有股前群肌配布,股后群肌分布在大收肌和臀大肌之间,肌群外侧为坐骨神经。

(二) 男性盆部水平断层

以髋关节为中心,观察男性生殖器官的结构及相对位置关系。

1. 经股骨头上部层面 特征结构:直肠、膀胱、输尿管、输精管。此断面平股骨头上部,断面可以分为盆腔区和髋关节区两部分,见图 6-2-15。

(1) 盆腔区:在此断面,前界为腹直肌、锥状肌及两侧的腹股沟管,内有精索穿行;后界为肛提肌、尾骨及臀大肌。两侧界为耻骨体、坐骨体及其内侧的闭孔内肌,该肌前部与耻骨体之间的闭膜管内有闭孔动、静脉和闭孔神经。盆腔前部有膀胱剖面,其后壁紧邻输精管壶腹及其外侧的精囊。肛提肌由尾骨两侧向外斜行经直肠两侧,前达闭孔内肌内侧面。臀大肌与肛提肌、闭孔内肌之间的三角形间隙为坐骨肛门窝,其间充满脂肪。

(2) 髋关节区:切及髋关节上部,可见股骨头上部,髋臼上部,两者呈向外侧的"山"字形。

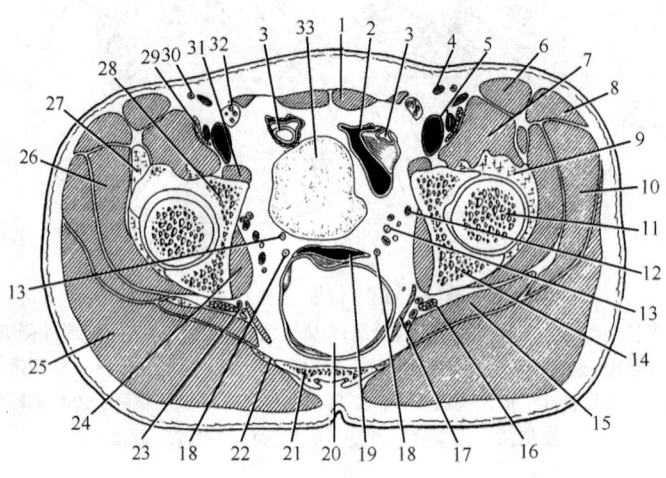

图 6-2-15 经股骨头上部层面

1.腹直肌;2.腹膜腔;3.回肠;4.腹股沟浅淋巴结;5.股动、静脉;6.缝匠肌;7.髂腰肌;8.阔筋膜张肌;9.髂股韧带;10.臀中肌;11.股骨头;12.闭孔神经;13.输尿管;14.坐骨;15.梨状肌;16.坐骨神经;17.尾骨肌;18.输精管;19.直肠膀胱陷凹;20.直肠;21.第5骶椎;22.骶结节韧带;23.臀下血管;24.闭孔内肌;25.臀大肌;26.臀小肌;27.股直肌腱;28.耻骨;29.股神经;30.大隐静脉;31.耻骨肌;32.精索;33.膀胱

2. 经股骨头中部层面 特征结构:股骨头、髋臼、闭孔内肌、精索、膀胱、输精管、精囊、直肠。此断面平股骨头中部,断面可以分为盆腔区和髋关节区两部分,见图 6-2-16。

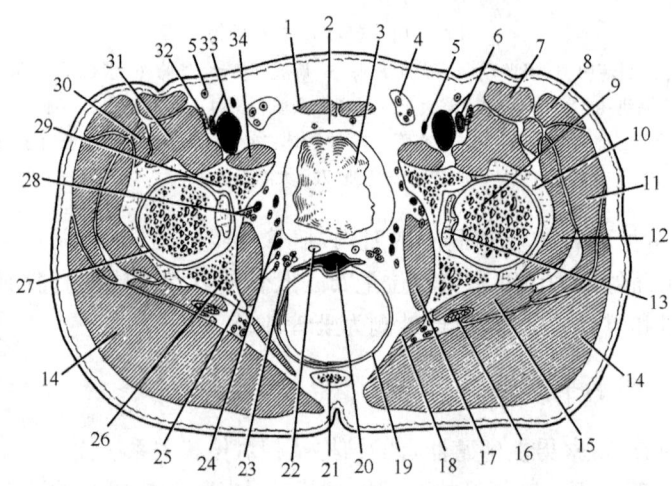

图 6-2-16 经股骨头中部层面

1.腹直肌;2.膀胱前间隙;3.膀胱;4.精索;5.腹股沟浅淋巴结;6.股动、静脉;7.缝匠肌;8.阔筋膜张肌;9.股骨头;10.髂股韧带;11.臀中肌;12.臀小肌;13.股骨头韧带;14.臀大肌;15.梨状肌;16.坐骨神经;17.闭孔内肌;18.尾骨肌;19.直肠;20.直肠膀胱陷凹;21.尾骨;22.输精管壶腹;23.精囊;24.膀胱静脉丛;25.坐骨棘;26.坐骨体;27.髋关节;28.闭孔动脉、神经;29.耻骨体;30.股直肌;31.髂腰肌;32.股神经;33.大隐静脉;34.耻骨肌

(1) 盆腔区:盆腔内,前为膀胱,后为直肠,两者之间是直肠膀胱陷凹,该处为男性直立时腹膜腔的最低点,膀胱后方可见精囊,其内侧为输精管。

(2) 髋关节区:在此断面,髋臼由2个三角形骨块组成,构成凹向外侧的髋臼窝,与股骨头相关节,前为耻骨体,后为坐骨体,股骨头内侧可见股骨头凹,为股骨头韧带附着处,股神经、股动脉、股静脉经髂腰肌与耻骨肌之间下行,髋臼内侧为闭孔内肌,该肌前缘可见闭孔血管和闭孔神经。

3. 经股骨头下部层面 特征结构:直肠、膀胱、输尿管、输精管。此断面平股骨颈下部,断面可以分为盆腔区和髋关节区两部分,见图 6-2-17。

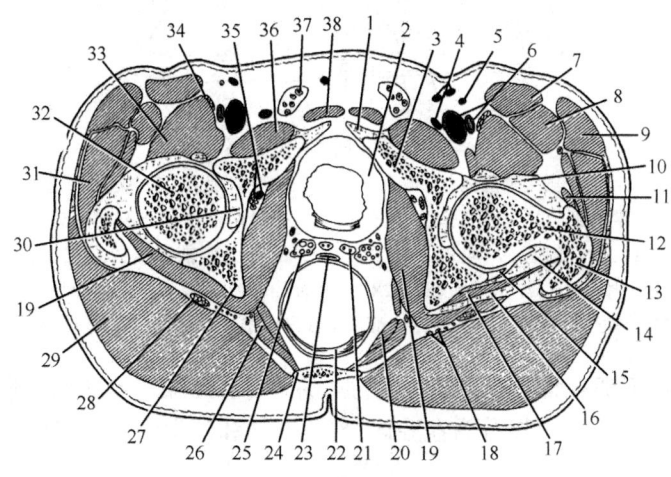

图 6-2-17 经股骨头下部层面

1. 耻骨上韧带;2. 膀胱;3. 耻骨上支;4. 腹股沟淋巴结;5. 大隐静脉;6. 股动、静脉;7. 缝匠肌;8. 股直肌;9. 阔筋膜张肌;10. 髂股韧带;11. 股外侧肌;12. 股骨颈;13. 大转子;14. 坐股韧带;15. 髋臼唇;16. 闭孔内肌腱;17. 上孖肌;18. 臀下血管;19. 闭孔内肌;20. 肛提肌;21. 输精管壶腹;22. 直肠;23. 膀胱直肠陷凹;24. 尾骨;25. 精囊;26. 尾骨肌;27. 坐骨棘;28. 坐骨神经;29. 臀大肌;30. 股骨头韧带;31. 臀中肌;32. 股骨头;33. 髂腰肌;34. 股神经;35. 闭孔血管和神经;36. 耻骨肌;37. 精索;38. 腹直肌

(1) 盆腔区:在此断面,前界为腹直肌和锥状肌,后界为尾骨、肛提肌及臀大肌,两侧界为耻骨上支、坐骨体及其内侧的闭孔内肌。该肌前部与耻骨上支之间有闭膜管,内有闭孔动、静脉及闭孔神经。盆腔的前部由膀胱占据,膀胱后壁紧邻输精管壶腹和精囊。直肠位于精囊与尾骨、肛提肌之间。臀大肌与肛提肌、闭孔内肌之间为坐骨肛门窝,窝内充满脂肪组织,其侧壁上有阴部内动、静脉和阴部神经通过。

(2) 髋关节区:切及髋关节中部,股骨头韧带连接于股骨头凹,股骨头与股骨颈出现,并可见股骨大转子。

4. 经耻骨联合上部层面 特征结构:直肠、膀胱、输尿管、输精管。此断面平耻骨联合上部,断面可以分为盆腔区和髋关节区两部分,见图 6-2-18。

(1) 盆腔区:在此断面,前界为锥状肌及其后方的耻骨联合,后界为肛提肌及臀大肌,两侧界为闭孔内肌。耻骨上支与坐骨结节之间为闭孔,其间有闭孔膜封闭,膜的内侧有闭孔内肌。盆腔脏器从前至后为膀胱、前列腺和直肠。膀胱断面的中部有尿道的断面,后部有射精管断面。直肠的后方及两侧有肛提肌,两侧为坐骨肛门窝。

(2) 髋关节区:切及髋关节下份,股骨头韧带可见。

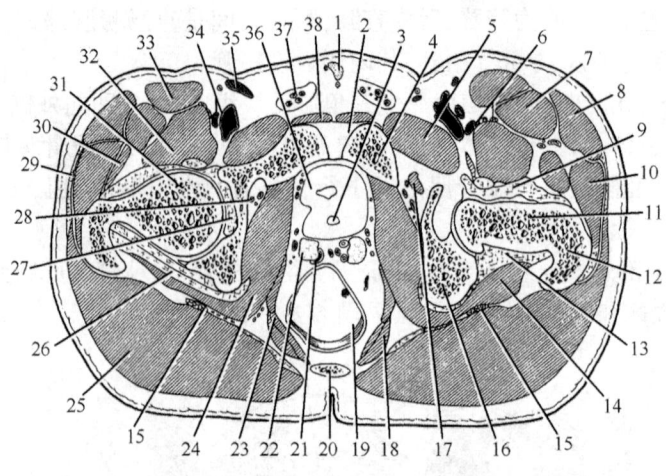

图 6-2-18　经耻骨联合上部层面

1.阴茎海绵体;2.耻骨联合;3.尿道内口;4.耻骨上支;5.耻骨肌;6.股神经;7.股直肌;8.阔筋膜张肌;9.髂股韧带;10.臀中肌;11.股骨颈;12.大转子;13.坐股韧带;14.下孖肌;15.坐骨神经;16.坐骨结节;17.闭孔外肌;18.尾骨肌;19.直肠;20.尾骨;21.精囊;22.前列腺;23.肛提肌;24.闭孔内肌;25.臀大肌;26.闭孔内肌腱;27.股骨头韧带;28.闭孔神经;29.髂胫束;30.臀小肌;31.股骨头;32.髂腰肌;33.缝匠肌;34.股动、静脉;35.腹股沟浅淋巴结;36.膀胱;37.精索;38.腹直肌

5. 经耻骨联合下部层面　特征结构:直肠、尿道、前列腺。此断面平耻骨联合下部,断面为盆部最下份断面,断面可以分为盆腔区、髋关节区和外生殖区三部分,见图6-2-19。

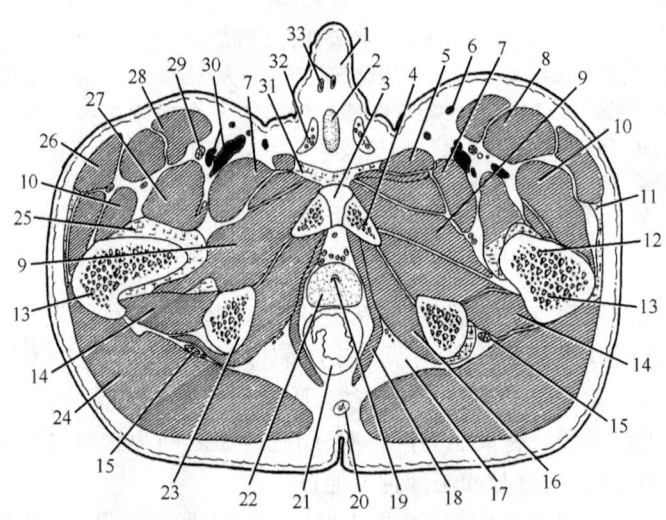

图 6-2-19　经耻骨联合下部层面

1.阴茎;2.阴茎海绵体;3.耻骨联合;4.耻骨下支;5.长收肌;6.腹股沟浅淋巴结;7.耻骨肌;8.股直肌;9.大收肌;10.股外侧肌;11.髂胫束;12.股骨颈;13.大转子;14.股方肌;15.坐骨神经;16.闭孔内肌;17.坐骨肛门窝;18.肛提肌;19.尿道嵴;20.尾骨;21.直肠;22.前列腺;23.坐骨结节;24.臀大肌;25.髂股韧带;26.阔筋膜张肌;27.髂腰肌;28.缝匠肌;29.股神经;30.股动、静脉;31.耻骨弓状韧带;32.精索;33.阴茎背浅静脉

(1) 盆腔区:在此断面,前界为耻骨联合,后界为肛提肌和臀大肌,两侧界为闭孔内肌。耻骨联合后方有前列腺的剖面,其中央有尿道通过。耻骨联合与前列腺之间的空隙为耻

后隙。前列腺后面紧邻直肠,正中可见一浅沟,为前列腺沟。直肠后方及两侧有肛提肌和坐骨肛门窝。

(2) 髋关节:左侧消失,右侧切及髋关节末端。

(3) 外生殖区:可见阴茎、阴茎海绵体、精索、阴茎背浅静脉等。

6. 经坐骨结节下方层面 特征结构:直肠、尿道、前列腺。此断面平坐骨结节下方,为会阴区典型断面,断面可以分为会阴区、股骨区和外生殖区三部分,见图6-2-20。

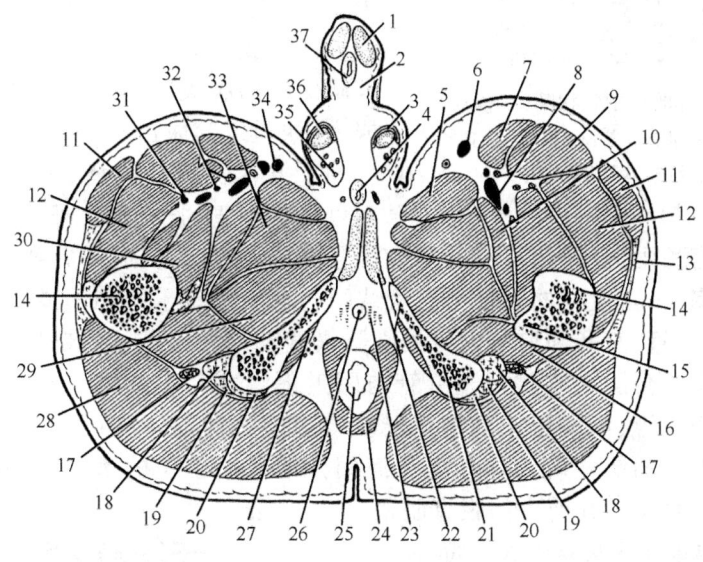

图 6-2-20 经坐骨结节下方层面

1. 阴茎海绵体;2. 阴茎;3. 鞘膜腔;4. 尿道;5. 长收肌;6. 腹股沟浅淋巴结;7. 缝匠肌;8. 股神经;9. 股直肌;10. 耻骨肌;11. 阔筋膜张肌;12. 股外侧肌;13. 髂胫束;14. 股骨;15. 小转子;16. 股方肌;17. 坐骨神经;18. 半膜肌腱;19. 半腱肌腱;20. 股二头肌长头腱;21. 坐骨结节;22. 阴茎脚和坐骨支;23. 尿生殖膈;24. 肛门外括约肌;25. 肛管;26. 尿道膜部;27. 闭孔内肌;28. 臀大肌;29. 大收肌;30. 髂腰肌;31. 股深动脉;32. 股动脉和股神经;33. 短收肌;34. 大隐静脉;35. 输精管;36. 睾丸;37. 尿道海绵体

(1) 会阴区:在此断面,主要为会阴的结构。前方可见阴茎、阴囊及两睾丸的剖面。两侧界为坐骨支,后方可见肛管。在两坐骨支之间可见尿道球及穿经它的尿道。位于尿道球后方的肛管周围有肛门外括约肌围绕。坐骨支内侧可见坐骨海绵体肌,其深面有附于坐骨支的阴茎脚。肛门外括约肌两侧为坐骨肛门窝,窝内有至肛门的血管和神经。

(2) 股骨区:可见股骨周围肌群,前群、内侧群、后群各肌。

(3) 外生殖区:可见阴茎海绵体、阴茎、鞘膜腔、睾丸、精索、阴茎、尿道海绵体、尿道、输精管等。

二、盆部的正中矢状断面

盆部矢状断层标本以正中矢状断面为标准,向左右断层,观察其左面。

1. 女性经盆部的正中矢状断面 特征结构:膀胱、直肠、子宫、阴道。本断面为女性正中矢状面左表面,见图6-2-21。

主要结构:在断面的后上部可见骶骨、尾骨和第5腰椎。各骶椎体之间可见相应的未全部骨化的椎间盘,骶椎体后方的间隙为骶管,其内自上而下可见第1~5骶神经及

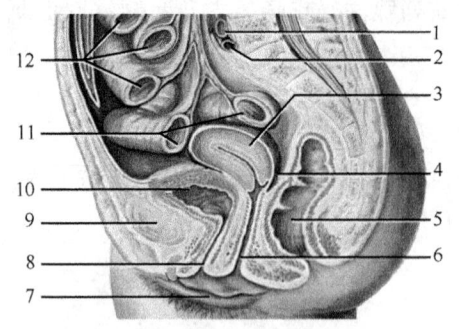

图 6-2-21 经盆部的正中矢状断面(模式图)
1. 左髂总动脉;2. 左髂总静脉;3. 子宫;4. 直肠子宫陷凹;5. 直肠;6. 阴道;7. 大阴唇;8. 尿道;9. 耻骨联合;10. 膀胱;11. 回肠;12. 空肠

其周围的硬膜鞘、椎内静脉丛和脂肪结构,第1骶神经的上方可见由脊髓被膜包绕的马尾和终丝。第5腰椎体的前方为左髂总静脉。尾骨由4块尾椎组成。腹盆腔内可见中上位的回肠及其系膜、乙状结肠和大网膜,下位自前向后依次是膀胱和尿道、子宫和阴道,最后为直肠,腹膜腔包绕这些结构的周围,子宫前后方的腹膜腔分别是膀胱子宫陷凹和直肠子宫陷凹。膀胱尖端连有脐正中韧带,向下连尿道,尿道以其尿道外口开口于阴道前庭,膀胱的下方有膀胱静脉丛。子宫底、子宫体之间可见输卵管的子宫部,子宫的下方为阴道,其上端包绕子宫颈阴道部,其后壁与子宫颈阴道部之间为阴道穹后部,下端以阴道口开口于阴道前庭,子宫上方的肠管为乙状结肠。直肠位于子宫和阴道上部与骶尾骨之间,其下端续为肛管,直肠和肛管内可见直肠横襞和肛柱等结构,肛管的前后方可见肛门外括约肌环绕。会阴中心腱位于肛管与阴道下端之间。骶尾骨前方的盆腹膜外脂肪中可见骶正中血管、骶淋巴结和骶静脉丛等。膀胱的前下方可见耻骨联合,耻骨联合下方可见前上位的阴蒂海绵体和坐骨海绵体肌及后下位的薄层球海绵体肌。腹前壁内可见窄条腹直肌及其前方的腹直肌鞘。

2. 男性经盆部正中矢状断面 特征结构:膀胱、直肠、前列腺。本断面为男性正中矢状面左表面,见图6-2-22。

主要结构:断面后上部为脊柱断面。第5腰椎间盘断面出现,骶骨断面不规则,相邻骶椎体断面之间可见窄条状的椎间盘断面。骶管中有前上方的第2骶神经、后下方的第3骶神经。断层前缘处的肌断面,除其下部一小段为锥状肌外,其余均为腹直肌。肠管断面呈"S"形连续串珠状,上段为乙状结肠,下段则为直肠。

膀胱断面居断面的中央。膀胱后方与直肠之间夹有输精管与精囊,前者居上,后者居下。膀胱后下方,精囊下方,直肠断面下端的前方,可见椭圆形的前列腺断面。膀胱前下方的骨断面为耻骨。直肠断面下端后下方处为肛提肌,前上方围绕于直肠断面下端周围

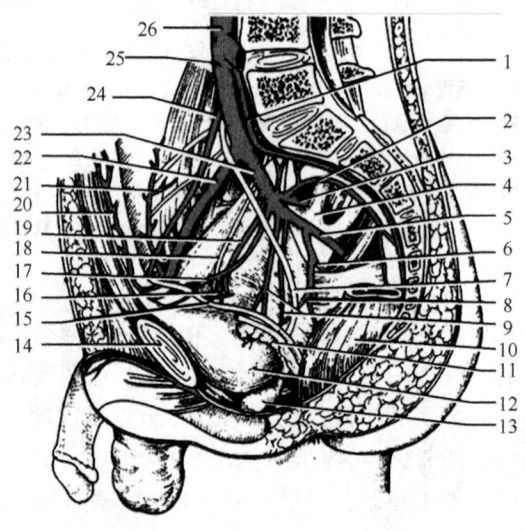

图 6-2-22 男性经盆部正中矢断面
1. 骶正中动脉;2. 骶外侧动脉;3. 臀上动脉;4. 骶丛;5. 臀下动脉;6. 阴部内动脉;7. 输尿管;8. 直肠下动脉;9. 膀胱上动脉;10. 直肠;11. 精囊;12. 膀胱;13. 前列腺;14. 耻骨联合;15. 输精管;16. 输精管动脉;17. 膀胱上动脉;18. 闭孔神经;19. 闭孔静脉;20. 腹壁下动脉;21. 旋髂深动脉;22. 髂外动脉;23. 髂内动脉;24. 睾丸动脉;25. 髂总动脉;26. 腹主动脉

的为肛门外括约肌。耻骨断面的前下方,可见阴茎海绵体和尿道海绵体的条带状断面,尿道海绵体后端的下方,贴有球海绵体肌的矢状位小梭形断面。靠近断层下缘前端处,有睾

丸和阴囊的断面,再向前则有阴茎的弯曲断面。

(范光碧 涂江义)

第三节 盆部病理断层影像学

一、前列腺增生

1. **病史临床** 患者,男,75岁,排尿困难伴间歇性肉眼血尿1年,加重10余天。
2. **影像表现** 食管吞钡:盆腔X线平片示右坐骨棘旁上可见类圆形高密度影,边界清楚;CT扫描膀胱内可见多个类圆形高密度影,边界光滑、锐利,横断面及矢状面示其与前方增大的前列腺及后方膀胱壁分界清晰,见图6-3-1。

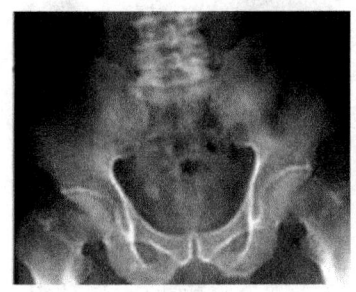
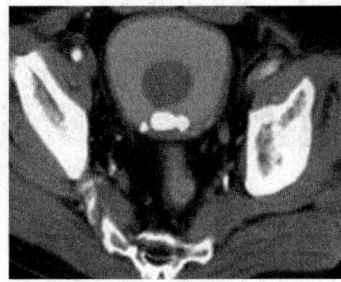
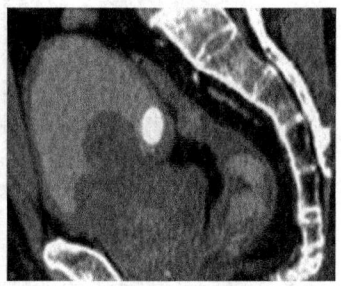

盆腔X线平片　　　　　CT横断面　　　　　CT矢状面重建

图6-3-1 前列腺增生

3. **诊断** ①膀胱结石;②前列腺增生。
4. **讨论** 尿路结石(urolithiasis)是最常见的泌尿系统疾病之一。男性多于女性,约3∶1。尿路结石形成机制未完全阐明,有多种学说。其主要成分为草酸盐、磷酸盐和尿酸。膀胱结石常为尿潴留、感染或膀胱内异物引起,也可由肾结石、输尿管结石排入膀胱所致。临床主要表现为排尿困难、排尿终末疼痛、血尿、尿频等,或排尿时尿流常突然中断,患者改变体位后尿流又通畅。

(1)影像学表现

1)X线平片:由于膀胱结石多为阳性,所以在患者处于直立位时,KUB上显示盆腔中下部耻骨联合上方单发或多发高密度影,多呈圆形或类圆形,边缘光滑,也可呈桑椹状,边缘毛糙。膀胱结石可随体位改变而移动;膀胱阴性结石(如尿酸盐结石)密度低,KUB上不易发现,需要通过IVU或膀胱造影确定,表现为膀胱内类圆形充盈缺损,可随体位改变而移动。(备注:较小高密度结石易被造影剂高密度掩盖,故在注入造影剂前应先行KUB检查排除阳性结石。)

2)CT:表现为膀胱内圆形或类圆形高密度影,CT值常大于100HU,边缘多光滑,内部密度可以不均,呈高低相间同心圆状或年轮状改变,可随体位而移动。CT密度分辨率高,可以检出X线平片不易发现的阴性结石。

(2)鉴别诊断

1)膀胱肿瘤钙化:在CT上可见肿瘤影像,钙化多呈弧形、条形或不规则形,位于肿瘤表面。

2)输尿管下段结石和盆腔静脉结石:输尿管下段结石一般位置较高,且偏于一侧,结石长轴与输尿管长轴走行一致,改变体位时结石位置不变。盆腔静脉结石位置多靠近骨盆侧壁,呈中间密度浅边缘密度深的小圆形阴影,常多发。

二、膀 胱 癌

1. 病史临床　患者,女,72岁,反复肉眼血尿1年,排尿疼痛。

2. 影像表现　CT:膀胱右后壁可见一不规则软组织肿块突向膀胱内,肿块以宽基底与膀胱壁相连,边缘可见较深分叶,肿块前部可见点状或弧形高密度钙化灶,增强扫描肿块呈明显强化,见图6-3-2。

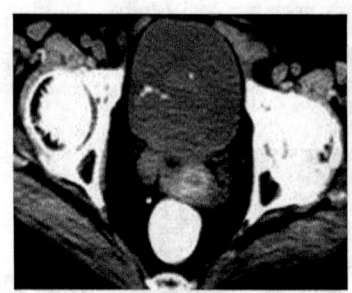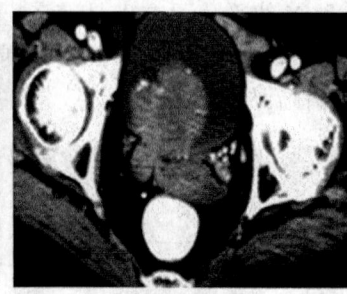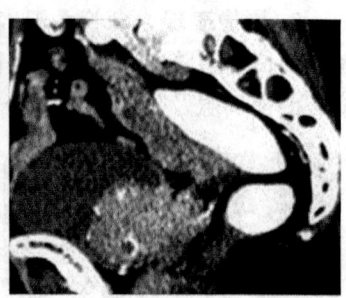

　　　CT平扫横断面　　　　　　　　　CT增强横断面　　　　　　　　CT增强矢状面重建

图6-3-2　膀胱癌

3. 诊断　膀胱癌(病理确诊)。镜下见瘤细胞呈片巢状,侵入固有膜和肌层,瘤细胞排列密集紊乱,极向消失,体积大小不等,异型明显,可见瘤巨细胞,胞质丰富,红染或透明,胞核浓染,核分裂可见,间质纤维增生,血管扩张充血,少许淋巴细胞浸润。

4. 讨论　膀胱癌(carcinoma of urinary bladder)多为移行细胞癌(占92%),少数为鳞状细胞癌和腺癌。40岁以上多见,高发年龄段50~60岁,好发于成年男性,男女比例约4∶1。临床主要表现为无痛性血尿,可伴有尿频、尿急、尿痛等膀胱刺激症状。膀胱癌可发生于膀胱任何部位,以膀胱三角区及膀胱两侧壁多见。

(1)影像表现

1)CT:平扫见膀胱壁突向腔内的结节状、菜花状或分叶状软组织密度肿块,大小不一,表面可见点状或弧形钙化,常位于膀胱三角或膀胱侧壁,膀胱壁增厚僵直,有时可见盆腔周围肿大淋巴结,膀胱三角区闭塞是膀胱癌侵犯精囊的重要征象。增强扫描早期肿块可有强化,延迟扫描造影剂充盈膀胱时可见充盈缺损影。

2)MRI:形态学表现与CT上表现近似,自膀胱壁上突向腔内的软组织肿块或膀胱壁的不规则增厚僵直,T1WI肿瘤与膀胱壁均呈等信号,T2WI肿瘤信号略高于膀胱壁信号。

3)USG:膀胱壁不规则增厚并有结节或菜花状中等回声团块突向腔内,有时表面可见弧形或片状强回声光团和声影。

4)X线:KUB一般无阳性发现或仅见膀胱内细小点状或弧形钙化影。膀胱造影表现为膀胱腔内结节或菜花状充盈缺损,表面凹凸不平,边界欠规则。

(2)鉴别诊断

1)凝血块:常见于上尿路出血或出血性膀胱炎,影像学表现有时类似膀胱癌,但改变体位时凝血块可移动,且总是位于膀胱最低处。

2）腺性膀胱炎：一般病灶表面较光滑，可有囊肿及蛋壳样钙化，膀胱外膜光滑，无盆腔淋巴结肿大。增强扫描与膀胱壁强化程度相似，抗炎治疗后复查，CT 病灶可以缩小。

3）前列腺增生：多从膀胱尿道交界处突向膀胱，形成光滑的压迹。如前列腺颈下组织或中叶肥大，则穿过膀胱括约肌处可形成带蒂的黏膜下肿物，表现为表面光整的充盈缺损。

三、双子宫双阴道畸形

1. 病史临床 患者，女，30 岁，阴道流液 9 年，加重 6 年。

2. 影像表现 双子宫畸形，可见双宫体、双宫颈、双阴道。右侧子宫较小，左侧子宫形态大小接近正常，两子宫内膜略增厚，信号尚正常，结合带尚完整，清晰。两侧子宫内侧壁似局部相通，左侧阴道上段管腔明显扩张，直径约 3cm，内充满长 T1、长 T2 液体信号，增强扫描未见异常强化，右侧阴道形态信号尚正常，见图 6-3-3。

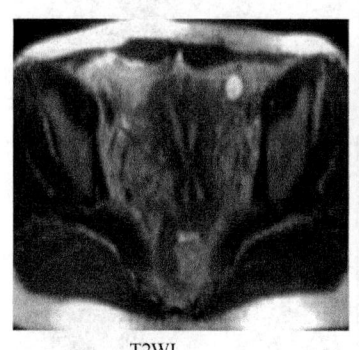
T2WI

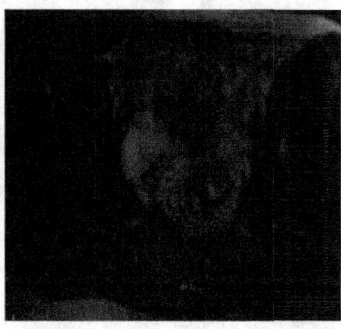
T1WI

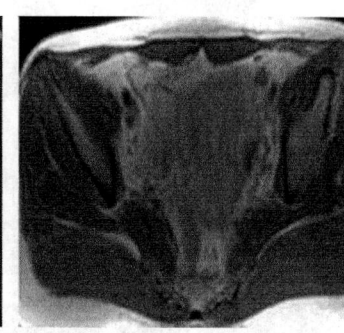
增强扫描

图 6-3-3 双子宫双阴道畸形

3. 诊断 双子宫双阴道畸形（临床诊断）。

4. 讨论 子宫、宫颈及阴道由副中肾管发育而成，发育过程中出现停滞或异常则出现各种先天畸形，副中肾管在宫体及宫颈整个融合不全形成双子宫双阴道畸形，双子宫双阴道畸形在临床上可无症状。其诊断需结合临床及相应的影像检查。

（1）影像诊断要点

1）子宫输卵管造影，需双份导管分别造影，显示两个宫颈管即两个宫体，顶端各连一输卵管。两宫腔大小接近或其中之一较大。

2）CT 发现 2 个宫腔、2 个宫颈，诊断可以确立，但大部分患者 CT 并不能显示双宫颈。

3）MRI 检查，多个平面可见显示出 2 个宫腔及宫颈，两条内膜线 T2WI 均呈高信号。

4）管状面可见 2 个阴道显影。

（2）鉴别诊断

1）与完全纵隔子宫鉴别：后者在宫颈处融合，宫底无凹陷，子宫外形则与正常子宫无明显差异。

2）与双角子宫鉴别：后者子宫造影显示一个宫颈管，但有 2 个宫体，呈分叶状，宫底部有凹陷。

四、子宫多发平滑肌瘤

1. 病史临床 患者,女,41岁,月经不规则半年入院检查。

2. 影像表现 子宫体积增大,外形不规则,局部隆起,于子宫前壁及后壁可见多个类圆形影,与子宫肌层相比,T1WI及T2WI均为略低信号,Gd-DTPA增强扫描病灶无明显强化。CT平扫示子宫左侧壁可见巨大肿块,其大小约为66mm×39mm,增强后肿块明显强化,强化均匀,膀胱受推移位,肿块与周围肌肉及血管分界清楚,见图6-3-4。

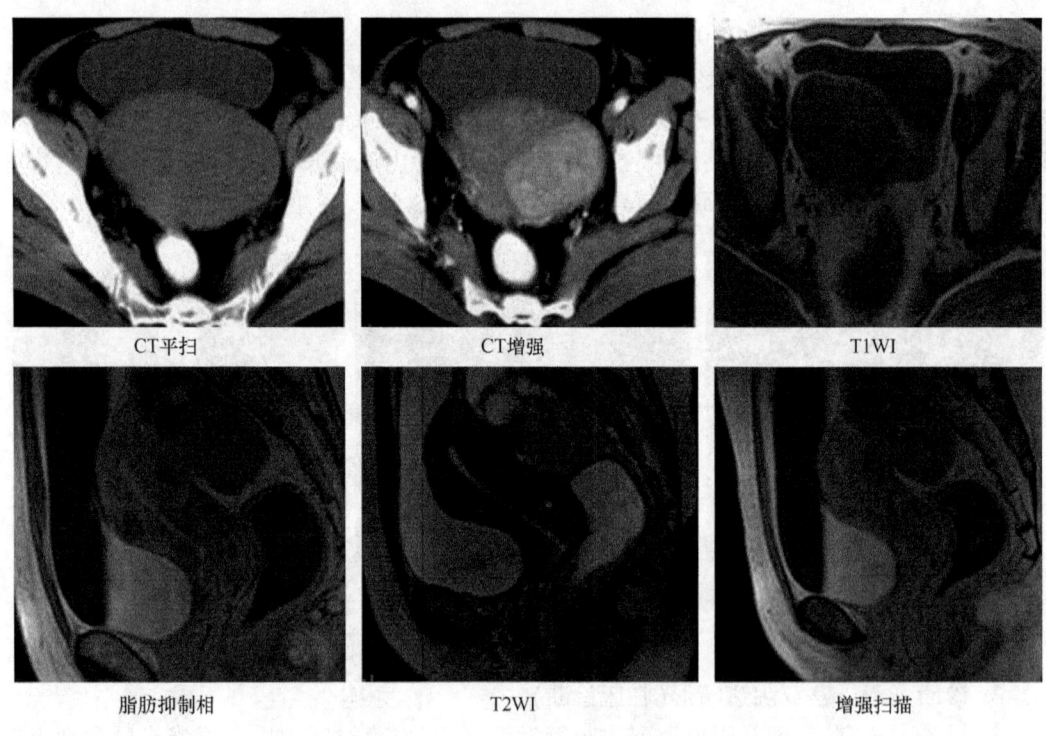

图6-3-4 子宫多发平滑肌瘤

3. 诊断 子宫多发平滑肌瘤(病理诊断)。镜下肿瘤由交叉排列,形态、大小一致的成熟的平滑肌细胞和纤维组织构成,平滑肌细胞呈束状排列,各束交错形成漩涡状或栅栏状结构。纵切面见瘤细胞呈圆形或多边形,有丰富的胞质及位于中央的圆形核。

4. 讨论 子宫肌瘤(myoma of uterus)为妇科最常见良性肿瘤之一,多发于30~50岁,常伴有子宫内膜增生。病理上主要由平滑肌细胞增生而成,常多发、大小不一。肌瘤周围有一层结缔组织包膜。子宫肌瘤可分为三种类型:黏膜下型、肌壁间型及质膜下型。临床常见症状为月经改变,子宫出血、贫血及白带增多、腹部包块、下腹痛及邻近器官受压等,部分可无症状。

(1) 影像诊断要点

1) 子宫输卵管造影:子宫黏膜下肌瘤子宫造影可见宫腔扩大变形,宫腔内见小息肉状或豆状充盈缺损,基底部狭细;肿瘤较大,则可见边缘光滑整齐之圆或卵圆形充盈缺损,子宫可移位,并压迫邻近器官。

2) 血管造影:较大的肌瘤可见大量肿瘤血管显影,动脉被推移受压,血管变直或呈环绕状,子宫动脉增粗。带蒂的肌瘤可见肌层内血管进入蒂内。

3) CT和MRI检查:① CT上常可见子宫外形增大,呈分叶状或见子宫向外突出的肿块,边界清楚,宫旁脂肪间隙存在;② 密度均匀,如发生变性坏死则见不规则的低密度区,部分可见钙化;③ T1WI肌瘤常呈稍低或等信号,T2WI呈典型的低信号,边界清楚,如发生囊变或坏死则内部信号不均匀;④ 增强扫描后均可见不同程度的强化。

(2) 鉴别诊断

1) 子宫腺肌症:为异位的内膜及基质向肌层浸润生长被平滑肌包绕挤压所致。CT仅显示子宫增大,不易与子宫肌瘤鉴别。而在MRI利用T2加权像可以作出诊断,正常人子宫结合带不应超过6mm,子宫腺肌症表现为结合带增厚,并有一个与结合带等信号的肿块,边界不清,子宫内膜边缘常呈锯齿状,肿块内有时可伴有点状高信号,增强后无明显强化。临床上主要为痛经为主。

2) 子宫内膜息肉:MRI可表现亮信号或不均匀信号的子宫内膜缺损,但与黏膜下子宫肌瘤不易鉴别,常需临床及活检证实。

3) 附件肿瘤:质膜下肌瘤有时需与附件肿瘤鉴别,附件肿瘤亦可像肌瘤样增强后强化,但一般边界比较毛糙,不像肌瘤边缘清晰光滑。通过MRI多方位扫描可显示肿块与子宫仍有分界。

五、子宫左侧卵巢癌

1. 病史临床 患者,女,24岁,已婚,发现左侧卵巢肿物1个月余,腹胀、腹痛10天。

2. 影像表现 左侧下腹部及盆腔各见一类圆形软组织占位,边缘不规则,大小分别为60mm×95mm,72mm×92mm,其内信号不均匀,以长T1、长T2信号为主,坏死区呈更长T1、更长T2信号,其中下腹部肿块内可见片状T1高信号区,Gd-DTPA增强扫描后肿块呈不均匀明显强化,坏死区无强化,病灶与周围组织分界不清楚;冠状位示肠系膜间见多发小结节强化灶;子宫明显受压移位,信号无明显异常;膀胱充盈不佳,腹腔见液体信号区,见图6-3-5。

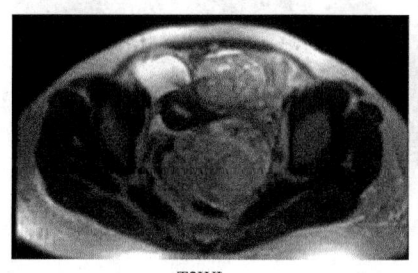
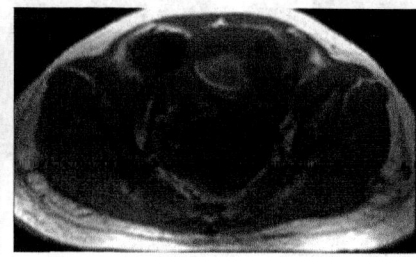
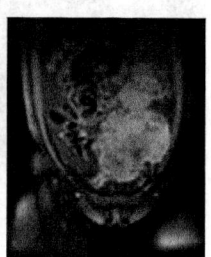

T2WI   T1WI   增强扫描

图6-3-5 双子宫双阴道畸形

3. 诊断 子宫左侧卵巢癌(病理诊断)。镜下可见左侧附件肿物组织内见瘤细胞为网状,腺管状、小囊状结构相互吻合形成迷宫样结构,瘤细胞由扁平、立方或柱状上皮构成,细胞大小不一,形态各异,圆形、类圆形、柱状、多角形均见,部分瘤组织成片状坏死,S-D小体及嗜酸性透明小球多见;小囊样结构囊腔内可见黏液分泌;局部可见少量卵巢组织残留;瘤组织广泛浸润网膜并瘤结节形成。

4. 讨论 卵巢癌(ovarian carcinoma)的发病率较高,在女性生殖器官恶性肿瘤中,仅次于宫颈癌。其中囊腺癌最常见,约占卵巢恶性肿瘤的78%。肿瘤最常见的转移方式为种植播散,其次为血行转移和淋巴结转移。临床早期常无症状,晚期则有发热、咳嗽、闭经、肿块、腹水及合并胃肠功能紊乱等。

(1) 影像诊断要点

1) CT表现:①CT对于卵巢癌的定位及分期均有帮助。CT可见盆腔内肿块或腹腔肿块,肿块大小不等,大者可占据整个盆腔甚而下腹部,可为实性,亦可为囊实性,边缘多不规则,少数肿块内可见钙化(浆液性囊腺癌)。②囊腺癌为低密度囊性肿块,边缘不规则,CT值10~20HU。增强扫描见瘤内有小灶状增强灶。晚期病变肿瘤呈高、低密度混合影,边缘更不规则。实性肿瘤CT值为40~50 HU。③腹膜和网膜种植性播散后可显示其各自特殊征象。约30%病例可见腹水,部分病例可见腹膜腔内播散,表现为腹膜腔不规则软组织结节或肿块影。

2) MRI表现:① MRI上表现为盆腔内囊、实混合性肿块,部分为完全实性;② 囊液在T1WI上为低至高信号,T2WI均为高信号;③ 增强扫描实性部分显著强化;④ 显示腹水、转移及邻近结构的侵犯。

(2) 与卵巢囊腺瘤鉴别:后者边界清晰,无腹水及种植转移,可见明显的包膜。

六、子宫腔内节育环

1. 病史临床 患者,女,42岁,上节育环15年。

2. 影像表现 后位子宫,大小形态正常,包膜光整,实质回声均匀,宫内见节育环回声,位置正常。CT扫描示子宫大小及形态未见明显异常,肌层密度均匀,宫腔内可见一节育环密度影,位置未见异常,见图6-3-6。

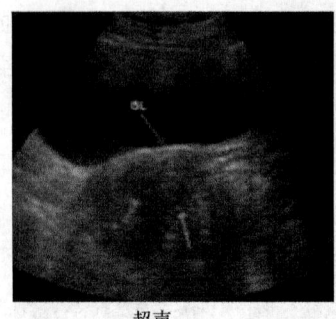
超声

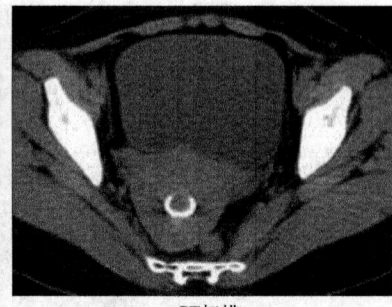
CT扫描

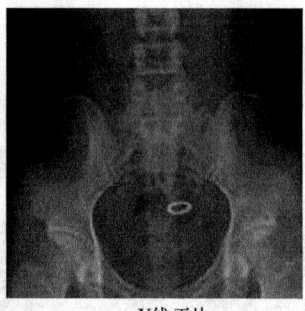
X线平片

图6-3-6 子宫腔内节育环

3. 诊断 子宫腔内节育环。

4. 讨论 子宫内放置节育器是最简单有效的避孕方法,节育器有多种形状,国内以金属圆形单环最多见,其次为"T"形及花瓣状。

(1) 影像诊断要点:① 盆腔X线透视及平片可对其位置和形状作出准确的诊断;② 超声检查可见宫腔内强回声节育环回声;③ CT检查可见宫腔内的金属密度节育环影,以上几种检查都可对节育环的位置及形状作出准确的诊断。

(2) 鉴别诊断:主要与宫腔内异物及钙化鉴别,后者多为形态不规则或有特定形态,结合临床病史即可作出鉴别诊断。

(范光碧 曾昭明)

第七章 脊 柱 区

Chapter 7　Spinal region

第一节　脊柱区解剖学基础

一、概　　述

1. 境界与分部
（1）境界：脊柱区是指脊柱及其周围软组织所在区，上方以枕外隆凸和上项线与头部分界，下方至尾骨尖。
（2）分部：脊柱区自上而下可分为颈段、胸段、腰段、骶尾段共四部分。

2. 内容　椎骨、椎间盘、脊髓、神经根等。

二、体表标志性结构

1. 棘突（spinous process）　第1颈椎无棘突，第7颈椎棘突特别长，是计数椎骨序数的标志；胸椎棘突呈叠瓦状，第3胸椎棘突平对肩胛冈内侧端，第7胸椎棘突平对肩胛下角；腰椎棘突呈水平位，第3腰椎棘突位于脐平面；骶椎棘突融合为骶正中嵴。

2. 髂嵴（iliac crest）　髂嵴最高点平第4腰椎棘突，男性第5腰椎在髂嵴最高点平面以下，女性第5腰椎在髂嵴最高点平面以上，髂后上棘平第2骶椎棘突（蛛网膜下隙末端）。

3. 骶管裂孔（sacral hiatus）**和骶角**（sacral cornu）　骶管裂孔为骶管的下口，裂孔两侧向下突起为骶角，体表可以触及，是骶管裂孔麻醉的进针标志。

4. 尾骨（coccyx）　位于骶骨下方，其尖与耻骨联合上缘位于同一水平面内。

5. 竖脊肌（erector spinae）　位于棘突与横突之间的横突沟内，其外侧缘与第12肋的夹角，称为脊肋角。肾位于此区深部，是肾脏叩诊和肾囊封闭治疗的部位。

三、脊柱的结构

成人脊柱由24块椎骨、1块骶骨和1块尾骨借椎间盘、椎间关节和韧带等连接构成。

（一）椎骨

未成年前，椎骨为33块，成年后，5块骶椎和4块尾椎分别骨化融合为1块骶骨和1块尾骨，见图7-1-1。

1. 椎体　除第1颈椎无椎体外，其余均有，颈椎椎体有钩椎关节、横突孔，颈椎易脱位、

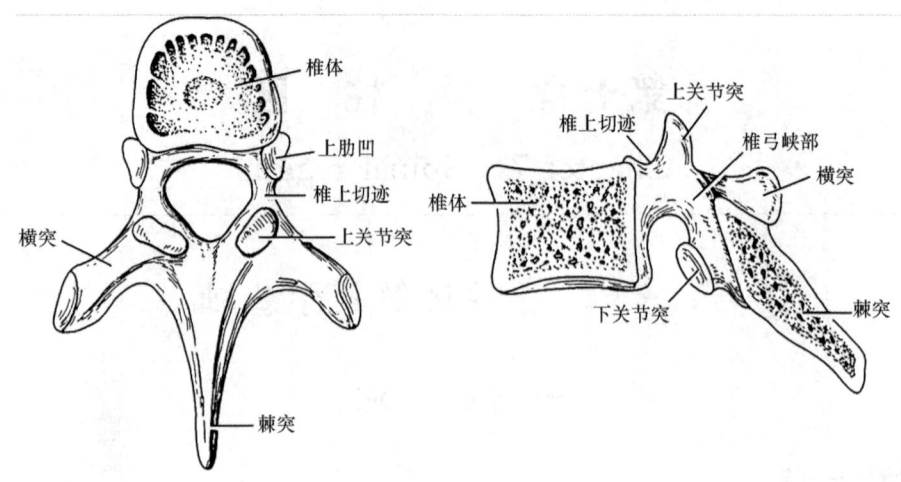

图 7-1-1 椎骨

椎管易狭窄;胸椎有肋凹,肋头是显示椎间盘的标志结构;腰椎随年龄变化,椎体后缘由凹陷变平直,导致椎管狭窄;椎体骨松质间隙内的骨髓在未成年时以红骨髓为主,以后逐渐减少,故 MRI 图像信号强度会随年龄增长而改变。

2. 椎弓 由椎弓根和椎弓板构成,相邻椎弓根的上、下切迹形成椎间孔,椎间孔又称为椎间管(intervertebral canal),内有脊神经根及其鞘膜、脊膜返神经、脊髓的节段性动脉支、椎间静脉通过,并有脂肪填充。椎弓根与椎弓板移行部称为椎弓峡部(pars interarticularis),因其位于上、下关节突之间,又称为关节间部。腰部的椎间孔和椎弓峡部是构成腰神经通道的结构之一。

(二) 椎骨的连接

椎骨借椎间盘、韧带、软骨和椎间关节连接而成,见图 7-1-2。

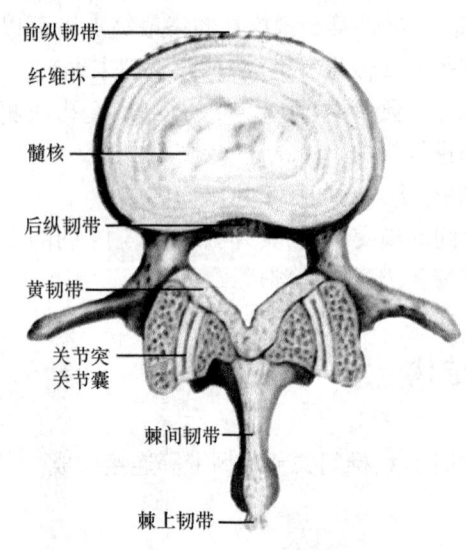

图 7-1-2 椎骨连接

1. 椎间盘 除第 1、2 颈椎之间无椎间盘以外,其余椎体之间均有椎间盘,共 23 个。椎间盘由中髓核、纤维环、Sharpey 纤维环和软骨板构成,柔软而富有弹性。髓核位于椎间盘中央,呈半透明的胶冻状,由胶样物质和脊索细胞构成,含水量在 80%~90%;纤维环位于髓核周围,由呈同心圆排列的纤维软骨构成,含水量在 80% 左右;Sharpey 纤维环位于纤维环的最外围,由胶原纤维构成;软骨板位于椎间盘的上、下面,紧贴椎体上、下面,又称透明软骨板。椎间盘含水量随年龄增长而减少,逐渐被纤维软骨样物质代替。

2. 韧带 脊柱的韧带包括前纵韧带、后纵韧带、黄韧带、棘上韧带、棘间韧带和横突间韧带。前纵韧带骨化最早,后纵韧带以底颈椎最多见;黄韧带位于上、下椎弓板之间,起于上一椎弓板的下前缘,止于下一椎弓板的上后缘,向前外至关节突内侧,构成椎管后壁的一部分,向后内至棘突处,左、右黄韧带连合,有椎内、外静脉丛相连的静脉间隙。连合腰骶部的黄韧带最厚,随着年龄的增长,黄韧带可出现增生肥厚,以腰段多见,可导致椎管狭窄,压迫脊神经,引起腰腿痛。

(三) 椎管

椎管(vertebral canal)由椎孔、骶管和连接椎骨之间的相关结构共同围成,上至枕骨大孔,下至骶管裂孔,内有脊髓、被膜、神经根、血管和结缔组织等。

1. 椎管的形态构成 椎管前壁有椎体、椎间盘和后纵韧带构成,侧壁为椎弓根和椎间孔,后壁为椎弓板和黄韧带,骶段由骶管构成。椎骨的骨质增生、椎间盘突出、黄韧带肥厚等导致椎管壁改变,均可引起椎管腔变形或狭窄。

颈椎椎孔宽大,呈三角形,胸段椎管呈圆形,且管径变小,腰段椎管变大,过渡为三角形,骶管呈三角形,管径逐渐变小。

椎管可分为中央管和侧椎管两部分,中央管为脊髓及其被膜占据的部位,侧椎管为硬脊膜囊至椎间管外口之间的神经根经过的管道,又称侧隐窝,分为神经根管和椎间管两部分,腰部的侧椎管称为腰神经通道。椎间管内、外口之间为神经根病变好发部位,可分为黄盘间隙、上关节突旁沟、侧隐窝、椎弓根下沟四部,内有腰神经根、腰动脉管内支、椎间静脉上支、椎间静脉下支通过,见图7-1-3、图7-1-4。

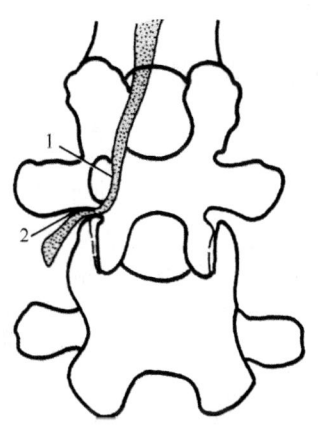

图 7-1-3 腰神经通道
1. 上关节突旁沟;2. 椎弓根下沟

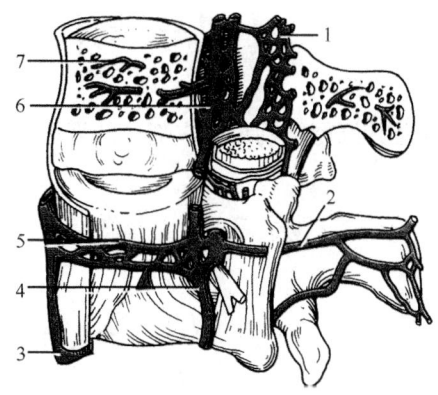

图 7-1-4 椎血管
1. 椎内静脉丛后部;2. 椎外静脉丛后部;
3. 下腔静脉;4. 腰升静脉;5. 椎外静脉丛前部;6. 椎内静脉丛前部;7. 椎体静脉

2. 椎管内容

(1) 脊髓:与CT相比,MRI在显示脊髓的内部结构上具有优势,可以识别锥体交叉、薄束、楔束及脊髓灰质,见图7-1-5、图7-1-6。

(2) 被膜:分为硬脊膜、蛛网膜、软脊膜,形成硬脊膜外隙、蛛网膜间隙、终池。

(3) 血管:椎外静脉丛、椎内静脉丛、椎间静脉、椎体静脉、脊髓静脉。

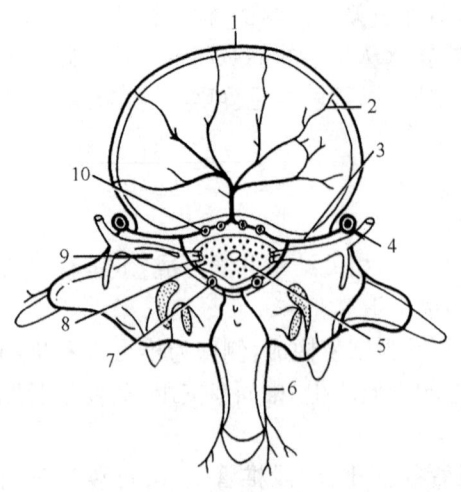

图 7-1-5 椎静脉丛

1. 椎外静脉丛前部；2. 椎体静脉；3. 椎间支；4. 腰升静脉；5. 脊髓圆锥；6. 椎外静脉丛后部；7. 椎内静脉丛后部；8. 马尾；9. 脊神经节；10. 椎内静脉丛前部

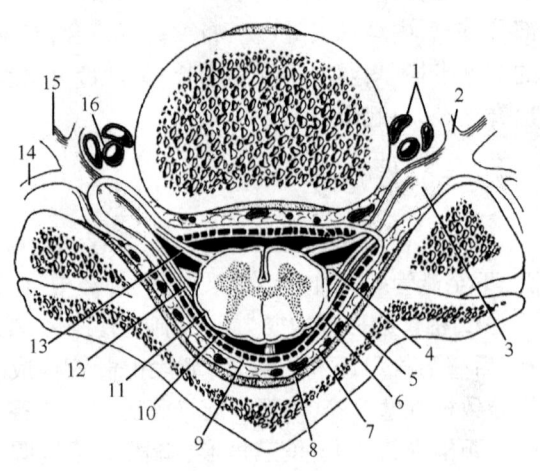

图 7-1-6 椎管内容

1. 椎静脉；2. 交通支；3. 脊神经节；4. 齿状韧带；5. 蛛网膜下隙；6. 硬膜下隙；7. 硬膜外隙；8. 黄韧带；9. 硬脊膜；10. 蛛网膜；11. 软脊膜；12. 后根；13. 前根；14. 脊神经后支；15. 脊神经前支；16. 椎动脉

（邓　莉　先德海）

第二节　脊柱断层应用解剖学

脊柱及其周围结构见相应部位的脊椎区，在此不再讲述。

第三节　脊柱区病理断层影像学

一、脊椎结核

1. 病史临床　患者，男，56岁，左髋部肿胀、疼痛，伴活动受限6个月。

2. 影像表现　T_{12}、L_1 椎体呈溶骨性破坏及楔形改变，局部成角畸形后突入椎管内，椎间隙消失，椎体 T1WI 信号降低，T2WI 信号稍增高，椎管狭窄，相应水平脊髓受压变细；横断面椎体周围及双侧腰大肌内侧可见巨大软组织影，T2WI 高信号，见图 7-3-1。

3. 诊断　脊椎结核（病理确诊）。镜下见大片干酪样坏死组织及少量死骨，周围见由类上皮样细胞构成的结节，其间散在淋巴细胞浸润。

4. 讨论　脊柱结核（tuberculosis of spine）在骨关节结核中最为多见，占 30%～40%。本病好发于儿童和青年，发病部位以腰椎最多、胸椎次之，颈椎较少见。病变常累及2个以上椎体，约90%的结核病灶位于椎体，单纯附件结核少见。

（1）影像诊断要点：X 线表现为①骨质破坏；②椎间隙变窄或消失；③脊柱形态异常，常为后突畸形；④冷性脓肿；⑤死骨及砂粒样钙化。MRI 目前已被公认为诊断脊柱结核最有

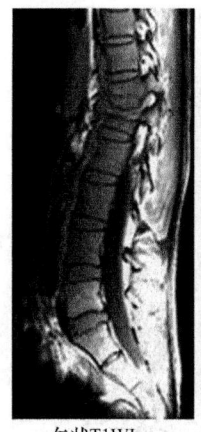 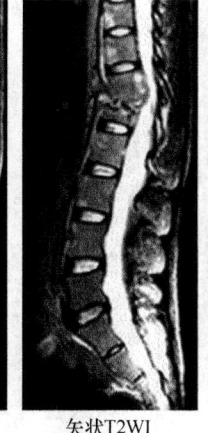 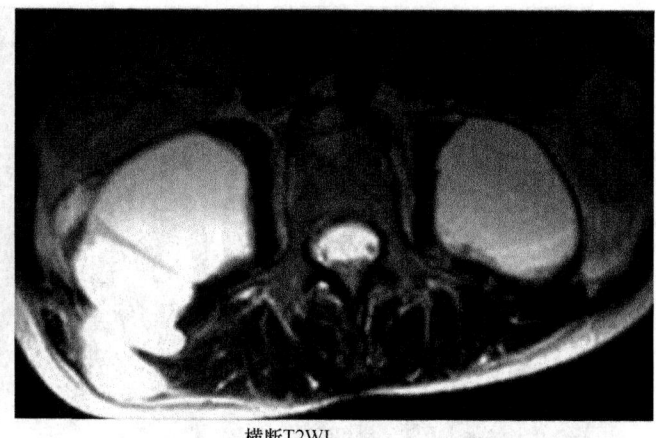

矢状T1WI　　　矢状T2WI　　　　　　　　横断T2WI

图 7-3-1　脊椎结核

效的检查方法。信号改变上，大多数病灶 T1WI 呈均匀的较低信号，少数病灶呈混杂低信号；T2WI 多呈混杂高信号，部分病例呈均匀高信号。增强扫描以不均匀强化较常见。在椎体终板附近可见低信号的米粒状病变，颇具特征。椎旁软组织包括脓肿和肉芽肿，T1WI 呈低信号，少数呈等信号；T2WI 多呈混杂高信号，部分均匀高信号。增强扫描强化有三种形式：①不均匀强化；②环状强化；③脓肿壁薄且均匀。

（2）鉴别诊断。①与化脓性脊柱炎鉴别：后者多为单个或两个椎体发病，破坏进展快，骨质增生硬化出现早且明显，椎间常有粗大的骨桥及骨赘形成。②与脊柱转移瘤鉴别：后者常出现椎弓根破坏，较少累及椎间盘和沿前纵韧带下漫延。

二、椎管狭窄

1. 病史临床　患者，男，36 岁，腰痛 6 年，加重伴右下肢麻木、疼痛 49 天。

2. 影像表现　腰骶椎生理曲度尚可，椎体边缘骨质增生变尖，$L_{4/5}$，L_5/S_1 椎间隙变窄，蛛网膜下腔压迹较深。横断面示 $L_{4/5}$ 间盘后缘局限向正中膨出，L_5/S_1 间盘后缘局限向右后方脱出，并压迫硬膜囊，右侧侧隐窝明显变窄，硬膜外脂肪消失，右侧神经根受压移位。$L_{4/5}$，L_5/S_1 管前后径约 7mm。终丝马尾未见信号异常，黄韧带略增厚，见图 7-3-2。

3. 诊断　椎管狭窄（病理诊断）。镜下见送检组织为蜕变的髓核组织，纤维软骨组织水肿，软骨细胞数目减少。

4. 讨论　椎管狭窄是指骨性脊椎管狭窄或椎管内软组织肥厚或两者兼有，可出现脊髓、神经或血管结构受压，而出现一系列相应临床症状。本病可分为先天性和获得性。

影像诊断要点：X 线平片可见脊椎退行性变、脊椎不稳和韧带钙化等改变，X 线平片测量椎管的矢状径对骨性椎管狭窄的诊断有重要价值，如颈椎矢状径正常应在 10～13mm，10mm 以下可诊断为颈椎管狭窄；腰椎矢状径为 15～18mm，如小于 15mm 要考虑腰椎管狭窄。

CT 的应用为估计腰椎管狭窄的程度和性质提供了很好的手段，CT 可清楚显示椎管横断面的大小与形态、椎体增生和小关节突肥大及椎管内韧带增厚的情况。主要 CT 表现为：与发育有关的骨性椎管；椎体后缘及椎间小关节骨质增生、骨赘形成、软骨下硬化和囊腔形

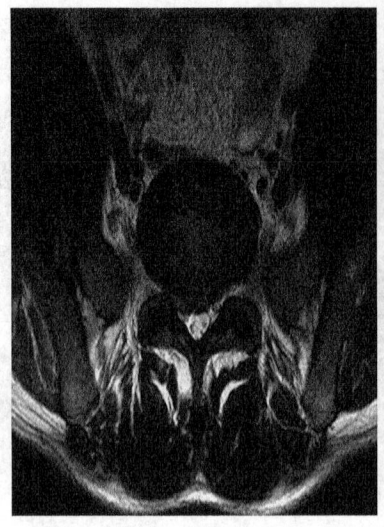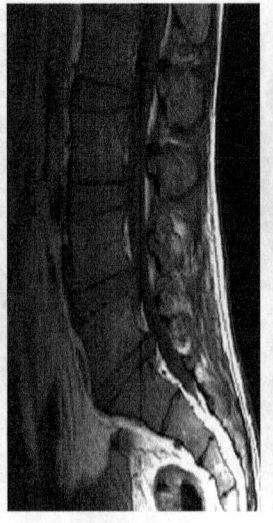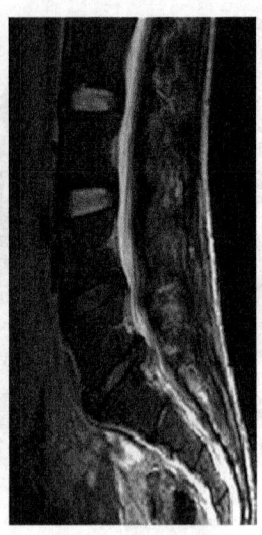

图 7-3-2 椎管狭窄

成;黄韧带及后纵韧带肥厚、钙化及骨化;马尾神经及神经根受压迹象;硬膜外脂肪减少或消失;椎管矢状径<11.5cm,横径<16cm,关节突间距<12cm,黄韧带厚度>4mm。

MRI 是一项无创检查,易被接受,而其检查能够进行矢状面、冠状面和横断面任意平面成像,显示三维结构形态及其变化,具有真实感。

三、椎体转移瘤

1. 病史临床 患者,男,30 岁,腰痛 6 年,加重伴右下肢麻木、疼痛 49 天。

2. 影像表现 椎体形态不正常,呈膨胀性改变,密度减低,轴位见 T11~L2 椎体及双侧椎弓根、椎板、棘突及右侧第 11 肋骨呈多发性溶骨性破坏,部分破坏区边缘模糊,破坏区周围可见增生软组织块影,并突入椎管,脊髓受压,见图 7-3-3。

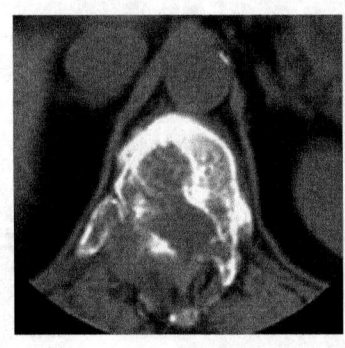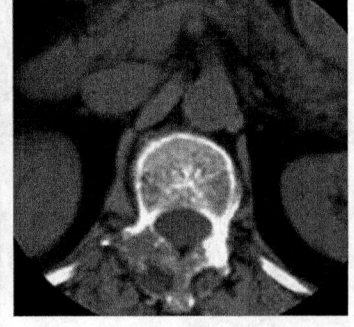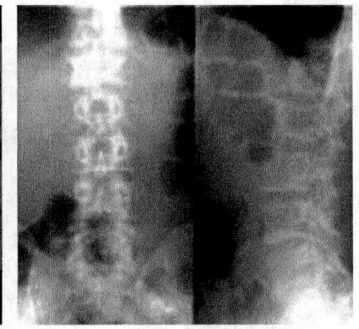

图 7-3-3 椎体转移瘤

3. 诊断 椎体转移瘤(病理诊断)。镜下见低分化腺癌浸润,癌细胞排列成小条索状或散在分布,浸润性生长,癌细胞大小不一,核大浓染,核分裂象可见,间质纤维组织增生。免疫组化标记:CD38(-)、LCA(-)、CK(+)、EMA(+)、CEA(+)

4. 讨论 脊柱转移瘤好发于中老年人,原发瘤多为乳腺癌、肺癌、前列腺癌、肾癌和鼻咽癌等。临床表现为局部疼痛、肿块、病理性骨折和脊髓压迫等。实验室检查有贫血，溶骨性病例血钙、磷增高，成骨型病例碱性磷酸酶增高，前列腺癌患者酸性磷酸酶增高等。

影像诊断要点：①X线及CT表现：溶骨型可见骨质破坏，边缘较清晰，常伴有小的软组织肿块，椎体可塌陷但椎间隙保持正常，椎弓常受累；成骨型表现为点片状或结节状高密度影，边缘不清晰，少见骨膜反应，一般无软组织肿块；②MRI检查T1WI呈低信号，T2WI呈程度不同高信号，脂肪抑制显示效果更好。

鉴别诊断：①与多发性骨髓瘤鉴别：后者骨质破坏区多较散在、边界清晰，很少跨越椎间盘水平。②与椎体结核鉴别：后者椎间盘常受累，椎旁出现冷脓肿，椎弓根破坏较少等。

四、压缩性骨折

1. 病史临床　患者，男，22岁，打球时受伤致腰背部后突畸形，伴酸胀不适8年，近期加重伴双下肢无力。

2. 影像表现　T_{12}椎体压缩变扁，呈楔形改变，脊柱在此平面向后突。MRI显示上述变化，椎间盘T1WI等信号，T2WI呈高信号，但$T_{12} \sim L_1$椎间盘信号减低，$T_{11 \sim 12}$椎间盘膨出压迫硬膜囊，见图7-3-4。

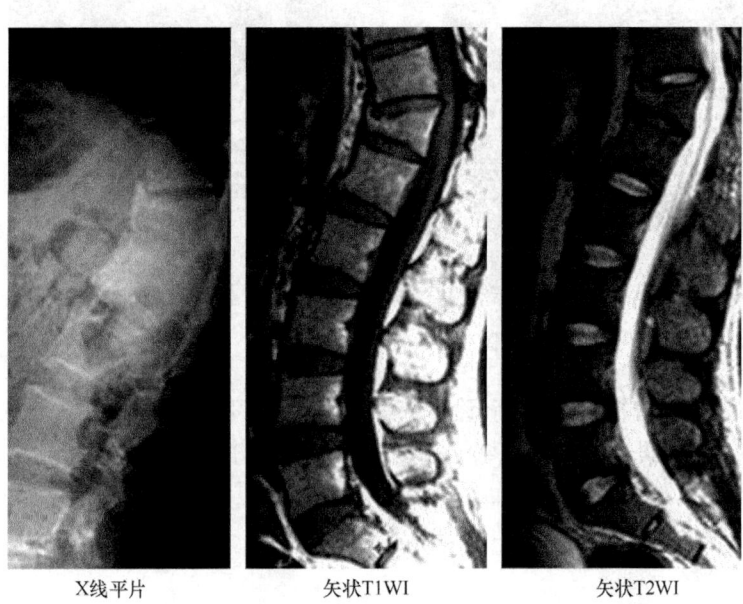

X线平片　　　　矢状T1WI　　　　矢状T2WI

图7-3-4　压缩性骨折

3. 诊断　压缩性骨折。

4. 讨论　脊椎骨折和脱位常见，占全身骨折的5%~6%，可分为次要损伤和重要损伤，前者包括单纯的横突、棘突、关节突和椎弓峡部骨折，这类骨折罕见引起神经损伤及脊柱畸形；后者包括压缩或楔形骨折、爆裂骨折、安全带型损伤及骨折-脱位。

影像诊断要点：①压缩或楔形骨折：以胸、腰椎最常见，表现为椎体前侧上部终板塌陷，皮质断裂，而后柱正常，致使椎体成楔形，压缩大于50%的骨折需行CT检查排除爆裂骨折。②爆裂骨折：表现为上、下部终板粉碎骨折，并有骨碎片突入椎管，同时也可有椎板骨折，椎弓间距加大。CT显示爆裂骨折最佳，它能清晰地显示椎体后上部分碎裂和后侧骨片突入椎管,显示后柱骨折也比平片优越,矢状面重建有助于显示椎管狭窄情况。③安全带骨折:也称Chance骨折,表现为骨折线横行经过棘突、椎板、椎弓与椎体,后部张开;或仅有棘上、棘间与黄韧带断裂,关节突分离,椎间盘后部破裂。④骨折-脱位:约有75%可引起神经受损。平片主要显示椎体脱位、关节突绞锁,常伴骨折。CT对显示关节突的位置很有价值。矢状面重建能显示椎体脱位及椎管狭窄的程度。

五、强直性脊柱炎

1. 病史临床 患者,男,45岁,腰痛、活动受限、逐渐僵直20年,血细胞沉降率加快。

2. 影像表现 颈、腰椎生理曲度明显变直,脊柱呈"竹节状",椎体小关节间隙大部分消失,前纵、后纵、侧、棘上及棘间等韧带骨化,见"手推车辙征",见图7-3-5。

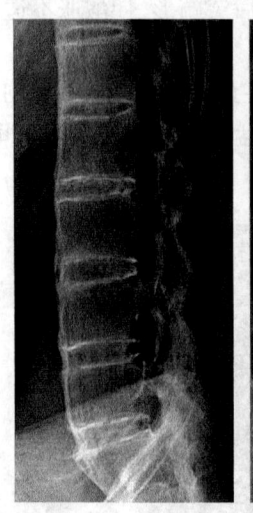
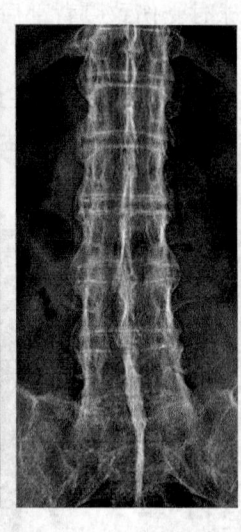
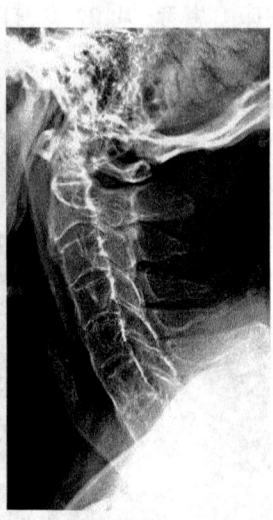

图7-3-5 强直性脊柱炎

3. 诊断 强直性脊柱炎(病理确诊)。镜下见小血管明显充血,滑膜上皮增生,有散在淋巴细胞和质细胞浸润。大部分区域纤维组织增生明显并形成大量瘢痕组织。

4. 讨论 强直性脊柱炎(ankylosing spondylitis,AS)是原因不明的以中轴关节的慢性炎症为主的全身性疾病,其主要病理改变是关节软骨的破坏和关节周围组织、韧带、椎间盘的钙化,最终导致骨性强直。

影像诊断要点:骶髂关节为最早受累的关节,并且100%被累及,双侧对称性发病,是诊断的主要依据。早期关节面侵蚀破坏、边缘增生硬化,随后关节间隙变窄,骨性强直。上行累及脊柱,形成"方椎",椎旁韧带骨化,脊柱呈"竹节状"等。CT比平片能更早、更清晰地发现及显示关节面的侵蚀。骶髂关节有典型滑膜关节炎的MRI表现,关节血管翳为长T1、长T2信号,明显强化,与侵蚀灶相延续。

与类风湿关节炎鉴别:后者好发于女性,主要累及四肢小关节,类风湿因子阳性。与致密性髂骨炎鉴别:后者多为女性,病变仅累及髂骨,关节间隙正常。

六、椎间盘突出

1. 病史临床 患者,男,40岁,反复右下肢麻痛20天。

2. 影像表现 矢状面示 L_5、S_1 椎体平面椎管内占位性病变,病灶 T1WI 呈略低信号,T2WI 呈混杂高信号,横断面病变偏右侧,终丝受压左移,肿块右缘伸入右侧椎间孔,与神经根分界不清,但未突出椎管外,见图7-3-6。

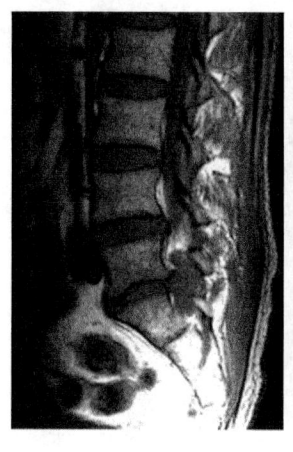
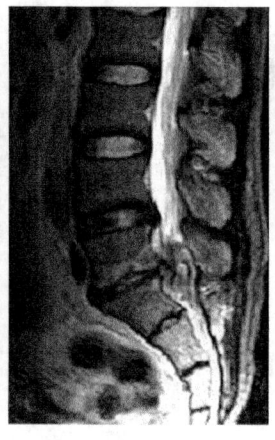
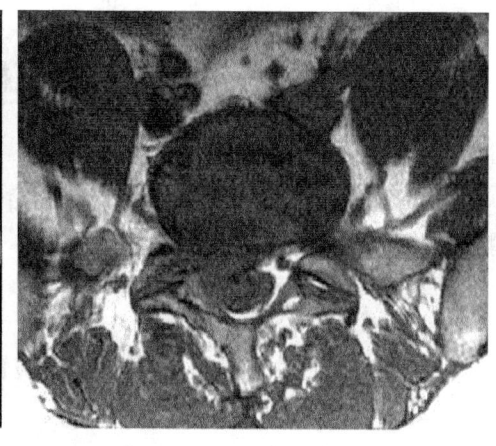

图7-3-6 椎间盘突出

3. 诊断 椎间盘突出(病理诊断)。镜下见送检组织为蜕变的髓核组织,纤维软骨组织水肿,软骨细胞数目减少。

4. 讨论 椎间盘突出症是髓核通过破裂的纤维环向外突出,多发生于脊椎活动较大的部位,如第4~7颈椎和第3腰椎至第1骶椎间。本病多发生于30~50岁,男性多于女性。临床表现主要出现局部刺激症状和脊髓、神经根压迫症状,表现为腰痛、坐骨神经痛、直腿抬高试验阳性、下肢感觉异常等。

影像诊断要点包括以下几点。

(1) X线检查:平片诊断价值较小,但可确定椎间盘病变的骨改变和排除其他骨病变,是较常用的检查方法。结合临床并参考以下征象,可做出推测性诊断:①椎间隙变窄或前窄后宽;②椎体后缘唇样肥大增生或游离骨块。

(2) CT表现:CT检查对椎间盘突出有很高的诊断价值,可见椎间盘向椎管内局限突出,部分可见游离的髓核块,硬膜外脂肪影不对称或消失,鞘膜囊可受压变形,相应平面神经根受压移位或湮没。

(3) MRI表现:矢状面 T2WI 可见相应平面的椎间盘信号降低并向后突出,压迫硬脊膜囊,蛛网膜下间隙变窄,横断面可见椎间盘后缘向后突出,压迫脊髓,硬膜外脂肪消失;部分可见黄韧带肥厚。

(戴 穹 郑宇杰)

第八章 四 肢
Chapter 8　Four limbs

第一节　四肢解剖学基础

一、概　　述

1. 境界与分部
（1）境界：上肢借肩部与颈部、胸部和脊柱区相连；下肢借腹股沟与腹部分界，外侧以髂嵴与腰、骶尾部分界。
（2）分部：上肢、下肢。
2. 内容
（1）上肢：肩关节、肘关节、腕关节、腕管。
（2）下肢：髋关节、膝关节、踝关节。

二、体表标志性结构

1. 肩峰（acromion）　为肩部最高点，由肩胛骨的肩胛冈向外上延续而成，向前内与锁骨的肩峰端构成肩锁关节。
2. 喙突（coronoid process）　位于锁骨下窝内，为肩胛骨的结构之一，在肩峰与关节盂的前内侧，在喙突的下方有腋血管和臂丛通过。
3. 鹰嘴（olecranon）　位于肘关节的后方，为尺骨的滑车切迹向后上方的突起，伸肘时与肱骨内、外上髁呈一直线，屈肘90°时三者呈等腰三角形。
4. 股骨大转子（greater trochanter of femur）　位于髂前上棘与坐骨结节连线的中点处，为股骨颈与股骨体连接处向外上方的隆起。
5. 胫骨粗隆（tibial tuberosity）　位于髌骨下方的隆起，为胫骨上端前面的隆起，是髌韧带的附着部位。
6. 踝（malleolus）　位于踝关节两侧，分为内踝和外踝。

三、肩　关　节

1. 特点　肩关节为典型的球窝关节，见图8-1-1。
2. 关节面　肩关节的关节面由肱骨头和肩胛骨的关节盂构成，由于头大窝小，有关节唇加大关节窝的面积，增强肩关节的稳定性。
3. 关节囊　肩关节的关节囊薄而松弛，除下壁最为薄弱外，在肩关节的上方有喙肱韧带，前方有盂肱上、中、下韧带加强，并由止于肱骨大、小结节的冈上肌、冈下肌、小圆肌和肩胛下肌的肌腱彼此连接成肌腱袖（肩袖），包绕肩关节的前、上、后方，并与关节囊相连加强，

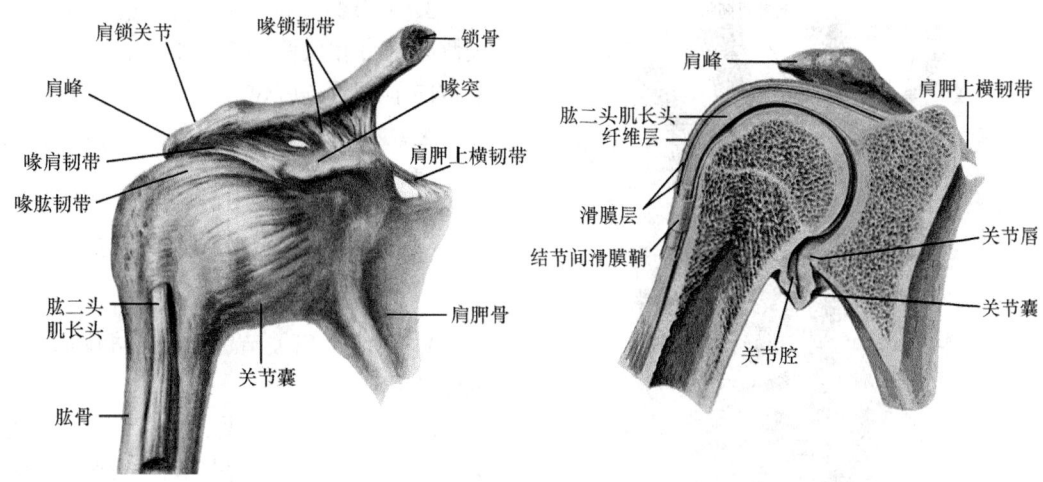

图 8-1-1 肩关节

因此,肩关节常从下方脱位,但严重肩关节扭伤或脱位时,可致肌腱袖损伤或肱骨骨折。

4. 关节腔 肩关节的关节腔内有肱二头肌长头腱通过。

肩关节常见病变:肩关节脱位、积液或积脓等。

四、肘 关 节

1. 特点 节囊内包含3个关节,见图8-1-2。

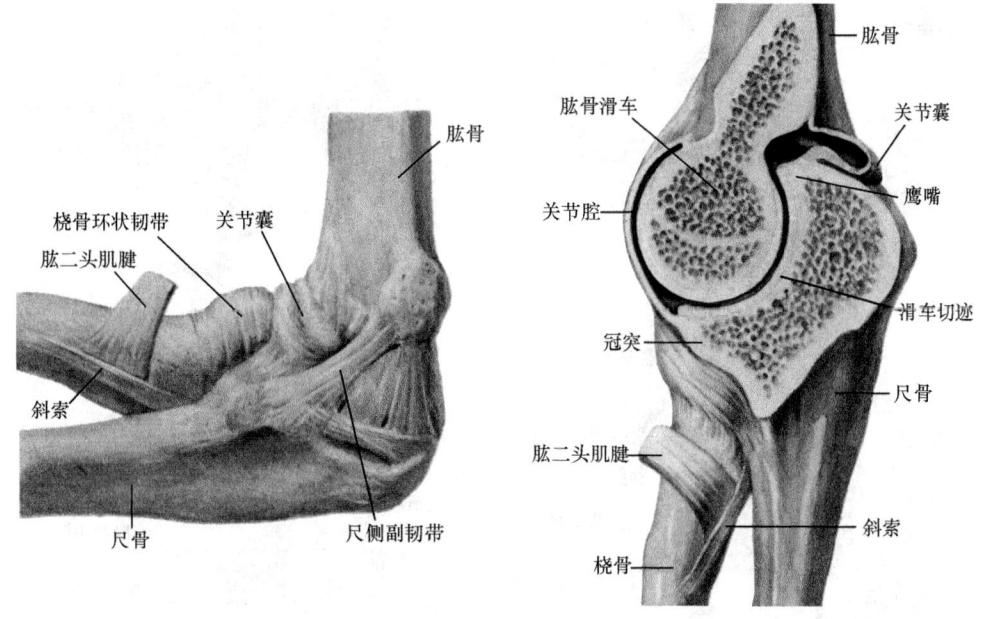

图 8-1-2 肘关节

2. 关节面 由肱骨下端和桡骨、尺骨上端构成。肱骨滑车与尺骨滑车切迹构成肱尺关节,肱骨小头与桡骨头关节凹构成肱桡关节,桡骨头环状关节与尺骨桡切迹构成桡尺近侧关节。

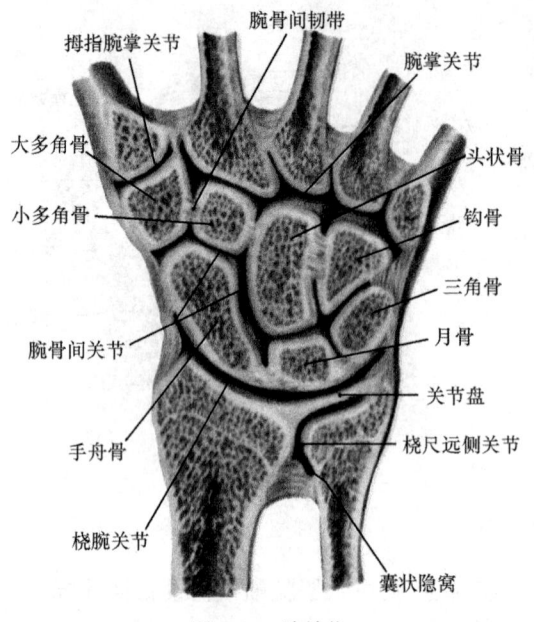

图 8-1-3 腕关节

3. 关节囊 前后壁薄而松弛,两侧有桡侧副韧带和尺侧副韧带加强,因此,肘关节常向前或后方脱位。

婴幼儿由于桡骨头发育未成熟,容易发生桡骨头半脱位。

五、腕　关　节

1. 特点 腕关节为典型的椭圆关节,见图 8-1-3。

2. 关节面 由桡骨的腕关节面和尺骨头下方的关节盘形成的关节窝,腕骨近侧的手舟骨、月骨和三角骨的近侧关节面构成。

3. 关节囊 关节囊松弛,四周均有韧带加强。

六、髋　关　节

1. 特点 髋关节为典型的杵臼关节,也是侧向力最大的关节,见图 8-1-4。

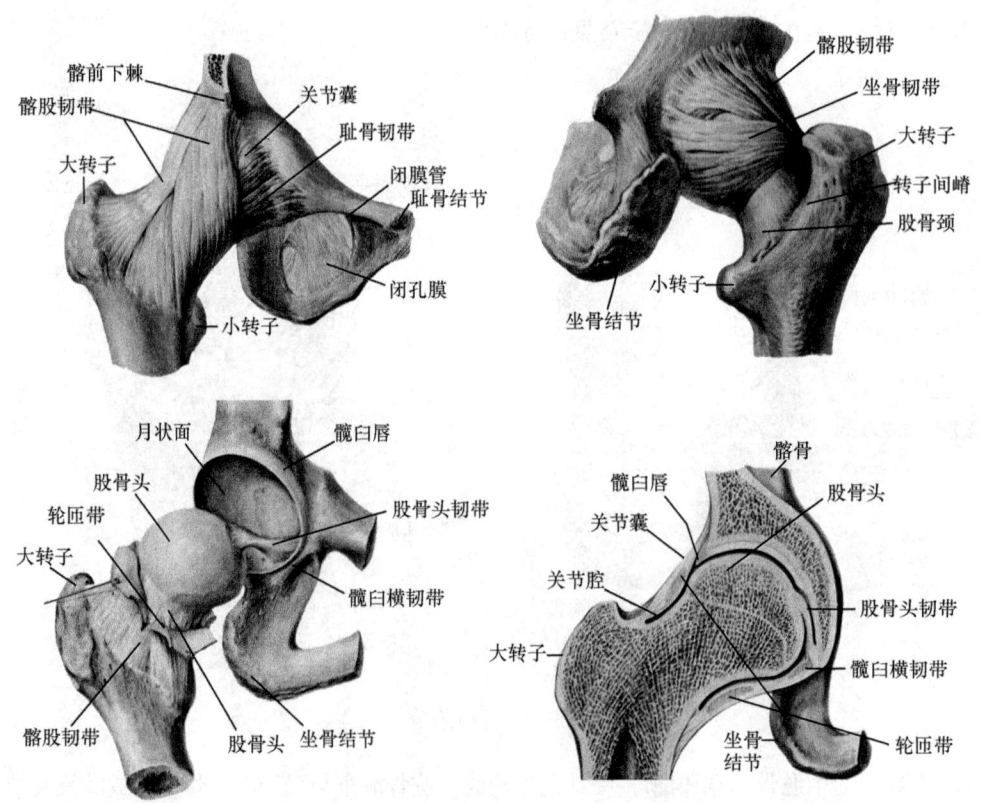

图 8-1-4　髋关节

2. 关节面 髋关节的关节面由髋臼和股骨头构成髋臼（包括髋臼窝、月状关节面和髋臼切迹），髋臼窝内为脂肪填充，股骨头韧带埋于其中，髋臼切迹位于髋臼下缘，有髋臼横韧带横越，由于髋关节头大窝小，因此有关节唇加深关节窝，增强关节的稳固性。

3. 关节囊 髋关节的关节囊厚而坚韧，囊内有股骨头韧带，内有滋养股骨头的血管，关节囊周围有众多囊外韧带增强，主要有髂骨韧带、耻骨韧带和坐股韧带，在关节囊壁内增厚形成环状的轮匝带，有防止股骨头向外脱出的作用。关节囊整体坚韧致密，但囊的后下较为薄弱，股骨头易向下方脱位。

髋关节由于承受强大的向下的侧压力，在外力作用下容易发生股骨颈骨折和坏死。

七、膝 关 节

1. 特点 膝关节为全身最大、最复杂的关节，见图8-1-5。

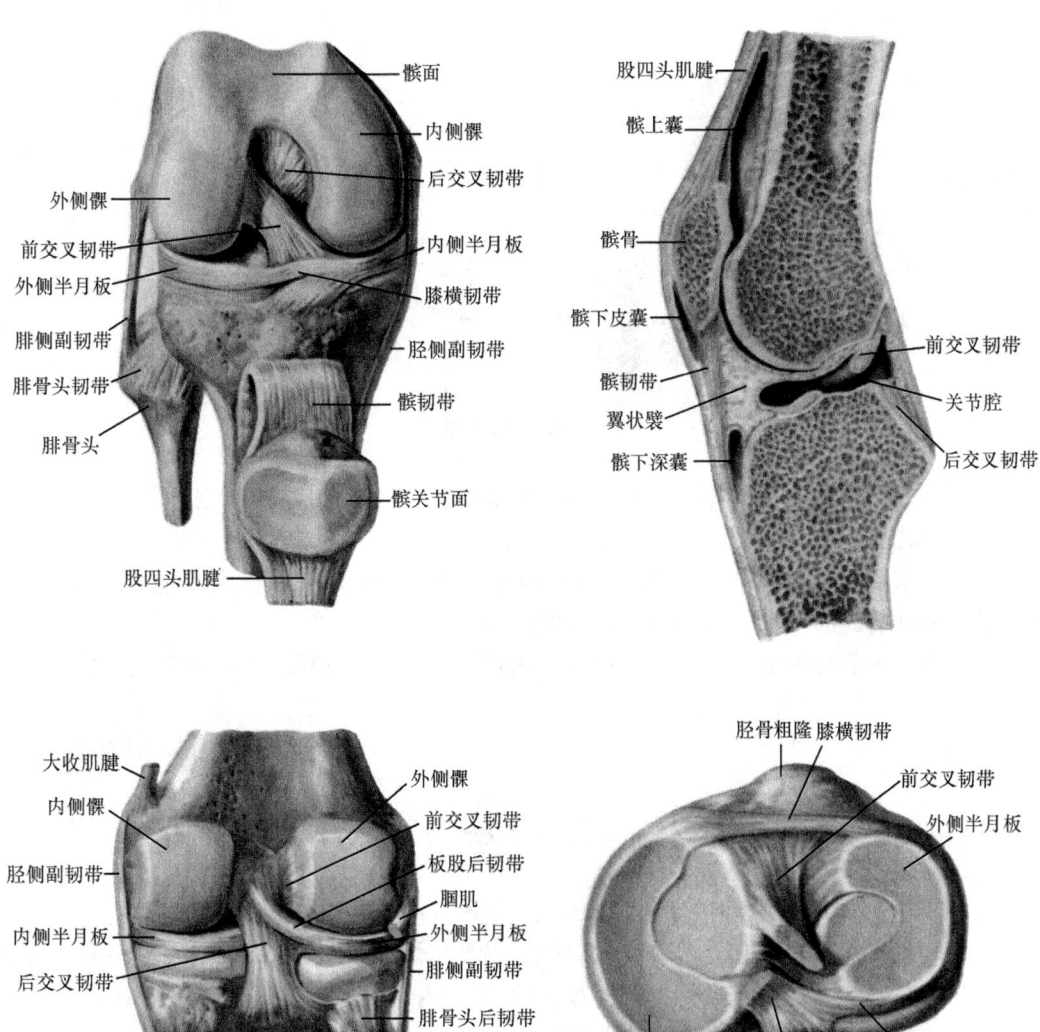

图8-1-5 膝关节

2. 关节面 膝关节的关节面由股骨内外侧髁、胫骨内外侧髁和髌骨构成,关节面凹凸不平,在股骨的内、外侧髁间为髁间窝,胫骨内、外侧髁之间为髁间隆起,在股骨与胫骨内、外侧髁之间有内、外侧半月板,既可增加关节的灵活性,又可增强关节的稳固性。

3. 关节囊 膝关节的关节囊壁薄而松弛,内有前、后交叉韧带和冠状韧带,囊外两侧有胫侧副韧带和腓侧副韧带,前方有髌韧带和髌支持韧带加强,厚而坚韧,关节囊周围有众多囊外韧带增强,并有滑膜囊、滑膜襞和脂肪垫,起填充、封闭关节囊和缓冲减少膝关节运动摩擦的作用。

膝关节容易发生半月板损伤。

八、踝 关 节

1. 特点 踝关节又称为距小腿关节,是唯一关节囊松弛与紧张可发生变化的关节,见图8-1-6。

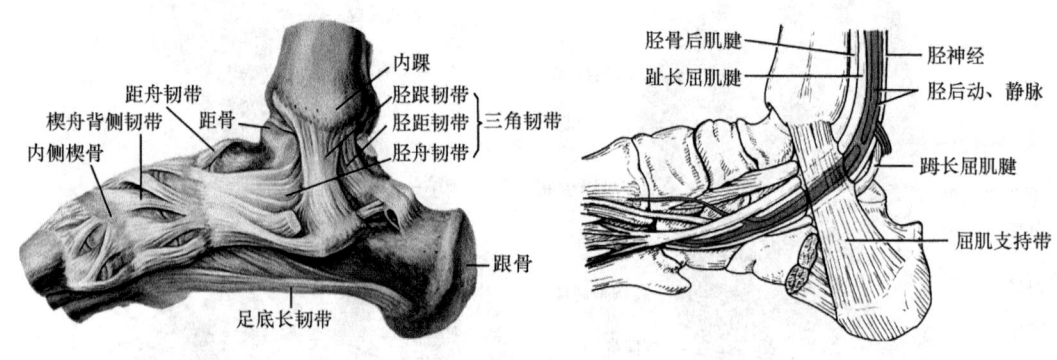

图 8-1-6 踝关节

2. 关节面 踝关节的关节面由胫、腓骨下端和距骨滑车构成,距骨滑车关节面前宽后窄,使关节囊的松紧可发生改变。

3. 关节囊 踝关节的关节囊前后薄弱,内外两侧有囊外韧带加强,内侧有内侧韧带(三角韧带),外侧有距腓前韧带、距腓后韧带和跟腓韧带。

踝关节的关节囊松紧的变化,增加了关节的灵活性,但也使踝关节容易发生扭伤。

(杨朝鲜 汤华军)

第二节 四肢断层应用解剖学

四肢的断面除关节部位外,结构相对简单,在本节选择六个断面讲解。

1. 经臂中份的横断层面 特征结构:肱骨、肱肌。本断面经过肱骨中份,三角肌粗隆稍下方,断面结构以肱骨为中心,分为前肌群、后肌群和内、外2条血管神经束,见图8-2-1。

(1) 前肌群:为屈肌群,被前骨筋膜鞘包被,鞘内喙肱肌消失,肱肌出现,紧贴肱骨前面;肱二头肌长、短两头合在一起,位于前群浅层。

(2) 后肌群:为伸肌群,被后骨筋膜鞘包被,鞘内肱三头肌的长头与内外侧头合为一体,居于肱骨后方。

(3) 内侧血管神经束：位于肱骨内侧、前后肌群间的深筋膜形成的内侧肌间隔内，有肱动脉、肱静脉、正中神经、尺神经、尺侧上副动脉、贵要静脉、前臂内侧皮神经（前支、尺侧支）。

(4) 外侧血管神经束：位于肱骨外侧、前后肌群间的深筋膜形成的外侧肌间隔内，有桡神经、桡侧副动脉等。

2. 经前臂中份的横断层面 特征结构：桡骨、尺骨、肱桡肌、旋前圆肌。本断面经过前臂中份，断面结构以桡骨、尺骨和两者之间的骨间膜为中心，分为前肌群、后肌群和前4后1共5条血管神经束，见图8-2-2。

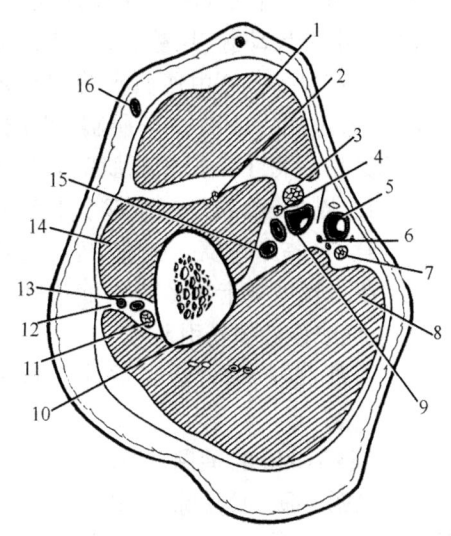 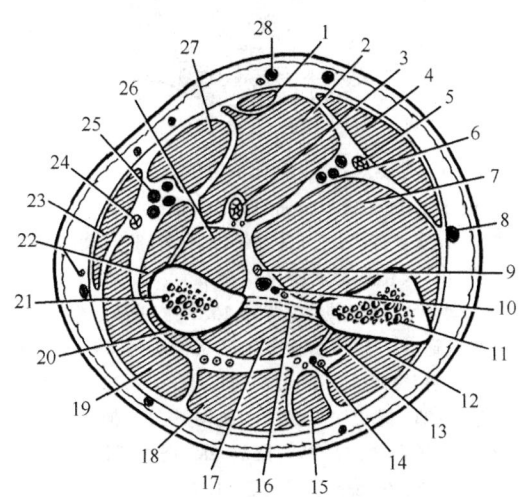

图 8-2-1　经臂中份的横断层面

1. 肱二头肌；2. 前臂外侧皮神经；3. 正中神经；4. 肌皮神经和臂内侧肌间隔；5. 贵要静脉；6. 尺侧上副动脉；7. 尺神经；8. 肱三头肌；9. 肱静脉；10. 肱骨；11. 桡神经；12. 臂外侧肌间隔；13. 桡侧副动脉；14. 肱肌；15. 肱动脉；16. 头静脉

图 8-2-2　经前臂中份的横断层面

1. 掌长肌；2. 指浅屈肌；3. 正中神经；4. 尺侧腕屈肌；5. 尺神经；6. 尺动脉；7. 指深屈肌；8. 贵要静脉；9. 骨间前神经；10. 骨间前动脉；11. 尺骨；12. 尺侧腕伸肌；13. 拇长伸肌；14. 骨间后动脉；15. 小指伸肌；16. 前臂骨间膜；17. 拇长展肌；18. 指伸肌；19. 桡侧腕长、短伸肌；20. 旋后肌；21. 桡骨；22. 旋前圆肌和前臂外侧皮神经；23. 肱桡肌；24. 桡神经浅支；25. 桡动脉；26. 拇长屈肌；27. 桡侧腕屈肌；28. 前臂正中静脉

前肌群：为屈肌群，被前骨筋膜鞘包被，鞘内肌分为3层，浅层由外至内依次为肱桡肌、旋前圆肌的止点（较深方）、桡侧腕屈肌、掌长肌、尺侧腕屈肌；中层为指浅屈肌；深层为拇长屈肌、指深屈肌。

前肌群内有4条血管神经束：①桡血管神经束：位于肱桡肌的内侧，由桡动脉、桡静脉、桡神经浅支构成。②尺血管神经束：位于尺侧腕屈肌的外侧，由尺动脉、尺静脉、尺神经构成。③正中血管神经束：位于指浅屈肌深方，由正中动脉（来自骨间前血管）、正中静脉、正中神经构成。④骨间前血管神经束：位于骨间膜前方，由骨间前动脉（来自尺动脉发出的骨间总动脉发出）、骨间前静脉、骨间前神经（来自正中神经发出的分支）构成。

后肌群：为伸肌群，被后骨筋膜鞘包被，鞘内为骨间后肌群分，以骨间后血管神经束中心分为浅、深两层。

骨间后血管神经束：前臂后肌群浅深层之间，由骨间后动脉（来自尺动脉发出的骨间总动脉发出）、骨间后静脉、骨间后神经（桡神经深支穿旋后肌后更名）构成。

后肌群：为伸肌群，肱三头肌的长头与内外侧头合为一体，居于肱骨后方。

此断面浅层有头静脉、贵要静脉、前臂正中静脉和前臂外侧皮神经等。

3. 经腕管中份的横断层面 特征结构：腕管、正中神经。本断面为经过近、远侧列腕骨中份的断面，断面结构以腕骨为中心，分为前、后两部分，见图8-2-3。

（1）前部：包括腕管和尺血管神经束。尺血管神经束由尺动脉、尺静脉、尺神经构成。腕管（carpal canal）由屈肌支持带和腕骨沟围成，通过的内容有9条肌腱（指浅、深屈肌肌腱各4条，1条拇长屈肌腱）、2个腱鞘（屈肌总腱鞘，拇长屈肌腱鞘）、1条神经（正中神经），临床易发生腕管综合征，是正中神经在腕管内被卡压的一组症状和体征，多由急性或慢性损伤引起。

（2）后部：包括前臂后群的伸肌腱和桡血管神经束。

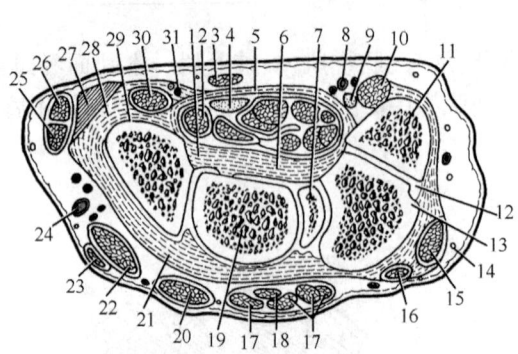

图8-2-3 经腕管中份的横断层面

1. 桡舟头韧带；2. 拇长屈肌腱；3. 掌长肌腱；4. 正中神经；5. 腕横韧带；6. 三角头韧带；7. 钩骨；8. 尺动脉；9. 尺神经；10. 尺侧腕屈肌腱；11. 豌豆骨；12. 豌豆骨关节；13. 三角骨；14. 尺神经手背支；15. 尺侧腕屈肌腱；16. 小指伸肌腱；17. 指伸肌腱；18. 示指伸肌腱；19. 头状骨；20. 桡侧腕短伸肌腱；21. 腕骨间背侧韧带；22. 桡侧腕长伸肌腱；23. 拇长伸肌腱；24. 桡动脉；25. 拇短伸肌腱；26. 拇长展肌腱；27. 拇短展肌；28. 桡舟韧带；29. 手舟骨；30. 桡侧腕屈肌腱；31. 桡动脉掌浅支

4. 经股部中份的横断层面 特征结构：股骨、股四头肌、股动脉、坐骨神经。本断面经过股部中份，断面结构以股骨为中心，分为前肌群、后肌群和内侧肌群，2条血管神经束，见图8-2-4。

前肌群：为伸肌群，被前骨筋膜鞘包被，鞘内有缝匠肌（中段，位于内侧）、股四头肌（股直肌、股中间肌、股内侧肌和股外侧肌可见）；在前群与内侧群之间有股血管神经束，由股动脉、股静脉和隐神经构成。

后肌群：为屈肌群，被前后骨筋膜鞘包被，鞘内有半腱肌（浅层）、半膜肌、股二头肌（外侧）；在后群肌深方与内侧群之间有坐股神经血管束，由坐骨神经、股深动脉的穿支及静脉构成。

内侧肌群：为收肌群，被内侧骨筋膜鞘包被，鞘内有股薄肌、大收肌。

本断面浅层有大隐静脉。

5. 经小腿中份的横断层面 特征结构：胫骨、腓骨、胫前后动脉、胫神经、腓深神经。本断面经过小腿中份，断面结构以胫骨、腓骨和骨间膜为中心，分为前肌群、外侧群和后肌群，4条血管神经束，见图8-2-5。

（1）前肌群：为伸肌群，被前骨筋膜鞘包被，鞘内有胫骨前肌、趾骨长伸肌和拇长伸肌；在胫骨前肌后外侧有胫前血管神经束，由胫前动脉、胫前静脉和腓深神经构成；在前肌群与外侧肌群之间有腓浅神经。

第八章 四 肢

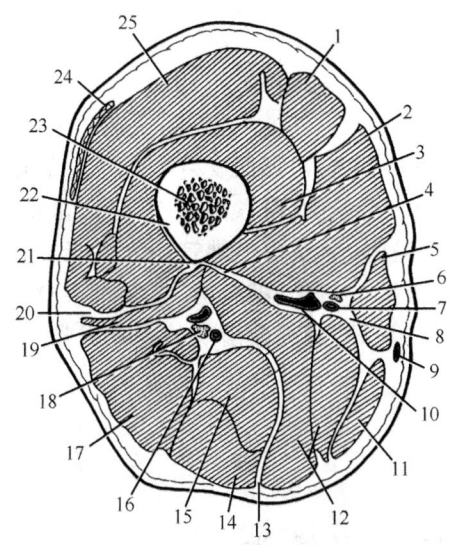

图 8-2-4 经股部中份的横断层面

1.股直肌;2.股内侧肌;3.股中间肌;4.股内侧肌间隔;5.缝匠肌;6.隐神经;7.股动脉;8.收肌管;9.大隐神经;10.股静脉;11.股薄肌;12.大收肌;13.股后肌间隔;14.半腱肌;15.半膜肌;16.股深动脉穿支;17.股二头肌长头;18.坐骨神经;19.股二头肌短头;20.股外侧肌间隔;21.股骨粗线;22.股骨骨密质;23.骨髓腔;24.髂胫束;25.股外侧肌

（2）外侧肌群：有腓骨长、短肌，被外侧骨筋膜鞘包绕。

（3）后肌群：为屈肌群，被前后骨筋膜鞘包被，鞘内分为浅深两层。浅层为小腿三头肌，包括腓肠肌和比目鱼肌，深层包括胫骨后肌、趾长屈肌和长屈肌；在后肌群浅、深肌群之间有胫后血管神经束（由胫神经、胫后动脉和胫后静脉构成）和腓血管束[由腓动脉（由胫后动脉发出）、腓静脉构成]。

浅层有大隐静脉、隐神经、小隐静脉、腓肠神经。

6.经踝关节的横断层面 特征结构：内踝、踝管、胫前后动脉、胫神经。本断面经过内踝尖，断面结构以胫骨、踝关节为中心，分为前部、后部、外侧部和内侧部分，见图8-2-6。

（1）前部：位于踝关节前方，有胫骨前肌腱、趾骨长伸肌和拇长伸肌腱；也有足背动脉、也有足背静脉和腓深神经、大隐静

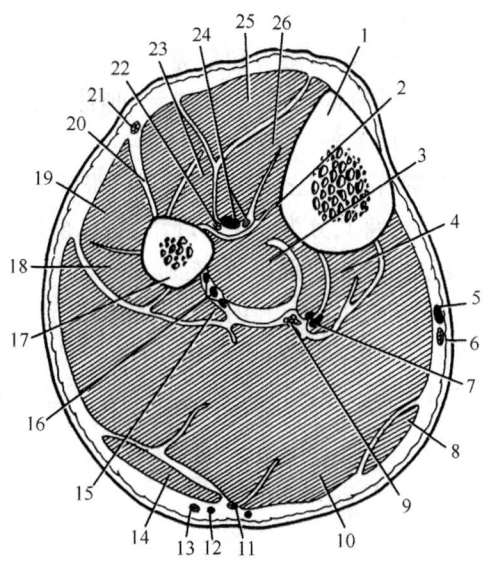

图 8-2-5 经小腿中份的横断层面

1.胫骨;2.小腿骨间膜;3.胫骨后肌;4.趾长屈肌;5.大隐静脉;6.隐神经;7.胫后血管;8.腓肠肌内侧头;9.胫神经;10.比目鱼肌;11.腓肠肌内侧皮神经;12.小隐静脉;13.腓肠肌外侧皮神经;14.腓肠肌外侧头;15.拇长屈肌;16.腓动、静脉;17.腓骨;18.腓骨短肌;19.腓骨长肌;20.小腿前肌间隔;21.腓浅神经;22.腓深神经;23.趾长伸肌;24.胫前动、静脉;25.拇长伸肌;26.胫骨前肌

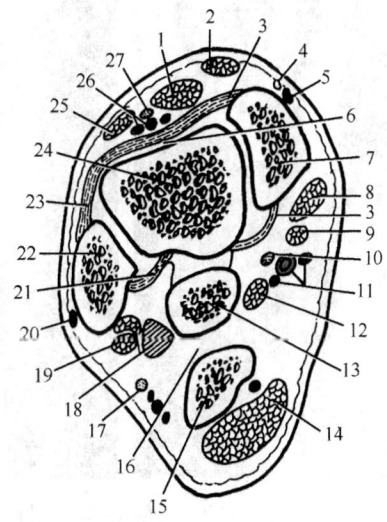

图 8-2-6 经踝关节的横断层面

1.拇长伸肌腱;2.胫骨前肌腱;3.内侧韧带;4.隐神经;5.大隐静脉;6.关节腔;7.内踝;8.胫骨后肌腱;9.趾长屈肌腱;10.胫神经;11.胫后血管;12.长屈肌腱;13.距骨后突;14.跟腱;15.跟骨;16.跟腱下疏松结缔组织;17.腓肠神经;18.腓骨短肌及肌腱;19.腓骨长肌腱;20.小隐静脉;21.距腓后韧带;22.外踝;23.距腓前韧带;24.距骨体;25.趾长伸肌腱;26.足背血管;27.腓深神经

脉、隐神经。

（2）后部：为跟骨和跟腱。

（3）外侧部：有腓骨长肌腱、腓骨短肌及肌腱、腓肠神经、小隐静脉。

（4）内侧部：踝管。

踝管（malleolar canal）由内踝、跟骨内侧面和屈肌支持带围成；屈肌支持带向深面发出3个纤维隔，将其分为4个骨纤维管，从前向后依次为：胫骨后肌腱、趾长屈肌腱、胫后血管及胫神经、拇长屈肌腱；踝管连通小腿后区与足底，故此两区的感染可经踝管相互漫延，当踝管变狭窄时，可压迫其内容物，引起"踝管综合征"，多由踝部扭伤、腱鞘炎、骨折畸形愈合、占位性病变等所致，表现为早期站立、行走劳累后内踝后部不适逐渐出现足底和跟骨内侧麻木、刺痛，轻叩内踝后方，足底部针刺痛加剧等症状。

（杨朝鲜　高小青）

第三节　四肢病理断层影像学

一、左腕 Colles 骨折

1. 病史临床　患者，女，32岁，跌倒后左腕部着地，致呈银叉状畸形，关节疼痛、肿胀和活动障碍1天。

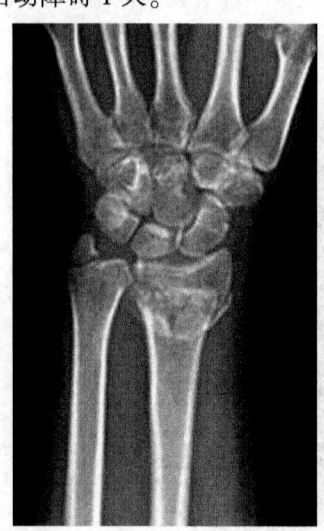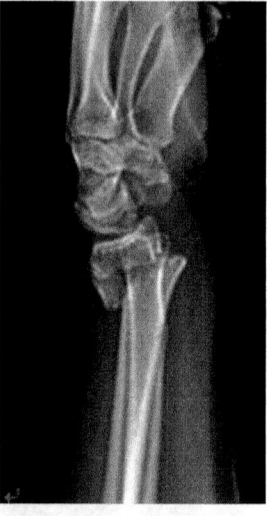

图 8-3-1　左腕 Colles 骨折

2. 影像表现　左桡骨远端骨质碎裂，骨折远端向背侧移位与掌侧成角，桡骨下关节面倾斜，伴尺骨茎突骨折，软组织肿胀，见图 8-3-1。

3. 诊断　左腕 Colles 骨折。

4. 讨论　桡骨远端 Colles 骨折是指发生于桡骨远端距关节 2~3cm 处的骨折，最为常见。本病多为跌伤、撞伤时腕背伸位手掌触地所致。伤后，腕背部肿胀，活动受限，呈"银叉"状变形。

影像诊断要点：骨折线多为横形，少数为粉碎或"T"形，可累及关节。骨折远端向背侧、桡侧移位，背侧皮质嵌插，前缘皮质分离，常合并尺骨茎突骨折和下尺桡关节脱位。严重者折端粉碎、重叠、缩短和旋转，甚至累及腕关节。正位片示桡骨远端关节面内倾角减少或消失；侧位片的前倾角减小或变成后倾角。骨折线不明显时，观察前倾角对诊断很有帮助。

与 Smith 骨折鉴别：在正常情况下，桡骨下关节面向掌侧倾斜 10°~15°，并向尺侧倾斜 20°~25°，在桡骨远端骨折时，桡骨下关节面的两个倾斜度完全改变。如桡骨远端所受暴力与 Colles 骨折相反，远端断骨向掌侧移位者，向背侧成角称为 Smith 骨折。

二、右肱骨髁上骨折(伸直型)

1. 病史临床 患者,女,5岁,跌伤后手掌着地,右肘关节疼痛、肿胀、畸形、活动障碍1小时。

2. 影像表现 左桡骨远端骨质碎裂,骨折远端向背侧移位与掌侧成角,桡骨下关节面倾斜,伴尺骨茎突骨折,软组织肿胀,见图8-3-2。

3. 诊断 右肱骨髁上骨折(伸直型)。

4. 讨论 肱骨髁上部位在解剖结构上前有喙突窝,后有鹰嘴窝,为薄弱部位;常因外伤而发生骨折,绝大多数见于儿童,占肘部骨折的首位。根据受伤时体位和暴力方向,骨折分为伸直型、屈曲型和粉碎型。粉碎型多见于成年人。伸直型骨折最多见,约占90%以上,常为跌倒后手掌撑地致伤。骨折线横形,通过鹰嘴窝或其上方,骨折向前成角,远端向后移位。屈曲型骨折较少见,多发于较大儿童、成人或老人屈肘位着地所致骨折。

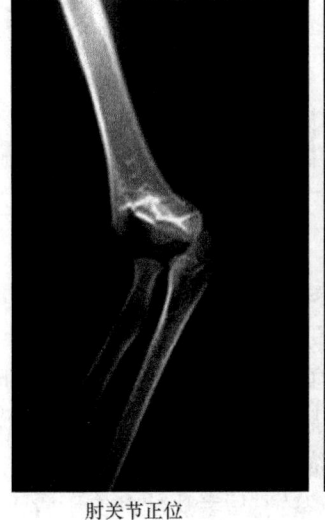
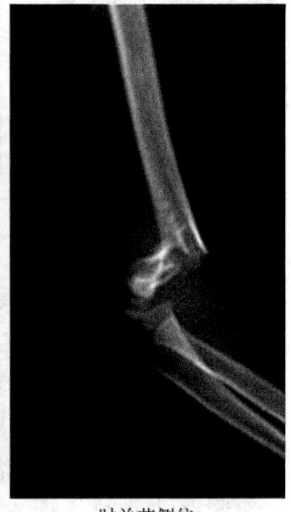

肘关节正位　　肘关节侧位

图8-3-2　右肱骨髁上骨折(伸直型)

影像诊断要点:骨折线锐利,多为斜形、由后上至前下,骨折向前成角,远端向后移位。X线表现为髁上一侧或两侧骨皮质中断、折裂、成角、皱褶,侧位片可见肱骨喙突窝和鹰嘴窝组成的"X"形致密影断裂、成角或嵌插,这些都是骨折的直接征象。肘部外伤还可引起关节积液,而使关节囊内滑膜外脂肪块向上推移呈八字形"漂移",可作为间接征象。

与髁上骨折(屈曲型)鉴别:后者较少见,骨折线由后方向前上方移行,骨折远端向掌侧移位,致骨折向背侧成角。骨折线不明显时,需观察喙突窝的弧度是否发生皱褶,再注意观察肱骨小头和前倾角度,此角度正常为30°~50°,成人和儿童无大差别,若此角超过50°即应考虑为屈曲型骨折。

三、急性化脓骨髓炎

1. 病史临床 患者,男,8岁,左小腿及足背广泛红肿、疼痛,伴发热、畏寒5天。

2. 影像表现 左桡骨远端骨质碎裂,骨折远端向背侧移位与掌侧成角,桡骨下关节面倾斜,伴尺骨茎突骨折,软组织肿胀,见图8-3-3。

3. 诊断 急性化脓性骨髓炎(病理确诊)。镜下见纤维组织增生,间质毛细血管扩张充血,部分可见片状的坏死组织伴较多的中性粒细胞、淋巴细胞浸润;部分区域可见骨组织及纤维结缔组织,内见少量死骨成分,并见较多的新生骨形成。

4. 讨论 化脓性骨髓炎(purulent osteomyelitis)是骨髓、骨和骨膜的化脓性炎症,多侵犯四肢长骨。按病程和病理可分为急性和慢性两类。临床表现为全身感染性中毒症状,局部有红、肿、热、痛等表现。

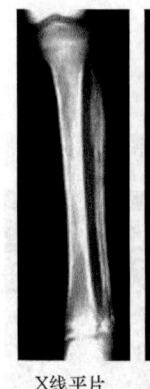 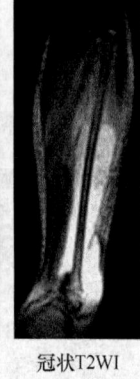 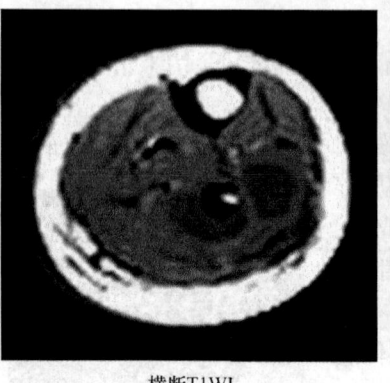 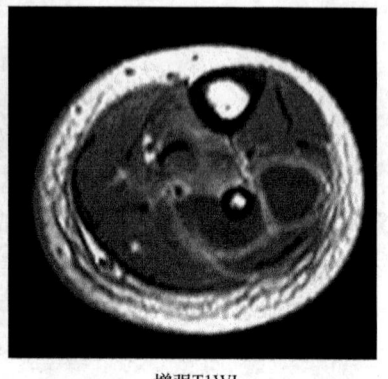

| X线平片 | 冠状T2WI | 横断T1WI | 增强T1WI |

图8-3-3　急性化脓骨髓炎

影像诊断要点：X线表现为①软组织肿胀；②骨质破坏；③死骨；④骨膜增生等。CT能很好地显示急性化脓性骨髓炎的软组织感染、骨膜下脓肿及骨髓内的炎症、骨质破坏等。增强扫描脓肿壁呈环形强化,软组织内泡状含气影是脓肿的重要表现。在确定髓腔侵犯和软组织感染方面MRI明显优于X线和CT。骨髓的充血、水肿、渗出和坏死在T1WI呈低信号,充血、水肿的肌肉和脓肿在T2WI表现为高信号。

鉴别：①与尤因肉瘤鉴别：后者病灶多位于骨干,浸润破坏范围广泛,但并不出现死骨。②与骨肉瘤鉴别：后者骨破坏范围较局限,并出现瘤骨,没有死骨及反应性骨硬化出现,邻近软组织肿块常较明显,短期内病变进展迅速。

四、右肘关节后脱位

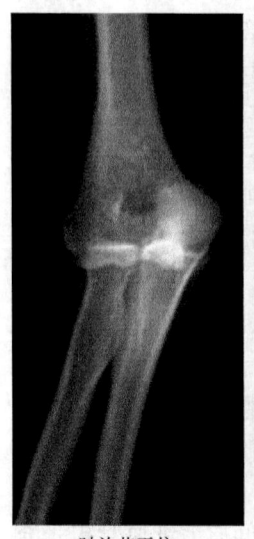 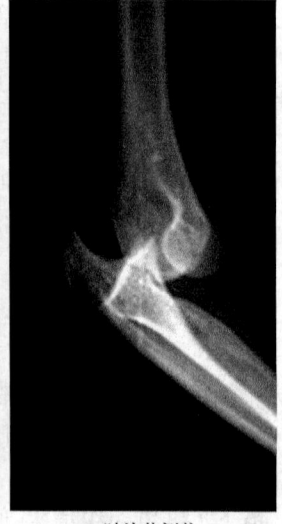

| 肘关节正位 | 肘关节侧位 |

图8-3-4　右肘关节后脱位

1. 病史临床　患者,男,26岁,外伤时右手掌着地,右肘关节肿、痛,关节畸形,活动受限,关节窝空虚。

2. 影像表现　右侧尺桡骨近端向后上方移位,右尺骨喙突位于鹰嘴窝下缘,肘关节正常对位关系失常,见图8-3-4。

3. 诊断　右肘关节后脱位。

4. 讨论　肘关节脱位相当常见,以青少年为多。根据发生机制和解剖变化,可分后脱位和前脱位两种。例如,跌倒时手掌着地常可形成肘关节后脱位。

影像诊断要点：X线正位片示尺桡骨上端和肱骨下段重叠,关节间隙消失。侧位见桡骨头和尺骨鹰嘴向后移位,有时桡骨头和尺骨鹰嘴可同时向外侧或内侧移位,也可伴有尺骨鹰嘴、桡骨头骨折。小儿肘关节轻微脱位的诊断常较困难,因肱骨及尺、桡骨骨骺发育尚不完全,关节面之间关系不易确定,这就需要摄片位置要正,必要时还需与健侧对照,方可确诊。

与肘关节前脱位鉴别：后者受伤机制为暴力由肘后方向前撞击,桡骨头及尺骨鹰嘴向前移位,尺桡骨上端前移至肱骨下端前方,可导致鹰嘴骨折。

五、左膝关节半月板损伤

1. 病史临床 患者,男,32岁,摔倒后致左膝关节疼痛不适3个月。

2. 影像表现 左膝内侧半月板后角边缘不规则,T2WI及脂肪抑制像见半月板内有线条状异常高信号,并与关节面相连通,外侧半月板后角边缘较规则,内见短线状异常稍高信号。关节腔内少量积液,以后方及内侧明显,T1WI低信号,T2WI高信号,见图8-3-5。

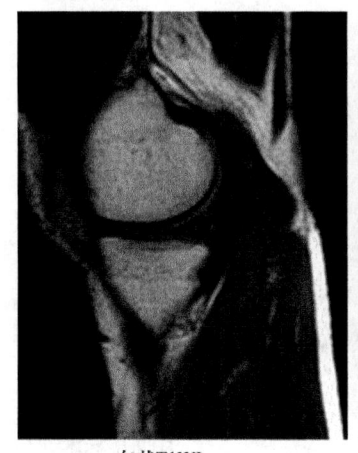
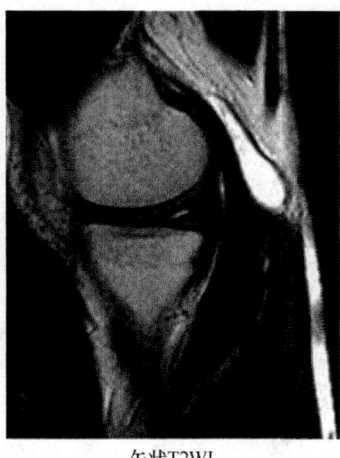
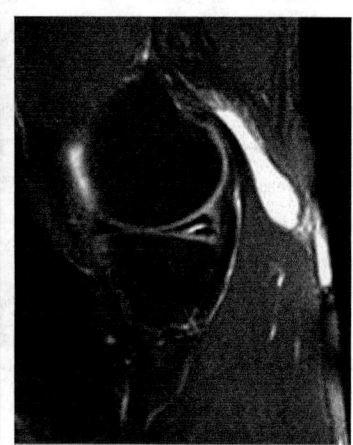

矢状T1WI　　　　　　　　矢状T2WI　　　　　　　　脂肪抑制T2WI

图 8-3-5　左膝关节半月板损伤

3. 诊断 左膝关节半月板损伤(关节镜下见左膝关节内侧半月板后角小部分纵形撕裂、飘浮、边缘毛糙)。

4. 讨论 半月板撕裂(meniscal tears)为常见病、多发病,多见于从事剧烈运动的青壮年。膝关节有内、外两个半月形软骨板,简称半月板。其中心部较薄,边缘部较厚。半月板在膝关节活动中起缓冲作用,剧烈的外伤可引起它的撕裂。

(1) 影像诊断要点:膝关节造影检查诊断阳性率大于80%,可以确定半月板损伤的部位,表现为对比剂充填在半月板的裂隙内,因属创伤性检查,现很少应用。正常半月板在MRI图像的任何序列上都呈低信号。以T2WI加脂肪抑制显示半月板最好,关节液及关节软骨均为高信号,与低信号的半月板形成良好对比,诊断半月板撕裂必须在矢状和冠状面上都看到半月板内线形高信号影延伸至其表面。而线形或球形高信号影不延伸到表面的则代表半月板的慢性创伤或变性。以关节镜为标准,MRI诊断半月板撕裂的准确率为90%~97%,特异性为94%。假阳性率高于假阴性率。假阳性的原因主要是将膝横韧带、与外侧半月板相邻的腘肌腱鞘等误认为半月板撕裂。关节镜为诊断半月板撕裂的最佳方法,可以直接看到半月板,并可以镜下行半月板切除术或缝合术。但关节镜也有盲区,并且有创伤性。MRI为影像诊断半月板病变的最佳选择。

(2) 与半月板的慢性创伤或变性鉴别:后者常呈线形或球形高信号影,且不延伸到表面。

(杨朝鲜　李开荣)

英汉名词对照

第一章 绪 论

artifact	伪影	pixel per inch, ppi	像素
canthomeatal line, CML	眦耳线	regional anatomy	局部解剖学
coronal scan	冠状断层扫描	sagittal section	矢状断面
coronal section	冠状断层标本	sagittal scan	矢状断层扫描
cross section	断层	sagittal section	矢状断层标本
CT attenuation value	CT值	section	断面
density resolution	密度分辨率	section and scan	扫描
Dot per inch, dpi	每英寸点	sectional anatomy	断层解剖学
echo	回声	spatial resolution	空间分辨率
flowing void effect	流空效应	supraorbitomeatal line, SML	上眶耳线
frontal plane	冠状断面	systematic anatomy	系统解剖学
horizontal plane	水平断面	transverse section	横断面
human sectional anatomy	人体断层解剖学	transverse scan	横断层扫描
infraorbitomeatal line, IML	下眶耳线	transverse section	横断层标本
orbitomeatal line, OML	眶耳线	weighted imaging	加权成像
partial volume phenomenon	部分容积效应	window width	窗宽
peripheral space phenomenon	周围间隙现象	window level	窗位

第二章 头 部

anterior cranial fossa	颅前窝	lingual nerve	舌神经
buccal branches	颊支	mandibular nerve	下颌神经
cavernous sinus	海绵窦	marginal mandibular branches	下颌缘支
cervical branches	颈支	masseter space	咬肌间隙
condylar process	髁突	mastoid nuchal line	上项线
epicranial aponeurosis	帽状腱膜	mastoid process	乳突
external occipital protuberance	枕外隆凸	maxillary artery	上颌动脉
facial artery	面动脉	medial pterygoid muscle	翼内肌
facial nerve	面神经	mental foramen	颏孔
facial vein	面静脉	mental nerve	颏神经
hypophyseal fossa	垂体窝	middle cranial fossa	颅中窝
inferior alveolar artery	下牙槽动脉	middle meningeal artery	脑膜中动脉
inferior alveolar nerve	下牙槽神经	parotid duct	腮腺管
infra-orbital artery	眶下动脉	parotid gland	腮腺
infra-orbital foramen	眶下孔	posterior cranial fossa	颅后窝
infra-orbital nerve	眶下神经	posterior superior alveolar artery	上牙槽动脉
lateral pterygoid muscle	翼外肌	pterion	翼点

pterygoid venous plexus	翼静脉丛	superciliary arch	眉弓
pterygomandibular space	翼下颌间隙	supraorbital nerve	眶上神经
reginal anatomy	局部解剖学	temporal branches	颞支
supraorbital foranmen	眶上孔	trigeminal nerve	三叉神经
supraorbital notch	眶上切迹		

第三章 颈 部

cricoid cartilage	环状软骨	suprasternal fossa	胸骨上大窝
greater supraclavicular fossa	锁骨上大窝	temporal branches	颞支
hyoid bone	舌骨	thyroid cartilage	甲状软骨
sternocleidomastoid	胸锁乳突肌	trigeminal nerve	三叉神经

第四章 胸 部

accessory hemiazygos vein	副半奇静脉	intercostal interni	肋间内肌
accessory phrenic nerve	副膈神经	intercostal intimi	肋间最内肌
anterior mediastinum	前纵隔	intercostal lymph nodes	肋间淋巴结
aortic hiatus	主动脉裂孔	intercostal nerve	肋间神经
aortic isthmus	主动脉峡	intercostal space	肋间隙
arch of aorta	主动脉弓	internal intercostals membrane	肋间内膜
arterial ligament	动脉韧带	internal thoracic artery	胸廓内动脉
azygos vein	奇静脉	internal thoracic vein	胸廓内静脉
bifurcation of trachea	气管杈	interpectoral space	胸肌间隙
brachiocephalic vein	头臂静脉	jugular notch	颈静脉切迹
bronchial artery	支气管动脉	left and right crus	左脚与右脚
bronchial tree	支气管树	lesser splanchnic nerve	内脏小神经
bronchial vein	支气管静脉	lumbocostal triangle	腰肋三角
bronchopulmonary segment	支气管肺段	lung	肺
central tendon	膈肌中心腱	mediastinum	纵隔
costal arch	肋弓	middle mediastinum	中纵隔
costodiaphragmatic recess	肋膈隐窝	oblique fissue	斜裂
diaphragm	膈	parasternal lymph nodes	胸骨旁淋巴结
endothoracic fascia	胸内筋膜	parietal pleura	壁胸膜
esophageal hiatus	食管裂孔	pectoralis major	胸大肌
external intercostal membrane	肋间外膜	pectoralis minor	胸小肌
fibrous pericardium	纤维心包	pericardial cavity	心包腔
greater splanchnic nerve	内脏大神经	pericardium	心包
heart	心	phrenicopleural fascia	膈胸膜筋膜
hemiazygos vein	半奇静脉	pleura	胸膜
hilum of lung	肺门	pleural cavity	胸膜腔
horizontal fissue	水平裂	pleural recess	胸膜隐窝
inferior mediastinum	下纵隔	posterior intercostals arteries	肋间后动脉
inferior phrenic lymph nodes	膈下淋巴结	posterior mediastinal lymph nodes	纵隔后淋巴结
infrasternal angle	胸骨下角	posterior mediastinum	后纵隔
intercostal externi	肋间外肌	pulmonary artery	肺动脉

pulmonary ligament	肺韧带	thoracic cage	胸廓
pulmonary vein	肺静脉	thoracic duct	胸导管
root of lung	肺根	thoracic part of esophagus	食管胸部
serous pericardium	质膜心包	thoracic part of trachea	气管胸部
serratus anterior	前锯肌	thoracic sympathetic trunk	胸交感干
sternal angle	胸骨角	thorax	胸部
sternocostal triangle	胸肋三角	thymus	胸腺
subclavius	锁骨下肌	transverse sinus of pericardium	心包横突
superior mediastinum	上纵隔	transversus thoracis	胸横肌
superior phrenic lymph nodes	膈上淋巴结	vena caval foramen	腔静脉孔
superior vena cava	上腔静脉	visceral pleura	脏胸膜
suprapleural membrane	胸膜上膜	xiphoid process	剑突
thoracic aorta	胸主动脉		

第五章 腹 部

abdominal aorta	腹主动脉	duodenum	十二指肠
abdominal cavity	腹腔	extraperitoneal fascia	腹膜外筋膜
accessory pancreatic duct	副胰管	falciform ligament	镰状韧带
accessory spleen	副脾	fibrous capsule	纤维囊
adipose capsule	脂肪囊	gallbladder	胆囊
anterior left subhepatic space	左肝下前间隙	gastrocolic ligament	胃结肠韧带
anterior left suprahepatic space	左肝上前间隙	gastropancreaticfold	胃胰襞
appendicular artery	阑尾动脉	gastropancreatic ligament	胃胰韧带
appendicular vein	阑尾静脉	gastrophrenic ligament	胃膈韧带
arcuate line	弓状线	gastrosplenic ligament	胃脾韧带
ascending colon	升结肠	genitofemoral nerve	生殖股神经
ascending part	升部	greater omentum	大网膜
bare area of liver	肝裸区	head of pancreas	胰头
bare area of stomach	胃裸区	hepatic pedicle	肝蒂
body of pancreas	胰体	hepatic portal vein	肝门静脉
cecum	盲肠	hepatoduodenal ligament	肝十二指肠韧带
celiac plexus	腹腔丛	hepatogastric ligament	肝胃韧带
colon	结肠	hepatopancreatic ampulla	肝胰壶腹
common bile duct	胆总管	hepatorenal ligament	肝肾韧带
common hepatic duct	肝总管	hepatorenal recess	肝肾隐窝
coronary ligament	冠状韧带	horizontal part	水平部
cystic artery	胆囊动脉	ileocecal valve	回盲瓣
deep iliac circumflex artery	旋髂深动脉	ileocolic artery	回结肠动脉
deep inguinal ring	腹股沟管深环	ileum	回肠
descending colon	降结肠	iliohypogastric nerve	髂腹下神经
descending part	降部	ilioinguinal nerve	髂腹股沟神经
dorsal fissure	背裂	inferior duodenal fold	十二指肠下襞
duodenojejunal flexure	十二指肠空肠曲	inferior duodenal recess	十二指肠下隐窝
duodenojejunal fold	十二指肠空肠襞	inferior epigastric artery	腹壁下动脉

inferior vena cava	下腔静脉	paraumbilical vein	附脐静脉
inguinal canal	腹股沟管	parietal peritoneum	壁腹膜
inguinal falx	腹股沟镰	pectineal ligament	耻骨梳韧带
inguinal ligament	腹股沟韧带	peritoneal cavity	腹膜腔
inguinal triangle	腹股沟三角	peritoneum	腹膜
intercrural fibers	脚间纤维	phrenicocolic ligament	膈结肠韧带
interfoveolar ligament	窝间韧带	phrenicosplenic ligament	膈脾韧带
jejunum	空肠	porta hepatis	肝门
kidney	肾	posterior gastric artery	胃后动脉
lacunar ligament	腔隙韧带	posterior left subhepatic space	左肝下后间隙
lateral crus	外侧脚	posterior left suprahepatic space	左肝上后间隙
lateral umbilical fold	脐外侧襞	pouch	陷凹
left and right hepatic ducts	肝左管与肝右管	radix of mesentery	肠系膜根
left and right mesenteric sinuses	左、右肠系膜窦	recess	隐窝
left and right paracolic sulci	左、右结肠旁沟	rectouterine pouch	直肠子宫陷凹
left colic artery	左结肠动脉	rectovesical pouch	直肠膀胱陷凹
left gastric artery	胃左动脉	rectus abdominis	腹直肌
left gastroepiploic artery	胃网膜左动脉	reflected ligament	反转韧带
left interlobar fissure	左叶间裂	renal artery	肾动脉
left intersegmental fissure	左段间裂	renal fascia	肾筋膜
left triangular ligamet	左三角韧带	renal hilum	肾门
lesser omentum	小网膜	renal pedicle	肾蒂
lienocolic ligamet	脾结肠韧带	renal segment	肾段
ligamentum teres hepatis	肝圆韧带	renal sinus	肾窦
linea alba	白线	renal vein	肾静脉
linea semilunaris	半月线	retroperitoneal space	腹膜后隙
liver	肝	right colic artery	右结肠动脉
lumbar sympathetic trunk	腰交感干	right gastric artery	胃右动脉
major duodenal papilla	十二指肠大乳头	right gastroepiploic artery	胃网膜右动脉
medial crus	内侧脚	right interlobar fissure	右叶间裂
medial umbilical fold	脐内侧襞	right intersegmental fissure	右段间裂
median fissure	正中裂	right subhepatic space	右肝下间隙
median umbilical fold	脐正中襞	right suprahepatic space	右肝上间隙
mesentery	肠系膜	right triangular ligament	右三角韧带
mesoappendix	阑尾系膜	semicircular line	半环线
middle colic artery	中结肠动脉	sheath of rectus abdominis	腹直肌鞘
neck of pancreas	胰颈	short gastric arteries	胃短动脉
obliquus externus abdominis	腹外斜肌	sigmoid arteries	乙状结肠动脉
obliquus internus abdominis	腹内斜肌	sigmoid colon	乙状结肠
omental bursa	网膜囊	sigmoid mesocolon	乙状结肠系膜
omental foramen	网膜孔	spermatic cord	精索
omentum	网膜	spleen	脾
pancreas	胰	splenic artery	脾动脉
pancreatic duct	胰管	splenic vein	脾静脉

splenorenal ligament	脾肾韧带	supracolic compartment	结肠上区
stomach	胃	suprarenal gland	肾上腺
subphrenic extraperitoneal space	膈下腹膜外间隙	suspensory muscle of duodenum	十二指肠悬肌
subphrenic space	膈下间隙	tail of pancreas	胰尾
superficial epigastric artery	腹壁浅动脉	transversalis fascia	腹横筋膜
superficial iliac circumflex artery	旋髂浅动脉	transverse colon	横结肠
superficial inguinal ring	腹股沟管浅环	transverse mesocolon	横结肠系膜
superior duodenal fold	十二指肠上襞	transversus abdominis	腹横肌
superior duodenal recess	十二指肠上隐窝	uncinate process	钩突
superior epigastric artery	腹壁上动脉	ureters	输尿管
superior mesenteric artery	肠系膜上动脉	vermiform appendix	阑尾
superior part	上部	vesicouterine pouch	膀胱子宫陷凹

第六章 盆部及会阴

albuginea	白膜	inferior pelvic aperture	骨盆下口
ampulla ductus deferentis	输精管壶腹	interior rectal artery	直肠下动脉
anal canal	肛管	internal iliac artery	髂内动脉
anal columns	肛柱	internal iliac lymph nodes	髂内淋巴结
anal pecten	肛梳	internal iliac vein	髂内静脉
anal region	肛区	internal pudendal artery	阴部内动脉
anal sinuses	肛窦	internal pudendal vein	阴部内静脉
anal valves	肛瓣	Ischioanal fossa	坐骨肛门窝
anocutaneous line	齿状线	isthmus of uterus	子宫峡
anorectal ring	肛直肠环	lateral sacral artery	骶外侧动脉
anus	肛门	lesser pelvis	小骨盆
broad ligament of uterus	子宫阔韧带	levator ani	肛提肌
cardinal ligament of uterus	子宫主韧带	male urethra	男性尿道
dartos coat	肉膜	median sacral artery	骶正中动脉
deep fascia of penis	阴茎深筋膜	obturator artery	闭孔动脉
deep perineal space	会阴深隙	obturator nerve	闭孔神经
dentate line	齿状线	ovarian artery	卵巢动脉
ductus deferens	输精管	ovary	卵巢
ejaculatory duct	射精管	parietal pelvic fascia	盆壁筋膜
external iliac artery	髂外动脉	pelvic diaphragm	盆膈
external iliac lymph nodes	髂外淋巴结	pelvic fascia	盆筋膜
female pudendum	女阴	pelvic plexus	盆丛
female urethra	女性尿道	pelvic splanchnic nerves	盆内脏神经
ganglion impar	奇神经节	pelvirectal space	骨盆直肠隙
greater pelvis	大骨盆	pelvis	盆部
iliolumber artery	髂腰动脉	penis	阴茎
inferior fascia of pelvic diaphragm	盆膈下筋膜	perineal central tendon	会阴中心腱
inferior fascia of urogenitaldiaphragm	尿生殖膈下筋膜	perineal membrane	会阴膜
inferior gluteal artery	臀下动脉	perineum	会阴
inferior hypogastric plexus	下腹下丛	prostate	前列腺

pubouterine ligament	耻骨子宫韧带	superior fascia of pelvic diaphragm	盆膈上筋膜
pudendal canal	阴部管	superior fascia of urogenital diaphragm	尿生殖膈上筋膜
pudendalnerve	阴部神经		
rectovaginal septum	直肠阴道隔	superior gluteal artery	臀上动脉
rectovesical septum	直肠膀胱隔	superior hypogastric plexus	上腹下丛
rectum	直肠	superior pelvic aperture	骨盆上口
retropubic space	耻骨后隙	superior rectal artery	直肠上动脉
retrorectal space	直肠后隙	tendinous arch of levator ani	肛提肌腱弓
round ligament of uterus	子宫圆韧带	terminalline	界线
sacral lymph nodes	骶淋巴结	transverse perineal ligament	会阴横韧带
sacral plexus	骶丛	ureter	输尿管
sacral sympathetic trunk	骶交感干	urinary bladder	膀胱
sacrouterine ligament	骶子宫韧带	urogenital diaphragm	尿生殖膈
scrotum	阴囊	urogenital region	尿生殖区
seminal vesicle	精囊	uterine tube	输卵管
sphincter ani externus	肛门外括约肌	uterus	子宫
sphincter ani internus	肛门内括约肌	vagina	阴道
superficial fascia of penis	阴茎浅筋膜	visceral pelvic fascia	盆脏筋膜
superficial fascia of perineum	会阴浅筋膜	white line	白线
superficial perineal space	会阴浅隙		

第七章 脊 柱 区

coccyx	尾骨
erector spinae	竖脊肌
iliac crest	髂嵴
Intervertebral canal	椎间管
pars interarticularis	椎弓峡部
sacral cornu	骶角
sacral hiatus	骶管裂孔
spinous process	棘突
tuberculosis of spine	脊柱结核
vertebral canal	椎管

第八章 四 肢

acromion	肩峰
coronoid process	喙突
greater trochanter of femur	股骨大转子
malleolus	踝
olecranon	鹰嘴
tibial tuberosity	胫骨粗隆

参 考 文 献

白人驹.2007.医学影像诊断学[M].第2版.北京:人民卫生出版社
柏树令.2008.系统解剖学[M].第7版.北京:人民卫生出版社
付升旗.2007.人体断层解剖学[M].西安:世界图书出版西安公司
郭光文.1998.人体解剖彩色图谱[M].北京:人民卫生出版社
河北新医大学《人体解剖学》编写组.1978.人体解剖学[M].北京:人民卫生出版社
姜树学.2008.人体断面解剖学[M].第2版.北京:人民卫生出版社
刘树伟.2004.人体断层解剖学[M].济南:山东科学技术出版社
刘树伟.2006.人体断层解剖学[M].北京:高等教育出版社
彭裕文.2008.局部解剖学[M].第7版.北京:人民卫生出版社
王振宇,徐文坚.2000.人体断面与影像解剖学[M].第3版.北京:人民卫生出版社
Dean D,Herbener TE. 2000. Cross-Sectional Human Anatomy[M]. Philadelphia:Lippincott Williams &Wilkins
Ellis H,Logan BM,Dixon AK. 1999. Human Sectional Anatomy [M]. 2nd ed. Boston:Butterworth Heinemann
Standring S. 2005. Gray's Anatomy [M]. 39th ed. Edinburgh:Churchill Livingstone